《磁灶窑研究资料汇编》编委会

主　　任：吴尊意

副 主 任：蔡　晖　陈欣欣　吴金鹏

学术顾问：栗建安

主　　编：吴金鹏　陈思

编　　委：吴金鹏　陈思　张卫军　肖婉

　　　　　陈君兰　陈瑜　黄仲昆　刘紫玉

磁灶窑研究资料汇编

吴金鹏 陈 思 主编

晋江市文物保护中心
中国古陶瓷学会磁灶窑研究中心 编

海峡出版发行集团 | 海峡文艺出版社

图书在版编目(CIP)数据

磁灶窑研究资料汇编/吴金鹏,陈思主编;晋江市文物保护中心,中国古陶瓷学会磁灶窑研究中心编. — 福州:海峡文艺出版社,2023.7
ISBN 978-7-5550-3368-4

Ⅰ.①磁… Ⅱ.①吴…②陈…③晋…④中… Ⅲ.①瓷窑遗址－研究－晋江市 Ⅳ.①K878.54

中国国家版本馆 CIP 数据核字(2023)第 121150 号

磁灶窑研究资料汇编

吴金鹏 陈 思 主编
晋江市文物保护中心 中国古陶瓷学会磁灶窑研究中心 编

出 版 人	林 滨
责任编辑	朱墨山
出版发行	海峡文艺出版社
经 销	福建新华发行(集团)有限责任公司
社 址	福州市东水路 76 号 14 层
发 行 部	0591－87536797
印 刷	福建东南彩色印刷有限公司
厂 址	福州市金山浦上工业区冠浦路 144 号
开 本	889 毫米×1194 毫米 1/16
字 数	570 千字
印 张	26.25
版 次	2023 年 7 月第 1 版
印 次	2023 年 7 月第 1 次印刷
书 号	ISBN 978-7-5550-3368-4
定 价	139.00 元

如发现印装质量问题,请寄承印厂调换

前　言

2006 年，磁灶窑址被国务院公布为全国重点文物保护单位；2021 年，磁灶窑址（金交椅山窑址）作为"泉州：宋元中国的世界海洋商贸中心"22 处系列遗产点之一成功列入世界文化遗产名录。磁灶窑址（金交椅山窑址）是宋元泉州世界海洋贸易中心出口商品生产的代表性遗产要素，是宋元时期泉州城郊外销瓷窑址的杰出代表，反映了泉州以外贸手工业为显著特点的产业结构，其生产体系和生产规模展现了世界海洋贸易中心强大的基础产业能力和贸易输出能力。2022 年，晋江市文物保护中心与中国古陶瓷学会合作设立了中国古陶瓷学会磁灶窑研究中心，系福建首个地方窑口研究中心，其基本任务之一就是组织编写出版一系列相关出版物，进一步促进相关研究的发展。

基于前辈们的辛勤工作和当下学者们的共同努力，积累了丰富的田野考古资料，沉淀了众多的学术研究成果，才成就了编写《磁灶窑研究资料汇编》的可能。《磁灶窑研究资料汇编》在时任中国古陶瓷学会副会长栗建安研究员的指导下，于 2022 年年底启动相关工作，经过反复探讨，最终确定从五个方面进行资料搜集，共辑录相关研究资料 88 篇，时间跨度从 20 世纪 50 年代至 2022 年底，辑录的文章在汇编中按照分类以及文章发表的时间为序排版。

第一，史志文献类。主要是搜集了明清时期《泉州府志》《晋江县志》各版本中"磁灶"的相关记载，辑录原版影印件，整理文字，添加注释。

第二，文物考古资料类。主要是基于 20 世纪 50 年代磁灶窑在福建省文物普查中被发现以来，北京故宫博物院陈万里、冯先铭等先生及福建省文物管理委员会等联合对闽南的古窑址进行调查所积累的材料；60 年代厦门大学人类学博物馆对磁灶窑进行调查采集；70—80 年代泉州海外交通史博物馆对磁灶窑进行专题考古调查并进行的部分试掘；90 年代福建省博物馆考古队对磁灶窑的土尾庵窑址进行的抢救性考古发掘；21 世纪初福建博物院和泉州市博物馆、晋江博物馆组成考古队对磁灶窑金交椅山窑址进行的两期抢救性考古发掘，后整理并出版了《磁灶窑址：福建晋江磁灶窑址考古调查发掘报告》等；除此之外，菲律宾、日本等海外国家和香港地区在考古发掘中也发现磁灶窑系列特色外销陶瓷，菲律宾陶瓷专家庄良有，日本专家森村建一、田中克子、森本朝子等学者在各自领域内整理的该国出土或收藏的磁灶窑外销陶瓷，拓宽了我们对磁灶窑特色外销产品和文化的研究视野。"南海 I 号""华光礁 I 号"以及印尼"爪哇号"等国内外沉船出水的磁灶窑产品，是磁灶窑产品行销海外的物证。泉州古城中的市舶司、南外宗正司、府后山等遗址及晋江城市建设中发现的唐宋墓葬出土的磁灶窑产品，体现出磁灶窑既行销海外又满足本土市场需求。

第三，专论类。主要辑录 20 世纪 70 年代以来专家学者对磁灶窑的窑业生产技术、特色产品赏析、海内外贸易消费情形、海外影响、商业模式、科技保护等方面进行研究的专题文章，是对磁灶窑陶瓷器的生产—贸易—消费等相关联的各个环节较为清晰、完整的认识。比如，叶文程先生在《晋江泉州古外销陶瓷初探》一文中介绍了其对晋江磁灶展开的调查，简介了窑址的位置和堆积情况，通过比对磁灶窑址发现的古外销陶瓷标本和东南亚各国所发现的磁灶窑器物，结合《诸蕃志》《岛夷志略》等书记载，说明自 10 世纪以来，中国人民和亚非各国人民的友好往来关系，同时也说明了磁灶窑陶瓷器对世界物质文化的影响和贡献。栗建安《福建晋江磁灶窑的青瓷器》一文从磁灶窑青瓷器发现概况和制作工艺以及海内外的水下考古和古代城市遗址的考古发现等方面出发，对磁灶窑青瓷器的贸易消费展开论述。吴金鹏《宋元时期晋江磁灶窑经营理念和商业模式初探》借助对晋江磁灶窑的调查和发据、出土器物断代、烧制工艺的研究以及外销问题的考证等研究成果，探讨政府、窑场主、窑工以及泉州海商等群体在磁灶窑业经营和产品营销中的作用，把陶瓷生产和外销放在宋元时期泉州社会经济体系中研究，探讨了磁灶窑的经营理念和商业模式以及其对后世的影响。吴金鹏、黄华东《海洋文明语境下谈晋江磁灶窑对海外的影响》，何振良《略谈宋元时期磁灶窑陶瓷的对外交流》等，以"海上丝绸之路"为媒介，探讨磁灶窑通过产品和技术的输出遍及东亚、东南亚乃至非洲等地的许多国家和地区，对沿线国家和地区的物质文化发展和社会生活产生的重要影响。栗建安《福建磁灶窑土尾庵窑址瓷器的装饰工艺》、郭育生《"海上丝绸之路"的外销瓷——磁灶童子山窑的产品及其工艺》等从磁灶窑不同窑口特色产品的工艺进行探讨，突出装饰艺术是磁灶窑的窑业技术的一个重要组成部分，反映了磁灶窑在这方面受到周边地区各名窑的影响，同时也吸收了某些北方窑系的传统工艺，福建众多的宋元窑址中，兼收并容多种窑业技术的窑址并不多，磁灶窑当属最明显、突出的一个代表。姜帆远等人《福建晋江宋代磁灶窑出土铅釉陶的腐蚀研究》从科技考古方面探讨了晋江磁灶窑出土铅釉陶的腐蚀的专业论述，这一研究对晋江磁灶窑铅釉陶瓷腐蚀机理的研究和铅釉陶瓷文物的保护具有重要的意义。张卫军、林清哲、赖月莲、施良衍、陈冬珑等主要对磁灶窑产品，特别是特色外销陶瓷进行赏析和探讨，呈现磁灶窑多元性、实用性与艺术性的结合，体现出磁灶窑丰富的文化内涵。陈思、刘紫玉、吴吉祥等从世界文化遗产点的视角，分别从整体概述磁灶窑所具完备的生产体系突出泉州作为宋元时期国家口岸的强大商品生产能力和贸易输出能力，从遗产点日常维护和监测体系建设的必要性，从文化遗产的乡村记忆等方面建议结合世界遗产的特殊价值和科学保护方案，实现世界遗产的可持续发展。

第四，散论类。主要辑录学者们在探讨外销陶瓷时专门提及磁灶窑的窑业生产技术、窑口和产品、国内外沉船及海外遗址发现等相关研究的信息。

第五，附录其他相关资料。主要以存目形式，收集磁灶窑相关著作、海外其他参考资料和电子资源等，为研究者提供索引。

　　路漫漫其修远兮，吾将上下而求索。谨以此汇编作为开端，让更多热衷于磁灶窑研究的海内外专家与学者参与其中，更全面深入地开展磁灶窑的历史内涵（生产与窑业技术）、考古分期与年代、陶瓷器外销及其海外影响等研究，为后人提供更加充分可靠的考古和研究资料，将磁灶窑址的优秀传统文化传承下去。同时，我们在搜集资料的时候，由于水平有限，存在遗漏在所难免，特别是一些海外学者的研究。随着磁灶窑相关研究的深入和学术界各位专家学者后续研究成果的发表，我们将继续做好相关续编工作，为构建一个更加完整、丰富和生动的磁灶窑研究体系而不懈努力。

目　录

史志文献类

文物考古资料类

考古调查与发现

沉船发现

墓葬发现

专论类

散论类

史志文献类

万历《泉州府志》卷三"货之属"

原文：磁器出晋江瓮窑地方，又有色白次于饶磁，出安溪崇善龙兴龙涓。

释文：瓷器出晋江磁灶地方，又有色白次于饶瓷，出安溪崇善龙兴龙涓。

（泉州志编纂委员会 1985 年版）

万历《泉州府志》卷三
《舆地志下》"物产"

原文：磁器出晋江甆竈地方，又有色白次于饶磁出安溪崇善龙兴龙涓。

释文：磁器出晋江磁灶地方，又有色白次于饶磁出安溪崇善龙兴龙涓。

乾隆《泉州府志》卷十九《物产》"货之属"

原文：磁器出安溪高坪，但不甚佳。其瓷甕则出晋江磁竈。

释文：磁器出安溪高坪，但不甚佳。其瓷瓮则出晋江磁灶。

（原载上海书店出版社《中国地方志集成·福建府县志辑22》2000年10月）

乾隆《晋江县志》卷一 《舆地志》"物产"

原文：瓷器，出甕竃乡，取地土开窑烧大小钵子缸甕之属，甚饶足，并过洋。

释文：瓷器，出磁灶乡，取地土开窑烧大小钵子缸瓮之属，甚饶足，并过洋。

（成文出版社 1967 年 12 月清乾隆三十年刊本影印版）

道光《晋江县志》卷七十三
《物产志》"货之属"

原文：瓷器，出瓷灶乡。取地土开窑烧大小钵子缸瓮之属。甚饶足，并过洋。

释文：瓷器，出磁灶乡。取地土开窑烧大小钵子缸瓮之属。甚饶足，并过洋。

（福建人民出版社 1989 年版）

文物考古资料类

考古调查与发现

调查闽南古代窑址小记（节选）

◎陈万里

　　从泉州东门外发现了古代窑址，过了 2 年，终于在 1956 年冬季决定前往调查。由上饶入闽，在福州稍作停留，然后南下泉、漳。同行的，有冯先铭、李辉炳二同志，福建省文管会并派谢之瑞同志偕行。今将调查所经并获得的一些材料，分段叙述于次：

晋江（泉州）

　　泉州东门外的碗窑乡，由于泉州成立了市以后，属于晋江县第四区，因而应该说是晋江县的碗窑乡。但是就一般习惯，总是称为泉州东门外，而不用晋江县第四区。

　　出泉州东门沿着公路往东北约 10 里，改走小道又 6 里余，就到达了目的地。

　　碗窑乡有一条溪涧，斜着自西往东流的一个方位，因此在溪北的一个村是碗窑村，溪南的名"后路村"。溪水绕过碗窑乡后约 8 里到浔美港，会洛阳江出海。碗窑乡西、北、南三面环山形成一个小盆地。古代烧窑所遗留下来的碎片，分布在那个村的山坡上。由于此处碎片以及匣钵残件之类为数极多，所以居民就利用废弃物堆砌墙基。

　　就南、北两处比较来说，北面山坡上的碎片较集中（图一），而南面之露出在表面上的不甚多。可是据当地人民说，在松根深处却有很多的碎片，因而要做详细的分析记录，只是表面上的搜集材料，还是不够的。

　　至于这一次所得到的碎片，可以大致分为以下几种：

　　白釉　素白釉带灰色器物中大型的有板沿大洗残片，洗里起圈线，宽底。板沿下有似菊瓣样的划纹，中心有支烧小

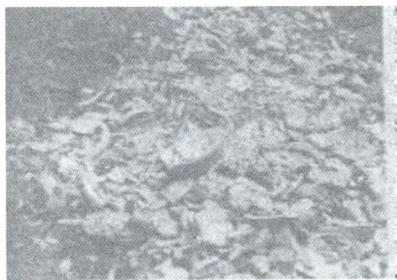

▲图一　晋江碗窑村碎瓷片处

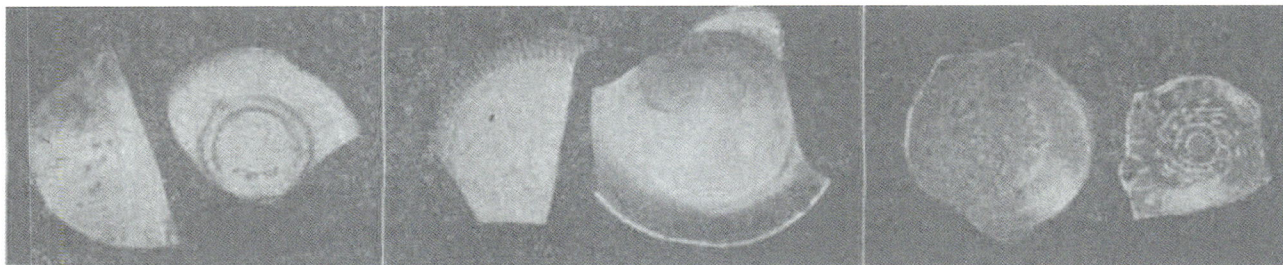

▲图三　碗窑乡莲花瓣纹器物　▲图四　碗窑乡影青双莲浅洗及盒盖　▲图五　晋江瓷灶罐印花纹残片
残片　　　　　　　　　　　　　　　残片

方块6块，器物外的施釉到达五分之三处，胎白灰，颇细洁。墩子式的有盖碗，碗身及盖上均划有双层莲花瓣，器内有釉，胎细洁。有似炉形的器物残片，亦划刻着双层莲花瓣，胎骨较厚。另有碗心划篦形纹的似为一较粗的器物（图三）。

影青釉　浅形洗子色较淡，洗有2朵莲花的印纹，毛边，有一种粗率之感。有盖盒的一种色较水青，盖边有直道纹，盖中央印花卉，发现于后路村的遗址（图四）。

青釉　深灰青色，有碗、洗之类，碗里有圈垫的烧痕，露胎处是酱褐色，胎灰。另有一种色釉深绿，此种作品或者就是以往一般古董商去泉州收购的所谓"土龙泉"吧！

根据以上见到的材料来说，可以确定为宋代的制作。至于在1953年前后所获得的碎片中，如带青带黄的所谓玻璃釉的几件残壶残碗，也确属唐代的作品。不过此种碎片，在这一次调查中，未曾捡得，因此是否为碗窑乡所烧造，还是古代墓葬中的物品，尚须等待进一步的调查。

其次需要谈的在泉州城外另一处地方，直到现在还烧造些瓮、罐之类的粗货，那就是《晋江县志》上所记述的瓷灶。我想在那里访问一下有无古代窑址所残留下来的碎片，结果我的希望并没有落空。

出泉州西门过浮桥，经公路往西南20余里，转入小道不过二三里路，就到了瓷灶镇。全镇现在从事制陶手工业的人是476人，养活人口估计2000人左右，占全镇人口百分之三十。全年产值约30万元。现在生产瓦筒、大水管（南安石壁水库用）、菜石＋用（用以装咸菜，销南洋），以及销售于菲律宾之琉璃栏杆等器物（图二）。镇四周小山环抱，有一条

▲图二　晋江瓷灶镇现在烧制的菜瓷之类粗陶

溪就叫"瓷灶溪"，蜿蜒曲折，贯穿全镇，在许山、宫仔山、蜘蛛山、土尾庵山等4处都发现许多碎瓷片及匣钵等残片。碎片的分类，约有以下各种：

1. 撇口式碗，釉作茶青色，器身外面的釉仅达器物的边缘，以下就没有了，也有达到二分之一处。圈足，底部不高，有宽边。这种造型似为此处最标准的作品。

2. 青釉小碟，有带黄色的，平底无釉。碟里印花似石榴花，颇别致。

3. 也捡到雕刻莲花瓣炉形的器物残片以及碗的外面划刻莲花瓣的，但不甚多（图五）。

4. 碗里有篦形纹，亦有碗里印"福""禄"等字样及花纹的，似仿龙泉制作。

5. 黑釉小碗及有长嘴、长柄的残片不少，并在壶肩上见有雕龙的碎片。

就以上所获得的材料来看，该处所烧的瓷器，自宋至明以青釉为主，黑釉为辅，从清代一直到今天还是继续烧造常用粗陶，远销新加坡、菲律宾各地，尤其是装盛咸菜的菜石＋用，为华侨所乐用。乾隆《晋江县志》"物产"条"瓷器"项下有"出瓷灶乡，取地土，开窑烧大小钵子、缸、瓮之属，甚饶足，并过洋"云云。所谓"并过洋"，就是除了自用外，还运销海外的意思。那就证明此种粗货的远销国外，是由来已久的事了

调查后的感想

晋江碗窑乡在县志有此地名而不称道它的烧碗，瓷灶有此地名并且还记献了它的烧瓷。就碎片的年代说，也可以证明碗窑乡的碎片没有到明的，而瓷灶的烧造直到现今还是继续着。因此元代周达观所著《真腊风土记》中所谓"泉州青瓷器"，是否有瓷灶的部分出品在内是一问题。

乾隆《晋江县志》"舆地都里"条下似乎烧窑的地名还有好几处，如后窑顶（城外三都统图一）、窑前、窑后（九都统图一）等地，因之"泉州青瓷器"或还有在其他地方烧造而尚未发现的在内，这又是不能不注意的一点。

元代的对外市场，泉州最为繁盛。为此凡在泉州附件外县所烧造的窑货，如同安、南安以至永春、仙游等地，很有可能集中在泉州出口。同样地也就有把来自各处所生产的窑货一概说成"泉州青瓷器"的可能。尤其是这次发现同安汀溪水库的青瓷，更有可能为当时对外行销的"泉州青瓷器"之一，自然不仅在晋江所烧造的才称为"泉州青瓷器"。

就已发现的泉州及同安古代窑址碎片来看，完整物品之在国内传世的很少，可以想见当年的制成品似乎都是用于外销。本来外销器的来源有景德镇的订货、景德镇的素坯运到广州加彩的——那恐怕是最晚的一种外销货。除此以外就是闽南以及广东潮州方面所烧造的物品。此事说来话长，不再在这篇短文内叙述。此刻所要先行提及的一点就是晋江、同安等处在当年所烧造的，恐系外销用品居多，自用的仅占少数部分。这在以后假定能参观印度尼西亚雅加达博物馆（据闻藏有中国外销瓷器 60 余柜）、马来亚博物馆的机会时，可能会见到闽南、潮州方面，甚至尽是晋江、同安等处所烧制的成品。最近据荷兰兰登人民美术博物馆的报告，在印度尼西亚西果伯岛（即苏拉威西岛）南部出土了一个白瓷盒，有细线样的花纹，就照片来看确实是德化的白釉器。但是此种瓷器在国内极不易见，反而发现在国外，这足以为当时此种物品行销外国（或当时华侨所带去）之证。

（原载《文物》1957 年第 9 期）

晋江县磁灶陶瓷史调查记

◎福建省泉州海外交通史博物馆调查组

磁灶是晋江下游南面的一个乡村，因乡人历代烧制陶瓷而得名。其距泉州市 16 公里，福、厦公路由其西部附近穿过。其四面丘陵环抱，梅溪（又称"九十九溪"）流贯其西北，东入泉州湾，故有"五坞十八曲"之称。其地有质优量丰的泥源，宜于制作陶瓷。自六朝晚期至今 1500 多年来，陶瓷烧制延续不绝。在其地及附近周围山冈古今陶瓷触目皆是。《晋江县志·物产》载有："瓷器出磁灶乡。"其多样的产品，不但畅销国内，"并过洋"到日本及菲律宾、印尼、马来西亚等东南亚诸国。自 1956 年以来，故宫博物院、厦门大学和省、地、县的文物工作者几经调查试掘每次都有新的发现。此次泉州海外交通史博物馆为进一步了解磁灶陶瓷外销情况及其烧制历史派出了调查组，以磁灶为中心，进行了一个半月的调查和窑址试掘工作，采集了 937 件实物标本，并发现不少新内容，取得了一定成绩。

今就从 5 月 10 日至 6 月 24 日历时 45 天的调查和窑址局部试掘清理的情况分别简述于下：

一、窑址的清理和采集标本

（一）南朝晚期窑址

溪口山窑址　位于下官路大队的双溪口小山坡面积约为 3600 平方米。窑址基本成为耕地，破坏严重，仅存零星表面被扰乱的堆积。我们在西南部清理一处 3×4 米的堆积，出土了 105 件的器物残片，其类型有盘、盘口壶、钵、罐、瓮、碗、容器、灯盏、灯座、釜形器、陶拍、陶球、托座、垫饼等 10 多种。其中以钵最多，罐、盘口壶次之。从器物的风格看，盘口壶圆鼓腹，盘器底平坦，形低浅，均施青带灰黄釉色，多挂半釉，有铁瘢，胎不坚致，呈灰白色。近似南朝晚期之物。

溪口山窑址还出土了碗、钵、四系罐等器。其大多粗且厚，胎灰白，不加纹饰，施挂半截青釉。四系罐与平底碗和同安东烧尾唐窑的器物相似。

窑具只见有托座和支钉托座，有铭文"张金记""人""光""垅""大""天"等，可能是当时窑工的记号。根据出土器物鉴定，溪口山窑系为南朝晚期延续到唐代初期的窑址，是泉州至今发现最早的一个古窑。

（二）唐五代窑址

历年来的调查发现有下灶大队的虎仔山、后山，湖头村的老鼠石；下官路大队的后壁山、狗仔山；岭畔大队的童子山二号窑等6处。每处窑址均受严重破坏，仅留地表一些瓷片和窑具。此次在上述的几个窑址中，采集标本84件，器形有罐、瓮、缸、钵、釜、壶、器盖、托座等，一般多为大器、质地粗松厚重，大多胎骨为灰白色，少量浅灰色。釉色以青釉为主，也有黄褐釉，褐釉或未施釉等。器物有轮制的旋转痕迹或弦纹装饰。托座用粗泥制，其中一个有阴刻"吴"字。

（三）宋元时期窑址

目前已经发现的有岭畔大队的蜘蛛山、土尾庵、山坪；磁灶大队的许山、宫仔山、顶山尾、大树围、童子山一号窑；现为南安官桥洋下大队的斗温山等12处。这时期的陶瓷业比起任何时期都为发达，无论花样、品种、制作技艺都大大超越前代。今就几个比较典型窑址情况分述于下：

（1）**土尾庵窑址**　在今岭畔大队的梅溪南岸小山坡，东邻后宅，西界水尾宫，南接蜘蛛山。因历年受建筑民房所破坏，现存的范围约2000平方米，最厚的堆积层达4.5米，系属多次堆积。这次我们采集150件标本，器物种类有军持、瓶、碗、钵、执壶、壶、罐、盘、碟、盆、洗、灯盏、豆形托子、炉，发现有建筑材料等丰富多彩的品种，还发现了罐范、碟范等模具和杵、陶车轴套、算珠形器、托座、三足垫饼、匣钵等烧制工具。该窑器物以模制为主，胎多灰白或泥黄，有划、印、堆的纹饰，釉色有黑、绿、黄绿、黄、青黄、青、青灰和酱色等多种。

（2）**蜘蛛山窑址**　在梅溪南畔的岭畔大队蜘蛛山上，与土尾庵窑址毗邻，因部分受民房建筑所破坏，现存的面积约为6000平方米，堆积厚度为2—4米。在采集的281件标本中，器物种类有军持、瓶、碗、罐、执壶、壶、盘、碟、注子、砚滴、灯盏、豆状托子、双耳三足炉、四系小盂、盒、器盖、尊、漏斗、火盆、雕塑力士、建筑材料、花砖、模具和匣钵。其出土的产品风格与土尾庵窑的器物较接近，应是同一时期又因邻近而相互影响的缘故。

（3）**童子山一号窑址**　位于磁灶大队的梅溪北岸东南距横跨梅溪的下坂桥100米左右，依山傍水，山高约40米，窑址范围约4700平方米。窑址受到开荒造田的一些破坏，但有些堆积尚属丰厚。其南坡与西坡发现残窑基各1条。窑址堆积最厚达1.8米。我们试掘了一条4×2米的探沟，采集标本177件。该窑以烧制青黄釉下彩及素胎的绘、堆、划等纹饰的盆、洗、器盖、器座和建筑材料为主，还有出土少量的罐、灯座及托座、垫圈等窑具。特别是这次发掘出土的3件题诗盆，更是一个新的收获。

（4）**金交椅山窑址**　位于磁灶公社前埔大队的金交椅山（翰林山）坡地。东北临大溪（即梅溪的上一段），西连沟边村，南靠邱山。山上草木丛里散布成堆宋代青瓷片及窑具。范围约 15000 平方米。窑址保存尚好，1978 年冬，因沟边村生产队在西部山坳处开荒造田，破坏 2 条窑基和一大片的堆积层。我们采集和征集 49 件标本，器形以执壶为主，还有罐、碗、钵、盒、灯火盏、器盖等品种。釉色以青为主，也有青灰、青黄、酱色、黑青等颜色。瓷质多为灰白色。

（5）**曾竹山窑址**　在前埔大队第四生产队的曾竹山北坡，向北约 100 米即是前埔通邱店的公路，东北翻过一座果林山即为前埔村。据当地乡民介绍，此地原为曾姓住居地，故名"曾竹山"，在明代苏姓迁入，今均属苏姓，而苏姓却不知业陶，可见该窑址在明代中叶之前就已存在。窑址范围约 16000 平方米，堆积层厚 0.5—2 米。采集标本 21 件，其产品均为小口瓶之类，不少产品与泉州宋代海船出水的小口瓶相似，是至今发现大量烧制小口瓶的窑址。

（四）清代窑址

此次调查中新发现清代窑址 7 处，在下官路大队的铜锣山；洋宅大队的路山尾；下灶大队的官后山、寨边山、窑尾草埔；磁灶大队的下尾湖、瓮灶崎。窑址大都依山坡又临村庄，因开荒造田和建房之故，窑址破坏比较严重，只有铜锣山窑址尚有 1.4—2.8 米的堆积层和路山尾窑址一条宽 2.1 米、厚 1.9 米的残窑基，其他窑址仅存零星残片散布于地表。

7 处窑址中共采集标本 66 件。各窑中器物以缸、瓮、钵为主，其次是壶、器盖等，都为陶质的大型器，釉色有青、酱两种，有的绘几道绛红色彩，多数内外施釉，也有仅外部施釉，胎灰白为主，其次有黑褐色和泥黄色等。器物大都素面，只有少数划有几道弦纹，制作技法系以轮制手捏成型。

（五）陶瓷土产地

以磁灶为中心的周围各大队，基本在表土之下就是陶瓷土质。其土色呈粉红色或米黄色，质细腻带有黏性，现靠挖瓷土为生的人尚不少、由于 1000 多年来的烧窑挖土，其遗迹到处可见，有的把平地挖成池塘，有的把山坡挖成溪流。其中最典型要算大埔大队的溪东山（也称"瓷土山"）。其山丘范围约 54000 平方米，东坡因取土之故，呈现数十条不规则的壕沟和小土坑。此山何时开始取土，当地群众也不知晓，但根据我们观察，会形成这种地貌，取土应有数百年之久。

二、关于磁灶烧制陶瓷历史的调查

"磁灶"这个名称始于何时？ 未明。但据《泉州府志》卷五十七载："泉招抚使蒲寿庚叛，与州司马田真子谋降元。必晔逃瓷灶村。"由此可见，宋末就有这村名。

原磁灶乡是一个多姓杂处的村落。据调查，当时定居此地的先后有林、傅、朱、吴、王、许、黄、程、伍、陈、周等一二十个姓。今该乡只有姓林 2 户、姓朱 2 户和 1 户姓陈，余皆为吴姓（17000 多人），还有迁到云霄及台湾和南洋各埠一部分。吴姓自迁入磁灶之后，至今都以陶瓷业为生。吴姓何时迁来磁灶？清宣统二年（1910）《重修梅溪吴氏宗祠碑记》载"自宋季入居梅溪"，又磁灶大队吴鹰霄憨理的吴姓宗系记录中说其祖上于唐末，由河南省"光州府固始县入闽，始居惠安大吴，继迁于南安黄龙，宋元间……乃由黄龙来居晋江二都。"按此可知今磁灶吴姓为宋末迁入。我们调查中得到另一种说是宋末元初由惠安大吴乡分出四支，一支到黄龙，一支到磁灶，一支到灵水，一支到石狮。所以吴姓从何处迁来磁灶还得进一步查核，但应不晚于元初。

磁灶《吴姓宗系记录》中还说："念吾梅溪吴氏开族后，因遭兵乱，谱牒失落。故对开族以前事迹多不详知。而陶磁之业，闻系溧水公（吴复）见子侄蕃盛，恐其失业而振之。"据晋江县国营陶瓷厂在 1958 年整理的资料中所述："至明朝时代，吴姓五世吴复字简斋，是江苏溧水县正堂，连任九任二十七年，从邻县陶都宜兴聘入技工吴罗（现工场尚有吴罗土像，工人称为'吴罗先'）传受制陶技术，将粗陶土改滤为细陶土，进行一次改革，使陶业更趋发展。"在调查中，当地群众对吴复和吴罗都是很尊崇的。查《泉州府志》和《晋江县志》，吴复是明永乐年间贡生，当过县学训导。关于吴罗其人未见记载，他可能是明代由吴复请来传授制陶技术的名匠，不是磁灶的制瓷创始人，因为磁灶宋元所烧制的瓷器已甚精美，瓷质非常细腻，是经过淘洗的，绝不会是到明代，才由吴罗"将粗陶土改滤为细陶土"的。所以我们认为吴罗应是明代对磁灶陶瓷业有过贡献的革新者，因而受到后人的敬仰。

因此在这次调查中所得的印象是磁灶早在南朝晚期就开始烧制陶瓷，宋元时期从烧制技艺到产品数量都是到达高峰。在现在吴姓的祖先于宋末元初迁居磁灶乡以前的 700 多年中，当地居民就以陶业为生。吴姓迁入之后也参加了这个营生，行业流传至今。可能在元末明初，由于战乱之故，磁灶陶业一度衰落，后经吴罗的倡导或革新和宜斋、简斋兄弟对陶瓷业的重视和推动，磁灶陶瓷业有了复兴和进一步的发展。

那么磁灶在吴姓未迁入以前是何姓在那里经营陶业呢？我们从当地发现的墓志铭、出土窑具中的铭文和现存那些旧地名为根据，磁灶乡在吴姓迁入之前之后，确是有很多姓氏住在那里，现将有关烧窑的姓氏简述于下：

程姓 在岭畔大队的蜘蛛山窑址中，几次发现器物中印有"程"姓的铭文。如好几个军持的底部记有"程家功夫"，瓦板和托钵划有"程干""程二"等字样。岭畔大队现尚有"程坑官"的地名。蜘蛛山是属宋元时期窑址。程姓在宋元时期烧制瓷器说明在吴姓迁入磁灶之前，程姓是窑业主要经营者之一。吴姓是继程姓之后在这里烧瓷的。

吴姓 在磁灶的后壁山唐代窑址中，发现托座上刻有"吴"字铭文。这是唐代磁灶就有吴姓参与陶瓷业的实物证据。他们比现在吴姓迁入磁灶时间约早了 300 年。所以我们认为唐代磁灶的吴姓陶工不可能是现吴姓的祖先。

张姓 这次我们在磁灶的溪口山南朝晚期至唐代的窑址中清理了一处 3×4 米的范围。出土的窑具中，有一粗大圆筒形托座上有阴刻行书"张金记"三字。这又给我们提供了一个重要的证据，说明磁灶最早的制陶工人中有张姓。

根据上述的材料，在追溯磁灶制作陶瓷的历史中，可以得出如下结论：南朝晚期至初唐时期有张姓，唐代有吴姓，宋元时期则有程姓，在磁灶烧制陶瓷，他们都早于现在磁灶吴姓。其余如杨、陈、蔡、王、许、周、黄等姓入居磁灶的时间有的与现在吴姓相差不久，有的显然是比较后期的。现在磁灶人已达 1700 多人，全乡几乎是家家业陶、户户制瓷，产品数量超越前代，陶瓷销售到全国各省，呈现一片欣欣向荣的景象。

三、磁灶的外销瓷与制陶技术的外传

泉州是对外贸易港，唐代与广、扬、交等州并称为我国四大贸易港口。

磁灶是古泉州地区生产陶瓷最早的地方而且生产的数量很大，水陆交通便利。它是古泉州瓷器大宗出口的重要基地之一。从目前发现的资料中，我们可知磁灶的陶瓷远销海外很多国家。如菲律宾出土有磁灶土尾庵的印纹碟、黑釉罐、色釉小罐、绿釉、酱色釉、蟠龙军持、黑釉刻花炉、灯盏等器物，以及蜘蛛山窑的印纹碟、军持、绿釉龟形砚滴、灯盏等器物。在印尼出土有土尾庵和蜘蛛山窑的军持、执壶，金交椅山、童子山等窑址出土的执壶产品与韩槐准先生所介绍的雅加达博物馆的中国瓷器藏品非常相似。磁灶所生产的龙瓮在印尼也是普遍地使用。在日本出土有童子山一号窑产品青黄釉铁绘花纹盆，蜘蛛山、土尾庵窑生产的黑釉碗和蜘蛛山的绿釉缠枝花瓶等。

在蜘蛛山和土尾庵等窑址中还发现一些有特殊风格的器物，如蜘蛛山的贴屏兽首衔环瓶、孔雀印纹盘，土尾庵的堆花兽首衔环瓶二彩、三彩小罐等。这些器形和我国传统纹饰造型有所不同，目前国内尚未发现过使用这种器形，可能是专供外销的一种产品。在土尾庵出土的一种折沿平底盆和蜘蛛山出土的敞口黑釉碗、折沿煎壶与泉州湾宋船出水器物相似。曾竹山专烧的小口瓶与宋船和泉州宋文化层出土的小口瓶一样。这种瓶类应是专供装酒的酒瓶。

从磁灶窑的器物特征看，军持、瓶、执壶、罐、碟等，是宋元时期大量外销的主要产品。军持、瓶的颈粗而长，流直而长，执壶器身瘦长，有的作瓜棱形流与把几乎与壶口齐高。其他器物如荷叶盖、鼎式三足炉、六棱龙凤瓶、海波纹碟、孔雀盘等也具有宋元时代风格。黑釉碗与建阳水吉窑出土的极为相似应为宋元时物。其花纹装饰有折枝花、缠枝花、梅菊、莲、牡丹、凤凰、孔雀、麒麟、鱼、龙等等。装饰技法有印花、绘花、堆花、贴花、刻花、划花、捏花诸种。釉色有青、黑、绿、褐、酱色、黄等，极为丰富多彩、绚烂多姿。它们大多具有我国传统的艺术风格，但也有部分带有异国风味，这是由于外销的需要促使中外文化交流的物证。

中外陶瓷业交流的另一个重要途径，是通过华侨把我国先进的陶瓷烧制技术带到侨居国。在宋元时期，本省的陶瓷技艺应已随着部分华侨的出国和外国工匠来此学艺而传到日本和东南亚诸国。特别是到了明清时期，由于封建统治者采取了"海禁"和"迁界"的闭关政策和残酷压迫，促使了更多的华侨出国。我国到南洋诸国的华侨，以广东、福建为最，福建又以晋江地区为最。泉州沿海一带陶瓷工人迫于生活也纷纷出国谋生。他们不但带去了当地生产的日用陶瓷器，且有的在侨居国经营此业，把陶瓷制作技术外传。如《华侨周刊》第二十六卷第一期刊载的《瓷灶的制瓷技术》一文中，记有在 14、15 世纪时磁灶烧制陶瓷（也称"文奈"）技法传入菲律宾的南怡老戈省岸等地的经过。这次我们调查时在晋江国营陶瓷厂开了座谈会，据该厂老工人介绍："磁灶直至清代末年和'解放'前，还有许多人去吕宋（菲律宾）、实叻（新加坡），以及我国的台湾省操作此业。"调查组还在磁灶乡访问了一位 84 岁，于 1914 年去菲律宾的归国华侨。他介绍了在 140 多年前，自他的祖父到他的孙子，五代人在菲律宾的藜萨和麻加地烧陶的情况，并说还有其他人到乙瑙哥烧瓷。他本人一生还为 14 个磁灶人做手续到菲律宾，初时皆以烧陶为生。这些亲身经历的资料就是磁灶陶瓷烧制技术外传的一个有力佐证。这种技艺的外传对侨居国人民的生产、生活都有很大影响，并为中外的技术文化交流作出了积极的贡献。

（原载《海交史研究》1980 年总第 2 期）

福建晋江磁灶古窑址

◎陈　鹏　黄天柱　黄宝玲

　　磁灶位于泉州西南部,距泉州市区约十六公里,属于晋江县的一个公社。境内有梅溪自西北向东流经,构成五坞十八曲的地势。在傍溪的小山坡上,古窑址历历可数,瓷片、窑具,比比皆是。磁灶也因传统烧制陶瓷器而得名。自此,舟楫可直达晋江,入泉州湾而泛洋,水陆交通便捷。境内多山丘,盛产陶瓷土,历经采掘,遗迹累累,有的已成池塘。最著名的是大埔溪东山(亦称"瓷土山"),范围180×300平方米,因取土而呈数十条壕沟或地道。近期我们和刘志成同志到磁灶进行一次全面调查,发现古窑址26处(图一),对其中的溪口山、蜘蛛山、土尾庵、童子山一号窑还进行了局部试掘,共采集标本937件。现将试掘和采集的各个时期的标本做一介绍。

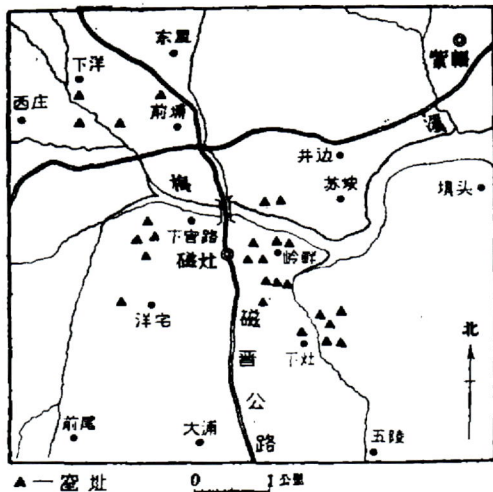

▲图一　磁灶窑址分布示意图

一、南朝窑址

　　1处。位于下官路大队双溪口小山坡上,东北面临梅溪支流的岔口处,遗物散布范围约3600平方米,窑址因造田破坏严重,地面上的瓷片很少,只有田埂上一处堆积厚约0.8米。我们选择试掘3×4平方米的范围,共采集标本105件。下层的器物有盘口壶、盘等。从器型特征看,这个窑址可早到南朝晚期,至唐代仍延续烧制。采集的标本有:

　　盘　9件。敛口,浅腹,平底,施青绿釉,有流聚现象。口径11.5—14.7厘米、高

3.3—4 厘米（图二，3）。

盘口壶 13 件。盘口，两系，平底，施青绿釉，有釉滴。口径 14.8—15.9 厘米，高 27.5 厘米（图二，1）。

钵 32 件。有敛口内卷沿及直口二种，均平底，施青绿釉，厚薄不匀。口径 13—38.2 厘米，高 6—22 厘米（图二，2）。

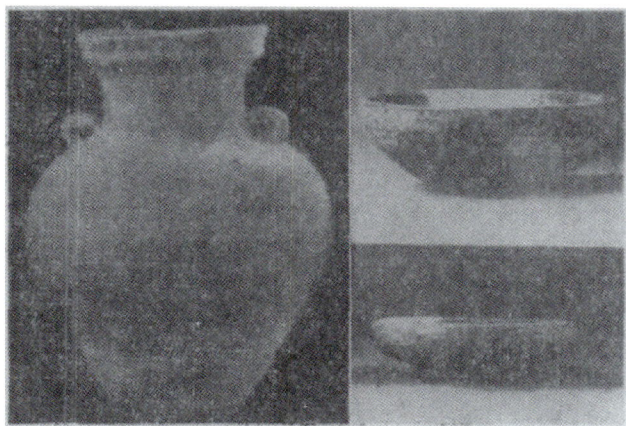

▲图二 1.盘口壶 2.钵 3.盘（均出溪口山窑址）

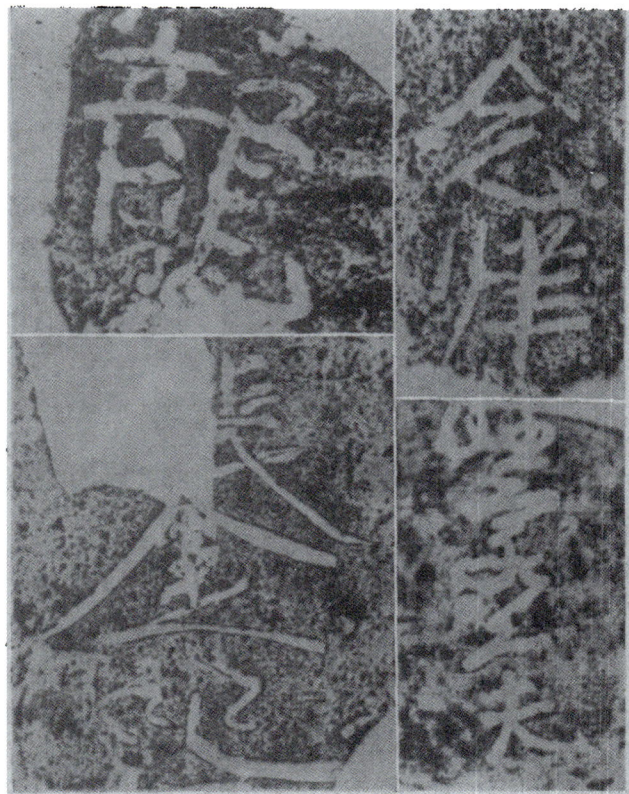

▲图四
1."龙"字托座（童子山窑址） 2."念啢"垫圈（童子山窑址） 3."张金记"托座（溪口山窑址）
4."程家工夫"碗（蜘蛛山窑址）

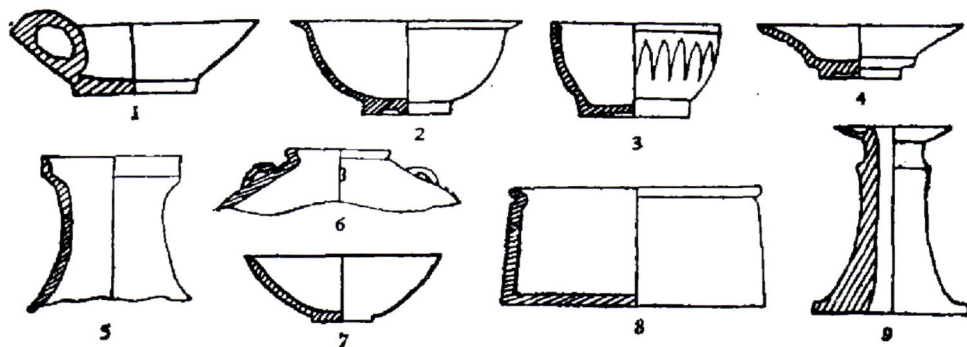

▲图三
1.灯盏（溪口山窑址） 2.碗（蜘蛛山窑址） 3.钵形碗（蜘蛛山窑址） 4.碟（土尾庵窑址）
5.壶（铜锣山窑址） 6.I式瓮（窑尾草埔窑址） 7.灯盏（土尾庵窑址） 8.垫钵（铜锣山窑址）
9.灯座（溪口山窑址）

罐　18 件。均口沿残片，一种直口四系；另一种敛口外撇沿，两系；少数施青绿釉。口径 9.1—15.9 厘米（图六，3、6）。

瓮　2 件，残。直口宽沿丰肩，施青釉。口径分别为 15 厘米和 17 厘米。

灯盏　2 件。敞口，平底，器内附一执把，无釉。口径 10.2 厘米（图三，1）。

灯座　1 件。座顶作盏形，并有垫圈，喇叭形平底座。高 16 厘米（图三，9）。

生产工具：

陶垫拍　1 件。拍面微鼓，圆筒形把，施青釉。面径 8.8 厘米。

陶球　1 件。粗泥制、实心。直径 8.9 厘米。

托座　15 件，残。圆筒体或六支足圈形，粗泥制，壁上或底部阴刻"张金记"（图四，3）、"光"、"大"、"垅"、"天"、"人"等字样。底径 9—15.1 厘米、高 7.5—24.2 厘米（图六，11）。

垫饼　4 件。圆形或三角形支钉，泥质。直径 4.6—5.5 厘米。

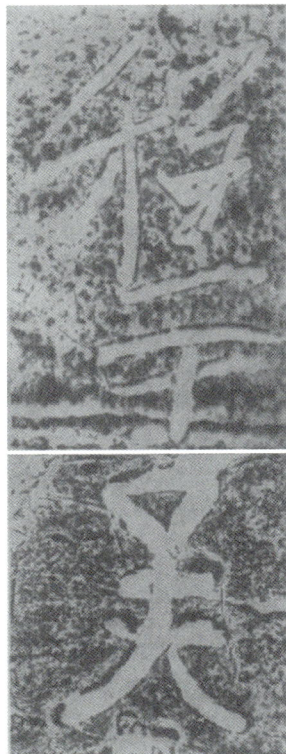

▲图五 1."程干"建筑材料（蜘蛛山窑址）
2."吴"字托座（后壁窑址）

二、唐、五代窑址

6 处。分布在下灶大队的虎仔山、后山、老鼠石，下官路大队的后壁山、狗仔山，岭畔大队的童子山二号窑。窑址范围都不大，估计各有 1 条窑。因受开山造田所破坏，仅狗仔山与虎仔山有 0.6—1 米厚的堆积层，其余只剩地表一些零星瓷片和窑具。产品灰白胎，质地粗松厚重。共采集标本 84 件，均残片。

罐　13 件。小口，外撇沿，肩部附双系，施青釉，薄而不匀。口径 8—13.2 厘米（图六，6）。

瓮　19 件。有口沿外折和小口外撇沿四系二种，施黄褐釉。口径 9—11.2 厘米（图六，7、13）。

缸　15 件。微敛口外折沿或直口外卷沿，施褐色釉。口径 24.4—46 厘米（图六，4）。

钵　13 件。敛口，宽沿，未施釉。口径 13—31 厘米。

釜　10 件。敞口，外折沿，鼓腹，未施釉。口径 30—40 厘米。（图六，8）。

托座　1 件。粗泥制，阴刻"吴"字（图五，2）。

三、宋元窑址

12 处。分布于岭畔大队的蜘蛛山、土尾庵、童子山一号窑、山坪，磁灶大队的许山、宫仔山、顶山尾、大树威，前埔大队的曾竹山、金交椅山、溪墩山，以及现属南安官桥下洋大队的斗温山。窑址多依山傍溪，堆积层较厚，如土尾庵窑的最厚堆积达 4.5 米，属多次堆积，窑床互有叠压。窑址范围较大，遗物较多，如曾竹山窑址有 8 条窑床暴露于地表，遗物散布约 16000 平方米。蜘蛛山窑、童子山窑，经试掘，全系龙窑。其中童子山一号窑的窑床中段宽 2 米，砖砌体，有烧结面。除土尾庵、蜘蛛山窑外，其他窑烧制的器物比较

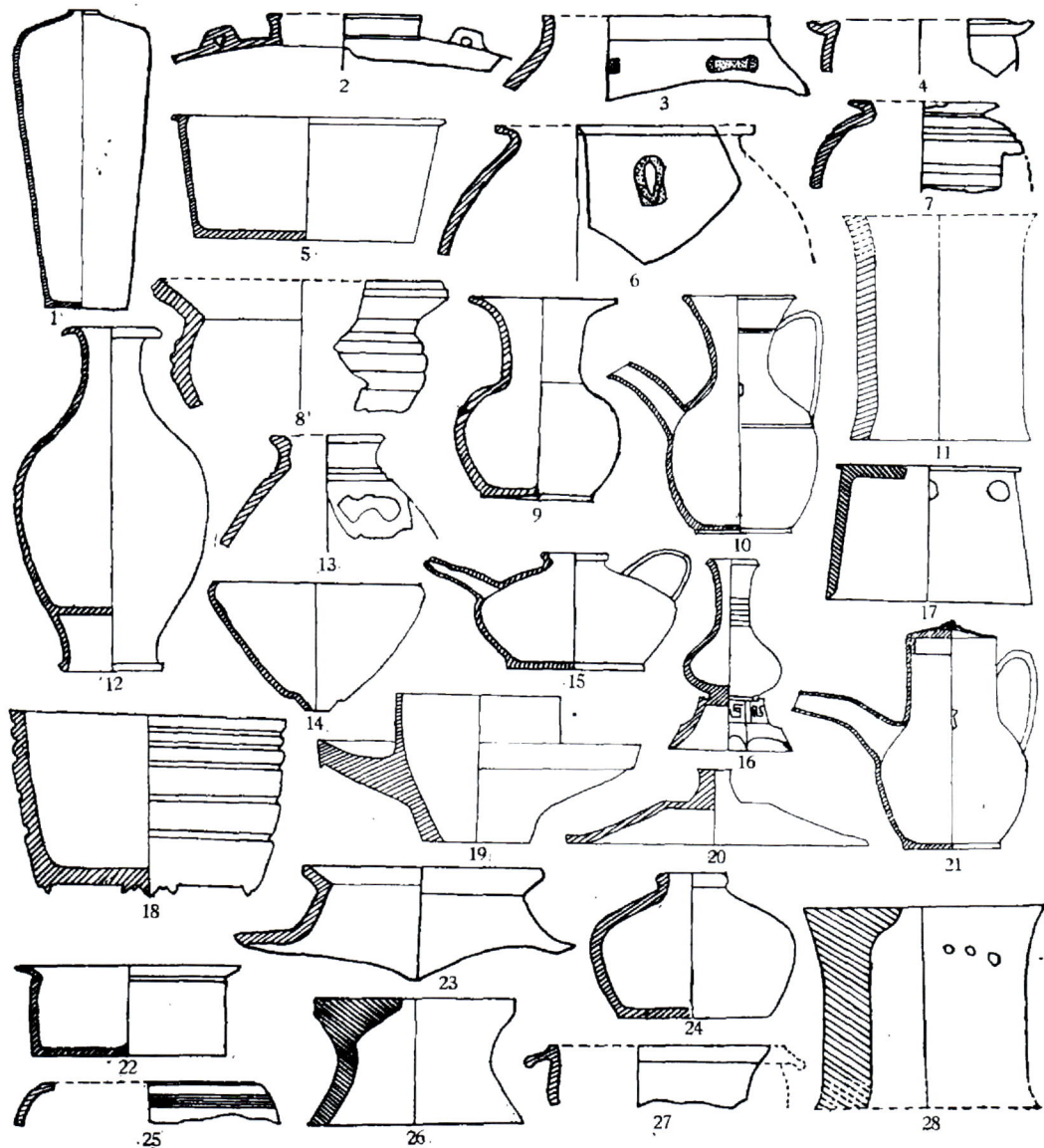

▲图六

1. 小口瓶（曾竹山窑址）　2. 罐（虎仔山窑址）　3. 罐（溪口山窑址）　4. 缸（后壁山窑址）　5. I 式盆（童子山窑址）

6. 罐（溪口山窑址）　7. 瓮（虎仔山窑址）　8. 釜（狗仔山窑址）　9. 壶（蜘蛛山窑址）　10. I 式执壶（金交椅山窑址）

11. 托座（溪口山窑址）　12. 壶（土尾庵窑址）　13. 瓮（虎仔山窑址）　14. 漏斗（蜘蛛山窑址）

15. IV 式执壶（大树威窑址）　16. 带座小瓶（蜘蛛山窑址）　17. 垫钵（蜘蛛山窑址）　18. I 式炉（土尾庵窑址）

19. 托子（土尾庵窑址）　20. 器盖（童子山窑址）　21. II 式执壶（土尾庵窑址）　22. 钵（路山尾窑址）

23. II 式瓮（路山尾窑址）　24. II 式罐（土尾庵窑址）　25. I 式缸（路山尾窑址）　26. 托座（路山尾窑址）

27. 三足垫饼（路山尾窑址）　28. 托座（童子山窑址）

单一，如：金交椅窑主要烧制执壶，溪墘山窑烧制碗，童子山一号窑烧制盆，曾竹山窑烧制小口瓶，斗温山窑烧制小口罐。共采集标本 682 件，产品胎骨灰白且薄，不甚细密，若瓷若陶，主要有：

军持 25 件。喇叭口，长颈，底部多数刻划"程家工夫"字样，肩部双龙抢珠纹或折枝花纹，有的施绿釉（图 6）或黑釉（图 12），也有素胎的（图八，1）。高 9.7—15 厘米。

瓶 分三式：I 式，34 件。喇叭口或

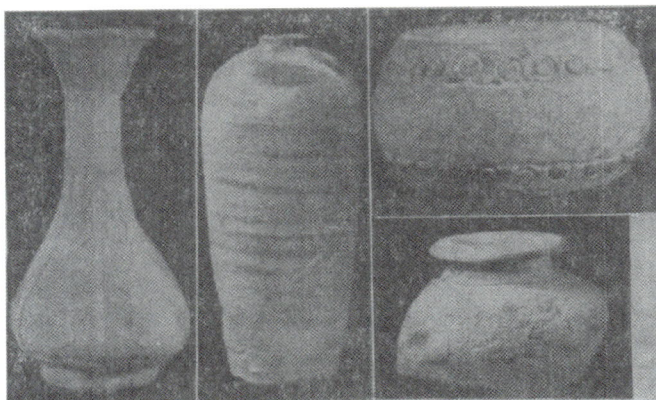

▲图七

1. Ⅲ式瓶（土尾庵窑址）2. 小口瓶（曾竹山窑址）3. 墓鼓（土尾庵窑址）4. Ⅲ式罐（蜘蛛山窑址）

花瓣口，平底，腹部印折枝牡丹或敷化妆土后铁绘卷云纹，少数施绿釉。口径 5.7—7.2 厘米、高 16.5—21.8 厘米（图 4）。Ⅱ式，3 件。颈部有掐印堆纹，双兽首或立龙双耳，颈后附屏，未施釉。口径 12 厘米（图 9；图十三，2、4）。Ⅲ式，5 件。呈六棱形，实足内凹，瓶身印龙凤纹，有的器表施绿釉，龙凤纹上施黄釉。口径 6.3 厘米，高 19.6 厘米（图七，1）。

带座小瓶 21 件。瓶身压印莲瓣纹，四角或八角形座，少数施绿釉。通高 10.6—15.2 厘米（图六，16）。

小口瓶 8 件。器身瘦长，口、肩部施酱色釉。口径 1.6 厘米、高 16.4—20.5 厘米（图六，1；图七，2）。

碗 69 件。有敞口（图 7）、花瓣口（图 3）和深腹、浅腹四种。圈足。碗内有的印弦纹、蔓草纹或莲蓬纹，有的釉下绘铁锈彩，施青釉。口径 8.2—14.4 厘米、高 3.2—5.8 厘米（图 3；图 7；图三，2）。

钵式碗 13 件。口微敛，腹部划莲瓣纹，仅一件施绿釉，底部刻划"程家工夫"字样（图四，4）。口径 7.3—13.8 厘米、高 4—7 厘米（图三，3）。

执壶 分六式：I 件，18 件。喇叭口，平底，双系，系上有花纹或"吉"字，施青灰或酱色釉。高 13—19.8 厘米（图六，10）。Ⅱ式，11 件。直口，平底，双系，深子口盖，釉色青或青灰。高 12—18.5 厘米（图 1 左；图六，21）。Ⅲ式，8 件。短颈，平底，双系，把小而宽，施青釉。高 11 厘米（图 1 右）。Ⅳ式，4 件。敞口，器身较扁，平底，施黑釉。高 6.4 厘米（图六，15）。Ⅴ式，4 件。直口，长颈，平底，器表敷化妆土后绘卷云纹或印折枝牡丹纹、瓜瓣纹。高 18 厘米（图 13）。Ⅵ式，1 件。敞口，平底，颈、流间有链状联搭，未施釉。高 19 厘米（图八，2）。

壶 5 件。有二种：一种喇叭口，平底内凹，另一种喇叭口，外折沿，圈足。有的施黑釉。高 17—29 厘米（图六，9、12）。

煎壶 6 件。细陶质，不施釉。高 16.5 厘米（图八，3）。

▲图八

1. 素胎军持（蜘蛛山窑址）　2. Ⅵ式执壶（蜘蛛山窑址）　3. 煎壶（蜘蛛山窑址）
4. 盖盒（蜘蛛山窑址）　5. Ⅴ式罐（斗温山窑址）

罐　分五式：Ⅰ式，18件。侈口，鼓腹，平底，四系，施黑釉或酱色釉。高 10—19.5 厘米（图 16）。Ⅱ式，16件。小口，腹较扁，平底，施黑釉。高 8 厘米（图六，24）。Ⅲ式，1件，底残。宽沿外卷，腹部模印阳纹麒麟和凤凰，未施釉。口径 7.5 厘米（图七，4）。Ⅳ式，2件。口沿外卷，平底。肩部饰钉堆纹，未施釉。高 6.6 厘米（图 15）。Ⅴ式，9件。小口，丰肩，平底，施青釉。高 12.2—16.5 厘米（图八，5）。

盘　3件。分二种：一种敞口，外折沿，实足，青釉下绘铁锈彩，口径 31 厘米。另一种微敛口，平底，腹部印直道纹，盘内印折枝花、孔雀，未施釉。口径 20 厘米（图十一，1）。

碟　5件。一种花口，平底，印缠枝花纹，施绿釉。另一种平折沿，圈足，施青釉。口径 13—16.4 厘米（图三，4；图十一，2）。

灯盏　67件。敞口，小平底，内壁施青釉。口径 8—10.5 厘米（图三，7）

注子　24件。小口，平底内凹，盖面穿孔，饰覆莲和瓦楞纹，少数施绿釉或青釉。底径 5.8 厘米、高 6.5—9 厘米（图九，1）。

砚滴　分二式：Ⅰ式，4件。形似注子，盖与器身粘贴，肩部有气孔，有的施绿釉。高 5 厘米、底径 3.5 厘米。Ⅱ式，1件。龟形，嘴上和背上各镂一孔，头施黄釉，身施绿釉。长 7.5 厘米、高 2.8 厘米（图 8）。

▲图九

1. 青釉注子（蜘蛛山窑址）　2. Ⅱ式炉（土尾庵窑址）

炉　分四式：Ⅰ式，5件。似奁，竹节腹，四足笔架形，施青灰釉，口径 9—13、高 6.8—9 厘米（图六，18）。Ⅱ式，2件。似鼎，盘口，双耳，三兽首足。有一件颈部堆贴龙首，无釉。口径 8.4 厘米、残高 12.1 厘米（图九，2）。Ⅲ式，4件。双耳，三足，外折沿，附一对环耳，锥形足，器表施黑釉。口径 7.2 厘米、高 6.2 厘米（图 14）。Ⅳ式，2件，残。直口，束颈，鼓腹，阴刻黑地白花，施黑釉。口径 10.5 厘米。

熏炉 5 件，底残。上部呈葫芦状，10 个熏管各附焰心状装饰，或镂菱形熏孔，施黑釉或青釉。残高 8 厘米（图 2）。

盆 分二式：I 式，12 件。敞口外折沿，深腹，平底，内壁施青釉。口径 18—41.1 厘米、高 13.5—24 厘米（图六，5）。II 式，106 件。侈口，浅腹，平底，内壁多施青釉，釉下彩绘牡丹（图十一，4）、菊花、鱼藻（图十，3）、钱纹（图十一，3）等。高 7.4—10.5 厘米、口径 20—45.2 厘米。有的盆内题有诗句"三月当濂禁火神，满头风碎踏青人。桃花也笑风尘客，不插一枝空过春"。另一件写"七十有三春，年来尚富先。山河无寸〔草〕，天地是何人"。底部写"杨宅／元年拾□记／师身逈"。还有残片留有"出入三朝贵，□□四海春"（图十二）、"君生何……文章左"、"福海寿山"等句。

洗 6 件。敞口外拆沿，平底，青釉下绘草叶纹。口径 23—34.2 厘米、高 2.2—4 厘米。

器盖 16 件。荷叶形，莲蓬状钮。口径 33.7 厘米（图 11）。斗笠形（图六，20）或宝塔形（图十二，1）。口径 8.2—31 厘米。

托子 5 件。施黑釉。高 4.1 厘米（图六，19）。

四系小盂 2 件。敛口，平底，四系分二组附于肩部，施黑釉或青釉。高 4.2 厘米。

盖盒 6 件。圆形，饰瓦楞、海波纹，器表有的施绿釉。口径 9.2—20 厘米、高 3.4—8.8 厘米（图八，4）。

漏斗 1 件。内壁施青釉。口径 10.8 厘米、高 7 厘米（图六，14）。

器座 10 件。腹部堆塑莲瓣，施酱红釉。口径 29 厘米、高 26 厘米（图 10）。

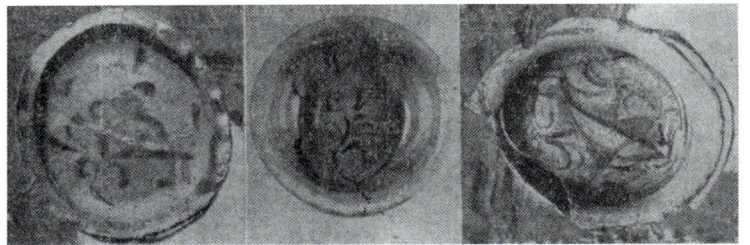

▲图十

1. 童子山窑址出土的彩绘花纹洗 2. 日本出土磁灶窑产的黄釉铁绘花纹盘（《日本出土的中国陶瓷特别展览》图 152） 3. 童子山窑址出土的鱼藻纹 II 式盆

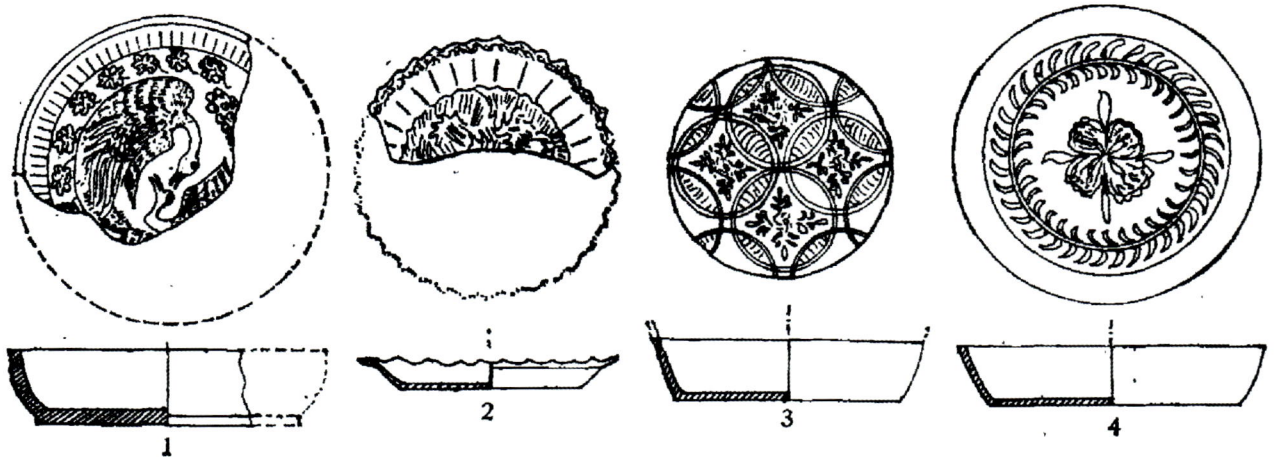

▲图十一

1. 盘（蜘蛛山窑址） 2. 碟（土尾庵窑址） 3. II 式盆（童子山窑址） 4. II 式盆（童子山窑址）

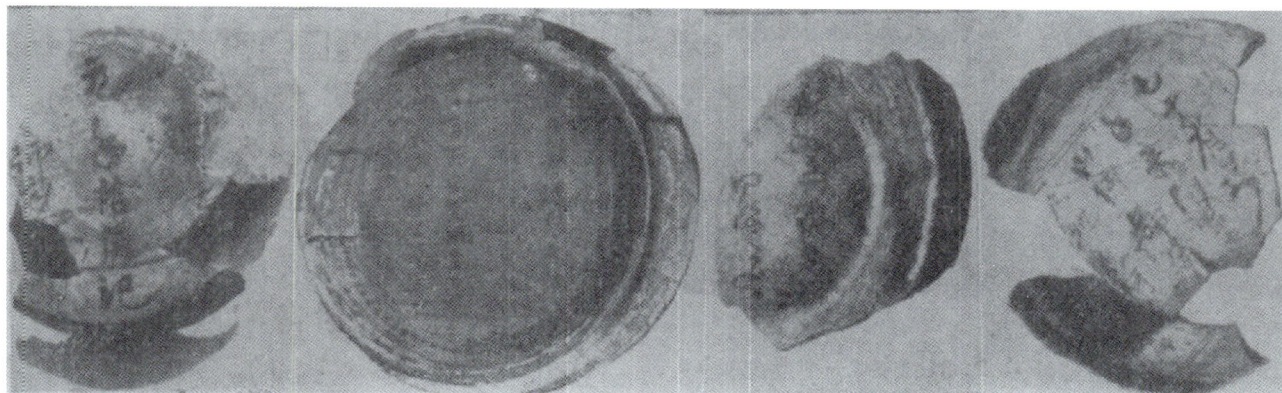

▲图十二　童子山窑址出土Ⅱ式盆里的题诗

墓鼓　1件。鼓状。作垫棺用。施青釉。面径 11.5 厘米、高 8.4 厘米（图七，3）。

力士　3尊，残。施绿釉或青釉，眼珠点黑彩。残高 13.2 厘米（图5）。

生产工具：

模具　9件。有阴刻麒麟、牡丹的罐范，有花瓣口、瓜棱腹的碟范（图十三，5），还有六角形龙凤瓶底范。

陶车轴套　1件。锅底状套槽，质地坚硬。口径 8.2 厘米、高 5.5 厘米（图十三，3）。

建筑材料　8件。若瓦片，刻"程二""程干"字样（图五，1）。

托座　12件。壁部阴刻有"龙□□"（图四，1）等字样。上口径 8—19.5 厘米、残高 3—16.5 厘米（图六，28）。

垫圈　7件。腹部阴刻有"念肂□□"（图四，2）等字样。直径 20—30 厘米、残高 7.1 厘米（图十三，6）。

垫钵　2件。深腹，平顶，有镂孔，有一件刻划"拾Ⅱ"字样。口径 15 厘米、高 11.4 厘米（图六，17）。

三足垫饼　1件。直径 7 厘米。

四、清代窑址

这次新发现7处，分布于下官路大队的铜锣山，洋宅大队的路山尾，下灶大队的宫后山、寨边山、窑尾草埔，磁灶大队的下尾湖、瓮灶崎。窑址依山坡，临村庄，破坏严重，范围不大。铜锣山窑址的原堆积层 1.4—2.8 米。路山尾窑址的一条残窑炉，宽 2.1 米，

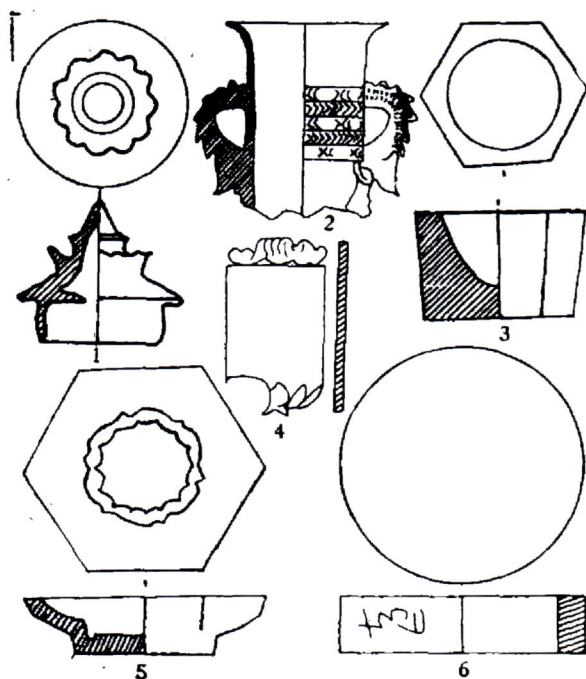

▲图十三
1. 器盖（土尾庵窑址）　2、4. Ⅱ式瓶（蜘蛛山窑址）
3. 陶车轴套（土尾庵窑址）　5. 模具（土尾庵窑址）
6. 垫圈（童子山窑址）

堆积 1.9 米。其他窑址仅存零星瓷片散乱于地表。共采集标本 66 件，均残片，分述如下：

缸 分二式：I 式，12 件。敛口，内折沿，鼓腹，施青釉，薄而匀，有的口沿绘绛红彩或划细弦纹。口径 18—40 厘米（图六，25）。II 式，10 件。外卷沿，施青釉或酱色釉。口径 10.5—39 厘米（图六，27）。

瓮 分二式：I 式，14 件。小口，平沿，四系，平底，施青釉，厚薄不匀，器内有手捏拉胚痕迹。口径 10—14.2 厘米（图三，6）。II 式，11 件。小口外折沿，器外施青釉或酱色釉。口径 13—14.2 厘米（图六，23）。

钵 5 件。敞口外折沿，直腹，平底，未施釉。口径 30—34 厘米、高 8—13 厘米（图六，22）。

器盖 2 件。平顶，器身呈梯形。口径 26—30 厘米。

壶 1 件。盘口长颈，施酱黄釉。口径 5.8 厘米（图三，5）。

托座 3 件。平顶有镂孔，细泥制。高 6.8 厘米（图六，26）。

垫钵 6 件。敛口外卷沿，平底。口径 14—20.5 厘米、高 8—10 厘米（图三，8）。

垫饼 1 件。粗泥制。直径 3.5 厘米。

陶垫拍 1 件。扁圆形拍面，施青釉。面径 12.5 厘米。

结语

（一）磁灶窑的制作特征和年代分析

在泉州地区的窑址中，数磁灶窑烧制的年代最早、延续时间最长，产品具有浓厚的地方特色和时代风格。

南朝晚期，磁灶溪口山烧制的盘口壶，壶身较瘦长，最大径在腹上部。烧制的盘厚重，多铁瘢，器心平坦。施青釉，略闪灰黄色，多数仅挂半釉，且易脱，胎灰白。器形与1958 年南安丰州南朝墓出土的盘近似。窑具只有托座与支钉。

唐代磁灶窑烧造的瓷器仍较简单，多为轮制，胎质灰白厚重，不加纹饰，施青釉，仅挂半器，釉厚，有垂痕。钵口沿圆浑，底平而宽。四系罐和平底钵（在溪口山窑也大量出现），与同安东烧尾唐窑所出近似。窑具仍是托座和支钉，器底多有粘搭痕迹。

宋元时期，磁灶窑生产的军持、瓶、执壶等，多未施釉，应是淋色釉二次焙烧而成。磁灶的色釉在泉州窑中具有特色。釉色主要有青、绿、黄、黑、酱。绿釉器多有"返银"现象，且锈入釉。制作一般用陶车轮制，也有相当部分器物采用模制。瓶、军持、执壶均分段模制，然后粘接而成。采用匣钵装烧，托座垫烧，故足部露胎大。只有灯盏，采用对口烧。

装饰花纹繁杂，有折枝花、梅花、菊花、缠枝花、莲花、牡丹、凤凰、麒麟、孔雀、龙、鱼藻、卷云、弦纹、铁锈花等等。装饰技法有印花、绘花、堆花、贴花、刻花、划花、捏花诸种，表现手法各有独到之处。特别是绘花，为泉州瓷器釉下彩绘开了先导。

铭文大都刻划在窑具上，可能是作为窑具的编码或窑工的记号。模印在器物底部的"程家工夫"，应是窑坊主的标记。"工夫"二字是宋元工艺品的常见用语。童子山窑出土的题诗盆，反映当时寒食节的民间风俗。还有从侧面表现社会背景的，如题有"山河无寸草，天地是何人"等句，从中可见南宋遗民们的忧国感时。

产品在泉州地区一些同期文化层中也有出土，如：泉州湾南宋海船出土有盆、四系罐、小口瓶、黑釉碗等；泉州体育场南宋文化层出土有薰炉、执壶、小口瓶等；泉州府后山宋文化层出土有执壶、小口瓶、罐、彩绘盆、碗等。

明代晚期至清一代，磁灶窑已转入烧制粗陶器。据清乾隆《晋江县志》卷一记载："瓷器出磁灶乡，取地土开窑，烧大小钵子、缸、瓮之属，甚饶足，并过洋。"由此可知，这一时期的器类很简单，但产品仍远销国外。

（二）磁灶窑产品的外销

磁灶制瓷业在宋元时期得到飞跃发展，是与当时泉州港成为"梯航万国"的通商巨埠有密切关系的。自宋元祐二年（1087）增置市舶司于泉州后，大大促进了与外商的交易。南宋嘉定十二年（1219），政府为杜绝因海外贸易导致钱币外流，规定：凡买外货，"止以绢布、锦绮、瓷器之属博易"。这个政策的实行，也使陶瓷大量附舶，远销海外。元朝统一中国后，泉州港达到鼎盛时期，陶瓷外销量更大。正因处在这极有利于刺激陶瓷生产的海外交通形势下，磁灶窑的规模、技术、品种等方面都得以迅速发展。

通过对磁灶窑的实地调查，参考历年来日本、菲律宾、印度尼西亚、马来西亚、新加坡等国家瓷器出土情况，证明磁灶窑是一处重要的外销陶瓷产地。

磁灶窑的军持是适应东南亚人民进行宗教活动需要而烧制的。艾惕思介绍的《菲律宾发现的中国瓷器》[1]中，有双龙抢珠或缠枝牡丹军持（图14，1）、无纹饰的黑釉军持，洛克辛

▲图十四

1. 菲律宾出土的磁灶窑军持（《菲律宾发现的中国瓷器》图29，b）

2. 菲律宾出土的磁灶窑军持（《菲律宾发现的东方陶瓷》47页）

▲图十五

上：晋江县明初墓出土的黑釉刻花瓷炉

下左：菲律宾出土的磁灶窑刻花瓷炉（《菲律宾发现的中国瓷器》）

下右：菲律宾出土的磁灶窑刻花瓷瓶（《菲律宾发现的中国瓷器》）

夫妇所著的《菲律宾发现的东方陶瓷》[2]中，有长流长颈军持（图十四，2），从大小、造型、装饰来看，都可证实是磁灶产品。还有磁灶窑的黑釉刻花炉（图十五，上），同菲律宾出土的刻花炉（图十五，下左）也相似。艾惕思先生1980年7月间来泉州参观，高兴地注意到这些展品。《日本出土的中国陶瓷特别展览》[3]一书介绍，福冈市西区田岛经冢、福冈市筑柴郡太宰府町五条遗址、长野县饭田市米中村经冢等地，出土有黄釉铁绘花纹盘（图十，2），与磁灶童子山窑的彩绘洗（图十，1）也相似。这类产品过去日本把它叫作"绘高丽"，认为它是高丽出产的，原来是磁灶童子山窑的产品。另外，蜘蛛山窑出土的绿釉划花器，还有在绿釉上面画黄釉斑点的，在日本也发现不少[4]。1981年4月底，以东洋陶瓷学会会长三上次男教授为团长的日本日中贸易史学者友好访华团，在泉州参观访问时也谈道："晋江土尾庵窑的绿釉瓷器，在日本到处都有，特别是日本的横滨。晋江童子山窑的彩绘陶盆，九州发现很多完整的，京都也有。"[5]

明清时期，磁灶的陶瓷仍运销海外。随着华侨的大批出国，制瓷技术也传播到南洋各地，促进当地陶瓷工艺的发展。例如菲律宾米岸烧制的"文奈"瓷器，就是磁灶乡姓吴的华侨传授的[6]。直到近代，仍有众多华侨在海外操营此业，传授技艺。

由于内地商品经由泉州港集散，磁灶窑也吸收江西、浙江等地的制瓷技法，以及受福建同时期产品不同程度的影响，在器物制作、装饰等方面都有所反映。

出土的托座上刻划有张、吴、程、杨诸姓，根据当地族谱记载，他们都是明代以前世居磁灶的家族。从器底模印"程家工夫"字样可以看出，这是一家或数家同姓合资经营的窑场。除泉州外，磁灶产品在国内发现甚少，地方史料中没有官营或官府督造的记载，由此推测，磁灶窑应是一处专为海外贸易需要而生产的民窑。

（原载《考古》1982年第5期）

▲图1　Ⅱ、Ⅲ式执壶（土尾庵窑址）

▲图4　Ⅰ式瓶（蜘蛛山窑址）

▲图2　熏炉（土尾庵窑址）

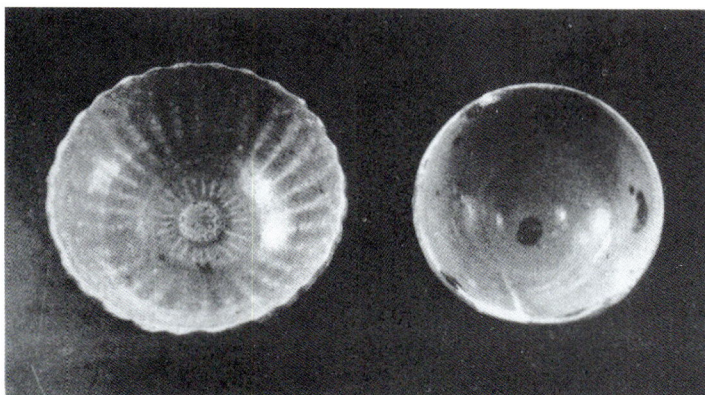
▲图3　碗（左：蜘蛛山窑址；右：土尾庵窑址）

▲图5　绿釉力士（土尾庵窑址）

▲图6　绿釉军持（土尾庵窑址）

▲图9　II式瓶（土尾庵窑址）

◀图 7　碗（蜘蛛山窑址）

▲图 8　Ⅱ式砚滴（蜘蛛山窑址）

▲图 10　器座（童子山窑址）

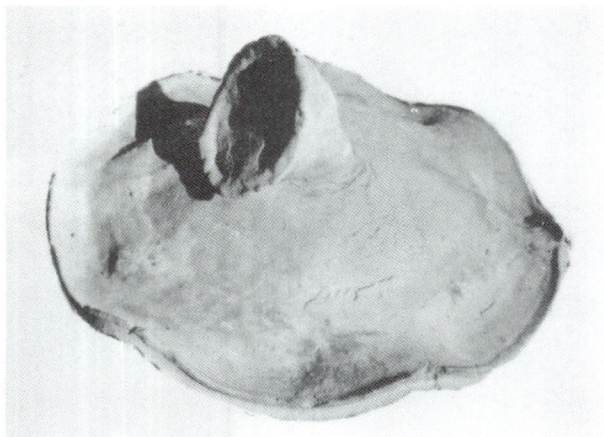

▲图 11　荷叶形器盖（童子山窑址）

▲图 12　黑釉军持（土尾庵窑址）

▲图 13　Ⅴ式执壶（土尾庵窑址）

▲图 14　Ⅲ式炉（蜘蛛山窑址）

▲图 15　Ⅳ式罐（蜘蛛山窑址）

▲图 16　Ⅰ式罐（土尾庵窑址）

注释

[1] 艾惕思：《菲律宾发现的中国瓷器》，《东方陶瓷协会学报（第三十七卷）》，1967—1969 年。

[2]Leandroand Cecilia Locsin，Oriental Ceramic Discovered in the Phillppines，Charies E.Tuttle Company Rutland，Vermontand Tokoy，Japan，1967.

[3] 日本东京国立博物馆：《日本出土的中国陶瓷特别展览》，1975 年。

[4] 冯先铭：《中国古代外销瓷的问题》，《海交史研究》1980 年总第 2 期。

[5]《海交史研究动态》1981 年第 8 期。

[6]G.L.Azarin：《磁灶的制瓷技术》，菲律宾《华侨周刊》第 26 卷 1 期，1963 年。

福建晋江草庵发现
"明教会"黑釉碗

◎黄世春

福建晋江草庵摩尼教遗址是我国现存唯一的摩尼教遗迹。最近在草庵发掘出一批"明教会"黑釉碗。

1979 年在草庵寺前 20 米处发掘出"明教会"瓷碗 1 件和碗残片 60 多块。该碗口径 18.5 厘米、高 6.5 厘米、底高 0.08 厘米，碗内凹刻"明教会"三字，"明"字 6 厘米见方，"教"字 7 厘米见方，着黑色釉。60 多块残片中间 13 块有"明"字、"教"字、"会"铭文，不甚完整，但与该碗字体字模相同。

草庵"明教会"黑釉碗出土后，我们开始对其产地的年代进行探讨。因估计其产地可能在晋江的磁灶或内坑古窑址，我们花了 3 年时间，查遍了磁灶 17 处和内坑 2 处古窑址。1982 年 11 月 3 日终于在磁灶大树威古窑址瓷层底水沟边发现了一块有"明"字字样的黑釉碗残片，又于 1983 年 6 月 19 日在同窑址山顶处发现一块有拟"明"字形的残片。草庵"明教会"黑釉瓷碗与磁灶大树威，"明"字黑釉碗残片，无论釉色、字体、字模均一样。磁灶大树威窑为宋代窑址。因此可以断定草庵"明教会"黑釉瓷碗系宋代磁灶大树威窑所烧制的产品。

草庵"明教会"黑釉碗系宋代摩尼教徒的食具。它的发现说明草庵是宋代明教会活动的据点，他们势力甚大、人数众多、公开活动，因此到产窑统一烧制食具。它的发现为研究宋代泉州地区摩尼教的活动提供了珍贵的资料。

（原载《海交史研究》1985 年第 1 期）

从"明教会"碗的出土试论
福建摩尼教兴盛年代

◎ 黄世春

　　摩尼教又称明教，其传入中国及其兴盛的年代，学术界已多有论证。然而，摩尼教在福建的传播及其兴盛年代的问题，尚少见探讨。本文从"明教会"黑釉瓷碗的出土，作一初步的考察。

　　摩尼教传入中国的年代，据志磐《佛祖统记》卷三十九载"延载元年（694）波斯人拂多诞持二宗经来朝"，卷四十八载"拂多诞摩尼教僧侣一级"，说明是在唐武则天延载年间。至于摩尼教传入福建及其兴盛的时期，亦可见于宋代文集的最早记载。如庄绰《鸡肋篇》云："事魔食菜，法禁甚严。

▲ "明教会"黑釉碗

有犯者，家人虽不知情，亦流于远方。以财产半给告人，余皆没官。而近事者益众。云自福建流至温州，遂及二浙，睦州方腊之乱，其徒处处相煽而起。"这明确记述了摩尼教传入福建当在方腊起义之前，而兴盛年代在方腊起义前后。再如陆游《渭南文集》卷五载："惟是妖幻邪人，平时诳惑良民，结连素定，待时而发，则其为害，未易可测。伏缘此色人处处皆有，淮南谓之'二子'，两浙谓之'牟尼教'，江东谓之'四果'，江西谓之'金刚禅'，福建谓之'明教''揭谛斋'之类，名号不一，明教尤甚。至有吏人、军兵亦相传习，其神号曰'明使'……白衣黑帽，所在成社。伪经妖像，至于板刻流布，假借政和中道官程若清等为校勘，福州知州黄裳为监雕……更相结习，有同胶漆。万一窃发，可为寒心。汉之张角、晋之孙恩、近岁之方腊，皆是类也。"宋政和年间即1111—1118年，查黄裳知福州正是在政和三年（1113），所载吻合。这说明在方腊起义之前福建明教已是十分兴盛了。

1979年9月晋江草庵寺前20米处发掘出"明教会"黑釉瓷碗1个和碗残片60多块，为福建明教的兴盛提供了重要依据。该碗口径18.5、高6.5、底高0.08厘米，碗内凹刻"明教会"三字。"明"字6厘米见方，"教"字7厘米见方，着釉黑色。60多块残片，13块有"明"字、"教"字、"会"字，不甚完整，但与该碗字体字模相同。碗为人们的食用工具。"明教会"碗的发现，我们可以得出如下几个结论：①草庵为当时明教会的活动据点，其规模甚大，人数颇多，否则不可能统一到产窑订货制作。②当时"明教会"活动是公开性的，否则不可能采用统一标志的共同食具。《建炎以来系年要录》载："绍兴四年（1134）五月，起居舍人王居正言：伏见两浙州、县，有食菜事魔之俗。方腊以前，法禁尚宽，而事魔之俗犹未至于甚炽。方腊之后，法禁愈严，而事魔之俗愈不可胜禁。"由此可见，草庵"明教会"的兴盛时期当在方腊起义之前，如在方腊起义之后，法禁甚严，绝不能如此公开化。

草庵"明教会"黑釉碗出土后，我们开始对其产地、年代进行了探索。根据出土物的特征，结合当地一些古代窑址的情况来考察，可以推断它应当是磁灶或内坑窑址的产品。于是，我们花了3年的时间，查遍了内坑、磁灶17处古窑址。1982年11月3日，终于在磁灶大树威古窑址瓷层底水沟边发现了一块有"明"字字样的黑釉碗残片。又在1983年6月19日在同窑址山顶处发现一块有似"明"字形的残片。后又多次踏找，但未能再有所获。由于第二块残片釉色微浅，不便比较，我们走访了当地窑厂技术人员，他们认为这是烧釉时火候不足所致。但从发掘的第一块黑釉碗残片的"明"字的字样与草庵"明教会"碗作比较，无论釉色，还是字体、字模都是一样的。且大树威窑址为宋代古窑，它无疑是宋代早期的产品。因此，这块残片可以作为认定草庵"明教会"兴盛于宋政和年间的有力佐证。

综上所述，我们可以得出一个结论，福建摩尼教的兴盛年代最迟不晚于宋政和年间。

（原载《磁灶窑址》1987年10月版）

磁灶土尾庵窑发掘简报

◎福建省博物馆

磁灶镇位于泉州市南约 16 公里，属晋江市（东南距晋江市区约 8 公里）。其地处紫帽山南麓，地势由西北向东南倾斜。境内主要溪流——梅溪，流自西北，东折而去，汇于晋江后注入泉州湾，溪宽敞曲折，古称"九十九溪"，是古代磁灶的主要水上通道（图一）。

磁灶境内古窑址多沿溪分布，数量众多。早在 20 世纪 50 年代，故宫博物院陈万里、冯先铭等先生就对磁灶窑进行过调查。其后，厦门大学人类博物馆、泉州海外交通史博物馆及晋江县文化馆等单位的研究人员均对其进行了大量的调查工作，并进行过局部试掘，采集到大量标本，发现了自南朝至清代的二十六处窑址 [1]。宋元时期的土尾庵窑就是其中之一。

土尾庵窑址位于岭畔村梅溪南岸约 300 米的土尾庵山坡上，原遗物分布面积约 3 万平方米，堆积层厚处达 4 米以上。因近年来沿山坡修建了较多的房屋、窑厂，并于山顶及四周大量取土，使窑址遭受严重的破坏。现保存情况较好的只余山顶部一块面积约 600 平方米的堆积。经批准，福建省博物馆考古部于 1995 年 10 月对其进行抢救性发掘。发掘工作得到了当地县、镇、村各级政府和群众的积极支持。现将发掘情况简报如下。

一、地层堆积与遗迹

地层堆积 发掘地点选在山顶部及其东北角。布探方四个，面积均为 5×5 平方米，方向正南北，发掘面积共 100 平方米。地层堆积情况，以 T04 西壁、北壁为例，介绍如下：

第①层：表土层，厚 40—60 厘米。

第②层：灰褐色土，土质坚硬，含较多粗砂粒。厚 60—100 厘米，深 40—60 厘米。夹杂有粉状的灰白色瓷土及陶瓷碎片等。

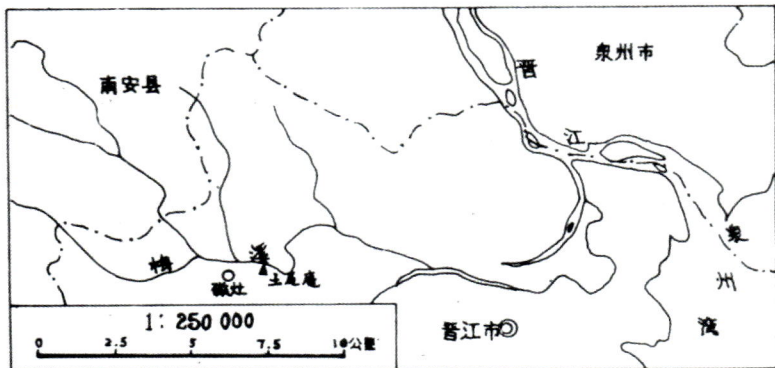

第③层：黄色土层，土质松散。厚55—130厘米，深110—205厘米。夹杂有匣钵、陶瓷片，及黄褐色粗砂等。

第④层：黄褐色土层，土质较松软。厚30—70厘米，深175—240厘米。出土物有较多的陶瓷器等。

第⑤层：灰褐色土，土质细密。厚60—115厘米，深205—290厘米。夹杂有少量的碳粒及灰黑土。出土较多的陶瓷器，其中多可复原者。此层下发现一段窑炉遗迹 Y_1。

第⑤层下即生土，为灰黄色的风化砂岩。

根据上述已发掘部分的地层堆积特点，对其成因作如下分析：

第①层，表土层，为近现代农耕土层。

第②、③层，虽未发现晚期遗物，但包含的陶瓷片较碎，推测为窑址堆积扰乱层。

第④、⑤层，包含瓷片较多、较大块并有较多可复原者，推测为未经扰乱的窑址废品堆积层。

遗迹　此次发掘揭露出残窑炉一段，编号Yl。Y1位于T04西部，东西走向。东端被早期破坏，西端进入探方西壁（未继续清理）。Y1开口于第⑤层下，打破生土，距地表深度335—375厘米。窑头方向80度，已清理长度140厘米、宽110厘米；斜坡底，底面铺褐色及红黄色粗砂土，厚约12厘米；斜度约4度（西高东低）。二侧窑壁已塌，残存高度10厘米；壁厚25厘米，用红色土坯砖（无完整者，厚约6厘米、宽11厘米）横置顺砌而成。窑北侧不规则散布着较多的红烧土块、土坯砖块、石块等，应是窑壁倒塌的残余；南侧有一片红烧土地面，其对应的窑壁处可能是窑门的位置（图二）。

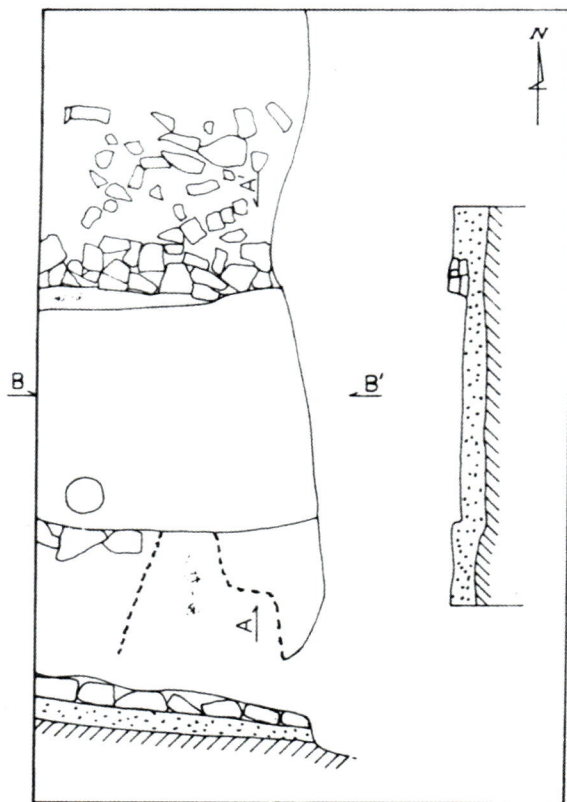

▲图二　Y_1平剖面图（比例1:40）

窑内除发现一圆形凹状垫饼（已烧结粘牢在窑室底面上）外，未发现其他包含物。垫饼应是作垫放匣钵，或垫烧较大型圆底器之用。

二、出土遗物

土尾庵窑址出土遗物有窑砖、窑具（主要为匣钵等）及较多的陶瓷器等。窑砖为土坯砖，尺寸为 25×12×7 厘米。匣钵剖面呈 "M" 形，直径大约有 12、15、22 厘米三种，高度分别为 3.5 厘米、4.5 厘米、7.5 厘米。现对遗物中的部分器物做简单的介绍。

土尾庵窑的器物胎土多为灰或深灰色，胎质较粗，吸水性强；部分器物有未烧透者，胎色则呈土黄，胎质疏松。釉色大致可分为青釉、酱黑釉和黄绿釉三大类，多数外壁仅施半釉，底足露胎，釉下多施有黄色或白色化妆土，部分器物仅施化妆土而无釉者，应属半成品，待施色釉后低温二次烧就。器类以日用品为主，还有少量的供器及明器等，以下择要分类叙述。

碗 依其形态，分为四型。

Ⅰ型，撇口，深腹。标本 95JCT04：56，撇口，尖唇，弧腹，圈足外直内斜，足心略鼓。灰胎，施黑釉，碗内腹刮釉刻 "庙" 字。口径 17.2 厘米、足径 6.2 厘米、高 7.3 厘米（图三：1；图四）95JCT04：57 厘米，撇口，圆唇，沿下内弧，斜腹，圈足内外斜，足心弧鼓。黄胎，施酱黑釉，内腹壁刮釉阴刻 "□庵" 字。口径 17.1 厘米、足径 5.2 厘米、高 5.2 厘米（图三：2）。

Ⅱ型，敞口，深腹。标本 95JCT04：58，敞口，斜弧腹，圈足宽平，足内浅，挖足不平，内碗心较小而下凹。灰白胎，施黄釉，外腹有多道旋折纹。口径 16.6、足径 5.8 厘米、高 6.6 厘米（图三：3）。

Ⅲ型，撇口，浅腹。标本 95JCT04：10，撇口，圆唇，沿上略内弧，斜弧腹，圈足内外斜，足内有突棱，足心往上弧。灰胎，施黄釉，内腹刻划莲花纹及连环纹，

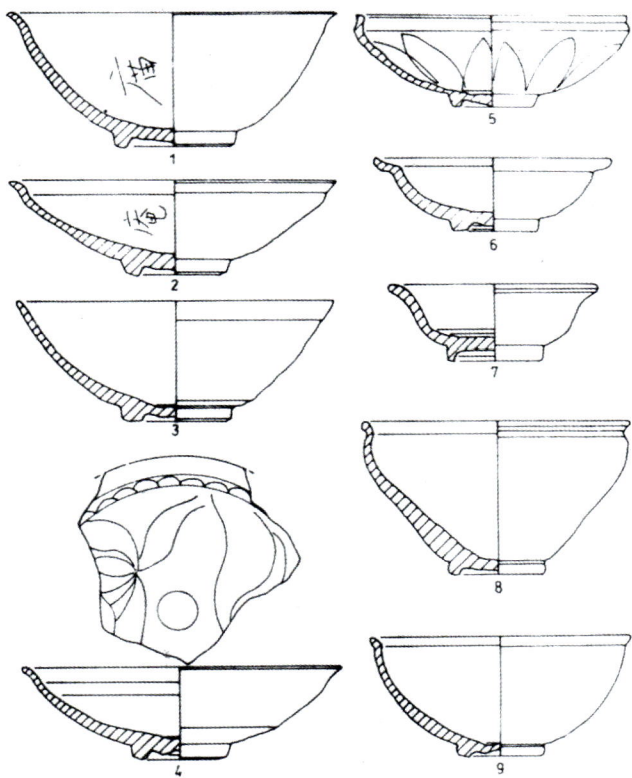

▲图三
1—5.碗 6、7.盘 8、9.盏（比例 1:4）

▲图四 1 型碗

外下腹有一周凸旋纹。口径 16.8 厘米、足径 2.5 厘米、高 5 厘米（图三：4）。

Ⅳ型，敛口，浅腹。标本 95JCT04：20，撇口，尖唇，束颈，鼓弧肩，斜弧腹，圈足内外斜，足心乳突，内碗心略下凹。灰胎，施土黄色釉，内、外腹均刻划莲瓣纹。口径 18 厘米、足径 4.1 厘米、高 5.2 厘米（图三：5）。

盘　撇口，折沿。标本 95JCT04：15，宽沿，外侧起翘，弧腹，圈足外直内斜，足心挖平。灰胎，施青绿釉。口径 12.6 厘米、足径 4.6 厘米、高 4.1 厘米（图三：6）。标本 95JCT04：21，圆唇，斜腹，下腹弧收，圈足外直内斜，足面较平。灰胎，施土黄色釉，内盘心有突棱纹一圈。口径 11 厘米、足径 5 厘米、高 4.2 厘米（图三：7；图五）。

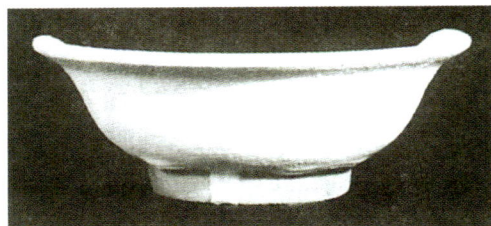

▲图五　盘

盏　依腹部的深浅，分为大、中、小三型。

Ⅰ型，撇口，深腹。其内面施青黄釉，口部及外侧施酱黑釉。标本 95JCT04：18，圆唇，沿下内束，弧肩，斜腹，圈足内、外直，足内浅平。灰胎，口沿所施酱黑釉较薄，露出下层青黄釉，内腹青黄釉略泛蓝色。口径 14 厘米、足径 5.1 厘米、高 8.3 厘米（图三：8）。标本 95JCT04：18，方唇，沿下略束，弧腹，圈足内不平。灰白胎，口沿一圈刮釉，留有叠烧痕迹。口径 13.8 厘米、足径 4.6 厘米、高 6.5 厘米（图三：9）。

Ⅱ型，标本 95JCT04：9，直口，方唇，沿下内束，腹部上直下斜弧，圈足外直内斜，足心削平。灰胎，施酱黑釉，口沿釉薄处呈青黄色。口径 11.8 厘米、足径 4.3 厘米、高 5.4 厘米（图六：1）。标本 95JCT04：8，撇口，圆唇，上腹斜折，圈足外直内斜，足心乳突。红褐胎，施酱黑釉，口沿施白釉，外下腹有半圈叠烧痕迹。口径 10.6 厘米、足径 3.5 厘米、高 4.6 厘米（图六：2）。标本 95JCT04：7，敛口，圆唇，斜腹，圈足外壁上直下斜削，足根平，足心乳突。灰胎，施青黄釉。口径 10.8 厘米、足径 3.9 厘米、高 5.1 厘米（图六：3）。

Ⅲ型，标本 95JCT04：11，敛口，圆唇，口沿平面呈八边形，沿棱角下腹部起筋，鼓弧腹，圈足外直内斜，足心乳突。灰白胎，施青绿釉，内外壁饰叶状褐色点彩。口径 8.3 厘米、足径 3.6 厘米、高 4.9 厘米（图六：4）。标本 95JCT04：3，直口，圆唇，沿下内束，弧腹，圈足外壁上直下斜削，足心向下鼓突。黄褐胎，施黑釉，外下腹有凸旋纹一道。

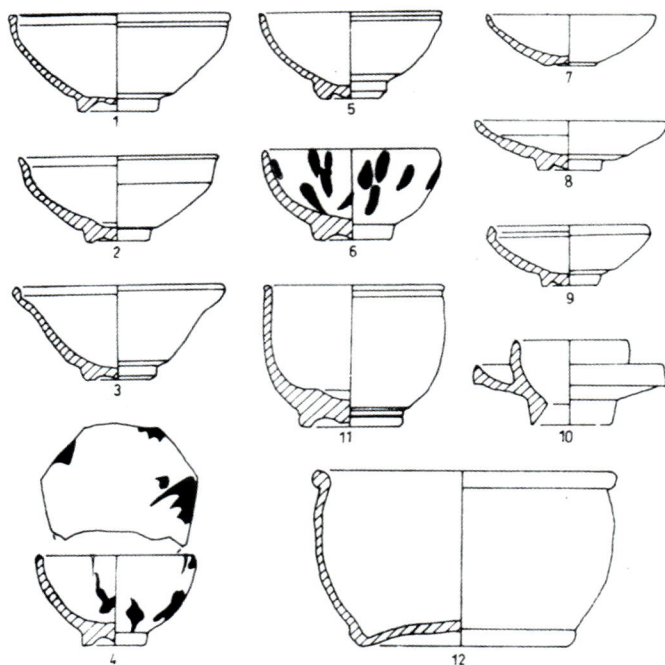

▲图六　1-6.盏　7-9.碟　10.盏托　11、12.钵（比例 1 : 4）

口径 9.6 厘米、足径 3.8 厘米、高 4.6 厘米（图六：5）。标本 95JCT04：14，敛口，尖唇，鼓弧腹，高圈足，足壁外直内斜，足心鼓突。灰胎，施黄釉，内外壁饰褐色点彩。口径 9 厘米、足径 4.2 厘米、高 4.9 厘米（图六：6；图七）。

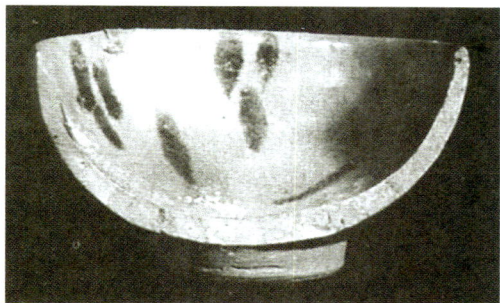

▲图七　Ⅲ型盏

▲图八　盏托

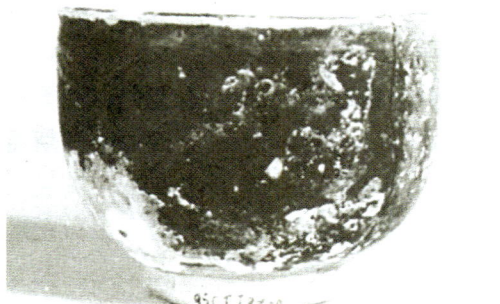

▲图九　Ⅰ型钵

▲图十　Ⅱ型钵

碟　依口沿、底部的不同，分为三型。

Ⅰ型，敞口，平底。标本 95JCT04：12，圆唇，斜弧腹，平底内凹。灰胎，施黄釉。口径 8.9 厘米、底径 2.9 厘米、高 2.9 厘米（图六：7）

Ⅱ型，敞口，圈足。标本 95JCT04：2，尖唇，斜腹，近底处收折，圈足外壁高直，内壁斜浅，足心下凸。灰胎，施酱黑釉，内腹部饰凹弦纹一道。口径 10.1 厘米、足径 3.4 厘米、高 2.7 厘米（图六：8）。

Ⅲ型，敛口，圈足。标本 95JCT04：1，尖唇，斜弧腹，圈足外直内斜，足心突。黄胎，施酱黑釉（口沿处釉呈酱褐色），外下腹有多道轮旋纹。口径 8.1 厘米、足径 2.9 厘米、高 3.3 厘米（图六：9）。

盏托　标本 95JCT04：54，敛口，圆唇，弧腹略鼓，托盘部分为尖唇，敛口，斜腹，圈足内外斜，足根尖削，中空。灰胎，施酱黑釉，盏口沿部分刮釉，圈足内外侧无釉。口径 5.8 厘米、腹径 10 厘米、足径 4 厘米、高 4.6 厘米（图六：10、图八）。

钵　据腹部、底部的不同，分为二型。

Ⅰ型，标本 95JCT04：6，直口，方唇，外沿下略束，直腹，下腹弧收，圈足外直内斜，足心鼓突，内钵心有下凹。灰胎，施酱黑釉，下腹近底处有凸弦纹一道，圈足外壁饰凹弦纹一圈。口径 9.6 厘米、足径 5.5 厘米、高 7.7 厘米（图六：11；图九）。

Ⅱ型，标本 95JCT04：25，敛口，卷沿，圆唇，沿下内束，鼓弧腹，饼足内凹，内钵心上鼓。灰黑胎，内下腹及内底施青绿釉，内、外腹上部施酱黑釉，口沿留有多处白瓷土的痕迹，应是叠烧时用白瓷土作间隔物后留下的。口径 15.9 厘米、底径 11.9 厘米、高 9.4 厘米（图六：12、图十）。

小罐　按其形态及功能的不同，分为六型。

Ⅰ型，广口，束颈。标本 95JCT04：27，圆唇，外卷沿，鼓弧腹，平底内凹。灰胎，口部及外上腹部施酱黑釉。口径5.6厘米、底径5.3厘米、高7.2厘米（图十一：1；图十二：左；图十六：左）。

Ⅱ型，小口，缩颈，圆肩，鼓弧腹。标本95JCT04：32，撇口，圆唇，圈足外撇，足根宽平，足心鼓突。灰胎，口、颈部及外腹施黑釉。口径2.2厘米、足径3.3厘米、高7.4厘米（图十一：2；图十二：右）。

Ⅲ型，撇口，圆唇，束颈，鼓腹。标本95JCT04：31，溜肩，圈足外直内斜，底面稍平。生烧，胎呈黄色，未上釉，腹部浮雕双龙戏珠纹。口径3.2厘米、足径3.4厘米、高6.5厘米（图十一：5；图十三）。标本95JCT04：26，弧肩，平底内凹，底心弧突，内底心向上鼓突。灰胎，内、外均施青釉。口径2.8厘米、底径3.8厘米、高7厘米（图十一：6）。

Ⅳ型，敛口，鼓腹。标本95JCT04：36，弧肩，鼓腹，平底内凹，灰胎，口部及外上腹施酱黑釉。口径2.8厘米、底径2.9厘米、高5.9厘米（图十一：7）。

Ⅴ型，明器类，胎质较粗，仅在口部及外上腹部施釉。标本95JCT04：33，撇口，圆唇，缩颈，斜肩，鼓腹，平底内凹，内底心上鼓。灰胎，施青绿釉。口径2.8厘米、底径2.4厘米、高4.4厘米（图十一：3；图十四：右）。标

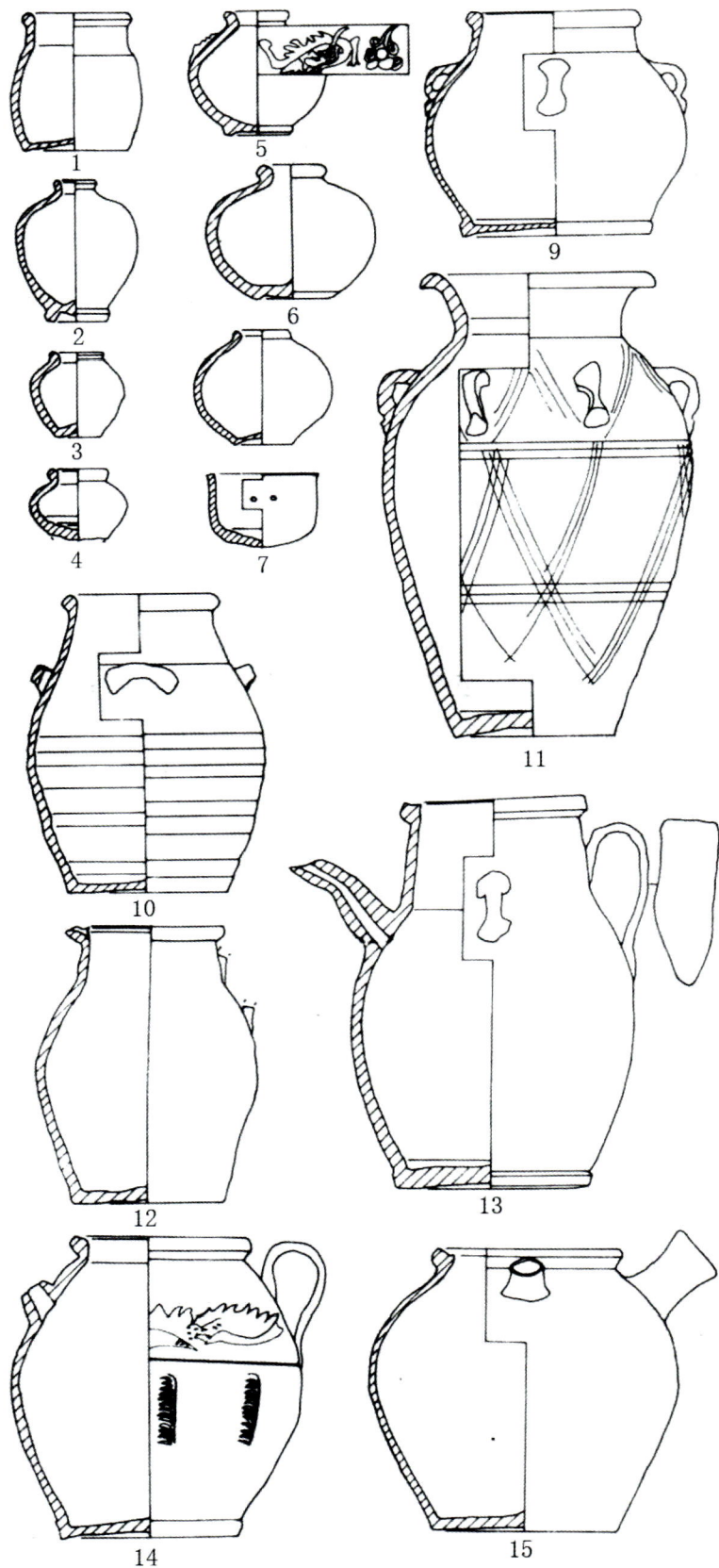

▲图十一

1–8. 小罐　9–11. 罐　11–14. 执壶　15. 急须（比例1:4）

▲图十二　左：Ⅳ型小罐　右：Ⅱ型小罐

▲图十三　Ⅲ型小罐

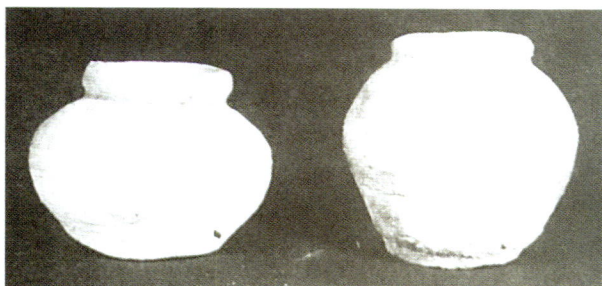

▲图十四　左：Ⅳ型小罐　右：Ⅴ型小罐

▲图十五　罐

▲图十六　左：Ⅰ型小罐　右：Ⅱ型水注

▲图十七　急须

本 95JCT04：28，底部残破。直口，方唇，束颈，弧肩，鼓腹，内底心下凹。灰黄胎，施青黄釉。口径 2.9 厘米、残高 3.7 厘米（图十一：4；图十四：左）。

鸟食罐　标本 95JCT04：38，直口略撇，平沿，直腹，圜底；内底心向下弧凹。灰胎，仅在外腹部及底部施绿釉；内底面饰凹弦纹一周，在腹部留有并排 2 个直径约 3 毫米的小圆孔。口径 5.5 厘米、高 3.8 厘米（图十一：8）。

罐　标本 95JCT04：39，敛口外卷沿，矮斜颈，溜肩，鼓腹，饼足内凹，内底心有乳突，肩部饰对称 4 个竖向桥形系。生烧，胎呈红色，釉呈蓝灰色。口径 8.1 厘米、底径 9.2 厘米、高 11.7 厘米（图十一：9；图十五）。标本 95JCT04：46，敛口外卷沿，斜颈，溜肩，鼓腹，平底内凹，肩部对称饰 4 个横向桥形系。灰胎，仅在口部及外上腹施酱褐釉；内、外下腹部有多道轮旋纹。口径 8 厘米、底径 8.2 厘米、高 15.6 厘米（图十一：10）。标本 95JCT04：50，撇口，沿外翻，圆唇，束颈，弧肩、斜直腹，平底内凹，肩部附对称 6 个

竖向桥形系。灰胎，在口、颈、外腹部施有土黄色化妆土，未上釉，外腹部刻划斜线菱格纹及上下两组平行线纹。口径 11 厘米、底径 8.2 厘米、高 24.2 厘米（图十一：11）。

急须 标本 95JCT04：52，盘口，束颈，弧肩，鼓腹，平底内凹，肩部附一圆筒形单把，与把成 90 度角处有一管状短流。灰黄胎，未上釉。口径 9.2 厘米、底径 9.1 厘米、高 14.8 厘米（图十一：15；图十七）。

执壶 依据口沿形式的区别，分为五型。

Ⅰ型，敞口，束颈，鼓腹，平底内凹。标本 95JCT04：45，流残缺。方唇，弧折肩，宽带曲形柄。灰胎，口、颈及外上腹施酱褐釉，外腹有多道凹、凸弦纹。口径 5.8 厘米、底径 7 厘米、高 15.2 厘米（图十八：1；

▲图十八
1、2、4、5、7.执壶 3、6.军持（比例 1：4）

▲图十九 Ⅰ型执壶

▲图二十　Ⅰ型执壶

▲图二十一　Ⅲ型执壶

▲图二十二　军持

图十九）。标本95JCT04：43，流上部残缺。方唇，溜肩，瓜棱腹，流上部略外撇，宽曲形柄。灰胎，口、颈及外腹部施青釉，内、外腹有多道凹弦纹。口径7.8厘米、底径8.4厘米、高18.2厘米（图十八：2；图二十）。

Ⅱ型，盘口平沿，长颈上小下大，溜肩，鼓腹，平底内凹。标本95JCT04：44，流上部残缺，饼足。宽带状曲柄，柄面凹印长条纹二道，流、颈之间用卷云状条饰连接。灰胎，口、颈及外腹部施青黄釉，釉面饰褐斑。口径6.8厘米、底径8厘米、高21厘米（图十八：7）。

Ⅲ型，敛口，沿外卷，直颈，鼓腹，平底内凹。标本95JCT04：42，柄残缺。溜肩，折腹，瓜棱形。灰胎，口、颈及外腹部施酱黑釉。口径8.3厘米、底径9.2厘米、高17厘米（图十八：4；图二十一）。

Ⅳ型，直口内折平沿，直颈，弧肩，鼓腹，平底内凹。标本95JCT04：41，口沿一侧做出缺口，饼足，流上部向外撇折，宽带状曲形柄，肩部饰对称2个竖向桥形系。灰胎，内、外施青绿釉，肩部饰凹弦纹一道。口径7厘米、底径8.6厘米、高17.4厘米（图十八：5）。

Ⅴ型，大口，宽鼓腹。标本95JCT04：51，柄残缺。盘口，斜颈，溜肩，鼓腹，平底略内凹，口沿一侧出流。灰胎，未上釉。口径7.6厘米、底径8厘米、高14.5厘米（图十一：12）。标本95JCT04：49，直口，沿外折，直颈，溜肩，鼓腹，台状足，平底内凹，流上部向外撇折，宽带状曲形柄，肩部附2个对称的竖向桥形系。灰胎，仅在口、颈及外上腹部施酱褐釉。口径9厘米、底径10厘米、高20.4厘米（图十一：13）。标本95JCT04：47，流上部残缺。撇口，沿外卷，束颈，溜肩，饼足，平底内凹，管状流，宽曲形柄，腹部刻划凹弦纹一周，弦纹上部浮刻2个对称的火焰状云纹，下部浮刻12列竖排的麦穗纹。口径9.1厘米、底径9厘米、高15.7厘米（图十一：14）。

军持　沿外折，沿面下翻，溜肩，鼓腹，长流斜直，饼足内凹。标本95JCT04：53，直口内敛，方唇，长颈略束。流上部堆塑一龙头，龙身绕过壶颈，龙尾伸出并固定于另一侧鼓腹处形成曲形柄，肩部还附有对称的4个竖向桥形系，腹部刻划很随意的莲花纹，颈部饰二道凹弦纹，颈、肩交接处有二道凸弦纹。灰胎，内、外施有土黄色化妆土，未上釉。口径 8.8 厘米、底径 9.1 厘米、高 21 厘米（图十八：3）。标本 95JCT04：40，撇口，长颈微束，无柄，腹部刻划随意的莲花纹，颈、肩部饰凸弦纹一道。灰胎、内、外施土黄色化妆土，未上釉。口径 6.7 厘米、底径 8.3 厘米、高 16.6 厘米（图十八：6；图二十二）。

水注 器形较小，依其口沿的不同，分为二型。

Ⅰ型，盘口，束颈，弧肩，鼓腹，平底内凹。标本 95JCT04：37，把残缺。瓜棱腹，饼足，上腹部饰二道凹弦纹。灰胎，内、外均施黄釉。口径 3.9 厘米、底径 8.7 厘米、高 8.1 厘米（图二十三：5；图二十四）。

Ⅱ型，直口，沿内折，口沿一侧做出缺口，斜颈下束，鼓腹，平底内凹，肩部附有 2 个竖向桥形系。标本 95JCT04：34，流、柄均残缺。尖唇，溜

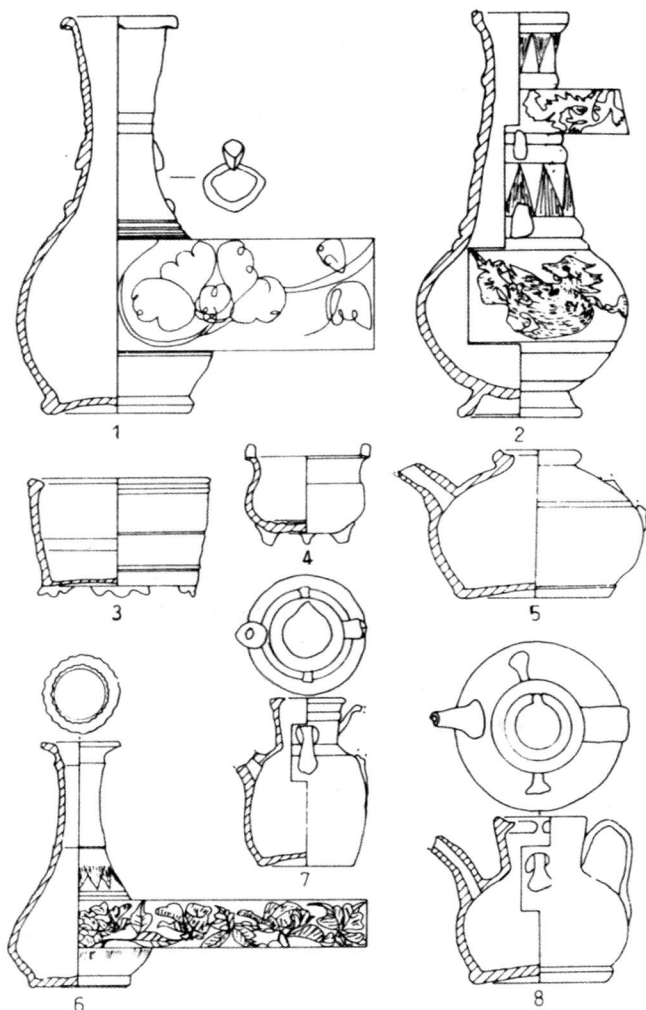

▲图二十三
1、2、6. 瓶　3、4. 炉　5、7、8. 水注（比例 1:4）

折肩，颈部饰一圈宽带状纹。灰胎，仅于内口沿下一周及外侧颈、腹部施酱黑釉。口径 4 厘米、底径 5 厘米、高 9.1 厘米（图二十三：7；图十六：右）。标本 95JCT04：35，方唇，弧肩，饼足。灰胎，内、外施黄釉。口径 5 厘米、底径 7.8 厘米、高 9.1 厘米（图二十三：8）。

瓶 长颈中束，根据其口部的不同，分为三型。

Ⅰ型，撇口，沿外折，溜肩，鼓腹，平底内凹。标本 95JCT04：48，花口，饼足，颈、肩处贴饰对称的 2 个衔环耳，在颈中部、肩、下腹部各有多道凹、凸弦纹，颈、肩处刻划单层覆莲纹，腹部刻划随意的折枝牡丹花等。生烧，胎呈黄色，在内侧颈上方及外侧施有土黄色化妆土，未上釉。口径 6.2 厘米、底径 8 厘米、高 21.9 厘米（图二十三：1）。

Ⅱ型，撇口，宽平沿，溜肩，鼓折腹，饼足，平底略凹。标本 95JCT04：30，菊瓣形外口沿，沿、颈交接处有突棱一周，上腹部饰凸弦纹二道，弦纹上方阳印双层覆莲瓣纹，下方阳印折枝花卉纹，下腹部刻划数组短竖线纹。胎生烧，呈黄色，未上釉。口径 4.2 厘米、底径 5.5 厘米、高 13.4 厘米（图二十三：6）。

Ⅲ型，直口，方唇，鼓弧腹，圈足外撇，足底心弧鼓。标本95JCT04：29，颈部从上而下饰有五道宽凸弦纹，下腹部有三道细的凹弦纹，颈部上、下各阳印一周单层的覆、仰莲瓣纹，颈中部浮雕2处夔龙纹，腹部则浮雕4处凤鸟纹。生烧，胎呈黄色，未上釉。口径5.2厘米、足径6.6厘米、高22.3厘米（图二十三：2）。

炉 依形制的不同，分为二型。

Ⅰ型，直口宽沿，直腹下斜收，平底略内凹，附3个笔架形宽足。标本95JCT04：23，内、外腹有多道凹弦纹。灰胎，沿部及外腹施青釉。口径9.8厘米、底径8.3厘米、高6.3厘米（图二十三：3）。

Ⅱ型，撇口，尖唇，口沿上立2只对称的半环形耳，直颈略内弧，鼓弧腹，平底内凹，底部附3个锥状足。标本95JCT04：24，内底心有凸弦纹三周。灰胎，口沿及外侧施酱黑釉。口径6.5厘米、底径3.2厘米，通高5.4厘米（图二十三：4）

三、结语

磁灶土尾庵窑曾经多次调查并做过局部试掘（泉州海外交通史博物馆，1979年），但与以往历次的工作相比较，此次发掘仍有不少新收获和认识。初步归纳为以下几点：

（一）产品种类及其生产工艺

土尾庵窑址发掘出土的遗物中，瓷器占大多数，瓷器的品种、器形之多，在福建省宋元窑址中是不多见的。其品种以生活日用器皿为大宗，此外还有陈设器、建筑材料等。生活日用器皿中有碗、盘、盏、碟、盆、钵、洗、罐、缸、瓮、壶、瓶、灯、盂、盏托、执壶、水注、军持、急须、瓷枕等，陈设器则有炉、香薰、花瓶、花盆、动物形砚滴、动植物模型（如狮、虎、龟、蟾蜍、寿桃、力士像等），以及其他如腰鼓、扑满、鸟食罐等器物。建筑材料有装饰板等。

土尾庵瓷器的胎质一般呈灰色，颗粒较粗，胎质不够致密。也正因为此，瓷器胎土施釉处多上有一层黄白色化妆土。但一般仅施半釉，底足部分露胎，也有不少器物仅施外釉，器内无釉。釉可分为三大类，即青釉、酱黑釉与黄绿釉。青釉多见于碗、碟、盏、钵、洗、盆、小罐、壶、执壶、军持、灯、炉、香薰等器物，有的还在青釉下添加褐彩，酱黑釉则多施于碗、盏、盏托、罐、壶、执壶、水注、炉、腰鼓等器物，有的如碗、盏里侧或口沿施青釉，外施酱黑釉，黄绿釉则见于瓶、壶、罐、军持、水注、盆、盘、炉、枕、鸟食罐及动植物模型等，有的为单色，有的则黄、绿釉同施一器。装饰手法有刻划、剔花、贴塑、模印、雕镂、彩釉及彩绘等。装饰纹样有花卉（莲、菊、牡丹、缠枝花、折枝花等）、草叶（卷草）、瓜棱、龙、凤、篦划、云雷、弦纹、卷云、水波及点彩、文字等，其中尤以龙纹最具特色。

（二）年代与外销

关于土尾庵窑址的年代，以往的调查和发掘均已做过推断。根据此次发掘的出土遗物，再将其年代做一分析、考证。

土尾庵窑址出土的黑釉碗，即是宋元时期流行的斗茶所用之茶碗，其主要器形乃仿自建窑的建盏，其年代当不早于南宋。另外，1987 年在广东台山海域打捞的沉船物品中，出有与土尾庵窑产品同样的酱黑釉小口罐和绿釉长颈瓶，同出的器物还有德化碗坪仑窑的白釉小瓶 [2]，后者的年代在《德化窑》一书中定为北宋晚期。前述的青釉莲瓣碗（图六：5）、青釉褐彩盏（图三：4、6）、执壶（图二十三：7）等，均与龙泉窑器物的造型或釉色相仿，此种形制、纹饰的莲瓣碗为元代龙泉窑的产品，而青釉加褐色点彩的工艺则是元代龙泉窑流行的瓷器装饰 [3]。根据以上对比分析，初步推断此次土尾庵窑出土的产品年代为南宋至元代。

关于磁灶窑产品的外销，在《晋江县志》中就有"瓷器出瓷灶乡，取地土开窑，烧大小钵子、缸、瓮之属，甚饶足，并过洋"的记载。广东台山打捞的磁灶窑瓷器已充分证实了这一点。在日本、东南亚的博物馆的收藏以及考古发掘中，也常有磁灶窑产品发现和出土，其中有不少就与此次土尾庵出土的器物相同。因为以往这方面的论述较多，限于篇幅，这里就不一一列举了。

总之，此次土尾庵窑址的发掘，是迄今为止磁灶窑出土遗物数量最多的一次考古工作，无疑对磁灶窑的深入研究有着重要的意义。

（原载《福建文博》2000 年第 1 期）

注释

[1] 叶文程、苏垂昌、黄世春：《晋江磁灶窑的发展及其外销》，中国古陶瓷研究会、中国古外销陶瓷研究会：《中国古代陶瓷的外销：一九八七年福建晋江年会论文集》，紫禁城出版社，1988 年。

[2] 广东省文物管理委员会、广东省博物馆、广东省文物考古研究所、广州市文物管理委员会：《南海丝绸之路文物图集》，广东科技出版社，1991 年。

[3] 朱伯谦：《龙泉窑青瓷》，艺术家出版社，1998 年。

晋江溥济庵遗址
出土的瓷器及相关问题（节选）

◎吴金鹏

前言

1998年5月间，福建省晋江市东石镇坑园村村民在蓬山东面挖土时，发现一寺庙遗址，存有石构墙基、磉石、柱础和房屋的铺砖地面、石砌六角井1口、土井1口、石雕仰莲莲瓣纹的佛像座及明嘉靖十四年（1535）的《重兴溥济庵碑记》1通，证实此寺庙遗址为溥济庵旧址。从六角井中出土宋代古钱币7枚、完整及可复原的瓷器9件，土井出土完整瓷器2件，遗址堆积层中还出土大量可供断代的瓷器标本及砖瓦等建筑构件和建筑饰件。晋江市博物馆派员征集上述出土器物。本文拟就遗址出土的瓷器做一介绍并就相关问题谈点陋见。

出土瓷器的分类

这批出土瓷器多属生活日用器皿，主要器形有碗、盏、钵、罐、壶、瓶、器盖、灯座等，其中碗所占比例最大。釉色以青釉为主，尚有酱釉、黑釉、白釉、青白釉。装饰以釉下刻划图案为主，其次有模印图案及少量青花瓷器。这些完整、可复原和可辨器形的残件标本，经中国古陶瓷研究会叶文程会长初步鉴定，为宋元至明代时期的，其中以宋元时期为多。出土的瓷器大部分为本地晋江磁灶窑产品，此外，还有一部分来自建阳水吉窑系、同安窑、德化窑、安溪窑及江西景德镇窑系（民窑）。现按窑口分类做介绍。

磁灶窑瓷器
磁灶窑瓷器最多见，主要器形有盏、碗、钵、执壶、罐、瓶、器盖、灯座。
青釉盏 1件。口微敛，浅腹，内底微凸，平底微内凹。内施青灰釉至口沿处，器外

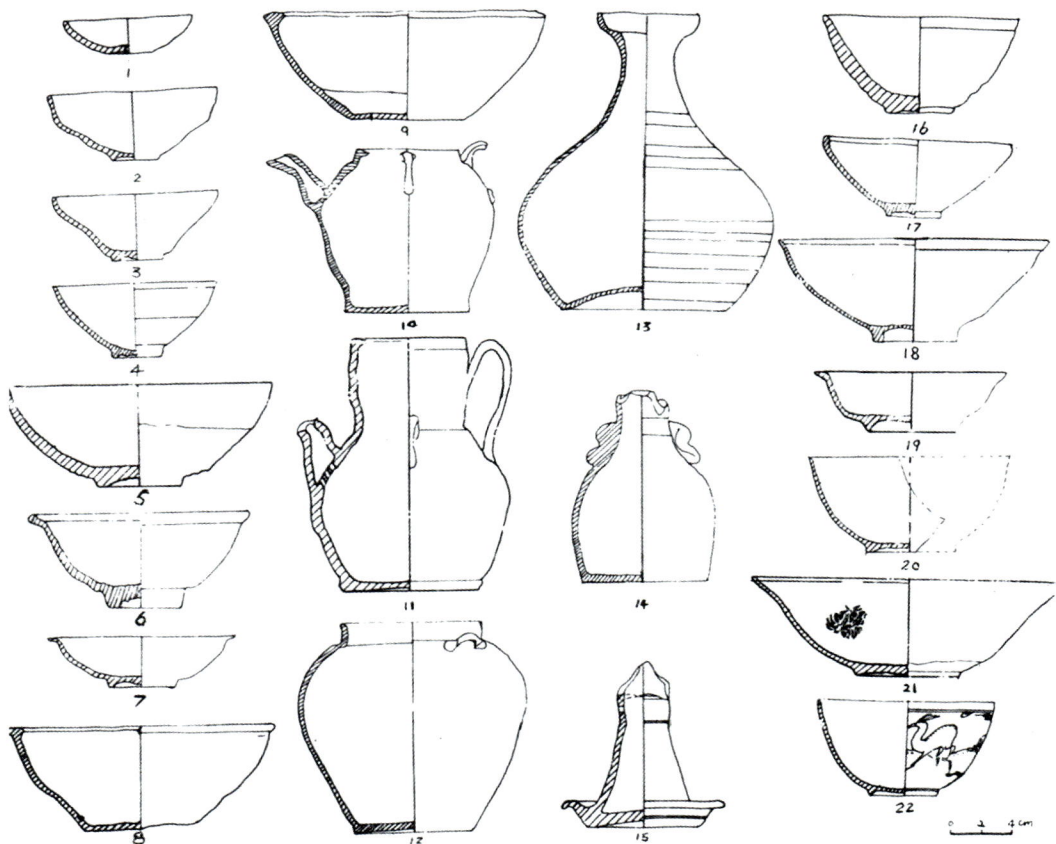

▲图一 南朝、隋唐墓部分墓砖拓片

不施釉，露灰色胎。口径 8 厘米、底径 2.8 厘米、高 2.8 厘米。（图一：1）

酱釉碗 4 件。可分四型：

I 型。1 件。近直口，中腹微折，下腹急内收为平底，下附浅圈足。内施酱褐釉，外施半釉，底足露胎，胎红褐色。口径 10.5 厘米、底径 3 厘米、高 4.5 厘米。（图一：2）

II 型。1 件。残。敛口，弧壁，腹较深，圈足矮小。内施满酱釉，外釉仅施于口沿部，底足修坯不规整，足底鸡心状，胎灰色，质粗糙坚硬，器身布满砂眼、沙粒。口径 10.4 厘米、底径 3.6 厘米、高 4.5 厘米。（图一：3）

III 型。1 件。残，可复原。直口、弧壁、深腹、浅圈足。口沿施青釉，器内施酱釉，外施半釉，底足露胎，修坯较规整，胎灰色，质坚硬。口径 10.4 厘米、底径 3.2 厘米、高

▲图二 执壶

▲图三 青釉碗

4.9厘米。（图一：4）

Ⅳ型。1件。残。敞口，弧壁，腹较深，平底，矮圈足。内施酱釉，外施半釉，底足露胎，近足外留有二道修坯痕，足不规整。胎灰色，质疏松，有砂眼、沙粒。口径16.9厘米、底径5.3厘米、高6.4厘米。（图一：5）

青釉碗 5件。可分四型：

Ⅰ型。1件。敞口宽沿外翻，弧壁，深腹，圈足略高。内施青黄釉，外釉不及底，有细碎开片，底足露胎，器内釉下近底处划弦纹一周，底凸印团花图案（形状不清），底足修坯不规整，器身有砂眼、沙粒，胎体厚重。口径13.8厘米、底径5.3厘米、高6.3厘米。（图一：6）

Ⅱ型。1件。残。侈口，弧壁，浅腹，矮圈足。器内壁划弦纹一周，内施青釉，外釉仅施于口沿部，开片，圈足外直内撇，圈底鸡心状，胎灰色，质坚硬。（图一：7）

Ⅲ型。3件。皆残。标本一。口沿残，弧壁，深腹，矮圆足。器内壁刻划卷草纹，底划弦纹一周，内施满青釉，外釉不及底，有垂釉，底足露胎，圈足较大，径8.2厘米，足墙宽达1.2厘米，胎体厚重，胎灰黄色，质地粗糙。标本二。器内刻划卷草、篦纹，外刻划斜线纹，器身施满青灰釉，胎色灰白，质坚硬，胎体厚重。标本三。底足浅挖，胎体较厚，底厚达1.5厘米，内壁及底刻划卷草纹，施青釉，开片，底足露胎。

钵 2件。标本一。敛口，宽沿，弧腹，平底。内底划弦纹一周，内施满酱褐釉，外釉仅施于口沿部，露紫灰胎，胎质较粗糙，器身布满砂眼、沙粒。口径14.9厘米、底径7.3厘米、高7.1厘米。（图一：8）标本二。内壁及底各划弦纹一周，底刻一记号（不清），内施酱釉至近口沿处，外不施釉，露红褐胎，质疏松。口径15.8厘米、底径7.1厘米、高6.9厘米。（图一：9）

执壶 2件。可分二型：

Ⅰ型。敛口，矮领，溜肩，腹斜收，平底，肩上附流，后有执，两侧领肩间设对称条状直系。内施满青灰釉，外施半釉，底露灰胎。口径5.5厘米、底径7.8厘米、高10.3厘米。（图一：10；图二）

▲图四 执壶

▲图五 盘口瓶

II 型。敛口、长颈、溜肩、腹内收为平底、假圈足。肩上有流嘴，后有执，两侧颈肩间设对称条状直系，器内施满青灰釉，外施酱釉不及底，底露灰胎。口径 6.8、底径 8.5、高 16.3 厘米。（图一：11；图四）

罐 1 件。直口，高领颈，丰肩，鼓腹，下腹内收，平底微内凹。两侧肩上设对称条状贯系。施黑釉，器内仅口沿、颈部施釉，外半釉，底露灰胎，腹部有三处白色黏结物，器身布满沙粒。口径 8.2 厘米、底径 7.7 厘米、高 14 厘米。（图一：12）

瓶 4 件。可分三型：

I 型。盘口、束颈、溜肩、垂腹、平底内凹，肩、腹部有多道轮旋纹。器内不施釉，外施青灰釉，底露灰胎。口径 6.4 厘米、腹径 16.4 厘米、底径 10 厘米、高 20 厘米。（图一：13；图五）

II 型。口部残，长束颈，溜肩，近直腹，平底，颈部饰凹弦纹二道，颈肩间两侧设对称立龙状耳。内不施釉，外釉不及底，器身布满砂眼、沙粒，底露红褐胎，质疏松。腹径 8.8 厘米、底径 8 厘米、残高 12.8 厘米。（图一：14）

III 型。小口瓶，2 件。皆残。残存器身，瘦长，平底，器内有多道轮旋纹，近底部修坯较不规整，显潦草。内外不施釉，胎体厚重，黑灰胎的器形高大，红褐胎的器形略小。

灯座 1 件。上部残，喇叭筒状柱，下附翻沿浅盘，盘底微内凹。施青黄釉，有窑变现象，底露灰胎，质坚硬，胎体厚重。盘径 10.8 厘米、残高 12.4 厘米。（图一：15）

器盖 3 件。可分为二型：

I 型。2 件。呈碟状，中心附一乳钉状钮。一件器面施青灰釉、器下不施釉。直径 8 厘米、高 1.7 厘米。另一件器面施酱釉、器下不施釉。直径 7.6 厘米、高 1.4 厘米。

II 型。子口，弧顶，顶附一环状钮。器面施黑酱釉，器下不施釉，露灰白胎。直径 9.4 厘米、高 2.5 厘米。

几点认识

关于这批出土瓷器的断代问题

关于这批瓷器的断代，我们首先根据各窑口所见瓷器的时代特点加以判定如：

出土的磁灶窑瓷器的年代为北宋中晚期至元代。除凸印团花纹的青釉碗等 6 件胎体厚重的青釉碗、黑灰胎器形高大的小口瓶为元代外，其余的盏、碗、钵、罐、壶、瓶、灯座、器盖均为北宋中晚期至南宋。其中宋青釉盘口瓶的窑口问题还有待于进一步探讨。但是，无论胎质、釉色及轮作方法均具有宋代磁灶窑的特点，故暂定列为磁灶窑产品。

我们的这一断代，可以从地方文献资料得以证实。溥济庵，据道光版《晋江县志·寺观志》载："在十都蓬山东，宋许侍御故宅。嘉定间建庵，嘉靖十四年（1535）檀裔许埙等同都人捐修。"许侍御名璋，系晋江东石十都蓬山开基祖。据族谱载："许璋，宋庆历登壬午科（1042）进士，署太子太师，及英宗（1064—1067）立，官侍御。知建州，为屯田郎，终朝奉郎。年老归隐，居泉州下营府第。元祐间（1086—1097），择地迁晋江十都蓬山大房乡[5]。所以，出土瓷器断代的上限应为宋元祐间即北宋中晚期。又据《蓬山大房三房顶角份许氏家谱》载："清顺治辛丑年（1662），海氛迁界，其庵遂圮。"而清朝建立至清初迁界这一时期，地处福建东南沿海的东石是郑成功抗清的基地属南明政权，并非清朝统治。所以出土瓷器断代下限应为明末。

关于出土瓷器的来源问题

这批出土瓷器无论是宋元时期建窑、磁灶窑、同安窑的产品，还是明末德化窑、安溪窑及景德镇民窑的产品都是外销瓷器，其来源可分为许侍御故宅和溥济庵两个时期。

许侍御故宅时期 出土的建窑系产品是许侍御知建州，年老归隐时带回的。据族谱载，宋英宗时，许璋官侍御，知建州（今建阳区）。而建阳水吉窑的黑釉瓷器在北宋中晚期和南宋初期生产最盛，建窑生产最盛时期也是盛行斗茶风气的年代。当时，宋廷宫室和士大夫阶层，上行下效，斗茶遂风行朝野。而斗茶的茶具以束口兔毫盏为上乘。身为建州知府的许侍御可能就是酷爱斗茶的士大夫，所以在他年老归隐时，也将斗茶的束口兔毫盏从建阳带回，并随之迁居到东石蓬山。而在蔡襄《茶录》中所称"出他处者"的仿兔毫盏及青白盏不能用于斗茶，是斗茶外的高级生活用具。

烧制于北宋中晚期至南宋早中期的同安窑，较出名的青釉碗属许侍御故宅购置的生活用具。许侍御故宅至南宋嘉定间才献地建庙。其间，也大量购置使用本地磁灶窑烧制的产品。这些产品主要来自外销陶瓷的集散地安平港。因为安平港位于泉州南部围头湾内，离县治30余公里，作为泉州港的重要支港，宋代时已是相当繁荣的港口市镇，宋元祐二年（1087）泉州设立市舶司后随即在安海建榷税[6]，几乎同时的元祐间，许侍御从泉州下营府第迁居与安平港毗邻的东石蓬山，所以能从安平港获得精美的外销瓷器。

溥济庵时期 出土的溥济庵时期的宋元磁灶窑、同安窑，明代安溪窑、德化窑、景德镇民窑外销瓷，是以安平港的陶瓷贸易为依托并凭溥济庵自身雄厚的财力购置的，当然也不排除一部分为信众所供奉。

溥济庵的兴衰是与安平港联系在一起的。溥济庵建于南宋嘉定间，兴于元、明。南宋、元代是泉州海外贸易最发达的时期，作为泉州港重要支港的安平港也是最兴盛的时期。明嘉靖以来，安平商人不顾"重以充军处死"之禁，冲破海禁，"浮沧海，远及诸夷"，安平成为闽南私商活动的一个重要港口，至明万历时，与漳州月港并驾齐驱，成为福建最大的两个海上贸易商港[7]。所以，出现明嘉靖十四年（1535）重修溥济庵。由此说明，海外贸易的发展，促进了安海、东石一带地方经济迅速增长，出现大批商人、百姓踊跃捐钱兴建寺院，溥济庵也因此聚积了大量的财富。从宋嘉定间东石南天寺开凿3尊均高6米、宽3米的石佛摩崖造像（现为福建省文物保护单位）和晋江52座宋建石桥中有23座是僧人修建的实际情况，宋元时溥济庵的财富可见一斑。单从出土的明嘉靖十四年（1535）《重兴溥济庵碑记》所载的捐钱重兴溥济庵的就有 60 人，涉及 9 个保、九大姓，捐钱 1000 文到银 5 两不等，说明明代溥济庵也是相当兴盛的，并有相当财富。难怪在明初《八闽通志》、清乾隆版《泉州府志》、道光版《晋江县志》均有溥济庵的记载。

对晋江溥济庵遗址出土瓷器的分类、断代和来源问题的探究，对探讨福建不同时期外销窑口乃至明代江西景德镇民窑的外销问题都有一定价值。

（原载《福建文博》2000 年第 1 期）

注释

[1][3] 叶文程、林忠干《福建陶瓷》，福建人民出版社，1993 年。

[2] 叶清琳：《略述安溪纪年墓和带款识几件外销瓷器》，《福建文博》1993 年 1—2 期合刊。

[4]《中国古陶瓷》（国家文物局编文物教材）。

[5] 纪生：《许姓开闽综述》，《晋江谱牒研究》第 2 期。

[6][7] 庄景辉：《明末清初的福建海商与陶瓷贸易》，《福建文博》1995 年第 1 期。

晋江磁灶金交椅山窑址发掘简报

◎福建博物院

前 言

磁灶镇位于福建省晋江市西北，地处紫帽山南麓，属丘陵地带。瓷土蕴藏丰富，贯穿全境的梅溪宽敞曲折，注于晋江而入海，这一切都为磁灶发展陶瓷业提供了有利的自然地理条件。考古调查和发掘资料表明，最迟在南朝晚期，这里就出现了专烧瓷器的窑场。[1] 宋元时期，随着泉州海外贸易的兴盛无论是其生产规模，还是产品的数量和质量都得到长足发展，进入空前的繁盛期。明清时期，泉州港的海外贸易地位被漳州月港取代，磁灶的陶瓷业也逐渐衰退。

早在20世纪50年代故宫博物院陈万里、冯先铭等古陶瓷专家就对磁灶窑址进行了考古调查。此后，省、市、县文物考古部门又多次对其进行复查，试掘，共发现南朝至清代窑址26处，金交椅山就是其中的一处宋元窑址。

金交椅山窑址位于晋江磁灶镇沟边村，南距324国道约1公里，东临梅溪，与南安曾竹山古窑址隔溪相望，西、北面为一片平坦的田野，有较丰富的瓷土矿，至今仍有陶瓷厂在此挖土炼泥。由于窑址东坡与北坡被现代窑场破坏，故现存遗物分布范围大约东西150米、南北100米，面积约15000平方米。为了配合泉州申报世界文化遗产，2002年5月、7月下旬至9月上旬，2003年2月下旬至6月上旬，福建博物院考古研究所、泉州文管办、晋江市博物馆对其进行科学发掘。发掘工作得到省文物局，晋江市委、市政府等各级部门和单位的大力支持，谨此致谢。现将发掘情况简报如下。

这3次实际发掘面积约1500平方米，共揭露窑炉遗迹4座（田野编号2003JCJY1—Y4）、作坊遗迹1处（田野编号2003JCJF1），出土一批瓷器、窑具及工具等遗物。

一、遗迹

此次揭露的 4 座窑炉均为长条形斜坡式龙窑，都有叠压打破关系。其中 Y1、Y3、Y4 均有 2 期窑墙，分别编号 Y1—1（晚期）、Y1—2（早期），Y3—1（晚期）、Y3—2（早期），Y4—1（晚期）、Y4—2（早期）。Y2 有 3 期窑墙，分别编号 Y2—1（晚期）、Y2—2（中期）、Y2—3（早期）。Y2、Y4 的晚期窑墙是利用原有的窑壁，在其内重新砌筑，故晚期窑炉逐渐变窄。而 Y1、Y3 的晚期窑墙则是在原有的窑底上垫高，故晚期密炉坡度更大。现将每座窑炉的基本情况做一介绍。

Y1 位于发掘区的北部，南面为作坊区，共有 2 期窑墙。由于 Y1—2 的前段与 Y1—1 共用，后段则叠压在 Y1—1 的下面，故未全部揭露。下面主要介绍 Y1—1 窑炉的情况。

Y1—1 窑头、窑尾均破坏殆尽，仅存中段一段。斜残长 13.6 米，水平残长 13 米，残存部分宽 2.2—2.3 米，高 3 米，窑底坡度 17.5°。窑头方向 310°。

窑室，窑顶已塌，倒塌堆积也破坏殆尽。现存窑壁前段由红砖错缝平砌而成，尾段北侧部分利用早期窑壁，为土坯砖错缝立砌而成，中段由土坯砖立砌而成。北侧窑壁保存最高 0.24 米。南侧窑壁保存最高 0.36 米。红砖绝大多数为残砖，以砂浆勾缝，厚 1—2.5 厘米，少数完整的一般长 22—24 厘米、宽 9—12 厘米、厚 7—11 厘米。土坯砖宽 14 厘米、厚 5—7 厘米，长度则因烧结而不明。据在两侧窑壁靠近窑底的地方都有几处较其他部分明显增厚的窑汗推断，这几处可能是投柴孔位置。其中西侧窑壁 4 处间距分别为 1.44 米、2.48 米、2.54 米，北侧窑壁 2 处，间距 6.84 米。

窑底只有一层灰褐色烧结面，为细砂烧结而成，含少量碎瓷片，较硬，厚 0.04—0.06 米。共发现窑门 7 个，北侧 3 个，南侧 4 个。窑门大多破坏殆尽，只能靠门道和护门道墙来确定窑门位置。门道底部大多由红褐色沙土、残砖、小石块铺成，较硬。其南侧门道一般朝向西南，北侧门道则朝向东北。

护窑墙均由大小不等石块叠砌于窑整外侧而成，保存较好有 4 段，平面是圆弧形或梯形，长 1.42—2.18 米、宽 0.12—0.96 米、最高 0.30 米。

窑内仅存零星垫座，均为陶质，圆形，平顶微下凹，圈足，直径 10.5—12 厘米、高 4—11.5 厘米不等。从保存在窑内的垫座及其痕迹判断，垫座呈纵、横整齐排列，间距 0.18—0.26 米不等，推测横向可排列 11 个。

Y2 位于此次发掘区中部，其北面为 Y3、南面为 Y4。共有 3 期窑墙存在叠压打破关系。其中 Y2—3 的中段与前段被 Y2—2 叠压和打破，而 Y2—2 的中段与前段又被 Y2—1 叠压和打破。3 期窑炉窑头仅保留火膛后壁，窑尾无存，北侧窑壁破坏严重，南侧保存较好。下面分别就保存最好的 Y2—1 窑炉做一介绍。

Y2—1 窑炉斜残长 60.88 米、水平残长 58.78 米。残存部分前段宽 0.78—0.88 米，中段宽 1.54—1.64 米，后段宽 2.1—2.28 米，窑底坡度前、中段均保存在 16° 左右，后段坡

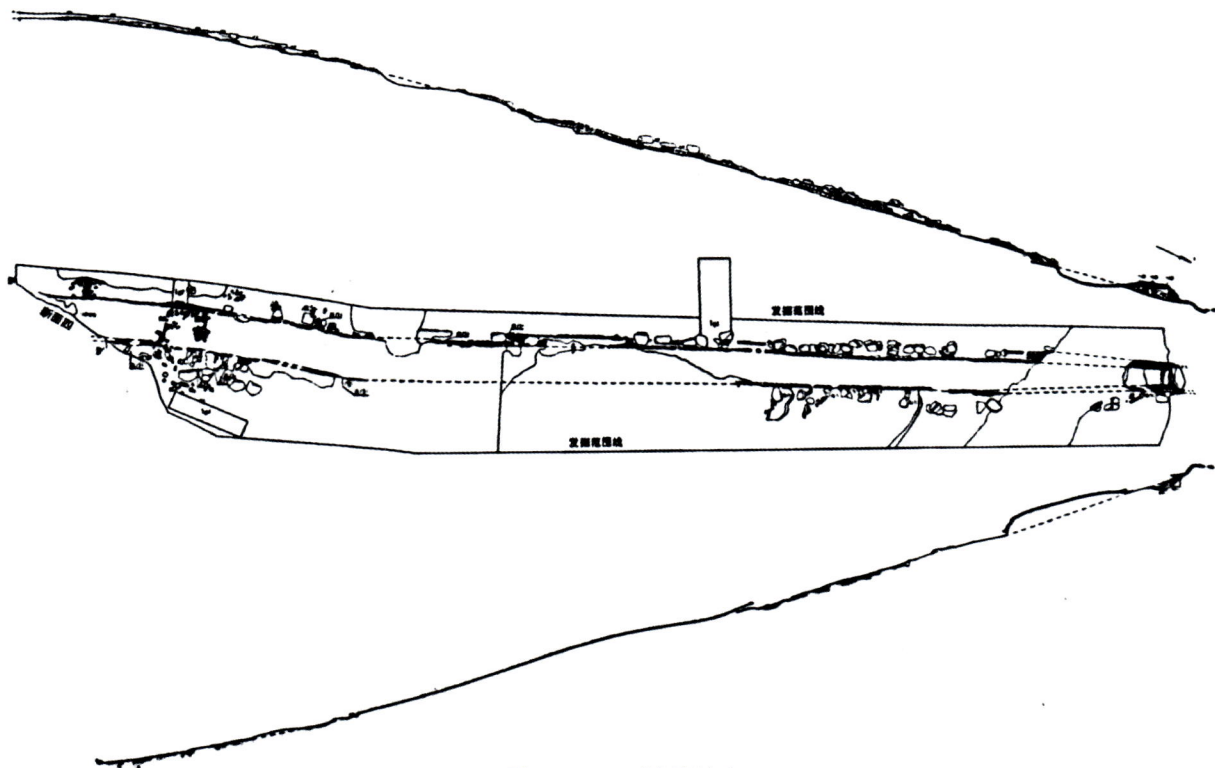

▲图一　Y2 平剖视图

度从 13° 至 4° 递减，窑头方向 333°（图一）。

　　窑室，在窑炉后段窑底保存了一小块窑顶的倒塌堆积，可以看出窑顶结构是用楔形砖横砖立砌，左右起券，即其砌砖的方向是垂直于窑壁的。楔形砖的规格为 (26-24)X10—8 厘米。窑墙高 0.04—0.68 米，多为残砖错缝顺向平铺，少数立置顺向，或立置横向，或平置横向摆放，亦有少量长方形整砖，砖缝之间多用砂浆勾填。由于砖多为残砖，故多见砖缝趋齐现象。部分窑砖内外两面都有窑汗，应是利用前期窑炉残砖所致。整砖规格发现 4 种：分别为 23x13—6 厘米、21x12—6 厘米、24X12—6 厘米、21x13—5.5 厘米。残砖一般宽 11—12 厘米、7—8 厘米。此外还有少量大砖，残长 23—28 厘米、宽 16 厘米。据南侧窑壁前段有 5 处较其他部分明显增厚的窑汗推断，这几处可能是投柴孔位置，间距别为 1.4 米、1.5 米、1 米、2.2 米。前段窑底有一层灰黑色烧结面，含极少量的细碎瓷片，坚硬致密，厚 0.04—0.07 米。中段可见 2 层，上层厚 0.02—0.07 米，下层厚 0.02—0.04 米。后段则可见 3 层烧结面，一层厚 0.02—0.04 米，二层厚 0.05—0.12 米，三层厚 0.03—0.07 米。其下为第二期（Y2—2）窑炉底烧结硬面。

　　窑门共发现 13 个，北侧 9 个，南侧 4 个。其中门 1 属于 Y2—2，其余都属于 Y2—1。窑门均破坏殆尽，只能靠门道和护门道墙来确定窑门位置。门道底部大多由红褐色沙土残砖、小石块铺成，较硬。其南侧门道一般朝向西南，北侧门道则朝向东北。

　　护窑墙只有一段保存较好，位于窑炉南侧前段，为石块垒砌而成，平面呈圆弧形，残存一至三层，长 19.16 米、宽 0.58—0.9 米、高 0.18—1.11 米，护窑墙与窑墙之间填以灰褐土及较多的残砖。

窑旁道路南侧保存较好，可分 2 期。晚期路面揭露部宽 0.4—1.6 米，早期残宽 0.41.5 米。北侧的上窑路仅后段保存较好，从探沟剖面看，可分 3 期。晚期路面为灰褐和紫褐硬面，宽 1.0—1.75 米、残厚 0.02—0.07 米。中期为灰黑硬面，厚 0.03—0.05 米，宽度因为没有全部揭露而不详。早期为暗红褐路面，含少量细碎砖和细碎瓷片，较坚硬致密，由于没有往下清理故厚度等不详。

在门 13 外西侧发现一堆由 5 块石头和砖单层铺砌的不规则圆形遗迹，打破上层上窑路，推测可能为磉墩，长 0.53 米、宽 0.2 米。

在窑炉后段清理出少量的垫柱，多正置，部分倒置或斜置，排列较为散乱，无明显规律。垫柱顶径多为 10 厘米、11 厘米，少量为 9 厘米，高 6 厘米或 6.5 厘米。此外在门 12 西侧的窑底烧结面上发现有 5 排较清晰的垫柱印痕，每排揭露 1—4 个不等，直径多为 10 厘米，个别达 17 厘米，横向间距 0.03—0.06 米，竖向间距 0.02—0.06 米。

Y3 位于发掘区的中部，北面为作坊区，南面为 Y2。共有 2 期窑墙，Y3—1 后段叠压打破 Y3—2，前段共用窑壁。窑炉破坏严重，窑头无存，窑尾仅 Y3—1 保存了出烟室的部分隔墙，北侧窑墙破坏殆尽，南侧窑墙保存 3 段。下面对 Y3—1 窑炉做一简单介绍。

Y3—1 窑炉斜残长 41.12 米，水平残长 40.02 米，前段宽 2.2—2.36 米，后段宽 2—2.07 米。窑底坡度为 14°，窑头方向 292°。

窑室，窑顶已塌，情况不明，倒塌堆积也破坏殆尽。窑顶前段由红砖错缝平砌，以砂浆勾缝，窑顶厚 0.01—0.02 米。尾段由土坯砖立砌而成，土坯砖粘连较紧密且有窑汗，难以分辨窑砖间的界线。南壁有一处用小石块修补的痕迹。南壁保存最高 0.4 米，北壁保存最高 0.21 米。窑砖有红砖和土坯砖两种，均为长方形。红砖多为残砖，少数完整，一般长 8—18 厘米、宽 8—16 厘米、厚 7—12 厘米。土坯砖厚 5—6 厘米，因粘连严重长宽不详。从南侧窑壁内侧有 3 处较其他区域明显为厚的窑汗判断，此 3 处应为投柴孔所在位置，间距分别为 1.8 米、1.6 米。

窑底仅一层烧结面，较纯净，后段与 Y3—2 的烧结层中间隔一灰黄色细沙土，杂少量瓷片。

Y3 共发现 7 个窑门，北侧 2 个，南侧 5 个。其中 Y3—1 有 4 个，北侧 1 个，南侧 3 个。窑门均破坏严重，仅靠门道和护门道墙等来确定窑门的位置，少数门外还保存有一至二级用残砖铺成的踏步。北侧门道破坏殆尽，南侧门道朝向西南。门道底部一般铺以窑砂、残砖、垫座等。

护窑墙，保存较好的有 5 个，4 个为大石块纵列砌成，一个为石块、残砖混合砌成，平面呈圆角方形或圆弧形。其中护窑墙 1、3 为 Y3—1 和 Y3—2 有，护窑墙 2、4、5 为 Y3—1 所有。

窑旁道路北侧已几乎破坏无存，南侧保存较好，前段由残砖支座、红烧土、窑砂、瓷片等踩踏而成，不甚平整，揭露部分宽 0.6—1.1 米。尾段由较纯的红色砂土铺垫而成，较平整，残宽 0.1—0.96 米。

后段南侧护窑墙与窑壁之间有 4 个似柱洞的小洞，内含一些朽木屑，均未清理至底，间距分别为 0.72 米、2.8 米、2.96 米。

留于窑底的支座全是由两个半边的残支座拼接而成，直径多在 10—12 厘米之间，呈纵、横向整齐排列，间距 0.16—0.2 米，以尾段保存较好、由排列情况推测，每行应有 11—12 个

Y4 位于发掘区的南部，北面为 Y2。共有 2 期窑墙，Y4—1 前段叠压打破 Y4—2，后段共用窑壁。窑炉破坏严重，下面就 Y4—2 窑炉的情况做一简单介绍。

Y4—2 前段被一条环绕山脚的公路切断，后段同 Y4—1，斜残长 44.5 米，水平残长 42.7 米，高差 11.9 米。前段内宽 2.1 米、外宽 2.3 米。中段内宽 2.28 米、外宽 2.36 米。后段南侧窑壁破坏殆尽，故宽度不详。窑底倾斜度依山势而定，前段 13°，中段 19°，后段 12°，平均坡度 14.7°。窑炉方向 284°。

窑室，由于窑炉倒塌堆积被破坏殆尽，窑顶结构不详。整个窑壁也破坏较甚，仅窑炉的前段、中段及北侧后段保存了一段高 0.04—0.3 米窑砖，在中部山体基岩处有修补痕迹，南侧中、后段窑壁被破坏殆尽。后段窑壁由 2 层组成。下层由砂浆筑成，一般宽 0.04—0.06 米，主要在窑床底部，局部露出窑床达 0.25 米，在这层砂浆上面再用土坯成砖平铺。残存窑墙一般宽 0.04—0.14 米。绝大多数为残砖错缝顺向平铺，一般宽 13.8—15.5 厘米、厚 6.8 厘米。亦有极少长方形整砖，长 19—23.5 厘米、宽 13—14.5 厘米、厚 6.8—7.2 米。砖缝为砂浆勾缝，厚 0.006—0.02 米。在窑壁上可见垫座夹在窑砖中间，在北壁中段可见几块横置的整砖表面嵌有青釉和酱釉瓷片，部分窑砖背面亦有窑汗，应是利用前期窑炉残砖所致。窑底前段直接利用 Y4—2 的烧结面。中后段则在上面形成一层厚约 0.05 米的灰黑色烧结面，较坚硬。烧结面下面为一层厚约 0.25 米的红黄土，较松，夹有少量瓷片，此层下为生土。中部堆积可分 3 层，厚 4—14 厘米。前堆积可分 7 层，为厚 0.03—0.18 米不等，有的里面夹有少量瓷片。

窑底从断面看，窑炉打破生土层，建造方法应为先挖一长条形沟槽，再用砂浆筑成窑壁，砂浆窑壁与生土成圆角。

Y4 窑门破坏严重，仅门道和护门道墙等来确定门的位置，共 14 个，北侧 8 个，南侧 6 个。其中 Y4—1 有窑门 9 个，北侧 5 个，南侧 4 个。Y4—2 有门 9 个，北侧 5 个。其中 2 个与 Y4—1 共有。南侧门 4 个，其中 2 个与 Y4—1 共有。门道底部一般以窑砂、残砖、垫座等，方向一般朝向窑头。

护窑墙，由于窑炉依山而建，北侧紧连山体，以山体为天然护墙，南侧地势较低为防止窑炉崩塌，用石头在生土上垒成护窑墙。石块大小不一，形状多不规则，最大的石头长 110 厘米、宽 72 厘米、高 104 厘米。在大石块之间有的以小石块填塞，护窑墙与窑壁之间填以黄土、窑砂、残砖、瓷片等。窑炉南侧保存了 7 个护窑墙，平面形状有圆弧形、圆

角长方形及近似长方形等几种，长度在 1.2—9.48 米之间。两个护窑墙之间多有窑门，个别窑门直接利用护窑墙的石块做成踏步。

其他遗迹：

挡火墙 1 道，位于窑炉中段，仅底部保存 6 块残砖，宽 2.08 米、高 0.06—0.1 米。

柱洞 只在窑头前段南侧发现 1 个，平面近似圆形，圜底，西壁较斜，东壁较直，直径 0.48 米，深 0.22 米。内填少量残砖及瓷片，柱已无存。根据其位置，推测应为窑炉顶部建筑的柱洞。

挡土墙 1 道，位于北侧中段，距北壁 1.84 米。绝大部分都用残砖平铺而成，少数整砖，无砂浆勾缝，总长 2.1 米。可分 2 段，东段长 1.6 米，与窑炉基本平行，西段长 0.5 米，折向西北，保存 1—3 层砖，高 0.04—0.18 米。其直接砌于生土之上，被二期（晚期）路面叠压。其与窑之间为一期（早期）路面，外面（北侧）整个墙体也略向北倾斜，用途应是保护南侧的路和上下进出窑炉的通道，防止北侧废品堆积向路面和窑门方向滑落。

南侧窑旁的路面可分为 3 期。路面均为红褐色窑砂杂有少量瓷片、瓦片等，较致密。3 期路面之间夹有较厚的窑砂及瓷片堆积。北侧窑旁路面可分 2 期，路面之间则相对较薄，部分二期路面直接叠压在一期路面之上。

在窑炉后面有 2 个灰坑，东侧编号为 H1，西侧编号 H2。在 H1 的东侧约 3 米的地方有一圆形石构遗迹。从它们的地层关系来看，年代同 Y4 一期路面相近。可以推断 H1、H2 及石构遗迹也应当是与窑炉有关的遗迹，由于揭露面积有限，它们的性质及用途还不明确，有待于以后的进一步研究。

F1 作坊区发掘面积约 150 平方米。作坊位于 Y1 与 Y3 之间的山坡上，北距残存的 Y1 约 30 米，南距 Y3 尾端仅 3 米，东侧与南侧均被后代破坏，形成断坎。整个作坊地势东高西低，被分割成 4 个高差不等的梯状平台，从下往上分别编号 T1—4。其中 T3 又可分为 3 个平台，由南至北编号为 T3A、T3B、T3C。平台 T3B 下凹约 0.5 米，T3A、T3C 差不多处于同一水平位置上，T1 与 T4 的高差约 2 米。在所揭露的范围内发现缸 10 个、贮泥池 1 个、沉淀池 1 个、磉墩 4 个、柱洞 3 个、灰坑 6 个、路基一段。它们分别处于不同的台地上，部分遗迹还存在叠压打破关系，说明作坊在使用过程中经历过改造。下面分别对各类遗迹的一些基本情况进行介绍（图二；图十一，1）。

柱洞 共 3 个，均位于 T2 上，开口在第②层下，打破生土，从北到南依次为 D1—3，平面形状略呈圆形。其中 D1 直径 1.1 米、深 0.55 米。柱洞内填土分为 4 层，从上到下依次为砖块、灰褐土、红褐土、青褐土。D2 直径 0.6 米深 0.38 米。柱洞内填土分为 2 层，

▲图十一：1 作坊

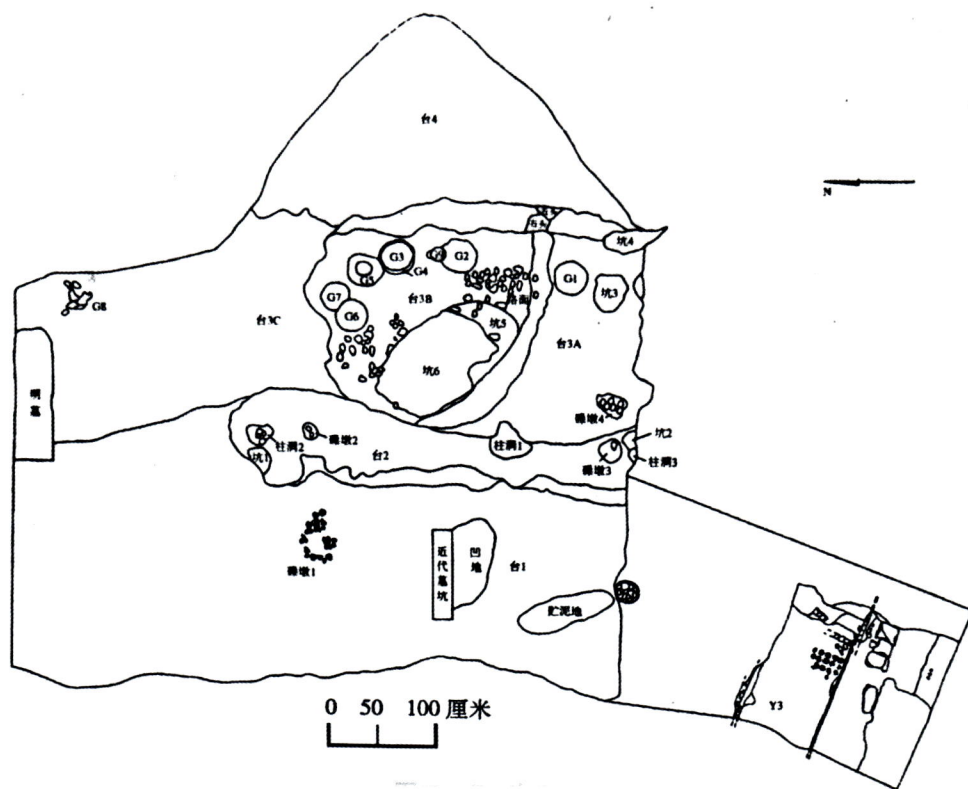

◀ 图二　F1 总平面图

从上到下依次为灰褐土、红褐土夹大量的砖、石及瓷片。D3 直径 0.7 米、深 0.66 米，填土为一层红褐土。

碌墩　共 4 个，其中碌墩 4 位于于 T3C 上，其他位于 T1 上。开口均在第②层下除碌墩 1 打破第④层，其余打破生土。碌墩 1 用残窑砖平铺而成，略呈长方形，长 1.4 米、宽 0.85 米。在中间还有一半圆形的洞，出土少量青瓷片，直径 14 厘米，推测可能是用来放置陶车的轴轮。碌墩 2，近圆形，直径 0.42 米、深 0.24 米，上面放置 2 块长 25 厘米、宽约 15 厘米的石块。碌墩 3，略呈圆形，直径 0.6 米、深 0.18 米，上面放置一块长约 22 厘米、宽 12 厘米的石块。碌墩 4，略呈圆形，直径 0.6 米、深 0.24 米，上面平铺一层砖、石块、垫座。

贮泥池　1 个，位于 T1，开口在第④层下，打破生土。平面略呈椭圆形，长径 2.6 米、短径 1 米、深 0.2—0.7 米。坑内堆积可分 2 层，上层为红土，较纯，土质紧密，厚 0—0.24 米，下层为青灰土，土质紧密，含少量青釉和酱釉瓷片。

沉淀池　1 个，位于 T1，北距贮泥池仅 0.1 米，开口在表土层下，打破生土。平面略呈圆形，直径 1 米、深 0.25 米。坑壁竖直，表面残留有黑色碳粒，似乎烧烤过。坑底由长 0.2—0.4 米、宽 0.06—0.15 米的石块铺成，较为平整，还残留有一层厚约 0.01 米的青灰土。

灰坑　6 个。其中灰坑 1 位于 T1，灰坑 2 位于 T2，灰坑 3、灰坑 4 位 T5，灰坑 6 位于 T3b。有圆形和椭圆形两种。圆形直径一般在 0.6—0.85、深 020.52 米。椭圆形长径 1.16—3.6 米、短径 0.8—2 米、深 0.2—0.4 米。性质不明。

路面　一段，位于 T3b，北距缸 2 大约 0.1 米，南距缸 1 大约 0.15 米，开口位于第⑦层下打破第⑨层。路面略呈长方形，由砖、石混合成，长 2.25 米、宽 0.95 米、厚 0.11 米。

缸　共 10 个，大小不一，残存腹径一般在 40—95 厘米，底径 1622 厘米。依发现顺序分别编号为缸 1–10 位 T3，其中缸 1 位于 T3a，缸 8 位于 T3c，其余位于 T3b。部分缸与缸之间还存在叠压打破关系，其中缸 10 打破缸 4，缸 4 打破缸 3，缸 3 打破缸 5，缸 6 打破缸 7，缸 9 叠压打破缸 2。在缸 6 内还保留有厚约 10 厘米的细黄土，有可能为釉料土，如成立，则缸 6 应为上釉之用。其他缸的用途不明。

二、出土遗物

金交椅山古窑址出土遗物主要有瓷器和窑具，此外还有少量的陶器。瓷器有青瓷、酱釉瓷、素胎瓷三种。器物均为拉坯轮制而成，内壁可见明显的轮施痕迹，大多数为一次成型，少数为分别拉坯，再胎接而成。带流、柄器物均为流与器身分体制作，然后粘成。胎质大多夹有细砂，胎色多呈浅灰色或灰白色，施釉一般不及底，青釉以青灰、青绿、青泛黄为主，大多数釉面莹润，玻璃质感强，开细碎冰裂纹。酱釉器数量比青釉瓷器略少，由于含铁量高低的差异及窑炉气氛、烧成温度等因素的影响，器物表面呈色不一，有酱青色、酱黑色、酱褐色等，大多数釉面有光泽。器形有碗、碟、执壶、水注、盒、器盖、罐、盏、灯盏、网坠、灯架、砚台等。下面对出土遗物中的主要器物做一简单介绍。

执壶　金交椅山窑址出土的执壶，依据基本形态的不同，分为三型。

A 型　撇口，细颈，圆肩，弧腹，浅圈足或饼足。分为四式。

Ⅰ 式　细长颈，长弧腹，浅圈足，颈下附耳或系。

标本 Y3：1　尖唇，撇口，细长颈微束，圆肩，长弧腹，矮圈足浅挖，弯管流，流口略残，宽带柄已残，颈部饰凹弦纹，腹部刻划 6 组竖向双道宽条纹。灰胎，青灰釉，里釉施至颈中部，外釉施至中腹。口径 9.2 厘米、足径 7.4 厘米、高 19.1 厘米（图三，1）。

Ⅱ 式　细颈，较 Ⅰ 式稍矮，圆肩，弧腹稍鼓。

标本 Y2：9　尖唇，撇口，细长颈微束，圆肩、鼓腹，矮圈足，弯管流口残，凹面 3 槽宽带曲形柄，颈部 2 组 2 道、颈下 1 道、肩部 2 道弦纹，腹部刻划 6 组整向双道宽条纹。灰白胎，青釉冰裂纹，里釉施至颈中部，外釉施至下腹。口径 9.3 厘米、足径 7.3 厘米、高 19.1 厘米（图三:2）。

Ⅲ 式　短粗颈，弧肩，鼓腹，饼足。

标本 Y4：17　尖唇，撇口，沿外卷，直颈微束，弧肩，鼓腹，饼足，肩部附一对拎包形系，弯管流，凹面 3 槽宽带曲形柄，颈下、肩部各 1 道凹弦纹，腹部饰 6 组竖向篦划纹。灰胎，青黄釉，里釉施至颈下部，外釉施至腹下部。口径 9 厘米、足径 7.8 厘米、高 19 厘米（图三:3）。

Ⅳ 式　撇口，束颈，弧肩。

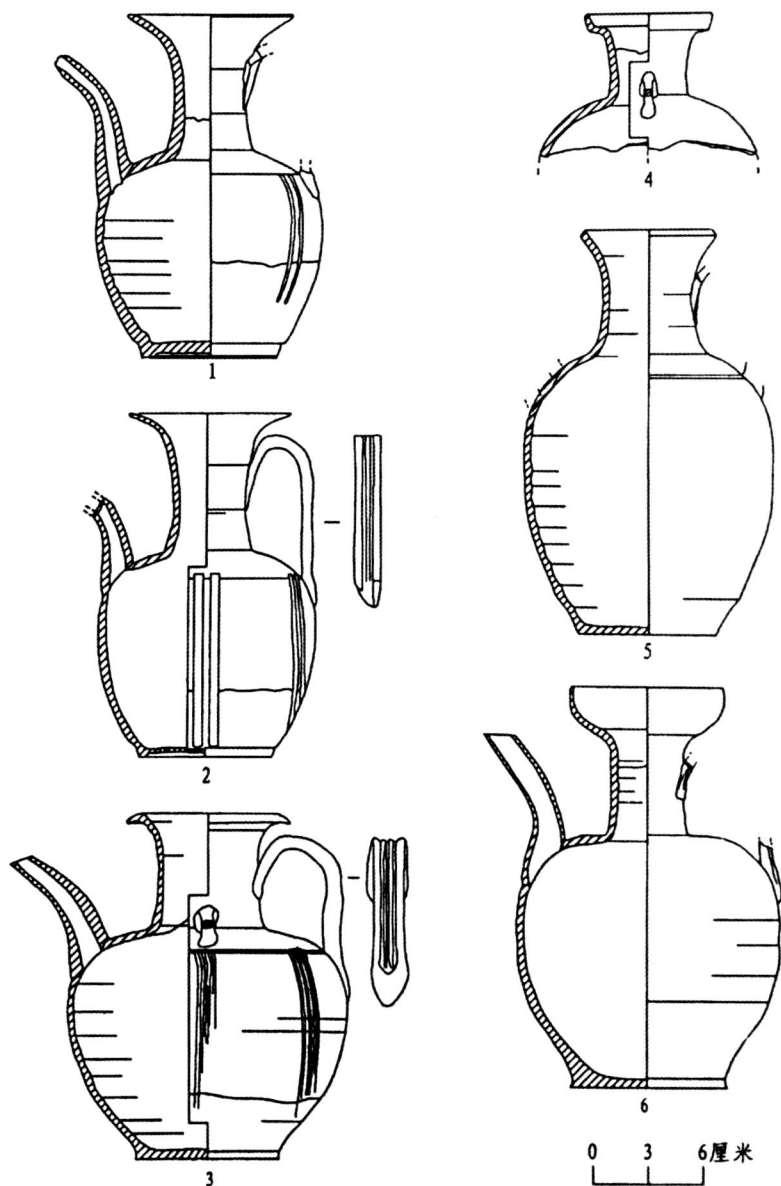

▲图三　金交椅山出土执壶

1.A I 式（Y3：1）　　2.A II 式（Y2：9）　　3.A III 式（Y4：17）
4.B II 式（Y3：6）　　5.A IV 式（Y2：139）　　6.B I 式（Y4：1）

▲图十二：1　B I 式执壶（Y4：1）

　　标本 Y2：139　方唇，撇口，颈微束，弧肩，深弧腹，平底，流、柄残，肩部 1 道凹弦纹。灰黄胎，生烧。口径 6.8 厘米、底径 7.4 厘米、高 22.2 厘米（图三，5）。

　　B 型　盘口，束颈，弧肩，鼓腹，饼足。分为四式。

　　I 式　细长颈，深腹，上腹鼓，下腹斜收。

　　标本 Y4：1　尖唇，立沿，盘口较深，细长直颈，圆肩，下腹斜弧，饼足，弯管流，柄残。灰胎，青釉层厚薄不匀，里釉施至颈上部，外釉施至腹下部。口径 8.4 厘米、足径 8.6 厘米、高 22 厘米（图三，6；图十二，1）。

　　II 式　细颈，较 I 式稍矮，圆肩，弧腹稍鼓，饼足。

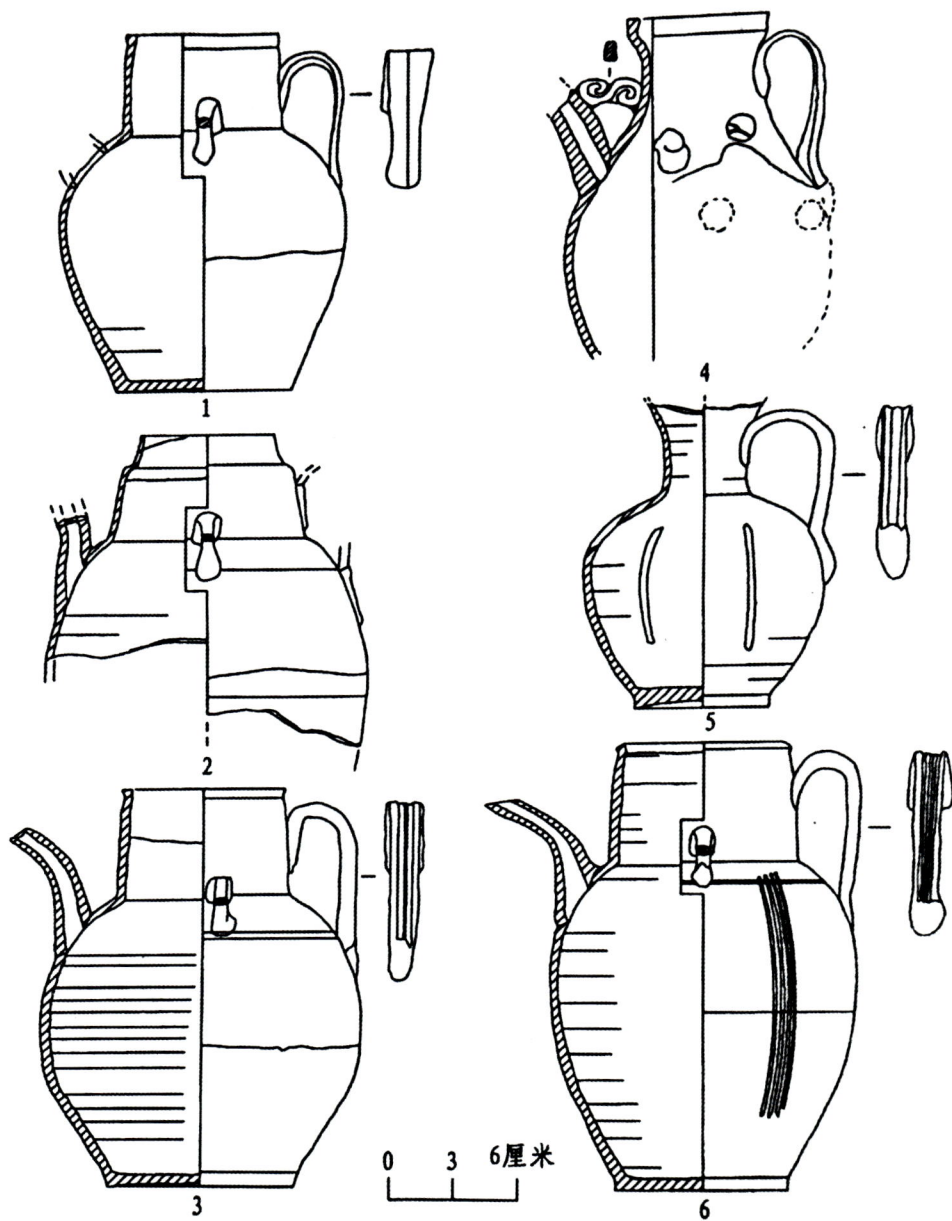

▲图四　金交椅山出土执壶

1.C Ⅰ式（Y1：3）　2.C Ⅳ式（Y1：14）　3.C Ⅱ式（Y4：141）4.B Ⅳ式（F1：116）

5.B Ⅲ式（Y4：23）　6.C Ⅲ式（Y4：12）

标本 Y3：6　圆唇，立沿略敞，浅盘口，直颈下部略束，圆肩，弧腹，以下部分以及流、柄均残。灰胎，青黄釉，里釉施至颈上部，外釉施至腹部。口径6.6厘米、残高7.9厘米（图三，4）。

Ⅲ式　瓜棱腹。

标本 Y4：23　口、流皆残，束颈，弧肩，鼓腹，腹部压印4瓣瓜棱形，饼足内凹，凹面双槽宽带曲形柄，颈下1道刻弦纹。灰白胎（生烧）、釉层大部分脱落。足径6.2厘米、残高14.5厘米（图四，5）。

IV 式　小盘口，溜肩。

标本 F1：116　方唇，溜肩，弧腹，腹下部以下及弯管流的上部残，宽带曲形柄在流与颈之间有一横置"S"形钮。灰白胎，里釉施至口沿下，外釉施至下部，颈、腹间有圆斑状釉下褐彩。口径 6.5 厘米、高 16 厘米（图四，4）。

C 型　直口，粗直颈，颈与肩交接处 1 道折痕，溜肩，弧腹，平底或饼足。分四式。

I 式　直口，直颈，平底。

标本 Y1：3　方唇，平沿，沿下 1 道凹弦纹，直颈，溜肩，上腹稍鼓，平底微内凹，流残，宽带曲形柄，肩上附一对拎包形系。灰黄胎，青黄釉，外釉施至腹中部，口沿处无釉。口径 7.7 厘米、底径 8.1 厘米、高 17.3 厘米（图四，1）。

II 式　敛口，直颈，饼足。

标本 Y2：141　方唇，直口微敛，外沿内束，刻 1 道凹弦纹，直颈微鼓，溜肩，深弧腹，平底略凹，弯管流，凹面双槽宽带曲形柄，肩部附一对拎包形系，颈下 1 道弦纹，肩部 2 道凹弦纹。灰胎，青黄釉，里釉施至颈中部，外釉施至腹中部。口沿上有 5 枚支钉痕。口径 7.6 厘米、底径 8.7 厘米、高 19 厘米（图四，3）。

III 式　厚唇。

标本 Y4：12　斜方唇，外沿内束，形似厚唇，直口微敛，直颈，溜肩，深弧腹，饼足，弯管流，凹面 3 槽宽带曲形柄，肩部附一对拎包形系，颈下、肩部各 1 道凹弦纹，腹部 4 组（每组 4 道）竖向篦划纹。灰胎，青绿釉，里釉施至颈上部，外釉施至腹中部，外口沿一周拭釉露胎。口径 8 厘米、足径 8 厘米、高 21.2 厘米（图四，6）。

IV 式　子口，直颈。

标本 Y1：14　子口，立沿稍敛，矮直颈，溜肩，弧腹，下腹以下残，弯管流上段、宽带柄残，肩上附一对拎包形系，肩部刻 1 道凹弦纹。深灰胎，青黄釉，里釉施至口沿处，子口外侧无釉，外釉自颈部施至腹中部。口径 6.3 厘米、高 15.1 厘米（图四，2）。

水注

A 型　撇口，束颈，圆肩，鼓腹，矮圈足或饼足。分为三式。

I 式　长颈，鼓腹，矮圈足。

标本 Y1：10　口沿及柄残，细长颈微束，溜肩，鼓腹，矮圆足，弯管朝天流，颈部 2 道、肩部 3 道凹弦纹，腹部饰 6 组竖向双道宽条纹。灰胎，青绿釉，里釉施至颈上部，外壁施釉至腹下部。底径 5.6 厘米、残高 13.2 厘米（图五，1）。

II 式　束颈较短，鼓腹稍长，饼足。

标本 Y4: 24　尖唇，沿外卷，上口稍敞，圆肩，鼓腹稍长，饼足，管状朝天短流，扁圆（断面）曲形柄，肩部附一对拎包形系，颈下、肩部各 1 道凹弦纹，腹部 4 组竖向篦划纹。灰胎，青釉，里釉施至颈下部，外釉施至腹中部。口径 6.2 厘米、足径 5.2 厘米、高 13.3 厘米。

III 式　束颈较短，圆鼓腹，饼足。

▲图五　金交椅山出土瓷器

1.A Ⅰ式水注（Y1：10）　2.A Ⅲ式水注（Y4：30）　3.A Ⅱ式罐（Y2：39）　4.C Ⅱ式水注（Y2：15）
5.A Ⅲ式罐（Y4：43）　6.A Ⅰ式罐（Y4：37）　7.C Ⅰ式水注（Y2：37）　8.B Ⅰ式水注（Y1：9）
9.B Ⅱ式水注（Y4：27）　10.A Ⅱ式水注（Y4：24）

　　标本 Y4：30　尖唇，沿外撇，上口敞，直颈，弧肩，鼓腹，饼足内凹，流残，扁圆曲形柄，颈下 1 道弦纹。灰胎，青绿釉，里釉施至颈下部，外釉施至腹下部。口径 6.5 厘米、足径 5.4 厘米、高 12 厘米（图五，2）。

　　B 型　盘口。

　　Ⅰ式　矮颈，鼓腹，饼足。

　　标本 Y1：9　浅盘口，方唇，立沿，直颈，颈下刻 1 道弦纹，斜肩，鼓腹，饼足，短弯管朝天流，扁圆曲形柄。灰胎，里釉施至颈部，外釉施至腹中部。口径 4.6 厘米、足径 4.4 厘米、高 10 厘米（图五，8）。

Ⅱ式　束颈，弧肩，深弧腹，饼足。

标本 Y4：27　盘口低浅，方唇，沿外敞，束颈上细下粗，颈下刻 1 道弦纹，弧肩，深弧腹，饼足，管状朝天流，扁圆曲形柄。灰胎，青灰釉，里釉施至颈下部，外釉至腹中部。口径 5 厘米、足径 5 厘米、高 11.2 米（图五，9）。

C 型　直口，直颈，颈与肩交接处 1 道折痕，溜肩，弧腹，平底或饼足。分二式。

Ⅰ式　敛口，直颈，饼足。

标本 Y2：37　圆唇，直口微敛，直颈，溜肩，弧腹微鼓，以下残，流、柄皆残，肩部附一对拎包形系。灰胎，青绿釉，冰裂纹，里釉施至颈上部，外釉施至腹部。口径 4.2 厘米、残高 6.5 厘米（图五，7）。

Ⅱ式　直口，直颈，瓜棱腹。

标本 Y2：15　方唇，长直颈，斜弧广肩，鼓腹，腹部深印 6 瓣瓜梭形，平底内凹，弯管流，柄残，颈至肩部饰 3 组凹弦纹。灰胎，青釉，里釉施至颈中部，外釉施至下腹部，有流釉。口径 4.2 厘米、底径 6.6 厘米、高 11.3 厘米（图五，4）。

罐

A 型　直沿，平底或饼足。分为三式。

Ⅰ式　直沿，矮颈，圆肩，鼓腹。

标本 Y4：37　圆唇，矮直颈，圆肩，鼓腹，内底平，

▲图十二：3　AⅡ式水注（Y4：24）

▲图十二：2　BⅡ式水注（Y4：27）

饼足。灰胎，里釉仅施至口沿，外釉施至腹上部，有流釉。口径 10 厘米、足径 8.4 厘米、高 14.4 厘米（图五，6）。

Ⅱ式　瓜棱罐。

标本 Y2：39　斜方唇，直沿略敞，束颈，溜肩，深弧腹，腹部压印 12 瓣瓜棱形，平底略凹。灰白胎，青褐釉，里釉施至口沿，口沿外侧露胎，外釉施至腹中部。口径 11.1 厘米、底径 8 厘米、高 14.6 厘米（图五，3）。

Ⅲ式　直沿，矮颈，折肩，直腹。

标本 Y4：43　方唇，平折窄肩，肩下部附一对直系，筒形直腹，近底弧收，饼足。灰胎，里釉施至口沿，口沿外抹釉一圈，外釉施至腹上部。口径 9.6 厘米、足径 8 厘米、高 17.2 厘米（图五，5）。

B 型　直口，溜肩，深弧腹，平底或饼足。分四式。

Ⅰ式　直沿。

标本 Y4：42　斜方唇，直沿，溜肩，肩部立附 4 个环状横耳，深弧腹，腹部饰 4 组（每组 5 道）竖向篦划纹，平底，饼足。灰胎，青黄釉，里釉施至口沿，外釉施至腹中部，口沿表面刮釉一圈。底部有叠烧痕迹。口径 12.4 厘米、足径 8.4 厘米、高 17.4 厘米（图六，5）。

Ⅱ式　束口。

标本 Y4：41　斜方唇稍敞，沿下内束，溜肩，肩部凹弦纹 1 道，附 4 个桥形横系，深弧腹，饼足内凹。灰胎，里釉施至口沿下，外釉施至腹上部，口沿内外刮釉一圈。口径 11.8 厘米、足径 8.4 厘米、高 15.6 厘米（图六，2）。

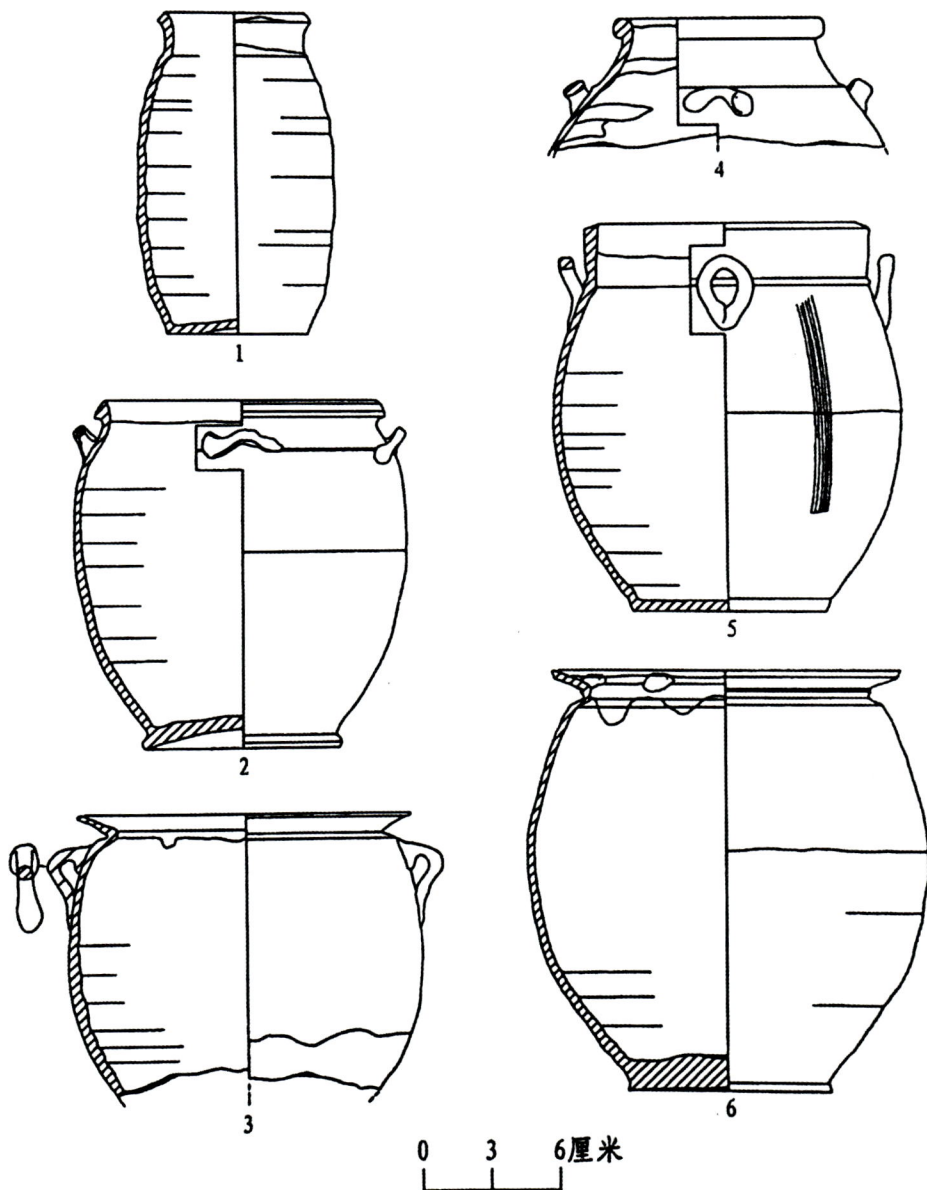

▲图六　金交椅山出土罐

1.B Ⅵ式（Y1：20）　2.B Ⅱ式（Y4：41）　3.C Ⅰ式（Y4：48）　4.B Ⅲ式（Y2：50）

5.B Ⅰ式（Y4：42）　6.C Ⅱ式（Y4：47）

Ⅲ式　卷沿，束颈。

标本 Y2：50　圆唇，口沿外卷，束颈，溜肩，以下部分残，肩部附 2 个桥形横系（据其分布位置应为 4 个）。灰胎，里釉施至口沿，外施釉。口部残留 4 枚支钉。口径 9 厘米、残高 5.7 厘米（图六，4）。

Ⅳ式　长腹。

标本 Y1：20　斜方唇，矮颈略束，直溜肩，直弧腹，平底内凹。灰胎，仅口沿外侧施釉。口径 6.1 厘米、底径 6 厘米、高 14.4 厘米（图六，1）。

C 型　折沿，束颈，平底或饼足。分四式。

Ⅰ式　斜折沿，溜肩，弧腹。

标本 Y4：48　方唇，宽沿斜折，沿面微凹，束颈，窄斜肩稍折，下溜，肩部附一对立耳，深弧腹，腹下部以下残。灰胎，青灰釉，里釉施至颈部，外釉至腹中部。口径 14.6 厘米、残高 12.5 厘米（图六，3）。

Ⅱ式　斜折沿，溜肩，弧腹，饼足。

标本 Y4：47　方唇，矮颈，深弧腹，饼足微凹。灰胎，里釉施至口沿附近，口沿处抹釉一圈，外釉至腹中部。沿面残存 6 枚支钉痕迹。口径 15.2 厘米、足径 8.9 厘米、高 18.6 厘米（图六，2）。

Ⅲ式　溜肩，弧腹。

标本 Y3：38　尖唇，折沿略垂，缩颈，深弧腹，中腹以下残，肩上贴一对环形横耳。灰胎，里釉仅至口沿下，外至中部。口径 11.6 厘米、残高 5.8 厘米（图七，6）。

小罐

A 型　直沿，平底或饼足。分为三式。

Ⅰ式　弧肩，鼓腹，器身稍高。

标本 Y4：36　方唇，口微敞，腹中部鼓，饼足内凹。灰胎，里釉施至口沿，外釉施至股中部。口径 9 厘米、足径 6.4 厘米、高 9.7 厘米（图七，12）。

Ⅱ式　圆肩，鼓腹，器形稍矮。

标本 Y4：38　方唇，直口，上腹鼓，下腹斜，饼足内凹。灰胎，青绿釉，里釉施至口沿，外轴施至腹中部。口径 9 厘米、足径 5 厘米、高 9 厘米（图七，4）。

Ⅲ式　耸肩，鼓腹，器形矮扁。

标本 Y4：34　圆唇，直口微敞，平肩微耸，上腹扁圆，下腹斜弧，饼足内凹。灰胎，青绿釉，里满釉，外釉施至腹下部。口径 10.4 厘米、足径 6.6 厘米、高 7.6 厘米（图七，5）。

Ⅳ式　折沿，束颈。

标本 Y2：43　方唇，宽沿外折，束颈，溜肩，鼓腹，腹下部以下残，肩上附一拎包

▲图十二：4　C Ⅱ式罐（Y4：27）

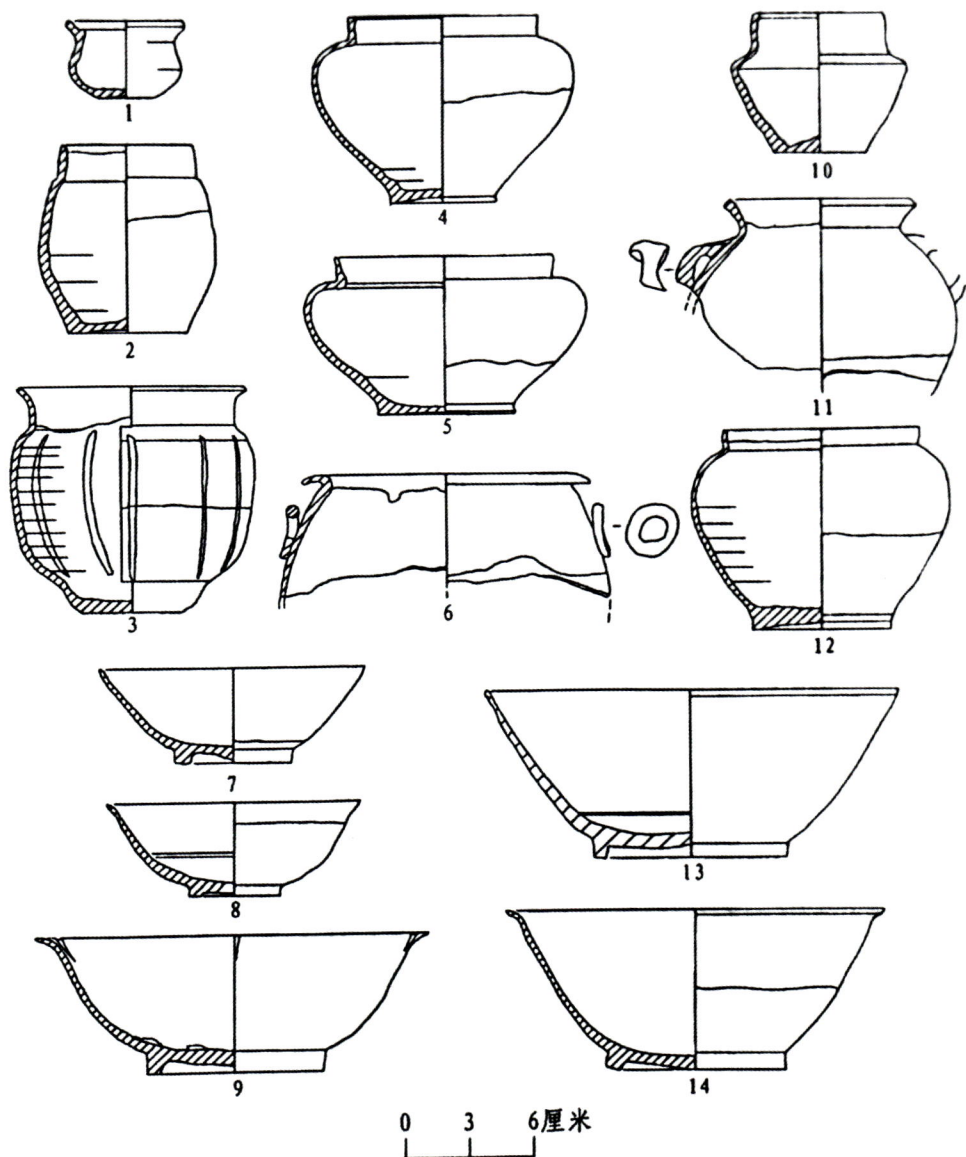

▲图七 金交椅山出土瓷器

1.D 型小罐（F1：74） 2.B I 式小罐（Y2：40） 3.C 型小罐（Y4：35） 4.A Ⅱ式小罐（Y4：38）

5.A Ⅲ式小罐（Y4：34） 6.C Ⅲ式罐（Y3：38） 7.B I 式碗（Y2：25） 8.B Ⅱ式碗（Y2：24）

9.A Ⅲ式碗（F1：6） 10.B Ⅱ式小罐（Y1：32） 11.A Ⅵ式小罐（Y2：43） 12.A I 式小罐（Y4：36）

13.A I 式碗（Y2：30） 14.A Ⅱ式碗（Y2：31）

形系（应为一对）。灰胎，里釉施至口沿下，外釉施至腹下部。口径 8.4 厘米、残高 8.8 厘米（图七，11）。

B 型 直颈，窄肩，斜腹，平底。分为二式。

I 式 直颈，直弧腹。

标本 Y2：40 尖唇，直口微敛，口沿下略束，直腹稍鼓，平底微凹。灰胎，青绿釉，里釉施至口沿下，外釉施至腹上部。口径 6 厘米、底径 5.4 厘米、高 8.9 厘米（图七，2）。

Ⅱ式 高颈，窄折肩。

标本 Y1：32　方唇略敛，窄折肩，斜直腹，内底心鼓，外底平。灰胎，里釉施至口沿下，外釉施至肩上部。口径 6 厘米、底径 4.4 厘米、高 6.8 厘米（图七，10）。

C 型　撇口，平底，瓜棱腹。仅一式。

标本 Y4：35　圆唇，束颈，窄溜肩，肩上刻 1 道凹弦纹，上腹较直，下腹内收，腹部压印 10 瓣瓜棱形，平底。灰胎，里釉施至颈下部，外釉施至腹中部。口径 10.6 厘米、底径 4.6 厘米、高 11 厘米。（图七，3）。

D 型　折沿，敛口。仅一式。

标本 F1：74　圆唇，沿面微凹，束颈，溜肩，鼓腹，平底微凹。灰胎，生烧。口径 5.2 厘米、径 2.6 厘米、3.7 厘米（图七，1）。

碗

A 型　斜腹，宽圈足，器形较大。可分三式。

I 式　敞口。

标本 Y2：30　敞口，窄厚唇，斜弧腹，近底处 1 圈凹弦纹，圈足宽矮，足壁微撇，足心略凹。灰黄胎，生烧，里满釉，外釉至腹下部。口径 19.3 厘米、8.9 厘米、高 8.1 厘米（图七，13）。

II 式　撇口，斜弧腹，矮圈足。

标本 Y2：31　尖唇，撇口微折，斜弧腹，平底，圈足宽矮不规整，足底斜削，足心略鼓。灰黄胎，青釉脱落，里满釉，外壁施釉至腹中部。口径 17.8 厘米、足径 8.4 厘米、高 7.8 厘米（图七，14）。

III 式　花口。

标本 F1：6　尖唇，五出花口，斜弧腹，矮圈足，足心略凸。灰白胎，里满釉，外釉施至腹下部。内底可见 8 枚支钉。口径 18.3 厘米、足径 8.1 厘米、高 6.55 厘米（图七，9）。

B 型　敞口，斜弧腹，矮圈足。仅见二式。

I 式　敞口。

标本 Y2：25　尖唇，敞口，斜弧腹，平底，矮圈足、足心凸。灰黄胎，青釉生烧，里满釉，外釉施至腹下部。口径 12.4 厘米、足径 5.4 厘米、高 4.6 厘米（图七，7）。

II 式　撇口。

标本 Y2：24　尖唇，撇口，斜弧腹，下方 1 圈凹弦纹，矮圈足，挖足浅。灰胎，青黄釉，内满釉，外釉施至上腹部。口径 11.8 厘米、足径 4.2 厘米、高 4.6 厘米（图七，8）。

C 型　篦纹划花碗。分二式。

I 式　敞口。

标本 Y2：32　尖唇，口微敛，沿下微折，斜直腹，

▲图十二：5　B I 式碗（Y2：25）

内腹上下双圈凹弦纹，平底略塌，矮圈足，足心稍鼓。灰白胎，青绿釉，里满釉，外釉施至腹下部。内壁刻划排饱卷叶纹，外腹竖排馆纹。口径 16 厘米、足径 5.6 厘米、高 6.8 厘米（图八，6）。

Ⅱ式　撇口。

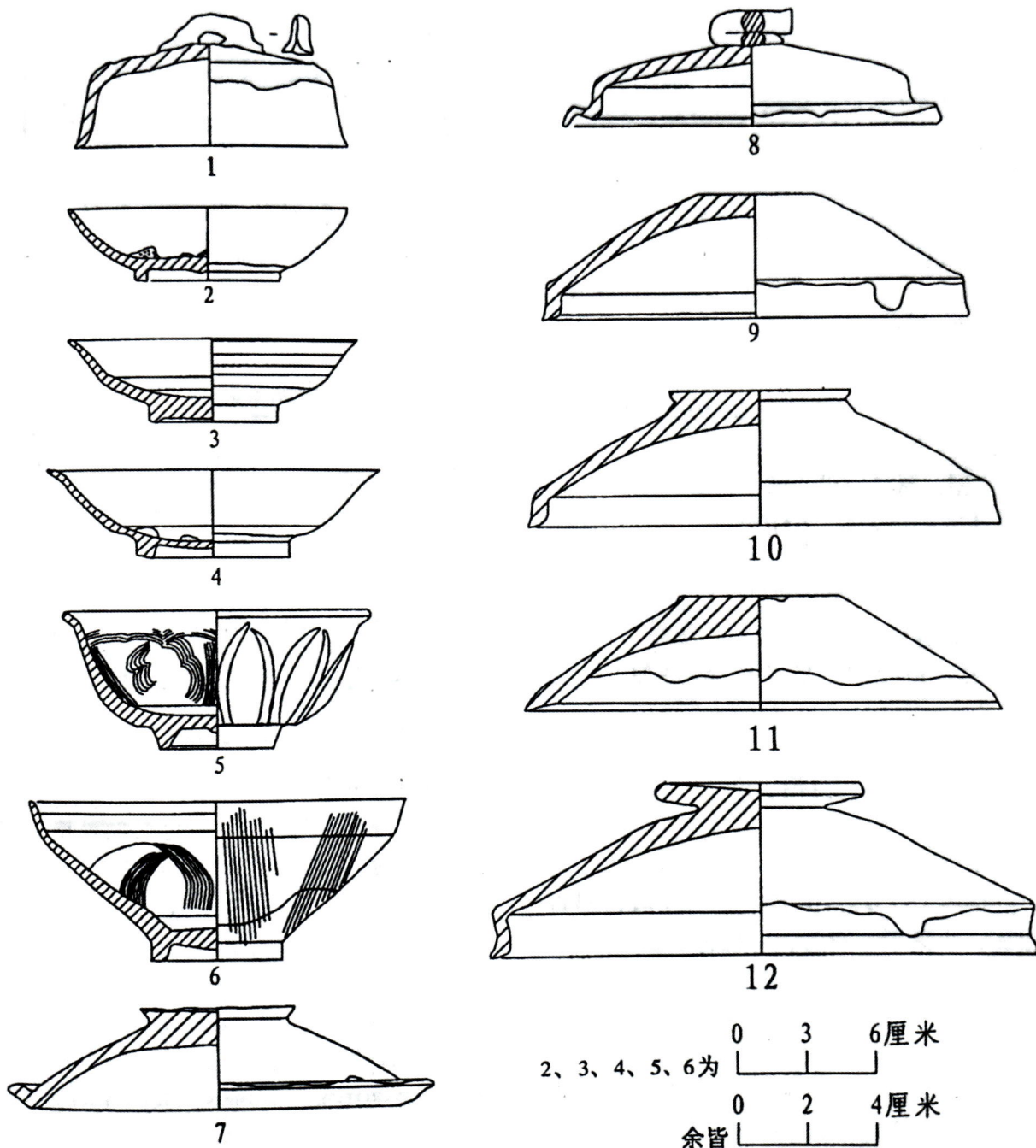

▲图八　金交椅山出土瓷器

1.AⅥ式器盖（Y3：17）　2.AⅠ式盘（Y2：29）　3.B型盘（Y3：49）　4.AⅡ式盘（Y2：36）
5.CⅡ式碗（Y3：47）　6.CⅠ式碗（Y2：32）　7.CⅠ式器盖（Y3：26）　8.AⅤ式器盖（Y3：21）
9.AⅠ式器盖（Y3：27）　10.AⅡ式器盖（Y3：24）　11.B型器盖（Y3：28）　12.AⅢ式器盖（Y3：29）

标本 Y3：47　方唇，斜弧腹，平底，圈足略高，足心有小乳突。灰胎，青黄釉，里满釉，外釉不及底。内壁篦划草叶纹，外腹刻划宽莲瓣纹。口径 12.9 厘米、足径 4.8 厘米、高 6.1 厘米（图八，5）。

盘

A 型　敞口，斜弧腹，平底，宽矮圈足。分 2 式。

I 式　浅腹。

标本 Y2：29　尖唇，敞口，浅弧腹，矮圈足。灰胎，青釉冰裂纹，内满釉，外釉施至近足部。内底残存 8 枚支钉痕。口径 12 厘米、足径 6.1 厘米、高 3.2 厘米（图八，2）。

Ⅱ式　撇口。

标本 Y2：36　尖唇，撇口，浅弧腹，近底 1 圈凹弦纹，矮圈足。灰胎，浅青釉，内满釉，外釉施至近足部。内底残存 8 枚支钉痕。口径 14 厘米、足径 6.4 厘米、高 3.9 厘米（图八，4）。

B 型　撇口。仅一式。

I 式　浅弧腹，矮圈足。

标本 Y3：49　尖唇，撇口，浅弧腹微折，内底双圈四弦纹，圈足外壁直，内浅挖。灰白胎，青釉，里满釉，外釉施至腹中部，有积釉痕。口径 13 厘米、足径 4 厘米、高 3.9 厘米（图八，3）。

器盖

A 型　母口，直沿，斜直或斜弧盖面。可分五式。

I 式　平顶。

标本 Y3：27　尖唇，直沿微撇，斜直盖面，小平顶。灰胎，外釉施至盖沿外侧，有流釉，盖内无釉。顶径 3.4 厘米、口径 12.4 厘米、高 3.7 厘米（图八，9）。

Ⅱ式　饼形钮。

标本 Y3：24　尖唇，直沿微撇，斜直盖面，饼形钮。灰胎，生烧，盖面施釉，盖内无釉。钮径 5.2 厘米、口径 13.7 厘米、通高 4 厘米（图八，10）。

Ⅲ式　纽扣形钮。

标本 Y3：29　尖唇，直沿略束，斜直盖面，扁圆纽扣形钮，钮面微凹。灰胎，青绿釉，盖面施釉，有流釉，盖内无釉。钮径 6 厘米、口径 16 厘米、通高 5 厘米（图八，12；图十二，6）。

Ⅳ式　桥形钮。

标本 Y3：17　尖唇，直沿微外撇，斜弧盖面，桥形钮。灰胎，青黄釉，盖面施釉至口沿上部，以下及盖内无釉。

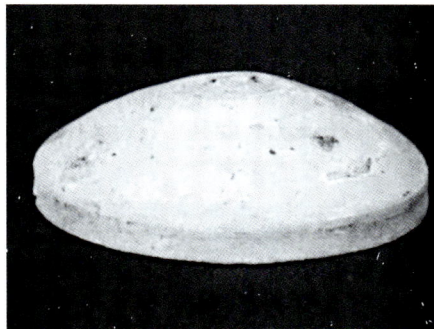
▲图十二：7　A I 式器盖（Y3：27）

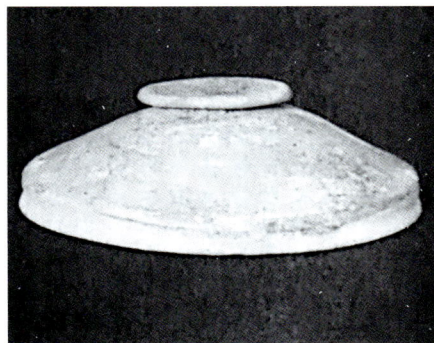
▲图十二：6　A Ⅲ式器盖（Y3：29）

口径 7.8 厘米、通高 3.9 厘米（图八，1）。

Ⅴ式　双曲沿。

标本 Y3：21　尖唇外敞，直沿平折，斜弧盖面，圆柱折叠形钮，稍残。灰胎，青灰釉，盖面施釉，有流釉，盖沿外侧及盖内无釉。口径 11 厘米、通高 3.4 厘米（图八，8）。

B 型　敞口，斜直或斜弧盖面。仅有一式。

标本 Y3：28　尖唇斜沿，斜直盖面，平顶。灰胎，青釉，盖面施釉至盖沿，有流釉，盖沿外侧及盖内无釉。口径 13.8 厘米、顶径 4.6 厘米、高 3.4 厘米（图八，11）。

C 型　敞口，外折沿。分三式。

Ⅰ式　饼形钮。

标本 Y3：26　尖唇，外折沿，敞口，斜弧盖面，钮面平。灰胎，青釉，盖面施釉至沿上部，底部及盖内无釉。钮径 4.4 厘米、口径 10.8 厘米、通高 2.9 厘米（图八，7）。

Ⅱ式　桥形或曲蛇形钮。

标本 Y1：53　小圆唇，斜弧盖面，桥形钮。灰胎，青灰釉仅施至盖顶周围。口沿上可见 7 枚支钉痕迹。沿径 12 厘米、口径 11.8 厘米、通高 4.1 厘米（图九，12）。

Ⅲ式　圆柱形钮。

标本 Y4：60　斜直盖面上可见多道凸槽，平顶，圆柱形钮。灰胎，釉施至口沿，盖内无釉。顶径 3.6 厘米、口径 11.8 厘米、通高 3 厘米（图九，13）。

D 型　子口低沿，盖沿平出。分五式。

Ⅰ式　平顶。

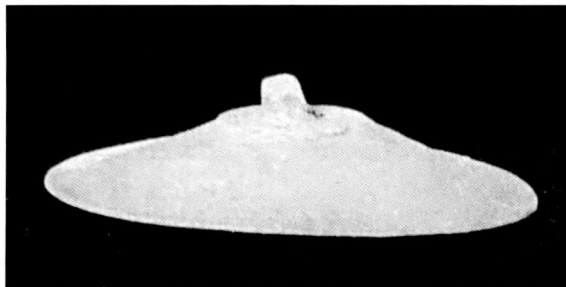

▲图十二：10　F Ⅲ式器盖（Y4：60）

标本 Y3：14　子口尖唇，低矮，盖沿尖唇，平出，斜弧盖面，平顶。灰胎，青绿釉，釉施至盖缘，子口及盖内无釉。沿径 16 厘米、口径 12.4 厘米、通高 3.85 厘米（图九，4）。

Ⅱ式　饼形。

标本 F1：65　尖唇，盖沿略上斜，斜直盖面，饼形钮，钮面微凹。灰胎，盖面及口沿外侧无釉，盖内施釉。口径 9.8 厘米、高 3 厘米（图九，8）。

Ⅲ式　纽扣形钮。

标本 Y4：68　子口尖唇，低矮，盖沿尖唇，下垂，斜弧面，钮面微凹。灰胎，生烧，釉施至盖面中部，子口及盖内无釉。沿径 16 厘米、口径 12.4 厘米、钮径 3.8 厘米、通高 5 厘米（图九，14）。

Ⅳ式　盖面斜弧，桥形或曲蛇形钮。

标本 F1：43　尖唇，盖沿平出微垂，斜弧盖面，平顶，桥形钮。灰胎，生烧，釉施至盖面上部，盖沿下及盖内无釉。沿径 12.6 厘米、口径 10.8 厘米、通高 2.4 厘米（图九，9）。

Ⅴ式　柱形钮。

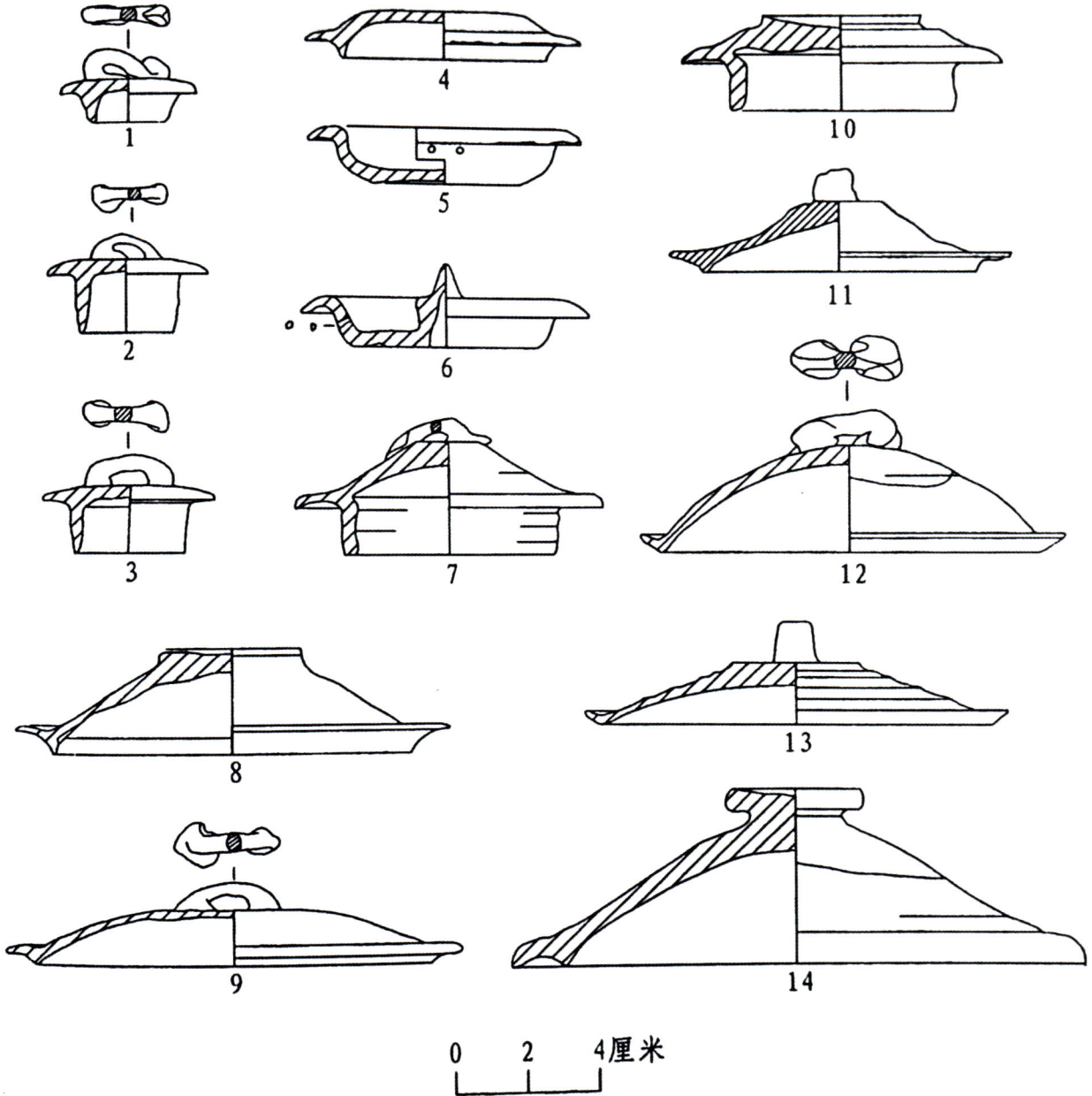

▲图九 金交椅山出土瓷器

1.E Ⅳ式（Y2：101） 2.E Ⅴ式（Y2：97） 3.E Ⅲ式（Y4：94） 4.D Ⅰ式（Y3：14） 5.F Ⅰ式（Y3：19）
6.F Ⅱ式（Y3：15） 7.E Ⅱ式（Y4：92） 8.D Ⅱ式（F1：65） 9.D Ⅳ式（F1：43） 10.E Ⅰ式（Y4：81）
11.D Ⅴ式（F1：49） 12.C Ⅱ式（Y1：53） 13.C Ⅲ式（Y4：60） 14.D Ⅲ式（Y4：68）

标本 F1：49 尖唇，盖沿略上斜，斜凹盖面，小平顶，柱形钮。灰胎，釉施至盖面，沿下及盖内无釉。沿径 9.6 厘米、口径 7.4 厘米、通高 3 厘米（图九，11）。

E 型 子口高沿，盖沿平出。分五式。

Ⅰ式 盖面斜，饼形实钮。

标本 Y4：81 子口尖唇直立，盖沿微垂，斜弧面有二层台，钮面内凹。灰黄胎稍仅施至盖面，子口及盖内无釉。沿径 8.8 厘米、口径 6.2 厘米、钮径 4.4 厘米、通高 2.8 厘米

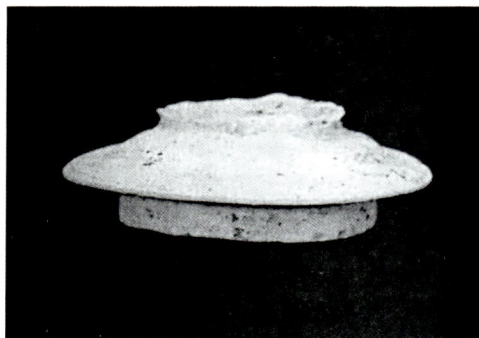

▲图十二：8　E Ⅰ式器盖（Y4：81）

盖面斜平，桥形钮。灰胎，轴施至盖面，子口及盖内无釉。沿径 4.8 厘米、口径 3 厘米、通高 2.8 厘米（图九，3）。

Ⅳ 式　盖面斜，桥形或曲蛇形钮。

标本 Y2：101　子口尖唇直立，盖沿尖唇，平出，浅弧盖面，曲蛇形钮。灰胎，盖面施釉，子口及内无釉。沿径 3.8 厘米、口径 2 厘米、通高 2.1 厘米（图九，1）。

Ⅴ 式　盖面平，桥形或曲蛇形钮。

标本 Y2：97　子口尖唇直立，整沿尖唇，平出，盖面平直，桥形钮。灰胎，盖面施釉，子口及盖内无釉。沿径 4.4 厘米、口径 2.6 厘米、通高 2.8 厘米（图九，2）。

F 型　盖面下凹，盖沿平出。分四式。

Ⅰ 式　盖面平，无钮。

标本 Y3：19　盖沿尖唇，平出微垂，整沿下一侧有 2 个斜穿小孔，盖底平，微凹。灰胎，釉施至盖沿，盖内无釉。盖沿径 7.7 厘米、底径 4.2 厘米、高 1.6 厘米（图九，5；图十二，9）。

▲图十二：9　F Ⅰ式器盖（Y3：19）

沿 8.8 厘米、钮径 16 厘米、通高 2.7 厘米（图十，1）。

Ⅳ 式　盖面弧凹。

标本 Y2：99　盖沿尖唇略垂，盖面下凹呈圜底形，沿下有 2 个并列的小孔。灰胎，青釉，盖面施釉，沿下及盖内无釉。沿径 8.2 厘米、高 3.3 厘米（图十，2）。

梅瓶

A 型　小口，深弧腹，平底。可分三式。

（图九，10；图十二，8）。

Ⅱ 式　盖面斜弧，桥形或曲蛇形钮。

标本 Y4：92　子口高直，方唇微敛，盖沿微垂，方唇，斜弧盖面，桥形钮。灰胎，生烧，釉施至盖面上部，子口及盖内无釉。沿径 8.6 厘米、口径 5.8 厘米、高 4 厘米（图九，7）。

Ⅲ 式　盖面平直，桥形或曲蛇形钮。

标本 Y4：94　子口高直，尖唇，盖沿尖唇，平出，

Ⅱ 式　盖面凹平，有钮。

标本 Y3：15　盖沿尖唇略垂，盖沿下一侧有 2 个斜穿小孔，盖面斜平，僧帽形钮，中空，盖底平。灰胎，釉仅至盖面，盖内无釉。沿径 8.2 厘米、底径 5.2 厘米、通高 2.4 厘米（图九，6）。

Ⅲ 式　弧底。

标本 Y3：25　盖沿方唇略垂，盖面斜弧，柱形实钮，盖底弧。灰胎，生烧，盖面施釉，盖内无釉。盖

Ⅰ式　直口，圆肩，平底。

标本 Y2：22　小口，圆唇稍外卷，束颈，圆肩，上腹弧，下腹斜直，平底。黄褐胎，里釉施至口沿内侧，外釉施至腹上部。口径 3.4 厘米、底径 8 厘米、高 20.3 厘米（图十，4）。

Ⅱ式　敛口，折沿。

标本 Y2：21　小口，尖唇，折沿，口略敛，束颈，弧肩，上腹圆，下腹斜直，平底略凹。灰黄胎，里釉施至口沿内侧，外釉施至腹中部。口径 4.4 厘米、底径 8.2 厘米、高 19.6 厘米（图十，5）。

B 型　长直腹，器形瘦高。仅一式。

标本 Y1：23　小口微敞，圆唇，立沿，缩颈，圆肩，深腹斜直，平底微凹。灰胎，里釉施至内口沿下，外釉至腹下部。口径 2.4 厘米、底径 7.4 厘米、高 32.4 厘米（图十，3）。

三、结语

金交椅山窑址曾经做过多次调查，但未进行正式科学发掘，此次发掘面积较大，揭露出来的遗迹也较丰富。现将收获和认识归纳如下：

（一）窑业技术和生产工艺

此次发掘揭露出来的窑炉遗迹仍为福建宋元时期流行的斜坡式龙窑。长度从保存较好的 Y2 来看，也在 50 米以上，窑室宽度则在 1.5—2.5 米之间。窑室顶部为横砖立砌。作坊区发现了大量的缸和灰坑等遗迹。这些遗迹之间还存在着叠压打破关系，其使用应延续了一段较长时间。个别缸内的遗物如泥土还有待于化验才能得知其用途。装烧工艺从出土的窑具来看，较为简单，支烧具全部是垫柱、垫座及少量垫圈，仅在地表采集到少数几个"M"形匣，故装烧方法为明火裸烧为主，有叠烧、套烧等，器物之间以泥支钉、垫饼等作为间隔具。施釉工艺较为多样。执壶、水注、瓶、碗、盖等器物多采用浸釉法，故大部分器物均施釉不及底，釉线不甚整齐，局部有流釉现象。灯盏、小碟等浅腹器则采用荡釉，故器

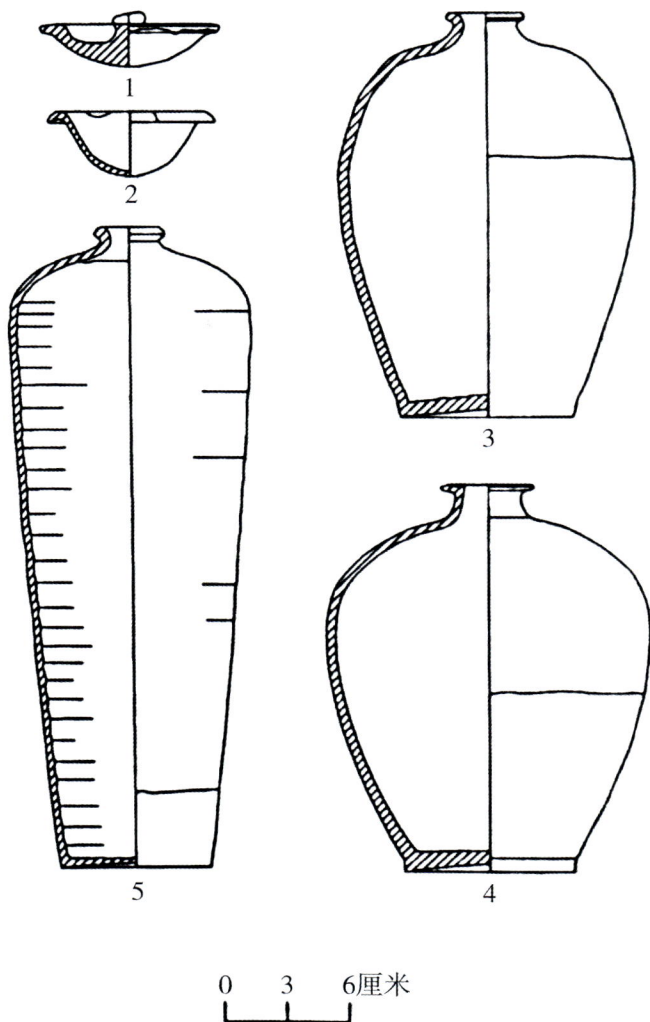

▲图十　金交椅山出土瓷器
1.F Ⅲ式器盖（Y3：25）　2.F Ⅳ式器盖（Y2：99）
3.B 型梅瓶（Y1：23）　4.A Ⅰ式梅瓶（Y2：22）
5.A Ⅱ式梅瓶（Y2：21）

内除局部外均满釉，外壁除口沿附近有流釉外则基本无釉。此外还有少量器物如灯架则采用刷釉。

（二）产品种类与装饰艺术

金交椅山窑址的器物胎质呈灰色，夹砂，淘洗不够精细。种类也多以执壶、罐、瓶、水注、盒、碗、盘、碟、灯等日常生活用器为主，以素面为多。器物有装饰的，工艺也较单一。如执壶的颈部、肩部饰凹弦纹，双立牌耳上面印有花瓣或文字，腹部饰 4 组或 6 组双线竖条纹或道数不等的篦划纹，少数执壶的腹部做成瓜棱形等。部分碗、盏、碟的口沿加工成花口，或腹部也压印成花瓣状等。

（三）年代和性质

金交椅山窑址的产品，无论从器形、纹饰还是釉色上看，均与浙江宋代越窑的青瓷相似，应属越窑青瓷系统。另外在作坊的第⑦层里出土一枚"熙宁元宝"铜钱（1068—1077），在第⑧层里出土一枚"皇宋通宝"（1035—1049）铜钱和一枚"至和元宝"（1054—1055）铜钱，故推测金交椅山窑址的年代应是北宋中期至南宋。其生产的产品有相当数量也应用于外销，在日本、东南亚的博物馆收藏及田野考古发掘中也经常发现部分器物同金交椅山的产品相同。

总之，通过此次发掘，除了窑炉的发掘和出土了大批陶瓷器标本外，还对窑旁相关遗迹做了较完整的揭露，如柱洞、护窑墙、上窑路等，为磁灶窑的研究提供了丰富的第一手资料。

（原载《福建文博》2005 年第 2 期）

参考文献

[1] 陈鹏、黄天柱、黄宝玲：《福建晋江磁灶古窑址》，《考古》1982 年第 5 期。

菲律宾发现的
宋元磁灶窑陶瓷器

〔菲律宾〕◎庄良有

宋代，是中国海路通商的一个高潮，相继在广州、明州、杭州、泉州开港，设置掌管船务的市舶司。南宋泉州市舶司的赵汝适在其著作《诸蕃志》里记述与泉州往来的异邦多达 45 国 [1]，包括菲律宾几个岛国，如麻逸、三屿 [2]、布里噜 [3] 等。

泉州港在元代更是飞黄腾达，意大利商人马可·波罗于 1290 年到达泉州，称泉州港与亚历山大港为世界最大的两个贸易港 [4]。阿拉伯人伊本·白图泰于 1342 年来中国，见有大船百艘停泊在泉州 [5]。元代商人汪大渊在海外经商几近廿年，归来后将其所到地方与其所见所闻收入其著作《岛夷志略》。书中述及与诸多菲律宾岛国人通商的经验，除了《诸蕃志》所提及的麻逸与三屿外，汪大渊还到过麻里噜（Malila 或即今之马尼拉）、眠多朗（Mintolang 或即今之菲律宾南部棉兰老 Mindanao），努禄（Sulu 即今苏禄）等，以及许多认不出的地名 [6]。

中菲密切的贸易关系不但有文献的记载，更有考古实物的见证。今日菲律宾所遗存的源自江西、浙江、福建、广东的宋元陶瓷，是西班牙殖民时代以前最具体的中菲贸易史迹。

西班牙于 1565 年开始统治菲律宾。在此之前，菲人民间有厚葬的风俗。菲律宾只烧低温无釉的陶器，进口的高温有釉的瓷器被视为奢侈品，并且是很时髦的陪葬品。菲律宾私人收藏的宋元及明代早、中期的瓷器大部分出自墓葬。近 10 年来在菲律宾海域打捞出 10 多条沉船，其中一半是载有数量可观的早、中、晚期明青花瓷的明代商船。有趣的是所发现的宋元沉船只有 2 条，而所捞出的陶瓷器大部分是福建的产品。布尔克号、因未斯格特尔号的船货中有磁灶、德化、南安等瓷窑的宋元产品 [7]。值得一提的是菲律宾出土的宋元陶瓷中，晋江磁灶窑所烧的陶瓷器占相当大的比例。特此把马尼拉市大小私人收藏和古董店里最具代表性的磁灶窑陶瓷器，按造型分类介绍如下：

（一）盘

绿釉菱花盘 菱花形口沿，盘内印有花纹，釉色均匀，器形规整，盘底不施釉，有旋纹；

直径 17.5 厘米（图一）。土尾庵窑出土过类似器物[8]。

（二）瓶

绿釉长颈瓶 胎质粗松，呈米色，瓶身上部印有牡丹纹，下部则印有莲瓣，颈与肩交接处饰有对称兽首环耳，器身倾斜不正。高 22 厘米（图二）。土尾庵窑址出土过相似的素胎瓶件[9]。

剔花玉壶春瓶 瓶身在酱釉釉面上剔刻出五排不同的纹饰，刻刀深入，胎体显露，胎、釉色调形成强烈对比。高 23 厘米。菲律宾这种剔花器物有罐、瓶、熏炉、军持等以前皆被误认为是江西吉州窑的产品（图四）。土尾庵窑址出土过类似器物[10]。

高身小口瓶 胎土粗松，高肩，瓶身向下斜，素胎。高 22 厘米。这种瓶在菲律宾颇多见，一般被称为"鸡腿瓶"（图九）。曾竹山窑址出土过类似器物[11]。

（三）执壶

青釉瓜棱腹执壶 灰胎坚硬，厚唇，宽带手柄，长流，颈上有三道弦纹，釉不及壶底。高 21.5 厘米（图三）。土尾庵窑址出土过类似执壶[12]。

酱釉粗颈执壶 a.灰胎坚硬，口唇外卷，粗颈，长流，宽带手柄，肩部有相对竖系，施半釉，且有流釉与剥釉现象。高 18.5 厘米（图五，左）。b.灰胎坚硬，施半釉。高 18 厘米（图五，右）。

酱釉直口执壶 灰胎粗松，粗颈，肩部有对称竖系，施半釉。高 14.5 厘米（图六）。土尾庵窑址出土过类似器物[13]。

酱釉溜肩执壶 灰胎坚硬，口唇外卷，流与颈之间有"S"形连块，施釉不壶口也不及壶底。高 17 厘米（图七）。

酱釉无柄执壶 a.灰胎粗松，直口短颈，矮身鼓腹，肩部有两对相称竖系不及器底、有剥釉现象。高 13 厘米（图八）。b.釉薄，多剥落（图十，左）。这种无柄执壶之前未见，菲律宾出土数件。

青釉铁斑执壶 口唇外卷，颈略束，鼓腹，流与颈之间粘有"S"形连块，瓶身、流与柄皆饰有铁斑，腹部有轮旋纹。高 21 厘米（图十一）。土尾庵窑出土过相似壶件[14]。

（四）罐

酱釉宽口四横系罐 厚唇，粗颈，施半釉。高 14.8 厘米（图十二）。

酱釉粗颈罐 厚唇、颈与肩交接处有旋纹，腹部有轮旋纹，肩部有四横系，釉不及罐口，且仅及半部罐身，有流釉现象（图十四，后右）。土尾庵窑址出土过造型相似的罐[15]。

酱釉鼓腹罐 灰胎，厚唇，肩部有四横系，罐身有轮旋纹，釉不及罐口也不及罐底，器底有毛笔字"西何"。高 15.7 厘米（图一三；图十五，后左）。

酱釉无颈罐 口唇外撇，宽口，罐身弧度不高，施半釉，多剥落。高 9 厘米（图十五，前中）。

酱釉直口罐 宽口、短颈、肩部有四横系，施半釉，多剥落，高 12 厘米（图十五，前左）。

酱釉龙纹罐 胎土粗松，口唇外撇，短颈，肩部刻有龙纹并饰有四龙尾竖系，腹部有轮旋纹，釉不及器底，有流釉现象。高 22 厘米（图十七）。

黄绿釉六竖系罐　口唇外撇，粗颈，高身，罐下部略束，三角形图纹上饰有浅绿釉，罐身黄釉施至器底，有剥釉现象。高 34 厘米（图十六，左）。土尾庵窑址出土过具有三角形纹饰的素胎罐[16]。

（五）小罐

酱釉球形小罐　灰胎，小口，厚唇，罐身有轮旋纹。高 7.5 厘米（图二十，左）。土尾庵窑址出土过类似器物[17]。

酱釉矮身小罐　灰胎粗松，小口，折肩，施半釉。高 8 厘米（图二十，右）。

酱釉半筒型小罐　灰胎粗松，宽口，粗颈，罐身有四横系，釉不及器口也不及器底。高 9 厘米（图十九）。

酱釉四横系小罐　灰胎坚硬，厚唇，粗颈，施半釉。高 11.8 厘米（图十八）。

黑釉鼓腹小罐　灰胎，小口，釉不及器底（图十四，前左）。土尾庵窑址出土过类似器物[18]。

酱釉筒型小罐　灰胎，宽口，无颈，施半釉（图十四，后左）。土尾庵窑址出土过类似小罐[19]。

黄绿釉小罐　小口，圆身，肩部印有龙纹。高 7.8 厘米（图二十一，右）。土尾庵窑址出土过类似器物[20]。

（六）水注

绿釉莲瓣水注　直口，双带柄，短流，肩部印有一周莲瓣纹，腹部印有条纹，盖残缺。高 6.5 厘米（图二十二，右）。土尾庵窑址出土过类似的素胎水注[21]。

鼓腹水注　a. 绿釉水注，口唇外卷，鼓腹，有剥釉现象。高 7.5 厘米（图二十二，左）。b. 黄釉水注。高 6.8 厘米（图二十一，左）。

（七）军持

青釉军持　盘口，直流，长颈略束，颈与肩交接处以及肩上皆有弦纹，釉不及器底，有剥釉现象。高 20.5 厘米（图二十七）。

青釉铁斑军持　盘口，斜肩上与流端皆饰有铁斑，施半釉。高 15 厘米（图二十八）。

黄釉军持　盘口，直流，折肩，颈与肩部交接处皆有弦纹，全釉但不均匀。高 21.3 厘米（图二十九）。

黄釉铁斑军持　盘口，细颈，直流，折肩，器身上饰有铁斑，施白色化妆土，有剥釉现象。高 16.2 厘米（图三十）。

酱釉军持　盘口，颈略束，直流，肩部印有龙纹，腹部有轮旋纹，釉不及器底。高 15 厘米（图三十一）。

黄绿釉军持　盘口，直流，颈底和肩、腹交接处皆有弦纹，器表施绿釉，器身饰有黄斑，施白色化妆土，有剥釉现象。高 18.2 厘米（图三十二）。

绿釉军持　盘口，颈略束，腹上部印有花纹、下部印有直条纹。高 12.5 厘米（图二十三）[22]。

蟠龙军持　a. 盘口，粗颈，肩部有四竖系，流上部贴塑一龙首，龙身盘绕至颈部，再弯曲成手柄，腹部刻有草率花纹，龙与花纹施绿釉，器表施黄（琥珀）釉，釉不及器底。高34厘米（图二十六）。土尾庵窑址出土过类似器物[23]。b. 造型和装饰与a相似，器表施绿釉、龙与花纹施黄釉。高30厘米（图二十四）。c. 造型、装饰与a和b相似，但腹身上无花纹，器表与龙柄均施黄（琥珀）釉，釉不及器底，有剥釉现象。高21.5厘米（图二十五）。

菲律宾发现的磁灶窑陶瓷器大部分与土尾庵窑址出土的器物相似，其中有些颇具典型宋元风格，如执壶上的瓜棱腹、宽带手柄、长流、所饰铁斑、流与肩之间的"S"形连块、军持的长流等，都是宋元时代的特征。有些铅釉的器物是与景德镇14世纪的青花瓷、龙泉窑铁斑青瓷等在马尼拉市内的圣安娜元代遗址一齐出土的[24]。

菲律宾出土的磁灶窑产品，胎土有粗松、有坚硬、灰色多于米色，釉色有青釉、酱釉、黑釉、铅釉如黄（琥珀）绿釉，有时黄（琥珀）釉、绿釉同施一体，一般器物釉下多施白色化妆土。青釉为数不多，酱釉最为普遍，常见于执壶、大小罐、瓶等日常用品。施釉手工良莠不齐，有的施满釉，有的施半釉，有的釉不及器底也不及器口。半成品中，有的仅在瓶的肩部或罐的颈部施极小部分酱釉，有的甚至只上一层化妆土而不施釉。磁灶窑所烧陶瓷是先素烧、上釉后再二次烘烧，所以釉层容易剥落。菲律宾的磁灶窑陶瓷，所施薄釉，有的几乎全部剥落。

因为资料丰富，在此所介绍的菲律宾出土磁灶窑陶瓷器将该窑各种装饰工艺，如刻划、模印、剔花、贴塑和彩釉等展示无遗，反映出磁灶窑产品的多姿多彩。在菲律宾的福建宋元陶瓷器中，磁灶窑是最具地方特色的，虽然其中也有些造型与装饰技法是受他窑，如磁州窑、江西吉州窑、浙江龙泉窑等影响的。泉州港在宋元时期很发达，是各地外销瓷产品的集散中心，此乃促使磁灶窑窑工吸收外来瓷业技术的主要原因。从菲律宾遗存的大量实物，可以看出磁灶窑在宋元时期生产规模之庞大，其对中国当时的对外贸易有至大的贡献。

（原载《磁灶窑址：福建晋江磁灶窑址考古调查报告》科学出版社2011年8月版）

注释

[1] 庄为玑：《海上集》，厦门大学出版社，1996年，第182页。

[2] 诸学者对"三澳"至今尚无正确的诠译，有译其包括Busuanga、Palawan和Coron岛，有译其包括眠多洛（Mindoro）与婆罗洲（Borneo）之间的一群小岛。

[3] 中山大学东南亚历史研究所：《中国古籍中有关菲律宾资料汇编》，1980年，第3–13页。

[4][5] 沈光耀：《中国古代对外贸易史》，广东人民出版社，1985年，第161页。

[6] 中山大学东南亚历史研究所：《中国古籍中有关菲律宾资料汇编》，1980年，第17–19页。

[7] 哥迪奥：《白金》，1997年，第47–67、71–77页。

[8] 陈鹏、黄天柱、黄宝玲：《福建晋江磁灶古窑》，《考古》1982年5期，图十一，2。

[9]a.《福建文博》2000年第1期，磁灶土尾庵窑址出土文物彩色插页二，上右。b. 福建

省博物馆：《磁灶土尾庵窑址发掘简报》，《福建文博》2000年第1期，图二三，6；《福建文博》2000年第1期。

[10] 栗建安：《福建磁灶土尾庵窑址瓷器的装饰工艺》，《福建文博》2000年第1期，图二，2；《中国古陶瓷研究（第12辑）》，紫禁城出版社，2003年。

[11] 陈鹏、黄天柱、黄宝玲：《福建晋江磁灶古窑》，《考古》1985年第5期，图七，2。

[12]a.《福建文博》2000年第1期，磁灶土尾庵窑址出土文物彩色插页二，上右。b.福建省博物馆：《磁灶土尾庵窑址发掘简报》，《福建文博》2000年第1期，图十八，2；图二〇；《福建文博》2000年第1期。

[13]a.曾凡：《福建陶瓷考古概论》，晋江磁灶窑瓷器（宋元）图版二二，1，福建省地图出版社，2000年。b.福建省博物馆：《磁灶窑土尾庵窑址发掘简报》图二三，6；《福建文博》2000年第1期，图十八，5。

[14] 同[13]a，图版二三，5。b.福建省博物馆：《磁灶土尾庵窑址发掘简报》，《福建文博》2000年第1期，图二三，6；《福建文博》2000年1期，图十八，7。

[15]a.《福建文博》2000年第1期，磁灶土尾庵窑址出土文物彩色插页二，上右，彩色插页二，上左。b.福建省博物馆：《磁灶土尾庵窑址发掘简报》，《福建文博》2000年第1期，图二三，6；《福建文博》2000年第1期，图十一，10。

[16]a.《福建文博》2000年1期，磁灶土尾庵窑址出土文物彩色插页二，上右，彩页二，上中。b.福建省博物馆：《磁灶土尾庵窑址发掘简报》，《福建文博》2000年第1期，图二二，6；《福建文博》2000年第1期，图十一，11。

[17]b.福建省博物馆：《磁灶土尾庵窑址发掘简报》，《福建文博》2000年第1期，图二三，6；《福建文博》2000年第1期，图十一，6。

[18]b.福建省博物馆：《磁灶土尾庵窑址发掘简报》，《福建文博》2000年第1期，图二三，6；《福建文博》2000年第1期，图十二，左。

[19]b.福建省博物馆：《磁灶土尾庵窑址发掘简报》，《福建文博》2000年第1期，图二三，6；《福建文博》2000年第1期，图十一，1。

[20]b.福建省博物馆：《磁灶土尾庵窑址发掘简报》，《福建文博》2000年第1期，图二三，6；《福建文博》2000年第1期，图十三。

[21]a.曾凡：《福建陶瓷考古概论》，福建省地图出版社，2000年，晋江磁灶窑瓷器（宋元）图版二二，1；图版二三，1。

[22]《福建文博》2000年第1期，磁灶土尾庵窑址出土文物彩色插页二，上右，图版二〇，4。

[23]a.《福建文博》2000年第1期，磁灶土尾庵窑址出土文物彩色插页二，上右，图版二一，4、7。b.福建省博物馆：《磁灶土尾庵窑址发掘简报》，《福建文博》2000年第1期，图二三，6；《福建文博》2000年第1期，图十八，3。

[24]Leanndro and Cecilia Locsin：Oriental Ceramics Discovered in the Philippines，Charlese. Cpmpany. Rutland，Vermont & Tokyo，Japan，1967，P3.

▲图一　绿釉菱花盘

▲图二　绿釉长颈瓶

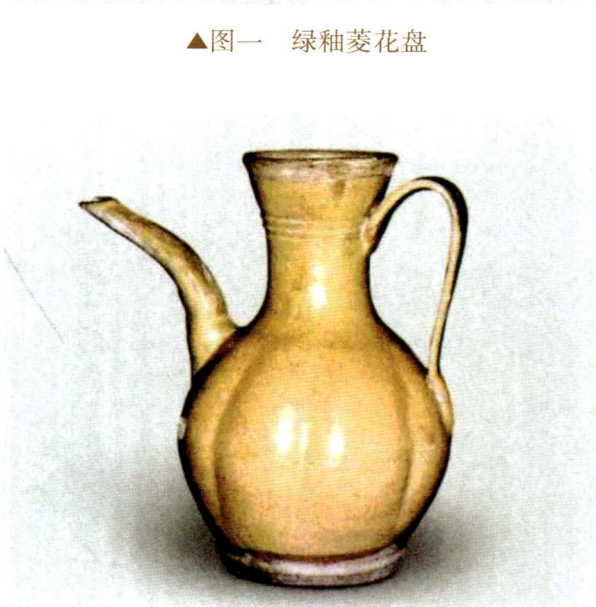

▲图三　青釉瓜棱腹执壶

▲图四　剔花玉壶春瓶

▲图五　酱釉粗颈执壶

▲图六　酱釉直口执壶

▲图七　酱釉溜肩执壶

▲图八　酱釉无柄执壶

▲图九　高身小口瓶

▲图十　酱釉无柄执壶（左），酱釉军持（中、右）

▲图十一　青釉铁斑执壶

▲图十三　酱釉鼓腹罐

▲图十四　酱釉粗颈罐（后右）、黑釉鼓腹小罐（前左）、
　　　　酱釉筒型小罐（后左）

▲图十二　酱釉宽口四横系罐

▲图十五　酱釉无颈罐（前中）、酱釉直口罐（前左）、
　　　　酱釉鼓腹罐（后左）

▲图十六　黄绿釉六竖系罐（左）和军持（右）

▲图十七　酱釉龙纹罐　　　　▲图十八　酱釉四横系小罐　　　　▲图十九　酱釉半筒型小罐

▲图二十　青釉球形小罐（左）、酱釉矮身小罐（右）　　　▲图二十一　黄釉鼓腹水注（左）、黄绿釉小罐（右）

▲图二十二　绿釉鼓腹水注（左）和莲瓣水注（右）

▲图二十三　绿釉军持

▲图二十四　蟠龙军持

▲图二十五　蟠龙军持

▲图二十六　蟠龙军持

▲图二十七　青釉军持

▲图二十八　青釉铁斑军持

▲图二十九　黄釉军持

▲图三十　黄釉铁斑军持

▲图三十一　酱釉军持

▲图三十二　黄绿釉军持

博多出土的以磁灶窑产品
为中心的中国陶器

〔日本〕◎森本朝子

　　本文将就博多出土的磁灶窑器物照片加以介绍，同时对博多发现的中国陶瓷器，尤其是关于陶器的研究想简略地做一番说明。

　　在博多，有组织的考古调查是以 1977 年福冈市高速铁路（地铁）1 号线的建设为契机而展开的。在从 1968 年开始调查的太宰府遗址研究过程中，其对中国陶瓷的研究，具有提纲挈领的地位。作为太宰府的外港，博多出土的中国陶瓷器的数量与种类都无他处可与之匹敌，因此其他地方都依赖博多的先行研究便是理所当然的。

　　首先要做的当然是将相似的器物汇集起来进行分类。根据器形、胎土、釉等可暂且将陶器分成 49 种。排除此后辨别出的一两种日本产陶瓷器后，有近 50 个种类。这一分类的公开由于诸多杂务而耽搁下来。眼看到了 1997 年，此时终于以内部资料的形式发表，供有关人员使用。但认为这一分类太细、用起来很困难的批评声也从博多之外的研究者处传来了。博多以外的地方，很少有那么多的中国陶瓷器出土，能复原出完整器的就更少，因此他们认为像这样细致的分类是不可能的，就连博多的考古现场也有因碎片的破损状况，很难进行细致分类的情况。结果是，以胎土的区别为主要标准划分陶器 A、B、C 群，其他的归到大分类里的《博多出土贸易陶瓷分类表》于 1984 年发表了（《福冈市埋藏文化财调查报告第 105 集》别册）。这一分类表在博多遗址经常应用，缺憾的是在全日本范围就不太好用。但我认为从贸易角度研究中国陶器时用它很不错。其最大优点在于，以胎土为分类标准，故连小碎片也可以分类；第二个好处是胎土相似的陶器很可能是同一地方的窑烧制的，这就对分析物资交流的实际状况起到很大作用。

　　博多的"陶器 A 群"被设定为磁灶窑产品。1980 年，日本贸易陶瓷研究会第一届全国会议召开时，受聘请的屈志仁（现就职于美国弗里亚美术馆，当时在香港中文大学）考察出博多的出土遗物中大量的青釉褐彩盘是磁灶窑童子山窑址和蜘蛛山窑址的产品。接着

《考古》1982 年第 5 期发表的《福建晋江磁灶古窑址》一文让我们清楚地意识到博多出土的小口瓶也是磁灶窑的产品。如果夹砂的厚胎陶器与胎土精良的薄胎瓷器是同一地方生产的器物的话，两者比较之后其共同点是由于胎土的某种差异导致混杂沙粒的程度不同。本来就夹砂的胎土即使过水沉淀也一定不会形成精良的胎土，而制作大型器物时细黏土里有时会混入沙粒，这样的例子很多。或许一开始就存在两种胎土吧！要弄清这一点只有等到实地考察的时候了。

总之，博多"陶器 A 群"就此设定为以青釉褐彩盘和小口瓶为主。"陶器 B 群"是越窑系的青瓷，估计产自浙江。"陶器 C 群"因为胎土似宜兴等地的细褐土，估计产自长江下游流域。此后又发现"陶器 C 群"的一部分产自福州一带的闽江流域，使笔者颇感意外。"陶器 C 群"的一部分，差不多一半左右经最新研究可以确定是宜兴的窑址生产的，这样就与原先的预想一致，注意力应放在苏、皖、浙交接处。将来还要把"陶器 C 群"中闽江流域的产品与长江流域的产品区分开。

迄今为止，作为外国人的我们直接研究中国窑址的机会有限，博多的"陶器 A 群"简直就是案头想象的创造物，博多的"陶器 C 群"亦然，把不同时、地的器物集合成一个器物群的可能性很大。这里就对多多少少心存疑虑的器物加以介绍，当然如能就此觅到研究的线索将不啻为幸事一桩。

以下是我觉得难以确定为磁灶窑烧的器物，期待大家的指教。之所以难于确定主要是因为器物的器形类似，但胎土和釉有别。这些照片里的器物多数都是二次烧成，烧后颜色发生变化又增加了一重辨识的困难。

①图 31 和 33：是流的断面呈圆形、带把手的急须。灰黄色的胎土类似磁灶窑的，内面挂褐釉。与此相应的图 119，右侧的胎为褐色细土；左侧的为褐色细土夹砂，更具有普遍性。

②从图 52 至 65 的褐釉或无釉的壶可作为磁灶窑产品考虑。图 104 的胎土上有暗灰褐色的点，图 106 至图 110 的釉里有不透明的灰绿色点，显然与众不同。这些与图 111 至图 114 同属一类，大概不同于磁灶窑的器物吧！

③博多出土有像图 101 至 103 之类的广东陶器。此壶的形状广东是否有呢？当然这是题外话了。

输出到日本的中国陶器也有达不到 A 群、B 群、C 群这种程度的组合，或许有日本一带及周边窑的产品也属情理之中，笔者期待将来能进一步细致地定下它们的产地。

以下是一部分"陶器 A 群"照片。

1. 青釉褐彩盆，4 次调查，口径 40.2 厘米、器高 10.2 厘米（图十二）。

2. 青釉褐彩盆，79 次调查，口径 37 厘米、器高 10.6 厘米（图十四）。

3. 青釉褐彩盆，筑港线 2 次调查，口径 42.6 厘米、器高 9.6 厘米（图十六）。

4. 青釉褐彩盆，25 次调查，①口径 42 厘米、器高 10.6 厘米（图十五）。②口径

41.4 厘米、器高 10.5 厘米（图十六；图十七）。

5. 青釉褐彩盆，109 次调查，口径 37.6 厘米、器高 15.6 厘米（图十三）。

6—8. 绿釉器，花插（左），35 次调查，口径 6.3 厘米、器高 2.7 厘米。小罐（中），44 次调查，口径 5.1 厘米、器高 10.8 厘米、底径 5.9 厘米。香炉（右），79 次调查，口径 12.7 厘米、器高 6.5 厘米（图十八）。

9.10. 黄绿釉盆、盘口壶，盘口壶（右上），35 次调查，口径 9 厘米。其他为盆（图十九）。

11.12. 黄绿釉盆（图二十）

13.14. 酱釉梅瓶与青釉小口瓶（前左），65 次调查，褐釉，口径 2.7 厘米、器高 18.8 厘米、底径 5.3 厘米。青釉小口瓶（前右），79 次调查，青釉，口径 3.3 厘米、器高 12.4 厘米、底径 7.8 厘米。后左，地下铁 3，褐釉，口径 3.3 厘米、器高 18 厘米、底径 6.2 厘米。后中，地下铁 3，褐釉，口径 2.7 厘米、器高 18.2 厘米、底径 6 厘米。后右，71 次调查，青釉，口径 3.5 厘米、器高 13.2 厘米、底径 6.6 厘米（图一）。

15.16. 褐釉水注，109 次调查，口径 7.1 厘米。

17.18. 青釉褐彩执壶，120 次调查，口径 6 厘米、最大径 13.2 厘米、底径 7 厘米（图九）。

19—21. 酱釉瓜棱执壶，4 次调查，最大腹径 14.9 厘米、底径 8.9 厘米（图七）。

22—24. 青釉皿，左上地下铁 4，口径 11.3 厘米（图十）。

25.26. 青釉四系罐，56 次调查，口径 11.4 厘米、器高 28.5 厘米（图三）。

27.28. 青釉器盖，44 次调查，口径 31.5 厘米、器高 4.7 厘米（图八）。

29.30. 器盖，褐釉（左上），43 次调查，口径 7.2 厘米、器高 2.3 厘米。无釉（左下），地下铁 3，口径 14.3 厘米、器高 2.5 厘米（图十一）。

31.32. 酱釉四系罐（图四）

33. 青釉执壶（图六）

以上器物现藏福冈市埋藏文化财中心。

关联资料

1—3. 青釉四系罐，地下铁 3，腹高 22.5 厘米、最大腹径 28.7 厘米、底径 9 厘米（图二）。

4.5. 酱釉四系罐，29 次调查，口径 15.1 厘米、器高 43.2 厘米、最大腹径 42.3 厘米、底径 16.4 厘米（图五）。

（原载《磁灶窑址：福建晋江磁灶窑址考古调查报告》科学出版社 2011 年 8 月版）

▲图一 酱釉梅瓶与青釉小口瓶

▲图二 青釉四系罐

▲图三 青釉四系罐

▲图四 酱釉四系罐

▲图五 酱釉四系罐

▲图六　青釉执壶

▲图七　酱釉瓜棱执壶

▲图八　青釉器盖

▲图九　青釉褐彩执壶

▲图十

▲图十一

▲图十二

▲图十三

▲图十四

▲图十五

▲图十六

▲图十七

▲图十八　绿釉花插（左）、绿釉小罐（中）、香炉（右）

▲图十九　黄绿釉盆　　　　　　　　　　▲图二十　黄绿釉盆

日本博多遗址及周围地区出土的磁灶窑系陶瓷器

〔日本〕◎田中克子

前言

日本九州地区福冈市的博多，自古以来就是非常繁荣的贸易港口。9—11世纪（晚唐至北宋前半）时期，设置过"鸿胪馆"，这个设施是供外国来客逗留的客馆，也是进行官方贸易活动的机构。当时与国外的贸易是由日本中央政府管理，有很多的限制。"鸿胪馆"也是当时日本国唯一的官方贸易机构。但是11世纪后半期以后，随着中央政权的削弱、崩溃，中央政府的贸易统治已名存实亡。在这样的情况下，策划扩大贸易的中国商人希望民间自由贸易，便离开"鸿胪馆"，住到博多（今福冈市内面向博多湾的一个地区），形成"大唐街"。住在博多的宋朝商人十分活跃，其中一个叫"谢国明"的非常有名。这样11世纪后半期—13世纪（北宋后半期至元代），日本的进口贸易中心转移到了博多，博多因此成为日本国最繁华的贸易港口。

博多地区根据调查，发掘出土了大量的进口陶瓷器，尤其是福建产的陶瓷，其中以晋江流域的产品较多。若考虑其产地的生产年代、产品如何出口，则消费地遗址的出土情况是非常重要的。尤其是关于生产年代，只根据窑址的调查、发掘还不能掌握，消费地遗址的出土年代比较有效。但事实上，消费地遗址的出土年代只是其被丢弃的年代。由于高温的陶瓷器比低温的陶器可以使用更长的年限，所以其出土的年代不一定是生产年代。在博多，有的遗址出土大量的破损或者是被火烧过的陶瓷器，也看不出有使用的痕迹。估计这是如上所述，由于博多是当时的贸易港口（集散地），因搬运时破损或者进货后保管时遭受火灾而同时被丢弃，这样的情况下其出土年代与生产年代才最接近。

一、博多遗址出土的磁灶窑系陶瓷器

众所周知，福建晋江流域有很多窑址，把这一带窑场生产的制品叫作"泉州窑"或者"磁灶窑"。但是由于日本出土的陶瓷器具体是哪个窑址的，现在还不太清楚，所以本文对晋江下游流域一带所有窑场生产的制品使用"磁灶窑系陶瓷器"的名称。另外，因为中国的考古报告比较少，本文介绍的资料之中也有不明确是否是"磁灶窑系陶瓷器"的。这些资料与明确的"磁灶窑系陶瓷器"比较，尤其是根据胎土的特征，推测其为"磁灶系陶瓷器"。作为以后的比较，参考资料把这些不明确的资料也予以介绍。

首先介绍到目前为止在博多地区大概 200 个发掘地点中，包括"磁灶窑系陶瓷器"在内的进口陶瓷器同时被丢弃且年代很明确的遗迹的出土资料。

（一）博多 79 次调查 1827 号土坑（灰坑，下同）出土

1827 号土坑遗迹出土的陶瓷器，几乎都有火烧的痕迹，估计是因遭受火灾而同时被丢弃的。根据出土的遗物看，该遗迹的年代为 12 世纪前半期。出土陶瓷器的数量达 442 件，有磁州窑和广东、福建产的制品等，尤其是福建的比较多，推测磁灶窑系的达 41 件。这些陶瓷器的胎土都呈灰色—褐色，质地坚致，夹有细沙粒。

褐釉盖。各出土 1 件（图一、二）。

黑褐釉执壶。出土 4 件，口沿上端有小泥团支钉的痕迹，内面用刷子涂釉（图三、四）。

黄釉盘口执壶。出土 1 件（图五）。

褐釉四系罐。肩部附有四横耳，出土 2 件。与这个造型一样的黄釉罐也出土 4 件。这一类型的罐都在施釉后把颈部的釉拭去，口沿端部粘有白色小泥团支钉（图六）。

无釉深腹四系瓮。肩部附有四竖系，出土 5 件（图七）。与这个造型一样的施釉制品也出土 3 件。

钵、盆。口沿端部有小泥团支钉的痕迹，釉下上化妆土。

褐釉钵。9 件（图八）。

黄釉钵。6 件（图九）。

黄釉钵。敛口，宽沿，比盆沿短（图十）。

黄釉铁绘盆。口沿造型有宽沿和圆唇两个种类，图案有或复杂，或简化的几何纹等，种类很多（图十一—十四）。

（二）博多 79 次调查 2714 号土坑出土

2714 号土坑也与 1827 号土坑一样，出土因遭受火灾而同时丢弃的陶瓷器，遗迹的年代为 12 世纪后半期。除了少量中国的青瓷、白瓷外，几乎都是中国产的"陶器"，数量达 69 件，推测磁灶窑系的达 10 件。

褐釉深腹四系瓮。肩部附有四竖系，出土 5 件（图十五）。

大型盖。出土 1 件。胎土呈灰褐色，夹有很多沙粒，施灰绿色釉。宽沿上面有小泥团支钉的痕迹（图十六）。

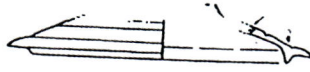

图一 图二

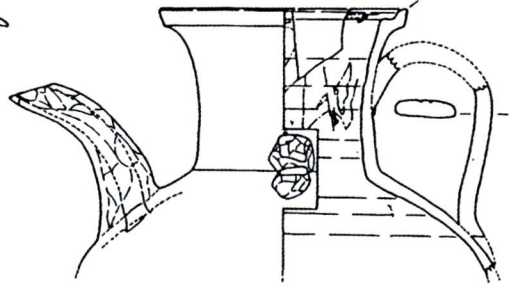

图五

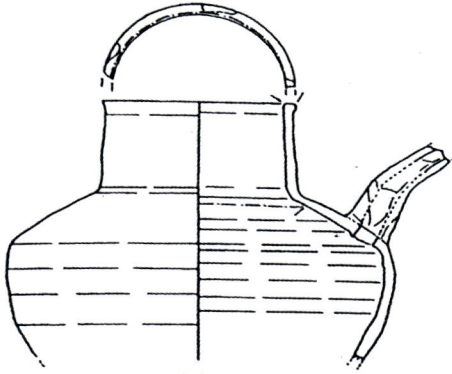

图三

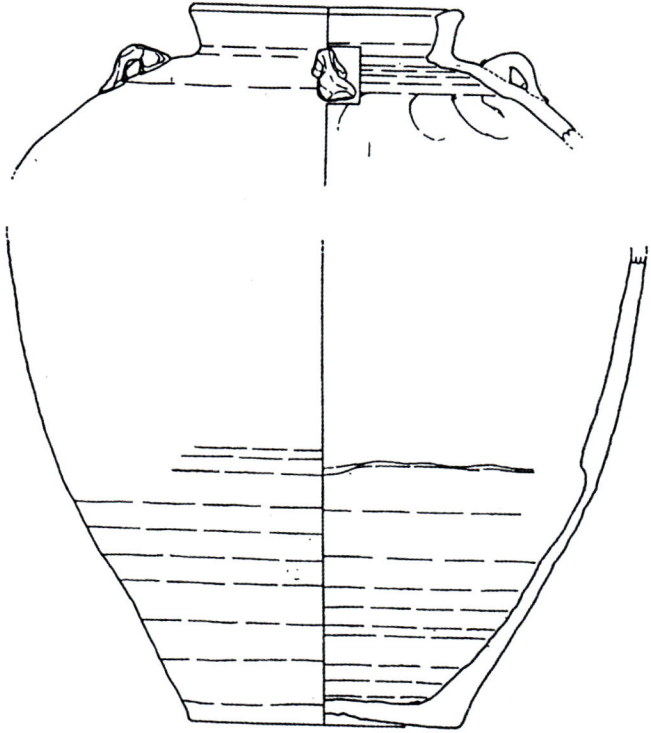

图七

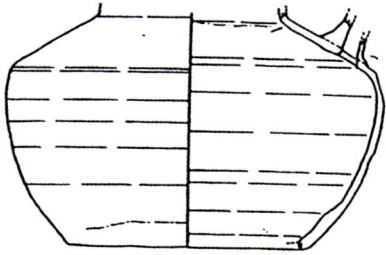

图四

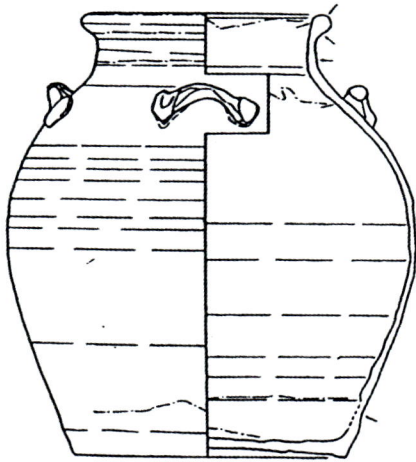

图六

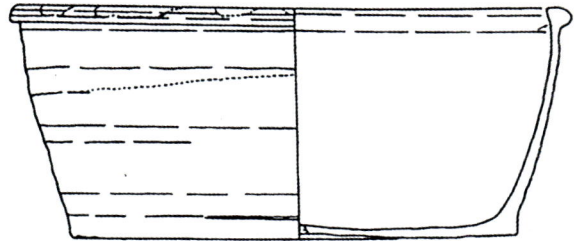

图九

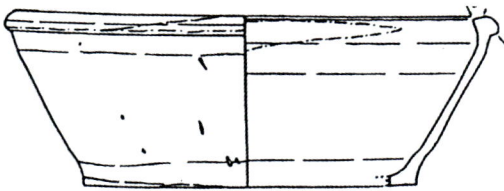

图八

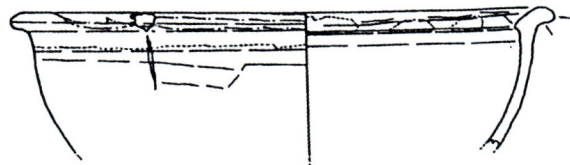

图十

0 10厘米

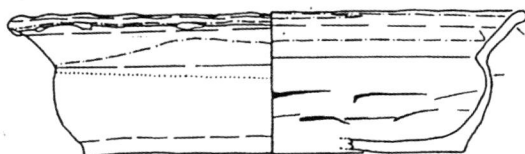

图十二

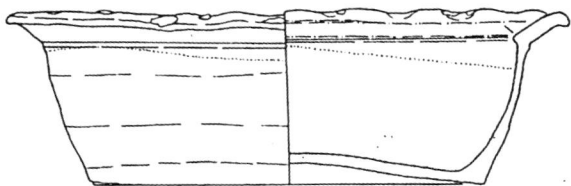

图十一

图十三

0   10厘米

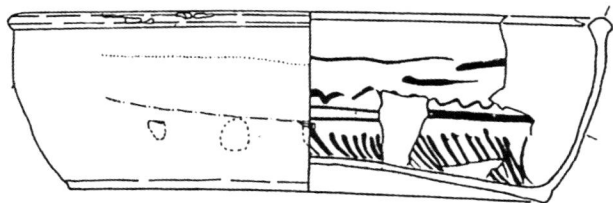

图十四

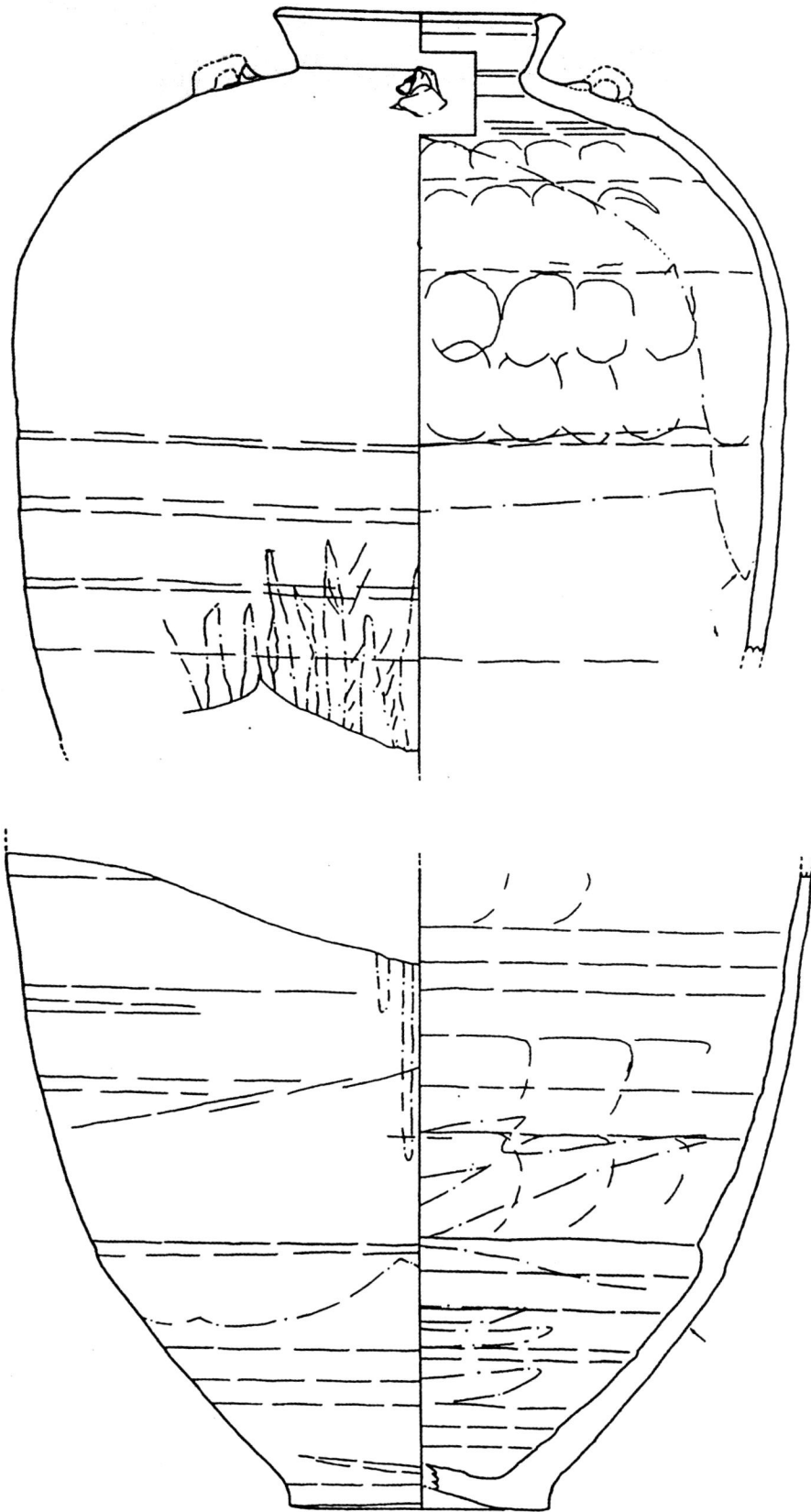

图十五

0　　　　　10厘米

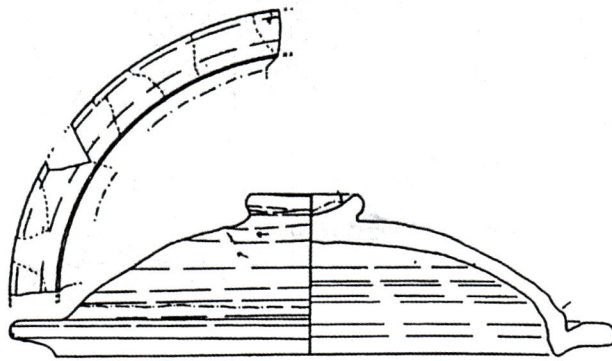

图十六

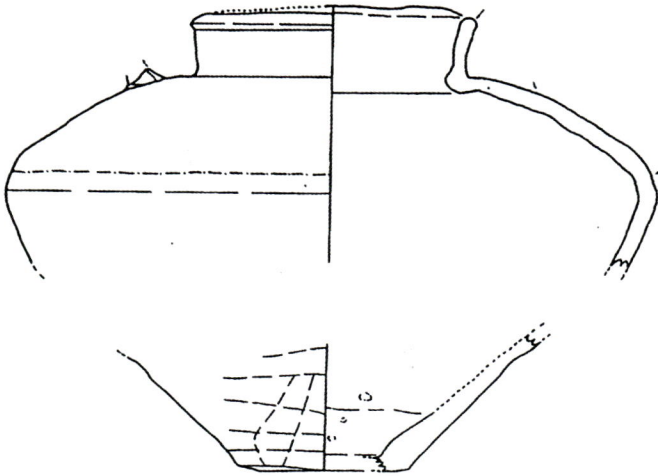

图十七

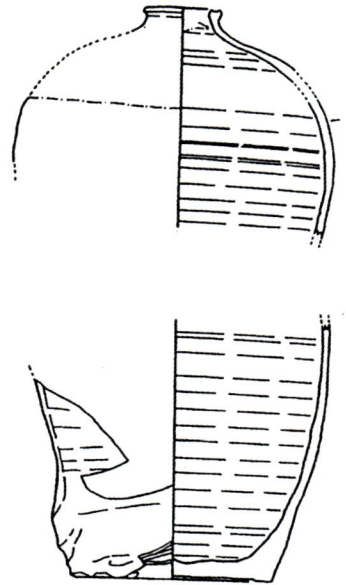

图十八

0   10厘米

图十六—十八

图十九

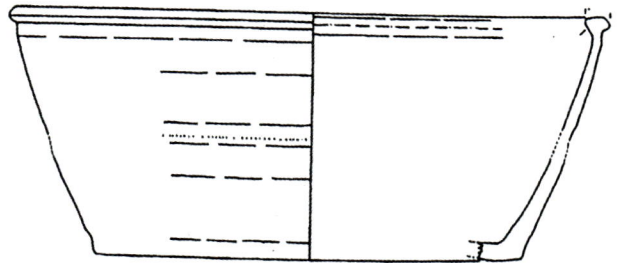

图二十

图十九、图二十   0   10厘米

黑褐釉罐。出土 1 件，肩部附有横耳，胎土呈灰褐色，夹有很多沙粒（图十七）。

褐釉小口瓶。出土 1 件，胎土呈灰色，质地密致，夹有少量的白、黑色斑，从肩部到口沿内面施釉（图十八）。

黄釉铁绘盆。内底的鱼纹与 1827 号土坑出土的图十二、图十三相似（图十九）。

黄釉钵。敛口圆唇，出土 1 件（图二十）。

（三）博多 56 次调查 0281 号土坑出土

根据出土的情况，大概有 500 件的福建、广东产的白瓷同时被丢弃，估计是把破损的制品丢弃到一个边长为 1 米的木箱内。除了白瓷以外，还有与图六、图七同类的四系罐、黄釉铁绘盆等，推测磁灶窑系的产品也有出土。该遗迹的年代为 11 世纪后半期至 11 世纪末期。

（四）博多祇园地铁站入口 1 号土坑出土

为一水井遗迹。出土的大量陶瓷器几乎都是因遭大火而同时被丢弃。主要的陶瓷器是 120 件的龙泉窑青瓷碗，其他四系罐（与图六同类）、深腹四系瓮（与图七、图十五同类）、盆（与图三十同类，无纹）、钵（与图三十六、图三十七同类，无纹）、小口瓶等。推测磁灶窑系的产品也有出土。遗迹的年代为 12 世纪后半期。

（五）其他遗迹出土的磁灶窑系陶瓷器

黄釉铁绘盆（图二十一——三十五；图版一二四）。造型大概有两个种类：敛口宽沿（A 类）和敛口圆唇（B 类）。胎土呈淡灰褐色，夹有大量的细沙粒。首先，从外面上半或口沿下到内面施釉，然后把口沿端部的釉拭去，粘有白色泥团支钉，釉下施化妆土。

A 类（图二十一——二十八）腹浅壁弧，敛口宽沿，底有平坦和内凹。图二十一：在内底面满画有生气的龙纹。11 世纪后半期至 11 世纪末期的遗迹和 12 世纪前半期的遗迹出土。图二十二——二十四：由于画菱形羽状纹把内底外周划分为 4 个部分。11 世纪后半期至 11 世纪末期的遗迹和 12 世纪前半期的遗迹出土。图二十二：内底画有 4 个花瓣的牡丹花，外底有"夏"字的墨书。出土遗迹的年代为 12 世纪中期至 12 世纪后半期。图二十三：内底用线描表现花瓣，外底有"林小大郎""谢"字的墨书。出土遗迹的年代不太清楚。图二十四：图案与图二十三相似，但表现的方法比较简化。博多周围、田岛经家（12 世纪前半期）出土。图二十五——二十八：在内底外周没有菱形羽状纹，中心的花卉纹相当简化。图二十五：中心的花卉纹与图二十四相似，外底有"纲司"字样的墨书。出土遗迹的年代不太清楚。图二十六：内底精绘草叶纹，中心的花卉纹是花瓣消失的图二十五的线描。出土遗迹的年代为 11 世纪后半期至 11 世纪末期。图二十七：内底外周的草叶纹的画法比图二十六草率，中心的花卉纹也很简化。出土遗迹的年代为 12 世纪前半期。图二十八：比图二十一——二十七的口沿外翻的程度稍小，伸向斜上方、折下缘边。内底外周无纹样，中心的花卉纹非常简化，出土遗迹的年代为 12 世纪后半期。同一个遗迹也出土与图三十一画一样的图案的盆底片，外底有"许金"字样的墨书。

图二十一

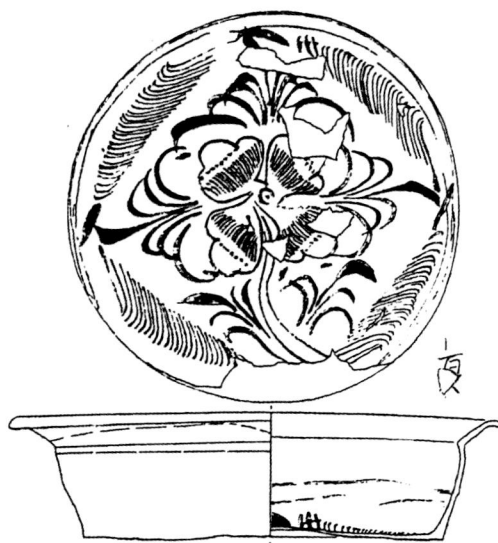

图二十二

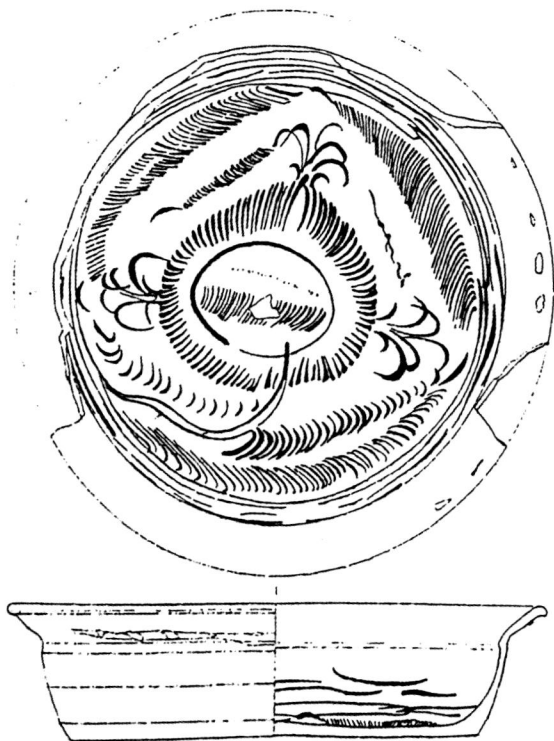

图二十三

图二十四

0   10厘米

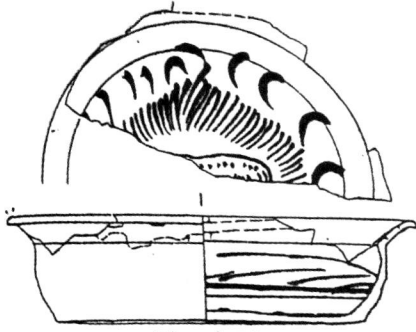

图二十五

图二十七

图二十六

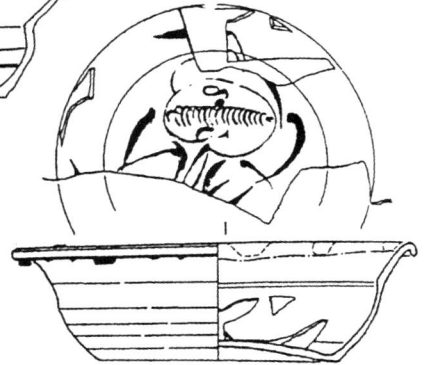

图二十八

图二十九

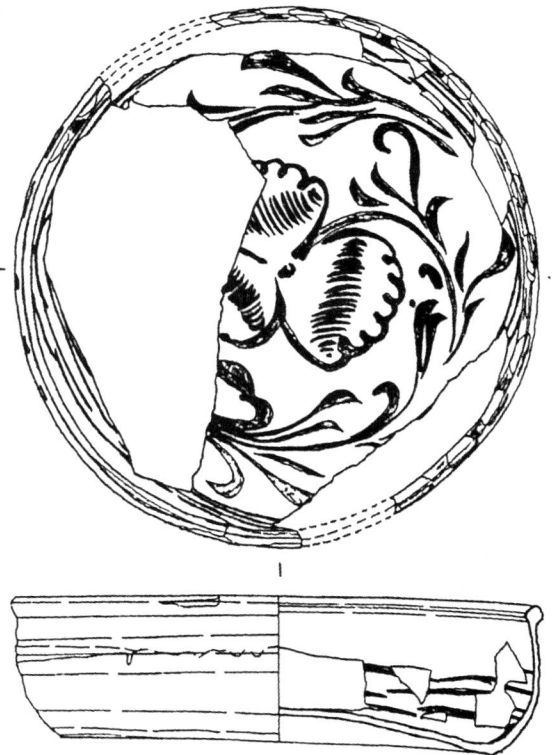

图三十

0　　　　10厘米

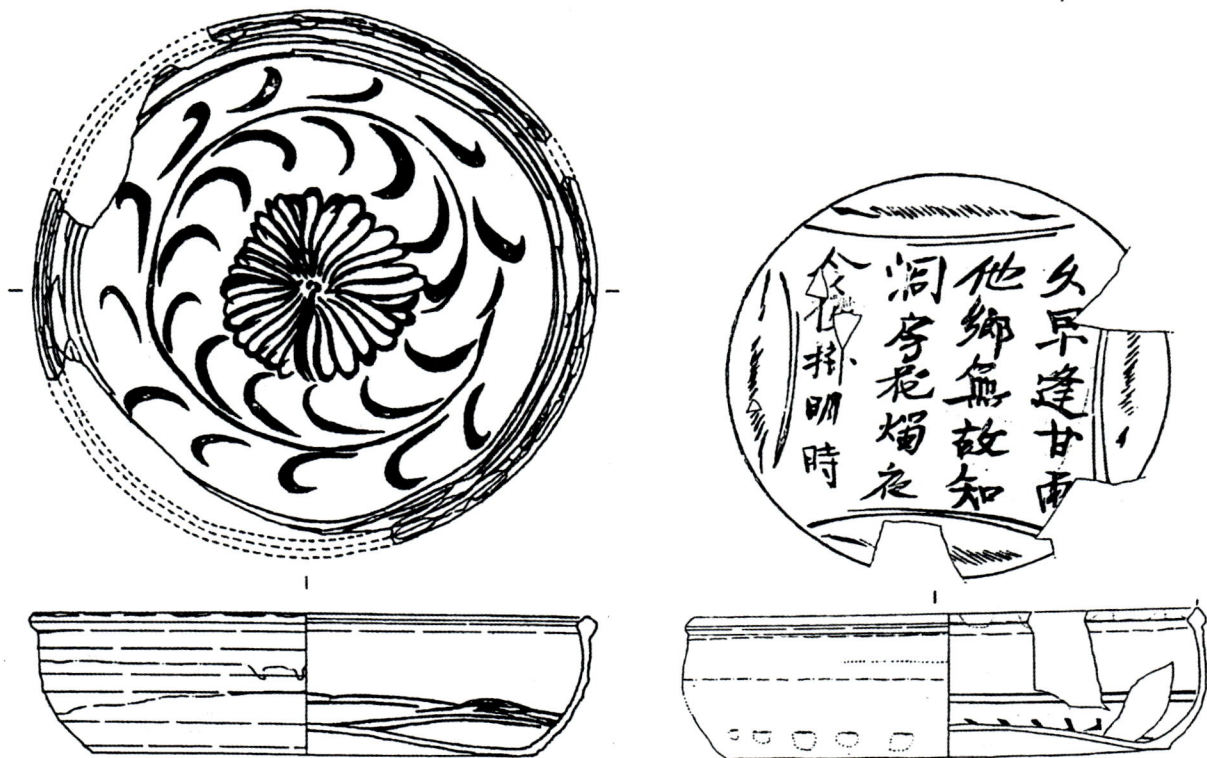

图三十一

图三十二

0　　　　10厘米

　　B 类（图二十九—三十五）。图二十九：与图二十二—二十四一样，由于画菱形羽状纹把内底外周划分为 4 个部分，在中心画几何形的花卉纹。外腹下半部有小泥团支钉痕迹。出土遗迹的年代不太清楚。图三十、图三十一：口沿上端稍尖（尖唇）；内底中心画花卉纹，茎叶纹围上花瓣。图三十一比图三十的图案简化。每个大小都一样，同一个遗迹出土，年代为 12 世纪中期至 12 世纪后半期。图三十二：口沿上端尖，断面呈菱形。简化的菱形羽状纹把内底外周划分为 4 个部分，在中心画南宋诗人洪迈的诗，外腹下半部有小泥团支钉痕迹。出土遗迹的年代为 13 世纪后半期。图三十三—三十五：小型盆。图三十三：口沿上端尖，断面呈菱形。在内底画非常简化的螺旋纹。出土遗迹的年代不太清楚。图三十四：口沿上端尖，断面呈菱形。出土遗迹的年代为 12 世纪后半期。图三十五：口沿上端尖，断面呈菱形。出土遗迹的年代为 12 世纪后半期至 13 世纪初。

　　黄釉铁绘盆在博多遗址出土的磁灶窑系制品之中最普遍，数量也较多。其在博多地区出土的年代最早的是 11 世纪后半期至 11 世纪末期（图二十一），最多的是 12 世纪前半期，整个 12 世纪都出土，13 世纪数量逐渐减少。根据这样的情况估计，黄釉铁绘盆最迟在北宋后期开始生产，盛烧可能是到南宋中期。在博多 79 次调查 1827 号土坑，A 类（宽沿）和 B 类（圆唇）都有出土，两个种类都是从 12 世纪前半期进口的，没有年代的差异。但是关于 B 类的口沿造型，圆唇变成口沿上端尖的（断面呈菱形）。另外，图案上，在早期

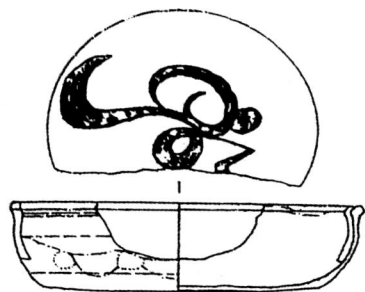

图三十三

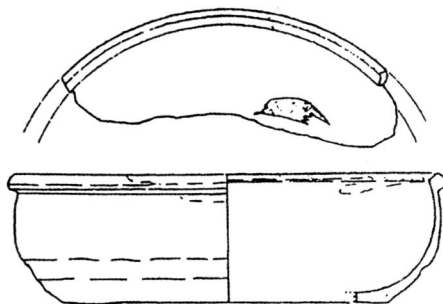

图三十四

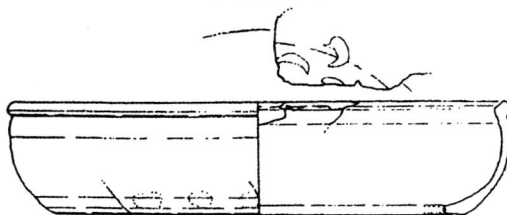

图三十五

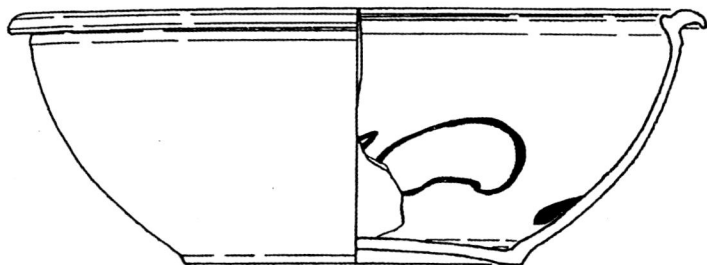

图三十六

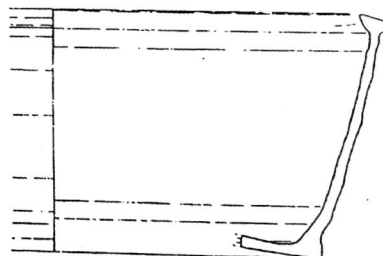

图三十八

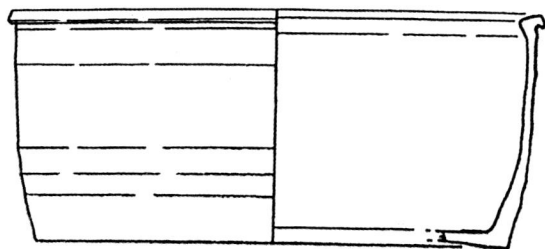

图三十七

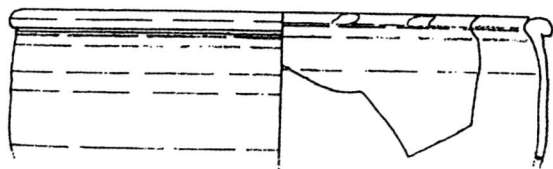

图三十九

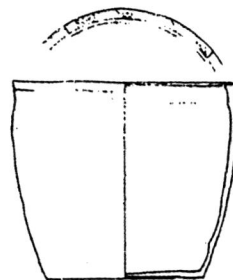

图四十

0　　　　　　10厘米

如图二十一（龙纹）、图十三（鱼纹）那样图像的与如图十四那样的几何学纹样的都有，但是晚期图像的纹样没有。图案的演变不能认为没有"图案的年代差异"或一概而论为"复杂—简单化"。

黄釉钵。比盆腹深的造型为"钵"，胎土、釉色、施釉的方法与盆一样，釉下上化妆土。图三十六：宽沿，但是比盆的口沿短，外翻的程度大，底径比口径小，在内底画简化的螺旋纹。出土遗迹的年代为12世纪中期至12世纪后半期。图三十七：口沿折、呈"L"形，腹直，呈筒形，釉色呈灰绿色。与图三十六同一个遗迹出土。图三十八：造型与图三十七差不多，口沿内端部突出。断面呈"T"字形。出土遗迹的年代为13世纪前半期。图三十九：口沿端部外折，圆唇。与图三十五同一个遗迹出土。图四十：呈小型筒形，口沿上端部平，上面有小泥团支钉痕迹，胎土质地比盆和其他的钵细，与小口瓶的质地差不多，釉色呈黄褐色。出土遗迹的年代不太清楚。

钵的造型大概有两个种类，与盆一样，分为敛口宽沿（A类）和敛口圆唇（B类）。根据博多79次调查1827号土坑出土的图八—十，在12世纪前半期已烧造钵形（深腹）制品。可能是由于口沿的造型有年代的差异，比如，A类（如图十）是12世纪前半期出土的，这类与图三十六的造型有点不一样。这个差异是否因年代的差别？由于资料比较少，不太清楚。但是大概的倾向是如图三十六那样造型的制品在12世纪后半期的遗迹出土。关于B类，如图八、图九那样的较早，如博多79次调查2741号土坑的图二十、图三十七、图三十八那样的"L"字形、"T"字形口沿的较晚期。但是目前这个资料还不足，不明显。

小口瓶（图四十一—图四十八）。丰肩、束颈，有两个种类：腹深壁弧、球腹型（A类）和腹深而瘦、长腹型（B类）。胎土呈淡灰褐色，夹有少量很细的白黑色沙粒，质地比盆和钵致密。薄胎器腹有很明显的轮旋痕。

A类（图四十一、图四十二）。这个类型，颈短，沿短折，似子母口。从外腹中位到颈部内面施黄釉，肩部粘有白色小泥团支钉。出土遗迹的年代为12世纪前半期。图四十二比图四十一颈部更短。

B类（图四十三—图四十八）。从肩部到颈部内面施褐釉，肩部有的有小泥团支钉痕迹。有直腹、筒形的B-1类（图四十三、图四十四）和底部内束的B-2类（图四十五—图四十八）。图四十三：子母口、与A类（图四十一、图四十二）差不多。出土遗迹的年代为12世纪中期至12世纪后半期。图四十四：口沿上面平，腹比图四十三瘦。出土遗迹的年代为12世纪后半期。图四十五：口沿上面平，与图四十四差不多。出土遗迹的年代为12世纪后半期至13世纪前半期。其他的在12世纪中期至12世纪后半期的遗迹也出土。图四十六：从肩部到颈部短、内斜，口沿内端稍微突出。出土遗迹的年代不太清楚。图四十七：与图四十六相似，但比图四十六丰肩，颈部更内斜，口沿内端更突出。出土遗迹的年代为12世纪中期至12世纪后半期。其他的在12世纪后半期至13世纪的遗迹也出土。图四十八：嘴厚而斜直。出土遗迹的年代大概为13世纪中期。

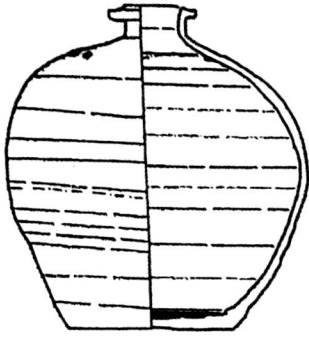

图四十一

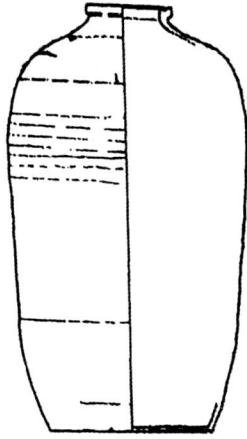

图四十三

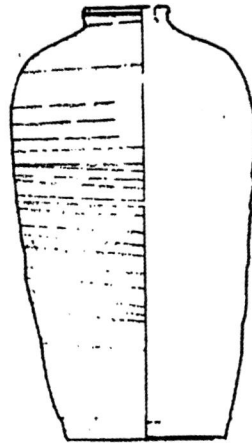

图四十四

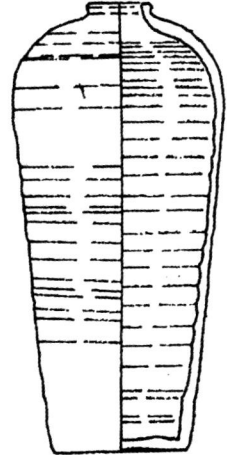

图四十五

图四十二

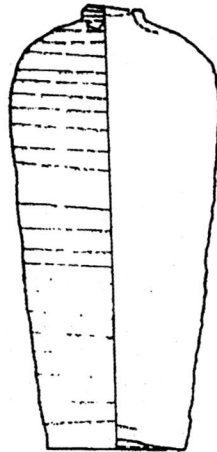

图四十六

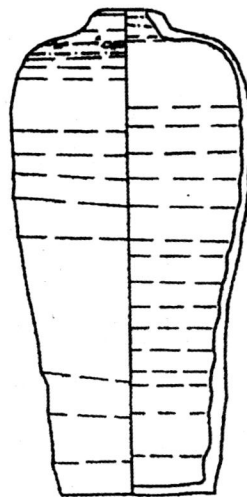

图四十七

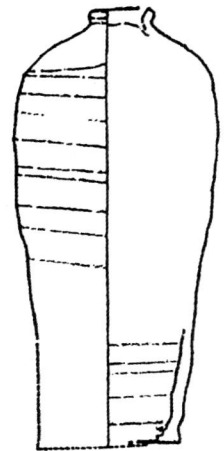

图四十八

0   10厘米

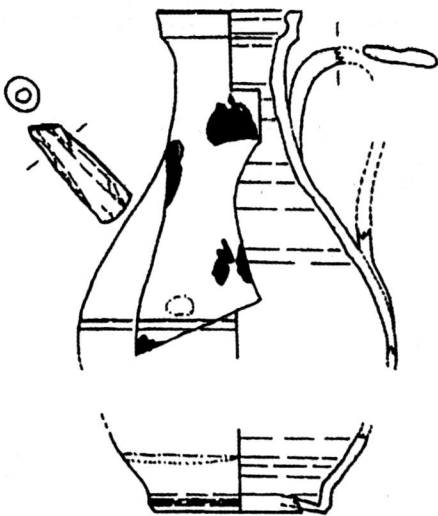

图四十九

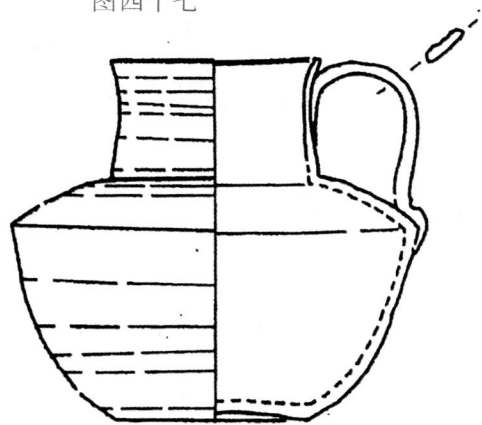

图五十

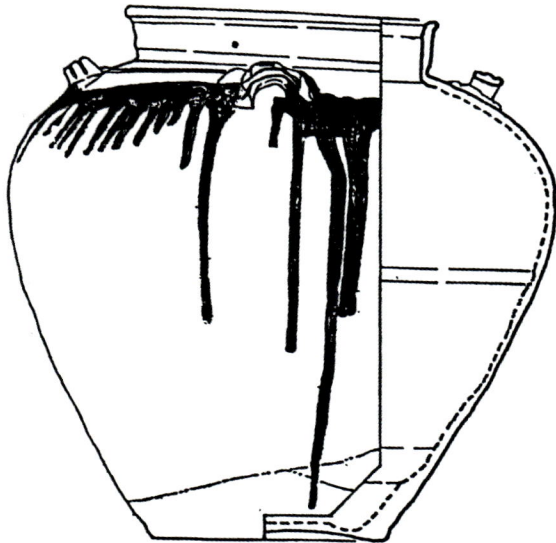

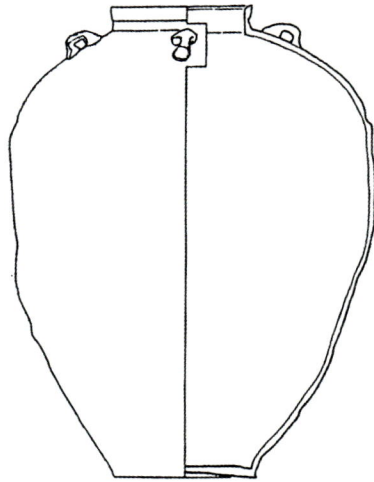

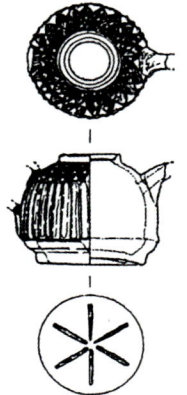

图五十五

图五十一

图五十二

图五十三

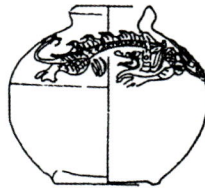

图五十四

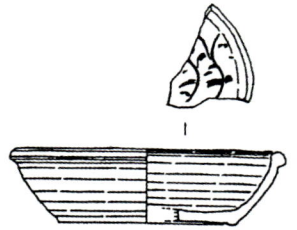

图五十六

图五十二、图五十四 0 5厘米　图五十三、图五十五、图五十六 0 10厘米

小口瓶在 12 世纪前半期至 13 世纪进口。根据出土的情况，较清楚其造型的年代变化规律。12 世纪前半期是 A 类，从 12 世纪 B-1 类出现，大概 12 世纪后半期变成 B-2 类。随着腹部的演变，口沿的造型也变化：子母口—口沿上面平坦—口沿内端部突出。虽然图四十八那样的口沿造型最晚出现，但是因为资料不足，从图四十六、图四十七那样的口沿造型是否变成图四十八的造型，不能一概而论。

执壶（图四十九、图五十）。图四十九：盘口，束颈，斜肩，胆式腹，黄釉，从腹部下半到内面施釉，绘点状褐彩铁斑纹，釉下上化妆土。出土遗迹的年代不太清楚。图五十：流残缺，折腹，形成明显的肩部，直颈，褐釉。出土遗迹的年代为 12 世纪前半期。

根据博多 79 次调查 1827 号土坑出土的图五，盘口执壶 12 世纪前半期已进口。但这类与图四十九的造型不一样。图五十的制品与博多 79 次调查 1827 号土坑的图三、图四差不多，也是 12 世纪前半期已进口。执壶有几个类型，可能各有年代的差异，但是现在的资料不多，还不明确。

瓮（图五十一、图五十二、图五十三）。图五十一：直颈，溜肩，肩部附四横耳，施黄釉不及底，肩部上浇褐釉。博多周围地区、白山神社经冢出土。图五十二：颈短而直，圆唇，溜肩，深腹，肩部附四竖耳，无釉。出土遗迹的年代为 14 世纪中期。图五十三：肩部片，黄釉铁绘，推测肩部附横耳。出土遗迹的年代不太清楚。

上述只是介绍较完整的和珍贵的器物，除了图示的之外，还有很多种类的瓮、罐出土，胎土的特征与磁灶窑系的产品很相似。但因为磁灶窑陶瓷器出土资料的报告不多，这些资料是否为磁灶窑系的产品不明确，因此仅将其作为参考资料介绍。博多周围、大宰府条坊19 次调查，大量的中国产"陶器"出土。这些陶器之中也有很多推测是磁灶窑系的瓮，出土遗迹的年代为 13 世纪前半期。根据出土的情况，这些陶器是同时被丢弃的，几乎都未使用过，因此估计出土的年代与生产年代最接近。包括这些在内的资料，考虑待中国方面的报告完成后再集成。

绿釉（图五十四—图五十六）。图五十四：小口罐。胎土呈淡黄白色，质地致密，模制，肩部有阳印"双龙火珠"纹。因在文化层出土，出土的年代不太清楚，但是根据其他出土遗物的年代，文化层的年代推测为 13 世纪后半期至 14 世纪前半期。是否磁灶窑系的产品不明确。图五十五：水注，原来带盖，子母口，模制，肩部饰有三圈覆莲纹，腹部果瓣纹，外底模印辐射状 6 条凸线，胎土呈淡灰褐色，质地致密，夹有细黑斑，釉不及底，釉下上化妆土。博多周围地区、香椎 B 遗址土坑墓出土，出土遗迹的年代推测为 12 世纪后半期。图五十六：小形盆。敛口，圆唇，内底饰有刻划纹，胎土呈灰褐色。出土遗迹的年代为 12 世纪中期至 12 世纪后半期。

与博多及其周围地区遗址出土的其他磁灶窑系制品相比，绿釉制品的出土数量不多。除了图示的绿釉制品以外，在大部分的九州—琉球地区，有叫作"华南三彩"的陶瓷器，在大概 16 世纪的遗址、遗迹中出土的，产品以壶、盆、水注、盒等为主。关于模制盒的产地，根据近年福建省博物馆的调查、发掘，表明是在平和县南胜的田坑窑。但是其他壶、盆、模制的水注、水滴等的产地还不太清楚。这种"华南三彩"的一部分也可能是磁灶窑系的产品。因此将其介绍于后，作为研究的比较、参考资料。

二、小结

如上所述，消费地出土的进口陶瓷器对当时的贸易体制的研究非常重要，因为各消费地出土的进口陶瓷器，其背景有各种各样的不同因素。由于这次时间有限，研究的对象只是博多遗址出土的资料，未能与日本各地出土的资料加以比较、探讨。如详细探讨的话，有可能日本各地出土的磁灶窑系陶瓷器不一致。例如，日本本土比较普遍的黄釉铁绘盆，琉球几乎没有。但是这个地区出土了日本本土几乎没有的碗形制品。这个原因是在贸易体制上经由博多进口与经由琉球进口的不同。

除了日本以外，与东南亚的情况比较、探讨是非常重要的课题。虽然最近消费地的出土资料逐渐增加，但关键是产地出土资料的报告不多。因此消费地出土资料的产地鉴定非常困难。我们期待着中国窑址出土陶瓷器的考古报告增加。此次为了将来与中国产地的资料进行比较，尽量多登图而少论述，所以说明的部分不足，谨此致歉。

（原载《磁灶窑址：福建晋江磁灶窑址考古调查报告》科学出版社 2011 年 8 月版）

参考文献

[1] 福冈市教育委员会：《博多 1-86》福冈市埋藏文化财调查报告书、《高速铁道关系调查报告书Ⅰ—Ⅶ》、《都市计划道路博多站筑港线关系埋藏文化财调查报告Ⅰ—Ⅴ》

[2] 龟井明德：《日本贸易陶磁史の研究》，同朋舍出版，1986。

[3] 森本朝子：《12 世纪の中国陶磁に关 する新知见》，《博多研究会誌第 4 号》，1996。

[4] 大分市历史资料馆：《丰后府内南蛮の彩り》2003

[5] 山本信夫：《太宰府 における 13 世纪中国陶磁の一群》，《贸易陶磁研究》No.10，1990。

香港九龙圣山遗址
考古发掘简报（节选）

◎吴震霖　金志伟　刘文锁

　　香港九龙圣山遗址位于九龙湾西端旧启德机场西南端，前圣山之东北、西南两侧。此遗址发现于 20 世纪初。1918～1937 年之间，施戈斐侣在原圣山周边进行考古调查，并采集若干遗物，包括汉、唐到宋代的陶瓷碎片。1971 年，时任香港城市艺术博物馆助理馆长的屈志仁先生对圣山遗址一带进行了考古调查，采集了从南汉到宋元时期的陶瓷碎片，包括白瓷、龙泉青瓷、黑瓷、影青瓷及绿釉陶瓷片若干。直到 21 世纪初，对圣山遗址一带的考古研究再次开展。2002—2003 年，香港环境资源管理顾问有限公司因应九龙东南发展研究项目的需要，对圣山周边，包括世运道等位置进行考古勘探及试掘，发现了少量宋元时期的陶瓷碎片。2008 年，因应启德发展区的环境评估报告需要，艾尔康有限公司对圣山遗址附近，包括马头涌村进行考古调查暨试掘工作，发现少量宋元时期陶瓷碎片。2009 年，香港渠务署委托考古学家对圣山遗址周边范围进行了一次考古调查工作，发现了 51 片宋元时期陶瓷碎片。2009—2010 年，香港环境资源管理顾问有限公司及艾尔康有限公司对圣山遗址区域进行考古调查暨发掘，发现大量宋元时期文物，其中以陶瓷碎片为主，近 10 万片。2012 年，香港地铁沙中线计划在位属圣山遗址范围兴建地铁车站（土瓜湾站），受香港地铁有限公司委托，香港环境资源管理顾问有限公司与中山大学人类学系合作组成联合考古团队，于 2012 年 11 月至 2014 年 10 月实施考古勘探及发掘工作，整个发掘工作共分为 3 个阶段（图一）。

　　第一阶段，2012 年 11 月～2013 年 12 月，位于整个发掘区北边，发掘面积约为 14500 平方米。发现并编号的遗迹均属晚清民国和宋元时期，共计 239 个，其中晚清民国时期遗迹 188 个，大部分与农耕活动有关，诸如农田间的水沟、界石和化粪池等。宋元遗迹共 51 个，包括房屋结构、石砌墙基础、窑炉、灰坑和墓葬等。据初步统计，出土文物约 30000 公斤，计 80 万片左右，其中以陶瓷片（含瓦片）为主，约占 99%。

　　第二及第三阶段，2013 年 12 月～2014 年 10 月，位于发掘区西南及南边，发掘面积

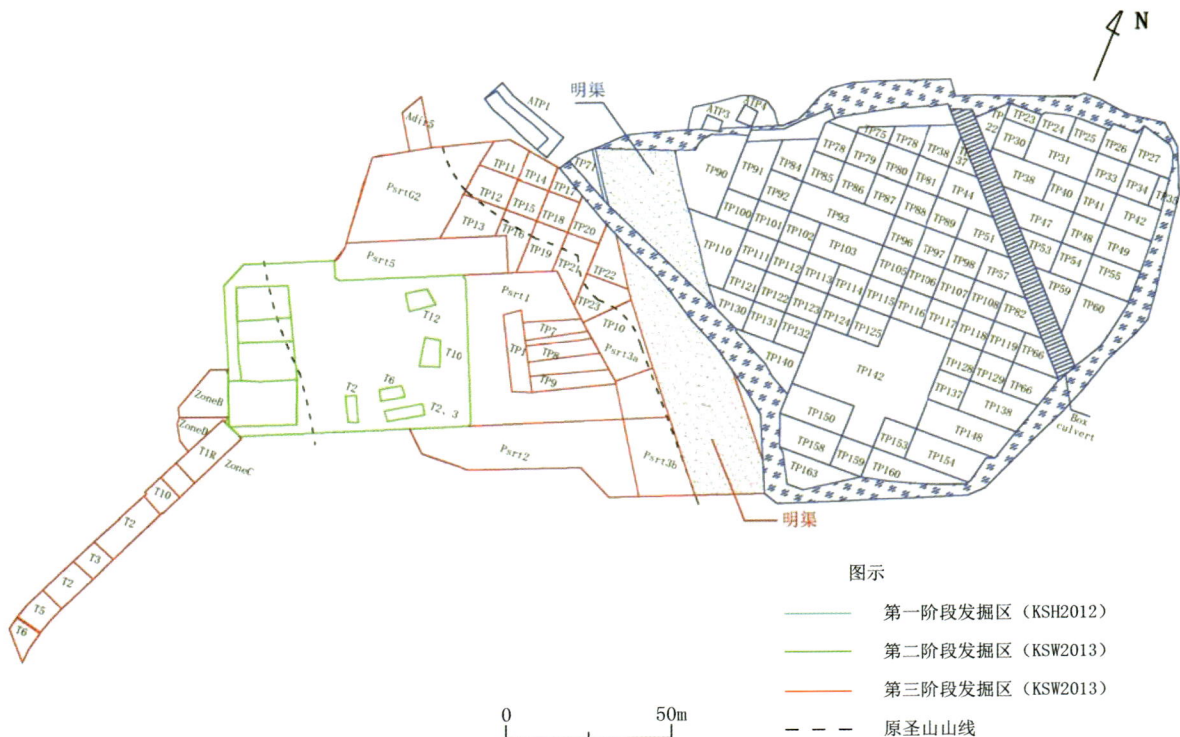

▲图一　圣山遗址三阶段发掘区分布图

约为 9000 平方米。共发现宋元时期至晚清民国遗迹 80 个。其中，晚清民国时期遗迹 13 个，大部分与房屋遗迹有关，诸如房基、灰坑、灰沟、路、井、水渠等；宋元遗迹共 67 个，包括房屋结构、石砌墙基础、灰坑、路、井和石构建筑遗迹等。初步统计出土文物约 15000 公斤，计 30 多万片，其中以陶瓷器为主，占 99%。

主要发现

圣山遗址所在历史上曾经历过几个使用阶段。根据田野考古发掘中所发现的地层及遗物推测，这个遗址发现的最早人类活动遗存是在宋元时期（960—1368）。宋元以降，未发现明代及清早期的遗迹与遗物。遗址再次出现人类活动的遗存，是在晚清至民国时期（1840—1949），包括了年代较早的农田及设施遗迹，及 20 世纪 20 年代港英政府对遗址区域进行的城市规划、建设遗迹，1943 年前后日据时期（1941 年 12 月—1945 年 8 月）改建的机场设施等。遗址最后的堆积为 20 世纪 50 年代中期扩建启德机场时的设施，当时将圣山全部拆平并填海，为此而将晚清民国时期的遗迹破坏并掩埋。

3 个阶段的发掘中共发现了 16 座宋元时期墓葬，均位于第一阶段发掘区的北部，较为集中。这些墓葬分布在宋元时期的沙堤上。据发现的少量遗物看，其年代大致可以分为 2 个时段。

这些墓葬的鲜明特征是形制不规则，均为在沙堤上随意挖掘一个较浅而形状不规则的沙坑作为墓穴。墓穴内发现有若干件的随葬品（陶瓷器、钱币、铁器）。

经过初步的分析，有 3 座墓葬出土了四系罐，从器型上来看，它们均属于磁灶窑所产。其中，M1 出土的四系罐在土尾庵窑址中有过发现，其型态特征是：较高，卷唇，高颈，微弧腹，腹下斜收为平底；据福建省方面专家对这类器型的研究，属南宋末至元初产品[1]（图二）。

墓葬 M9 和 M28 出土的四系罐，也见于土尾庵窑址。器型特征是整体较矮，卷唇，矮颈，圆鼓腹，腹下斜收为平底。据对这类器型的研究，亦属南宋末至元初产品[2]（图三、图四）。

M2 出土了一件六系罐。从器型特征、胎质看，应属磁灶窑土尾庵窑所产，其年代在元代早期（图五）。该墓另出土了一件小口瓶，器型与金交椅山 Y1 所出者相同，长直腹，整体较高，小口尖唇，缩颈，微鼓肩，斜直腹，平底微内凹。据对这类器型的研究，属南宋末至元初产品[3]（图六）。

除上述四、六系罐外，墓葬里出土的较为完整的瓷器还有瓷碗，由于扰乱，所以不能确定四、六系陶罐与瓷碗是否为组合器物。关于瓷碗，从其器形、胎釉看，年代均在南宋末至元初前后；其中大部分属于福建窑口的产品，也有少量龙泉窑产品。

本次发掘出土了数量巨大的遗物，分属于晚清民国与宋元两个时期。据初步的统计，以单件计，宋元时期的遗物占了大约一半的数量，在种类上包括了陶瓷器、瓦与瓦当、铁器、铜器、铜钱、石制品、雕塑和器物模型、木制品和原木、珊瑚等。其中，以件数论，绝大部分是陶瓷片和瓦片，铁器（残块）也有一定的数量。难能可贵的是少量保存下来的木头和木制品。统计工作还在进行中，其精确资料和分类等，俟将来发掘报告公布。

▲图二　四系陶罐（M1：SF2）　　▲图三　四系陶罐（M9：SF2）　　▲图四　四系陶罐（M28：SF1）

▲图五　六系陶罐（M2：SF：2）　　▲图六　小口瓶（M2：1）　　▲图七　磁灶窑酱釉小口瓶
　　　　　　　　　　　　　　　　　　　　　　　　　　　　　　　　　　［T6（5a）SF#3］

陶器

陶器除少数的完整器或基本完整器外，绝大部分为碎片，其中约 40% 为瓷片。能够复原的陶瓷片在 1 万件以上。

陶器可以分为素胎和釉陶两种。器类主要有罐、执壶、小口瓶、盆、瓮、盏托、灯盏、香炉等，其中以罐为主。

罐

陶罐以釉陶为主，主要产自于磁灶窑，有带系和无系两种。

四系罐 主要以带釉四系罐为主，仅见素面，有大、小两个尺寸。大尺寸的四系罐通高一般在 30 厘米左右，如磁灶窑青黄釉四系陶罐，直口卷沿，直颈，溜肩，微鼓腹，腹径最大径在上腹部，下斜收为平底。施青黄釉，釉不及底，釉下施化妆土，呈灰色。胎呈红褐色，含沙量大。由于胎釉之间有化妆土，胎釉结合并不好，脱釉情况严重

尺寸较小的四系罐主要为墓葬出土的随葬品，通高一般在 20 厘米左右，根据器型可分为两类。一类是直口卷沿，鼓腹，腹径最大在中间，平底。如磁灶窑青黄釉四系陶罐，直口卷沿，鼓腹，腹径最大在中间，平底。施青釉，釉至腹部以上，釉下施化妆土，呈灰色。胎呈红褐色，含沙量大。胎釉结合并不好，脱釉情况严重（图二）。另一类是直口，长直颈，斜腹，平底。如磁灶窑酱釉四系陶罐，直口卷沿，鼓腹，腹径最大在中间，平底。施酱釉，釉仅至肩，釉下施化妆土，呈灰色。胎呈红褐色，含沙量大。胎釉结合并不好，脱釉情况严重（图八）。

六系罐 主要可分为两类，有纹饰和素面。有纹饰的可分为两小类。一类撇口卷沿，斜颈，溜肩，鼓腹，腹部最大径在上腹，下斜收为平底。如磁灶窑青黄釉龙纹六系陶罐，撇口卷沿，斜颈，溜肩，鼓腹，腹部最大径在上腹，下斜收为平底。施青黄釉，釉不及底。肩部贴塑两条龙纹，龙纹间贴火珠纹，呈二龙争珠之势。腹部及以下刻划水波纹。釉下施化妆土，呈灰色。胎呈红褐色，含沙量大。胎釉结合并不好，脱釉情况严重（图九）。另一类直口卷沿，直颈，溜肩，鼓腹，腹部最大径在上腹，下斜收为平底。如磁灶窑青黄釉龙纹六系陶罐，直口卷沿，直颈，溜肩，鼓腹，腹部最大径在上腹，下斜收为平底。施青黄釉，釉不及底。肩部贴塑两条龙纹，系上有兽纹，系间饰火珠纹。腹部及以下刻划水波纹。釉下施化妆土，呈灰色。胎呈红褐色，含沙量大。胎釉结合并不好，脱釉情况严重。素面六系罐为直口卷沿，直颈，溜肩，鼓腹，腹部最大径在上腹，下斜收为平底。如磁灶窑青黄釉六系陶罐，施青黄釉，釉不及底釉下施化妆土，呈灰色。胎呈红褐色，含沙量大。胎釉结合并不好，脱釉情况严重。

双系（耳）带把罐 出土量较少，可复原器仅为 2 件。这种双耳带把罐主要是直口，长颈，鼓腹，平底。颈处带把，两侧贴双耳。如磁灶窑酱釉双系带把陶罐，施酱釉，釉

不及底，釉下施化妆土，呈灰色。胎呈红褐色，胎质细腻。胎釉结合尚可，不见脱釉情况。

根据目前观察可见，四系罐有来自石湾窑元代产品。这种四系罐在形制上与磁灶窑的相同器形十分接近，均为直口卷沿，但卷沿处唇较厚，直颈，溜肩，微鼓腹，腹径最大径在上腹部，下斜收为平底，与磁灶窑的四系罐最大分别在于底部，石湾窑的四系罐均为平底内凹，腹壁较厚，罐内壁均抹一层类似于釉的铁锈痕迹，胎釉之间不见化妆土的痕迹。如石湾窑青黄釉四系陶罐（图十）。

无系罐 无系罐仅见少量，根据器形大小可以分为两类。

大者通高达80厘米左右。直口卷沿，卷沿处近平沿，直颈，广肩，折肩，微鼓腹，下斜收为平底，如磁灶窑大陶罐，通身素胎无釉，胎上施化妆土，胎质粗糙，含沙量大，呈黄褐色（图十一）。

小者均为瓜棱腹，高约15厘米。直口卷沿，直颈，溜肩，圆鼓瓜棱腹，平底，如磁灶窑青黄釉龙纹六系陶罐，施酱釉，釉不及底，釉下有化妆土，呈灰色。胎质粗糙，含沙量大，呈红褐色。胎釉结合并不好，脱釉情况严重（图九）。

小口瓶

圣山遗址出土的小口瓶一般为小口，广肩，斜腹，平底。肩部施酱釉，釉下有化妆土，胎质粗糙，含沙量大，呈黄褐色。根据器形大小可分为大尺寸和小尺寸两种。大尺寸的小口瓶通高大约在25厘米左右，如磁灶窑酱釉小口瓶（图六）。小尺寸的小口瓶通高大约

▲图八 磁灶窑酱釉四系罐［TP90（3c）SF：4］

▲图九 磁灶窑青黄釉龙纹六系陶罐（H61：SF156）

▲图十 石湾窑青黄釉四系陶罐（G154：SF2）

▲图十一 磁灶窑大陶罐（H51：SF1）

▲图十二 磁灶窑青黄釉陶擂钵（KSH2012TP90H61：SF176）

▲图十三 磁灶窑酱釉执壶［KSWT2013T6（5a）：SF7］

在 15 厘米左右，如磁灶窑酱釉小口瓶（图七）。

执壶

执壶，或称为水注，是圣山遗址除了罐以外发现的数量最多的釉陶器。直口，长颈，折肩，弧腹，平底。如磁灶窑酱釉执壶，施酱釉，釉不及底，釉下施化妆土，呈灰色。胎呈红褐色，含沙量大，胎质粗糙。胎釉结合并不好，脱釉情况严重（图十三）。

盆

陶盆均为釉下褐彩盆，通高约 8 厘米。敞口卷沿，弧腹，大平底。如磁灶窑釉下褐彩陶盆书（"五子登科"款），器内施青黄釉，器外无釉，器内釉下施化妆土，呈灰色。胎呈红褐色，含沙量大，胎质粗糙（图十七）。器内中部有褐彩装饰，装饰可分为两种。一是吉祥语，如磁灶窑釉下褐彩陶盆，书"招财进宝"（图十八）。另一种是花卉纹，如磁灶窑釉下褐彩莲荷纹陶盆（图十九）。

香炉

香炉器型较大，通高约 20 厘米以上。直口平沿，微鼓腹，带双耳，鼎式三脚，均为兽面装饰。如磁灶窑酱釉陶香炉，施酱釉，釉不及底，釉下施化妆土，呈灰色。胎呈褐色，含沙量大，胎质粗糙（图二十）。还有一种香炉，仅发现香炉足部，为兽面装饰，炉足巨大，从足部大小推测香炉高度至少在 30 厘米以上。如磁灶窑酱釉陶香炉足，施酱釉，釉不及底，釉下施化妆土，呈灰色。胎呈深褐色，含沙量大，胎质粗糙（图二十一）。

擂钵

器型较大，通高约 25 厘米以上。敞口平沿，弧腹，下斜收为平底。如磁灶窑青黄釉陶擂钵，器内刻深槽。口沿及器外施酱釉，釉不及底，釉下施化妆土，呈灰色。胎呈褐色，含沙量大，胎质粗糙（图十二）。

瓷器

瓷器大致上可以分为两大类：粗瓷和细瓷。

粗瓷

烧造质量较为粗糙的粗瓷，占了出土瓷片的约 70%。它们主要为青瓷，也有少量的青白瓷和黑瓷。器类主要有碗、盘、碟、盏、香炉、梅瓶、执壶等，以碗为大宗。这些粗瓷主要来自福建的窑口，包括闽南窑口等。

圣山遗址出土了大量的属于闽南地区宋元时期窑口的瓷器，其中大部分可以看出属于磁灶窑的产品，另有一些可能属于莆田窑等产品，本文暂把它们归入闽南窑口一大类。器类以碗为主。

碗　烧造较好的有被称为"珠光青瓷"的磁灶窑的青瓷碗。敞口，弧腹，小圈足。如磁灶窑青黄釉卷草纹碗，内壁刻划卷草纹，外壁施篦划纹，施青黄釉不及底。胎质粗糙，含沙粒，呈黄褐色，胎釉结合较佳，无脱釉现象（图十四）。又如磁灶窑青灰釉篦划纹碗，内壁无纹饰，外壁施篦划纹，通身施青釉但足底无釉。胎质细腻，露胎处呈灰色，胎釉结合较佳，无脱釉现象（图十五）。同样的产品在磁灶窑的窑址发掘中都有发现[4]。

出土少量的磁灶窑和莆田窑等闽南窑口的青灰釉花口碗。花口，敞口，浅弧腹，小圈足。

另外，出土少量磁灶窑的青黄釉大碗。敞口，弧腹，圈足。如磁灶窑青黄釉大碗，内壁口沿处划双弦纹，外壁无装饰，施青黄釉，釉不及底，釉下施化妆土，呈灰色。胎质粗糙，含沙，露胎处呈红褐色（图十六）。

碟 碟是继碗之外的大宗产品。

圣山遗址所见的碟可以分为花口碟、敞口碟和少量的敞口小碟（或称盏）。

花口碟以磁灶窑的绿釉花口碟为主。如磁灶窑绿釉花口碟，花口，折沿，斜腹，平底。内模印水鸟纹，折沿处印卷草纹，外壁无装饰。通身施绿釉，釉下施化妆土，呈灰色。胎

▲图十四　磁灶窑珠光青瓷（2013CT5H20：SF2）

▲图十五　磁灶窑珠光青瓷（KSWT2013CT5H20：SF1）

▲图十六　磁灶窑青黄釉大碗〔KSH2012TP121（3e）：SF29〕

▲图十七　磁灶窑釉下褐彩陶盆（书"五子登科"款）（KSWT2013ATP22H24：SF11）

▲图十八　陶盆（书"招财进宝"）（KSWT2013T1（1）：SF4）

▲图十九　磁灶窑釉下褐彩陶盆〔KSWT2013ATP22（3b）：SF23〕

▲图二十　磁灶窑酱釉陶香炉〔KSH2012TP90（3c）：SF1〕

▲图二十一磁灶窑酱釉陶香炉足〔KSH2012TP110F6WL1（1）：SF5〕

▲图二十二　磁灶窑绿釉花口碟（KSH2012TP110Y3：SF37）

质粗糙，含沙量大，胎呈灰色（图二十二）。

敞口碟以磁灶窑和莆田窑等闽南窑口的青灰、青黄釉敞口刻划花碟为主。敞口，斜腹，折腹，平底。

敞口小碟以磁灶窑和莆田窑等闽南窑口的青灰、青黄釉敞口小碟为主。敞口，斜腹，平底。

从考古发掘中大量发现的陶瓷片上来看，宋元时期的陶瓷片大多来自福建窑口的日常生活用器，约占出土陶瓷70%，这些陶瓷器制作较粗糙，使用痕迹明显，它们的数量，在某程度上，也从侧面证明了附近居民的数量。而大量的龙泉窑、德化窑、遇林亭窑、景德镇窑等高质量宋元瓷片的发现，也反映了当时附近居民的经济能力，可以负担得起这种高质量的瓷器。遗址还发现了大量的香炉、香炉的兽足、瓦当等，也从侧面反映了当时遗址及附近区域的宗教活动。

（原载《考古与文物》2016年第6期）

注释

[1][2] 福建博物院、晋江博物馆：《磁灶窑址：福建晋江磁灶窑址考古调查发掘报告》，科学出版社，2011年，第10页，图版四二。

[3] 福建博物院、晋江博物馆：《磁灶窑址：福建晋江磁灶窑址考古调查发掘报告》，科学出版社，2011年，第189页。

[4] 福建博物院、晋江博物馆：《磁灶窑址：福建晋江磁灶窑址考古调查发掘报告》，科学出版社，2011年，第1页，图版六八。

安溪下草埔遗址 2019—2020 年度考古发掘报告（节选）

◎沈睿文　李佳胜　张周瑜　何　康　方立阳　等

本报告为泉州市安溪县尚卿乡村下草埔遗址 2019—2020 年考古调查和发掘的阶段性报告。报告分为前言、典型地层与各台地的形成、遗迹分述、出土遗物、下草埔周边相关遗址的调查和清理、初步结论等六章，将遗址空间上的多个台地、揭露的多属性遗过、出土的多类型遗物之间关系进行梳理、分述。安溪下草埔遗址面积 50000 平方米，遗址核心区约 5000 平方米，经发掘清理的遗迹类型多样，涉及冶炼生产设施、生活设施、墓葬、灰坑以及垒砌的石堆等。出土遗物可分为冶炼遗物、金属器、陶瓷器、建筑遗物四大类。遗址主体年代为宋元时期，属宋代青阳铁场。遗址集中体现了"采、产、运、销"的高度整合。其铁制品通过陆路、内河航运的便捷运输系统，在泉州进入海上航道，使得冶铁经济与文化融进宋元时期世界的海洋文明。该考古报告为学者开展科技史、城市史、手工业经济史、社会史等方面的研究提供了新材料。

陶瓷器

清理出土的陶瓷器碎片总计 86703 件（片），年代从南宋早期至清代，时代跨度较长，但大多数器物的年代集中分布在南宋中晚期至元代这一区间，即遗址使用的主要年代。结合便携式 XRF 测量数据以及类型学分析，确认本遗址出土器物的生产窑口后，按窑口—釉色—器类—型式的顺序，分别对出土较完整的陶器和瓷器标本进行介绍，同一型式器物在同一台地内按地层由早到晚的顺序进行描述，不同台地者则按照台地编号顺序先后描述，标本较少的窑口或器类则不做型式区分。

陶 器

出土陶片总计 49933 件（片），器类包括罐、小罐、盖罐、执壶、盆、火盆、缸、盏、器盖、器耳、勺、纺轮等，以大件器居多，根据是否带釉可分为釉陶器和素胎器，根据胎色可分为红陶、白陶、黑陶、黄陶等，产地窑口根据器形和制作工艺等特征判断以安溪本地窑口和磁灶窑为主[1]。素胎器制作较为粗糙，器类简单，但数量较多，釉陶多施透明釉、绿釉、青釉和酱釉，部分亦施有红色、黄色陶衣，盆、缸类器施釉部位见于内壁，罐、壶类器多施于外壁而内壁仅部分在口沿和颈部施釉，其余部位露胎，器盖则施釉于盖顶外侧。

磁灶窑

釉陶器

青釉陶

盆 根据口腹形态可分为三式。

I式 短沿，敛口，曲腹。

2019XCPIT1112TD2⑬：11，器残。泥质灰胎，胎质细腻。鼓腹，腹最大径靠近底部，平底假圈足，底内凹。内壁满施青釉，有冰裂纹，外壁施红陶衣。内壁施颜色更深的绿釉彩画弦纹、斜线纹、草叶纹。残高6.5厘米、最大腹径30厘米、壁厚0.3—0.9厘米、可复原底径24厘米、底厚0.6厘米（图一，1）。

Ⅱ式 宽折沿，敛口，曲腹。

2019XCPIT1111TD1⑨：2，器残。夹砂灰胎，胎质粗糙。圆唇外卷，宽折沿，敛口弧腹。口沿上残存5个支烧痕，外壁口沿下有4个支烧痕。口沿内侧下部先施红陶衣，再整体施透明釉，内腹壁满施青釉，有绿彩草叶纹，外壁口沿下有两种釉层残留，口沿下部和腹部施红陶衣。残高5.6厘米、沿面宽4.7厘米、壁厚0.3厘米（图一，2）。

2019XCPIT1112TD2⑥：15，器残。夹砂灰胎，胎质较粗糙。厚圆唇，略下垂，宽折沿，敛口。口沿外壁和内腹施青釉，口沿内侧上部刮釉。口沿外壁有2个支烧痕迹残高4.5厘米、沿面宽4.1厘米、壁厚0.6厘米。

Ⅲ式 厚方唇，短折沿，敛口。

2019XCPIT1112TD2⑥：17，器残，可复原。夹砂灰胎，胎质粗糙。方唇，折沿直口，腹微鼓，平底，底内凹。内壁满施青釉，口沿内侧釉色窑变为湖蓝色，外壁腹部施红陶衣。高14.5厘米、可复原口径30厘米、壁厚0.4—0.6厘米、可复原底径24厘米、底厚0.4—1厘米（图一，3）。

2019XCPIT1112TD2⑤：19，器残。厚方唇，敛口，直腹。口沿不施釉，内壁施青釉，外壁腹部施红陶衣。残长6.7厘米、宽4.3厘米、唇厚1.1厘米、壁厚0.4—0.5厘米（图一，4）。

器盖 2019XCPIT1112TD2⑥：18，器残。夹砂灰胎，胎质较粗糙。圆唇，平卷沿，盖面内凹，浅弧腹。残高1.4厘米、可复原盖径7厘米、壁厚0.2—0.3厘米（图二，1）。

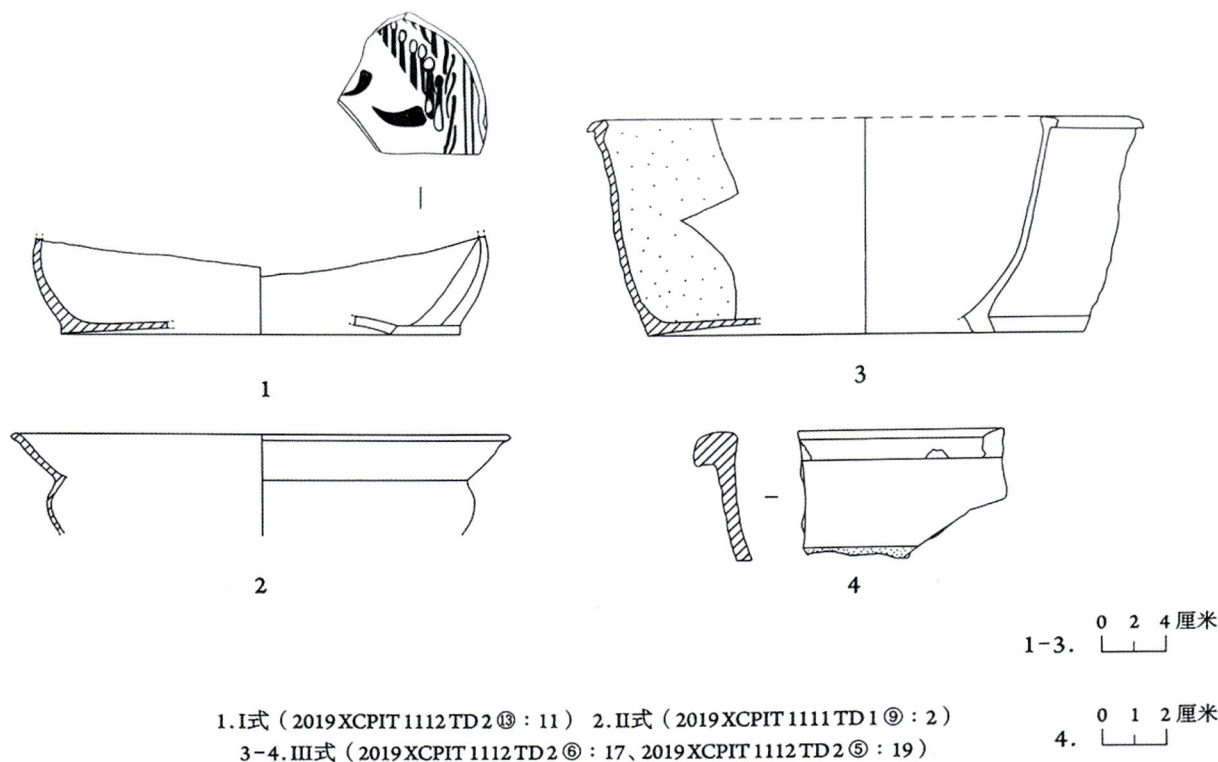

1. I式（2019XCPIT1112TD2⑬：11） 2. II式（2019XCPIT1111TD1⑨：2）
3-4. III式（2019XCPIT1112TD2⑥：17、2019XCPIT1112TD2⑤：19）

▲图一 青釉陶盆

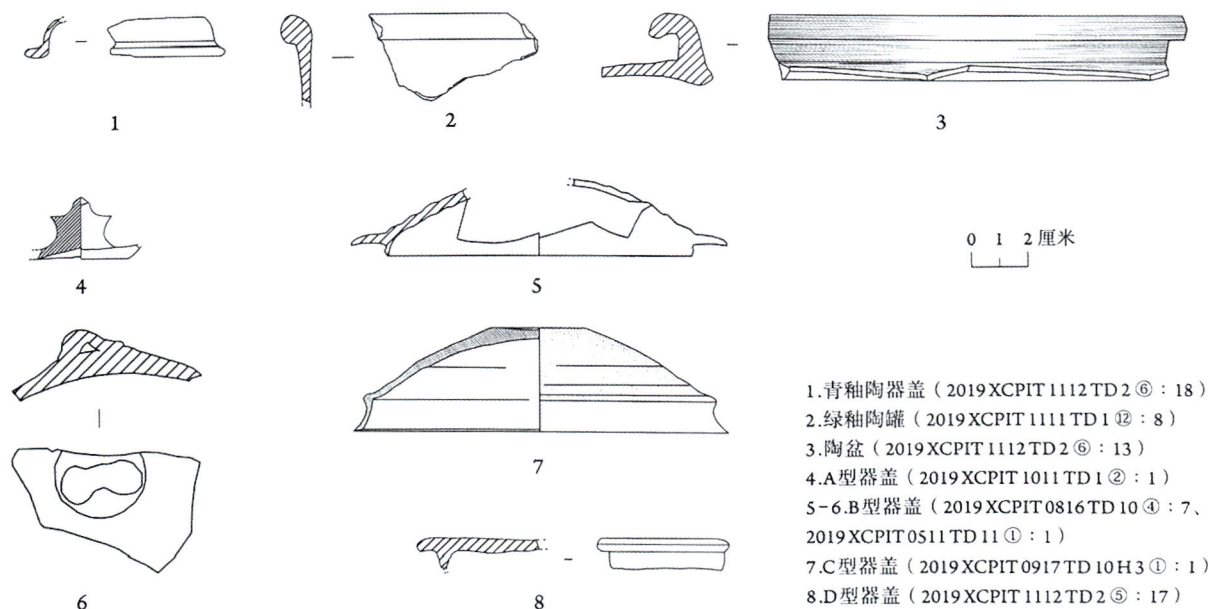

1. 青釉陶器盖（2019XCPIT1112TD2⑥：18）
2. 绿釉陶罐（2019XCPIT1111TD1⑫：8）
3. 陶盆（2019XCPIT1112TD2⑥：13）
4. A型器盖（2019XCPIT1011TD1②：1）
5-6. B型器盖（2019XCPIT0816TD10④：7、2019XCPIT0511TD11①：1）
7. C型器盖（2019XCPIT0917TD10H3①：1）
8. D型器盖（2019XCPIT1112TD2⑤：17）

▲图二 青釉、绿釉、素胎陶器

绿釉陶

罐

口沿 2019XCPIT1111TD1⑫：8，器残。夹砂灰胎，胎质较粗糙。厚圆唇，卷沿，敛口鼓腹，最大径在上腹部。施釉方式为先施一层黄陶衣，然后施一层绿釉，内外壁满釉残长6.1厘米、宽3.8厘米、壁厚0.3—0.5厘米（图二，2）。

瓷器

清理出土的瓷片总计 36770（片），器形包括碗、碟、盏、盘、瓶、罐、壶、水注、器盖、杯、洗等，以碗为大宗，釉色有青釉、青白釉、白釉、黑釉和青花等。根据器形、釉色及制作工艺等特征判断，这些标本的产地窑口省内和省外共计有 9 处。

磁灶窑

青瓷

碗 2019XCPIT1214TD5 ④：3，器残。泥质灰胎，胎质细腻。平底，圈足，足外直内斜削。施青釉，釉面光滑，有冰裂纹。内壁满釉，圈足和外底均未施釉。内底刻一"福"字，字表面刮釉，外底内起一圈凸棱，胎体因过火呈赤红色。残高 1.7 厘米、底厚 1.2 厘米、足径 5 厘米、足壁厚 0.5—1 厘米（图三，1）。

水注 2019XCPIKD21：2，器残。泥质灰胎，胎质细腻。方唇，盘口，沿外敞，束颈，弧肩，腹上鼓下弧，最大径在肩部，管状朝天流，位于肩部，器柄已残，仅在颈部留有上端柄头。施青釉，釉面光滑，腹部脱釉严重。内壁施釉至颈上部，外壁至腹中部，多处有烟灰粘附变黑。残高 10.7 厘米、口径 4.4 厘米、颈径 3 厘米、最大径 10.3 厘米、壁厚 0.2—0.3 厘米（图三，2）。

器盖 2019XCPIT0914TD9 ⑥：1，器残，可复原。泥质灰胎，胎质细腻。圆饼形盖钮，盖身隐约呈现瓦楞纹，盖沿下折为子口。子口不施釉，盖内壁不施釉，其余部分施青釉。高 4.4、钮高 1 厘米、钮径 4.1 厘米、盖径 14.5 厘米、厚 0.2—0.7 厘米（图三，3）。

青白瓷

碗 2019XCPIT1016TD12 ④：1，器残，可复原。泥质灰白胎，胎质细腻。圆唇，敞口弧腹，平底微凸，内外底心皆有乳突，圈足外撇。施青白釉，釉面较光滑，生烧。内外壁皆施釉，口沿刮釉，圈足底空釉。内底心刻一"禄"字，外壁可见轮制痕迹。高 5.1 厘米、可复原口径 14.6 厘米、壁厚 0.3—0.4 厘米、足径 5.8 厘米、足高 0.6 厘米、足壁厚 0.5—0.7 厘米（图三，4）。

黑釉瓷

碗 目前遗址区已发掘单位中仅出土一件。2019XCPITI111TD1 ⑩：1，器残。泥质灰白胎，胎质细腻。弧腹，圈足外撇。施黑釉，釉面较粗糙。外壁下腹部及圈足未施釉，内底有一圈宽 1.6 厘米的涩圈。属生烧器，整体为铁锈所侵染，圈足外壁有一周凸棱，内侧削足较粗糙。残高 2.5 厘米、宽 4.5 厘米、壁厚 0.3—0.6 厘米、底厚 0.5 厘米、足高 0.6 厘米、足壁厚 0.9 厘米。

盏 器物特征明显，器形差异较小，各居住和冶炼遗迹周边地层皆有出土，选取其中较完整器，根据足部可分为二型。

A 型 圈足较规整，外足心乳突状鼓起。根据内底可分为二式。

I 式 盏心内凹。

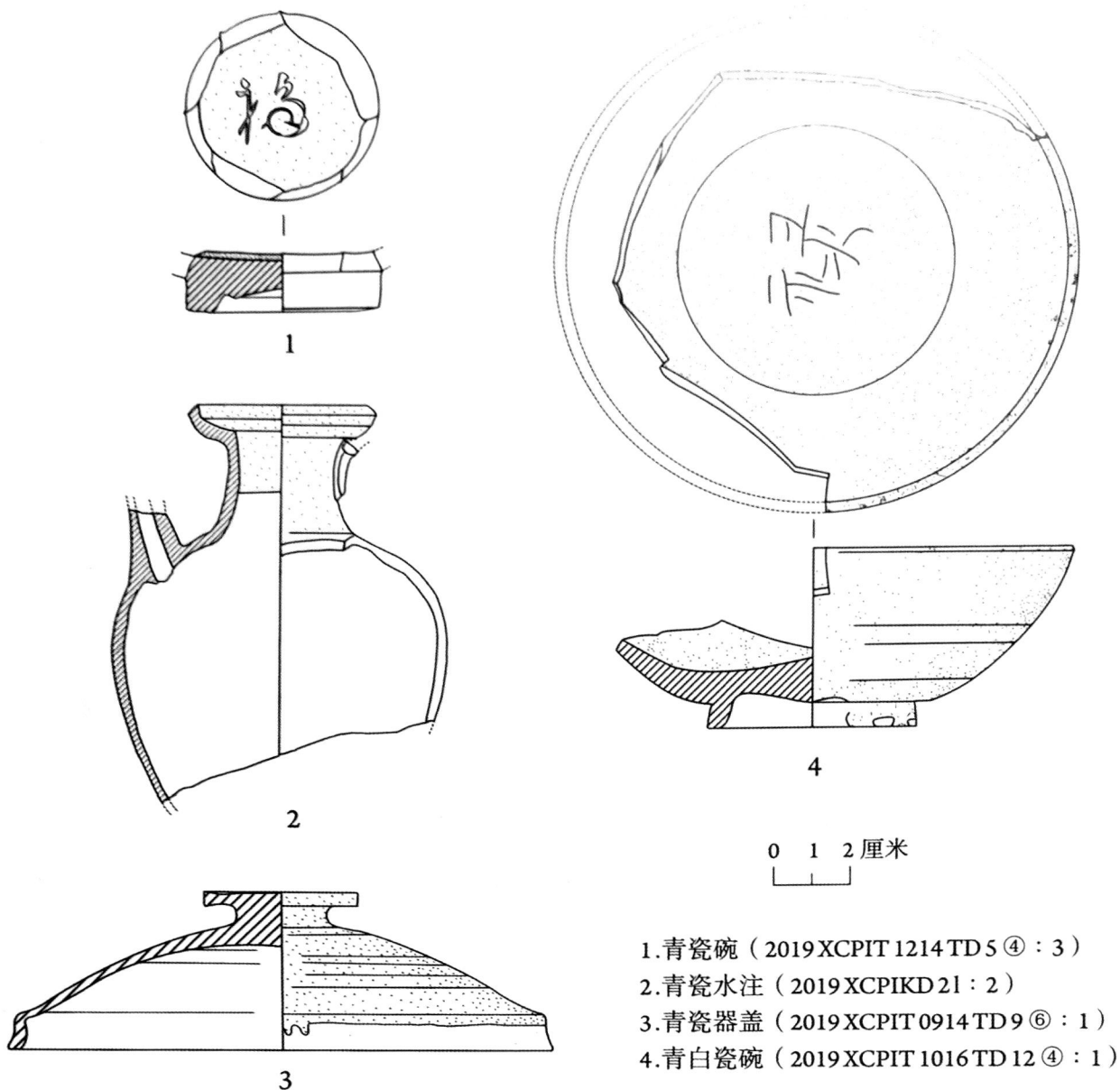

▲图三 青瓷碗、水注、器盖，青白瓷碗

1.青瓷碗（2019XCPIT1214TD5④：3）
2.青瓷水注（2019XCPIKD21：2）
3.青瓷器盖（2019XCPIT0914TD9⑥：1）
4.青白瓷碗（2019XCPIT1016TD12④：1）

2019XCPIT1112TD2⑤：7，器残。泥质灰胎，胎质较粗糙，器壁尚留有较大的颗粒。斜腹，下腹与圈足交接处内折，圈足，足底线切割。施黑釉，内壁满釉，外壁底部及圈足皆露胎。残高2.4厘米、壁厚0.3—0.6厘米、底厚0.6厘米、足径3厘米、足高0.6厘米、足壁厚约0.7厘米（图四，1）。

2019XCPIT1017TD12⑤：5，器残。泥质灰胎，胎质较细腻。方圆唇，敞口，弧腹，施黑釉，釉面较光滑。内壁满釉，外壁施釉至上腹部，口沿两侧刮釉。残长4.5厘米、宽3.1厘米、壁厚0.3厘米。

2019XCPIT0712TD4②：3，残存器底及下腹部。泥质灰胎，胎质细腻。弧腹，小平底矮圈足。施黑釉，釉面较光滑。内壁满釉，外壁不施釉。整体为铁锈侵染，器底外部可见线切割痕迹。残高 2.2 厘米、残腹径 7.4 厘米、壁厚 0.5 厘米、足径 3.4 厘米、足高 0.6 厘米、足壁厚 0.4 厘米（图四，2）。

Ⅱ式　盏心平。

2019XCPIT0917TD10 ④：1，器残。泥质灰胎，胎质细腻。斜弧腹，小平底，矮圈足，修足粗糙。施黑釉，釉面粗糙，有冰裂纹，粘结有烧结物。内壁满釉，外壁施釉不及腹，粘连有铁渣，被铁锈所侵染。外底可见线切割痕迹。残高 2.6 厘米、残腹径 8.6 厘米、壁厚 0.3—0.5 厘米、底厚 0.4 厘米、足径 3 厘米、足高 0.4 厘米、足壁 0.6 厘米。

2019XCPIT1017TD12 ⑤：2，器残。泥质灰白胎，胎质细腻。斜弧腹，底外凸，圈足，削足粗糙。施黑釉，釉面光滑，因生烧而釉面浸土。内壁满釉，外壁施釉不及腹器外腹与圈足交接处内折，外底有线切割的痕迹。残高 3.1 厘米、残腹径 8 厘米、壁厚 0.2—0.5 厘米、底厚 0.5 厘米、足径 3.2 厘米、足高 0.6 厘米、足壁厚 0.6—0.8 厘米。

B 型　假圈足近平。根据腹部可分为二式。

Ⅰ式　深腹，腹斜收或弧收较缓。

2019XCPIT1214TD5 ⑩：3，器残，可复原。泥质红陶，胎质细腻。方唇，折沿上腹弧，下腹斜，小平底。施黑釉，釉面粗糙。内壁满釉，外壁仅口沿施釉。外底可见线切割痕迹。高 3.8 厘米、可复原口径 10、壁厚 0.3—0.8 厘米、可复原底径 3.2 厘米、底厚 0.5—0.7 厘米。

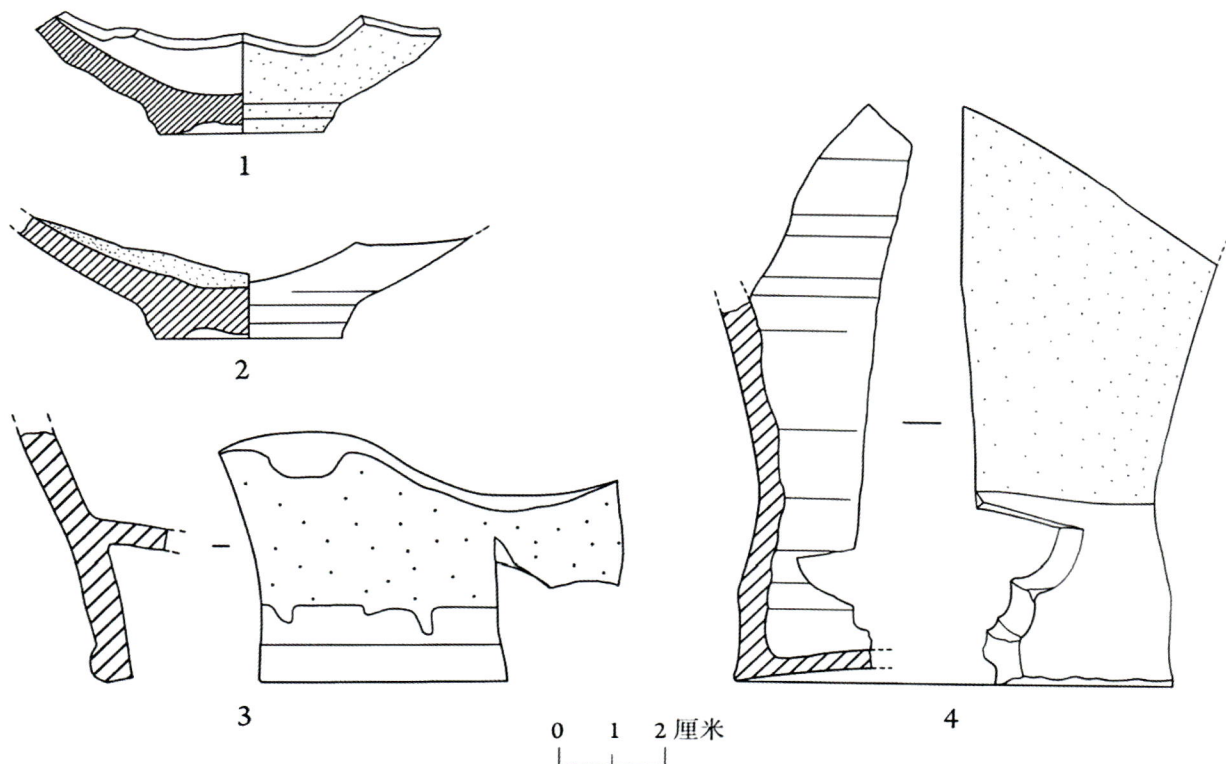

1-2.A型I式黑釉盏（2019 XCPIT 1112 TD 2 ⑤：7、2019 XCPIT 0712 TD 4 ②：3）

3.瓶底足（2019 XCPIT 1111 TD 1 ⑩：6）　4.梅瓶（2019 XCPIT 1112 TD 2 ④：1）

▲图四　黑釉盏、梅瓶、瓶底足

2019XCPIT1112TD2⑥：8，器残。泥质灰白胎，胎质细腻。方唇，敞口，斜腹。施黑釉，釉面光滑，内壁满釉，外壁仅口沿施釉，因釉料漫漾导致口沿内外壁釉面皆有褐色横条带。残高 4.2 厘米、可复原口径 10.4 厘米、壁厚 0.2—0.4 厘米。

2019XCPIT1016TD12④：2，器残。泥质灰白胎，胎质细腻。弧腹，平底，假圈足。施黑釉，釉面较光滑，内壁满釉，外壁施釉不及腹。外底可见轮制痕迹。残高 1.2 厘米、残腹径 6.4 厘米、壁厚 0.4 厘米、底厚 0.6 厘米、足径 2.2 厘米、足高 0.2 厘米。

II式　浅腹，腹斜收较急。

2019XCPIT1214TD5③：2，器残，可复原。泥质灰胎，胎质较细腻。方唇，敞口近直，斜腹，小平底。施黑褐釉，釉面光滑，内壁满釉，外壁仅口沿施釉。高 3.2 厘米、可复原口径 8 厘米、壁厚 0.3—0.7 厘米、可复原底径 2 厘米、底厚 0.7 厘米。

2019XCPIT1214TD5③：6，器残，可复原。泥质灰胎，胎质细腻。方圆唇，直口折沿，斜腹，小平底。施黑釉，釉面光滑，内壁满釉，外壁仅口沿施釉。高 3.2 厘米、可复原口径 8.8 厘米、壁厚 0.3—0.6 厘米、可复原底径 2.8 厘米、底厚 0.8 厘米。

执壶　包括口沿和壶嘴两类遗物，分述如下：

口沿　2019XCPIT1111TD1⑮：1，器残，仅存口沿。泥质灰胎，胎质细腻。尖圆唇，平沿敛口，微束颈，鼓腹。施黑釉，釉面粗糙，内壁满釉，外壁仅口沿和颈部以下施釉，釉层较薄处会出现灰绿色条带。残高 2.2 厘米、可复原口径 12 厘米、沿面宽 0.8 厘米、壁厚 2 厘米。

壶嘴　2019XCPIT1111TD1⑫：15，基本完整。细长管状，上斜下微曲，手捏制。施黑釉釉面光滑。长 7 厘米、流口径 0.8 厘米、壁厚 0.1 厘米、流基内径 1 厘米、流基外径 3.1—3.4 厘米。

梅瓶　2019XCPIT1112TD2④：1，残存瓶底。夹砂灰胎，胎质粗糙。斜直腹，下腹近底处内束，小平底，外底内凹。施黑釉，釉面较光滑，内壁无釉，外壁施釉至下腹。内壁可见轮制痕迹。残高 11.1 厘米、最大残腹径 9.6 厘米、壁厚 0.6—0.8 厘米、底径 8.8 厘米、底厚 0.4 厘米（图四，4）。

瓶底足　2019XCPIT1111TD1⑩：6，器残，仅存腹底及足部。夹砂灰胎，胎质较粗糙。腹底平，足壁较高，斜直内束，足底平，足底外沿凸出。施黑釉，釉料剥落较严重，釉面粗糙，内壁露胎，外壁施釉至足上部。内壁有黑点状锈斑。残高 5 厘米、壁厚 0.6 厘米、底厚 0.4 厘米、可复原足径 8.4 厘米、足高 2.6 厘米、足壁厚 0.6—0.8 厘米（图四，3）。

小结

分期与年代

由于台地之间有明确叠压关系者仅 TD1—TD2、TD6—TD8 及 TD9—TD10，且晚期破坏导致出土物原生位置发生较大变动，冶铁遗址出土生活器具亦较少，在型式区分上多见类、型区分而少式。根据出土的青花瓷样式，该遗址区的晚期地层可以明代为分界线，划分为明清之前和明清时期。而明清以前的地层中，由于未见有唐代及更早的瓷器标本，因而可明确为宋元时期。

该遗址出土外地窑口的器物不存在连续的型式演变，各窑口器物之间的年代变化规律并非完全一致，因此不同窑口器物不能放在同一器物演变期序中。结合各窑口已有发掘成果，对下草埔遗址出土的非安溪本地窑所生产的器物其年代判断如下。

磁灶窑

青釉盆与童子山窑址出土的基本一致，均可在童子山窑址出土的同类盆中找到相似器形，且符合该窑址的演变规律，T1112TD2⑬：18 为磁灶系典型的釉彩盆，过往研究或将童子山窑址确定为宋元时期或元代 [2]。素胎盆口沿则属于这一演变序列的末端，见于许山窑址，年代约为宋元时期 [3]。绿釉陶罐同类器常见于磁灶窑土尾庵窑址 [4]，年代大约在南宋至元代。青釉器盖和素胎器盖皆见于土尾庵窑址和金交椅山窑址，其中釉陶器盖与磁灶窑 FIV 式，素胎器盖的 A 型与磁灶窑 FI 式、B 型与磁灶窑 DIV 式、C 型与磁灶窑 AI 式 D 型与磁灶窑 E 型器盖分别相同，流行年代约为南宋至元。

T1214TD5 ④：3 青瓷碗，与安溪青瓷碗 Ba 式同，此前考古发现所见磁灶窑及泉州东门窑的器物会在器内底剔刻文字，常见有"福""禄""济"等，年代大致在南宋至元代 [5]。因而，本次发掘所见的 T1214TD5 ④：3 青瓷碗以及 T1016TD12 ④：1 青白瓷碗应属于磁灶窑的典型器，年代亦大致相当。下草埔矿洞内发现的青瓷水注，与磁灶窑金交椅山窑址 Y4 出土的 BII 式水注一致，年代为南宋 [6]。T914TD9 ⑥：1 青瓷器盖，与土尾庵窑址出土 AIII 式器盖一致，年代约为南宋至元 [7]。

黑釉盏与磁灶窑土尾庵窑址发掘出土的黑釉盏类似，年代大约在南宋中晚期至元代 [8]，本次遗址所见不同型式的黑釉盏瓷片较多，但多残损严重，刊布部分为其中较完整可辨认器形者，型式的变化可能代表南宋中晚期至元初年和元代中晚期两个不同时段的器类。T1111TD1⑬：1 黑釉执壶口沿，与磁灶窑金交椅山窑址出土的 CI 式、CII 式执壶口沿较为相似，似处于两者的过渡阶段，年代约在南宋 [9]。T1112TD2 ④：1 梅瓶，与金交椅山窑址 Y4 出土的 BI 式梅瓶相似，出现于南宋早期 [10]，流行于南宋至元。

器物特点

下草埔遗址出土的陶瓷器以安溪窑产为主，兼而有多种福建地区宋元时期盛烧的其他窑口，由于与磁灶窑系和德化窑系陶瓷器联系紧密，安溪窑产陶瓷器在本遗址呈现的器物演变和胎釉工艺，同时有泉州沿海和内陆地区的特点 [11]。

具体而言，在陶器制作上，受磁灶窑系的影响颇深，不仅出土有磁灶窑特色的陶器，一些判断为安溪窑产的陶器的器形和演变规律也与磁灶窑所见相同。在胎料选择上，青瓷的胎色逐渐由灰白向灰、青灰转变，青白瓷则由灰白向白转变。

在烧成工艺上，部分器物呈现素烧的特点，即釉层内有大量尘土、谷壳灰混入，导致整体釉色发生变化，出现黄色或白色点状杂质，亦有谷壳灰粘结在器物表面，尤其碗类器的内侧面上。而器物上留下的痕迹证明所采用的烧成方式还有覆烧、对口烧两种釉陶盆口沿（T1112TD2 ⑥：15）上所见的支钉痕迹，说明烧制时磁灶窑采用支烧方式，部分瓷碗内底存在的支钉痕也证明使用支烧的方式烧制瓷碗。

（根据《安溪下草埔遗址 2019—2020 年度考古发掘报告》文物出版社 2021 年 6 月版节选）

注释

[1] 磁灶窑在泉州本地影响较广，早年调查、发掘工作进行较多。从器物类型看，目前安溪下草埔遗址所出器物受磁灶窑的影响较大，虽不能排除本地烧造的可能，但通过对标本器物的胎釉进行 XRF 微量元素检测，并与磁灶窑的检测数据对比发现，部分器类之间存在较大的关联性，加之该遗址在商品运输和贸易上与泉州港之间的协同关系，磁灶窑器物输入遗址所在的尚卿青洋村一带可能性极大。

[2] 天鹏、宝成：《一处产品外销日本的窑址的年代探索》，《福建文博》1982 年第 2 期。

[3] 福建博物院、晋江博物馆：《磁灶窑址：福建晋江磁灶窑址考古调查发掘报告》，科学出版社，2011 年，第 60 页，图版二九。

[4] 福建博物院、晋江博物馆：《磁灶窑址：福建晋江磁灶窑址考古调查发掘报告》，科学出版社，2011 年，第 117 页，图版四八。

[5] 故宫博物院：《故宫博物院藏中国古代窑址标本·福建（下）》，故宫出版社，2016 年，第 1145 页。福建博物院、晋江博物馆：《磁灶窑址：福建晋江磁灶窑址考古调查发掘报告》，科学出版社，2011 年，第 386 页。

[6] 福建博物院、晋江博物馆：《磁灶窑址：福建晋江磁灶窑址考古调查发掘报告》，科学出版社，2011 年，第 302 页。

[7] 福建博物院、晋江博物馆：《磁灶窑址：福建晋江磁灶窑址考古调查发掘报告》，科学出版社，2011 年，第 122—123 页，图版三九。

[8] 福建博物院、晋江博物馆：《磁灶窑址：福建晋江磁灶窑址考古调查发掘报告》，科学出版社，2011 年，第 91—94、380—381 页。

[9] 福建博物院、晋江博物馆：《磁灶窑址：福建晋江磁灶窑址考古调查发掘报告》，科学出版社，2011 年，第 377 页。

[10] 福建博物院、晋江博物馆：《磁灶窑址：福建晋江磁灶窑址考古调查发掘报告》，科学出版社，2011 年，第 380 页，图版一〇五。

[11] 孟原召：《闽南地区宋至清代制瓷手工业遗存研究》，文物出版社，2017 年，第 57—60、103—106 页．

2019 年泉州府后山遗址考古收获（节选）

◎泉州市考古队

泉州府后山位于泉州市区北部泉州市卫生学校内，是一座主要由废弃的瓷片堆积而成的小山丘。小山丘因建设需要早年被推平，现已不存。相关文物部门于 1976 年和 1979 年分别对遗址进行调查清理及部分试掘，获得了一些器物标本及地层堆积资料，对府后山遗址有了一些初步认识[1]。但由于各种历史原因，该遗址的资料至今未曾有过详细的研究和利用，为了科学地获取遗址的地层关系和说明遗址的性质，泉州市文物部门组织了考古队，在福建博物院文物考古研究所的指导下，于 2019 年 7 月至 8 月对该遗址的残存部分进行了考古勘探。

遗址发掘中未发现有遗迹现象，只有地层，各层均有遗物出土。其中陶瓷器是最主要的遗物。陶瓷器以青釉器为多，其次是青白釉器，再次为酱黑釉器，素胎瓷及陶器的数量也不少。器型丰富，有瓶、壶、砚台、碗、盘、罐、盏、盏托、器盖、碟、洗、香炉、执壶、杯、灯托、缸、火炉等等，以碗、盏、洗、碟等日用瓷为主。器物上饰以各种纹样，有莲瓣纹、花卉纹、篦划纹、菊瓣纹、缠枝花卉纹、旋转状车轮纹、篦点纹等各种纹饰。装饰手法多样，有模印、刻划、描彩、镂孔等。

从器物的窑口来看，以本地窑口的产品为多，外地窑口的产品也不在少数：属本地窑口的产品有德化窑、晋江磁灶窑、同安汀溪窑、安溪窑、南安窑、永春窑等；属外地窑口的有建阳水吉窑、武夷山遇林亭窑、福清东张窑、云霄水头窑、建宁窑、闽清义窑、浙江龙泉窑、越窑，江西吉州窑、赣州七里镇窑、景德镇窑，河北定窑、陕西耀州窑等。

遗址中出土的陶瓷片共有 3931 片，其中属于晋江磁灶窑的有 2527 片，约占所有遗物中的三分之二[2]，然后是泉州本地的其他窑口，如德化窑、南安窑、安溪窑等窑口的产品，龙泉窑的青釉瓷，景德镇窑的青白釉瓷，建窑、遇林亭窑的黑釉瓷也占有一席之地，其他的如定窑、越窑、耀州窑的产品仅见数件。下面以各层为单位将所出土的遗物略作简介。

（一）第②层出土的遗物

由于第①层是路面填土层，而且厚度薄，故而未见遗物。第②层厚度厚，出土的遗物包罗万象，计有陶瓷器、砖瓦、玻璃、塑料、石棉瓦等，而以陶瓷器为最大宗。陶瓷器中有：

1. 南宋磁灶窑黑釉执壶　2. 南宋磁灶窑小口瓶　3. 宋磁灶窑黑釉砚
▲图一　第②层出土遗物

五代磁灶窑的青釉碗残片；北宋定窑的白釉碗残片；南宋龙泉窑、耀州窑、景德镇窑、吉州窑、安溪窑、同安汀溪窑系、东张窑、遇林亭窑、磁灶窑、云霄水头窑、南安窑等窑口的青釉瓷、青白釉瓷、黑釉瓷等器物；清代德化窑的青花碗、五彩碗，安溪窑的青花杯、碟等器物（图一）。

　　第②层的出土物里包含有五代至清代的陶瓷器，也有大量现当代的石棉瓦、塑料、玻璃瓶等物品，应是现代地层。

　　（二）第③层出土的遗物

　　第③层后期人为破坏严重，厚度较薄，出土的遗物数量较少，且均为陶瓷器及瓦当等建筑构件。出土的陶瓷器有宋代龙泉窑、晋江磁灶窑、景德镇窑、东张窑等窑口的产品，清代德化窑、安溪窑的青花碗、五彩碗等器物（图二）。第③层的年代应是清代。

　　（三）第④层出土的遗物

　　第④A、④B、④C、④D、④E层的出土物基本一致，比较明显的是诸如南宋时期磁灶窑的黑釉小口瓶、执壶、青釉釉下彩绘盆，同安窑系的青釉碗，龙泉窑的青釉器，景德镇窑的青白釉碗，遇林亭窑的黑釉盏等器物。这些器物都是这几层遗物的主要组成部分。所以第④A、④B、④C、④D、④E层这几层的年代是一样的，可以将它们统一成一层，即第④层。

宋磁灶窑青釉盆
▲图二　第③层出土遗物

　　第④层保存较好，厚度厚，出土的遗物丰富，是遗址的主体堆积层。出土物计有陶瓷器、铜钱、铜铁器、石砚、砖瓦等，而以陶瓷器为最大宗，砖瓦等建筑构件数量也不少，铜钱、铜铁器、石砚等器物仅数件。

　　陶瓷器中基本上都是南宋时期各个窑口的产品，其生产的窑口有龙泉窑、晋江磁灶窑、同安汀溪窑系、耀州窑、安溪窑、景德镇窑、赣州七里镇窑、德化窑、南安窑、安溪窑、云霄水头窑、武夷山遇林亭窑、福清东张窑、闽清义窑等窑口的青釉瓷、青白釉瓷、黑釉瓷、绿釉瓷等器物；器型有碗、盘、盆、罐、盏、缸、漏斗、器盖、碟、洗、炉、执壶等，以碗为多，其次是碟、盆、器盖等，以同安汀溪窑系、晋江磁灶窑、安溪窑的产品为主，龙泉窑、景德镇窑的产品也有一定的数量。诸多器型中以汀溪窑系的青釉碗，磁灶窑的青釉釉下彩绘盆、黑釉小口瓶，龙泉窑青釉碗，景德镇的青白釉产品，武夷山遇林亭窑的黑釉描金彩盏等产品较有特色（图三）。器物的装饰手法以划花纹为多，也有刻花纹、印花纹、篦纹、彩绘

1.宋磁灶窑产品　2.宋磁灶窑青釉釉下彩绘盆　3.宋磁灶窑黑釉小口瓶
▲图三　第④层出土陶瓷器

等技法。五代北宋时期的陶瓷器有越窑的青釉碗，磁灶窑的青釉执壶以及北方窑口的白釉碗。

（四）第⑤层出土的遗物

第⑤层的厚度在遗址里分布不均，落差较大，出土的遗物与第④层有明显的差别，出土遗物以砖瓦为主，杂有少量的陶瓷器。陶瓷器有青釉碗、缸、碟、执壶和白釉碗等器物，青釉器物当为磁灶窑和越窑系的产品，白釉碗的生产窑口不明（图四）。装饰手法简单，素面为主，大多支钉叠烧，具有五代北宋时期的瓷器烧制工艺，所以第⑤层当为五代北宋时期。

宋磁灶窑执壶
▲图四　第⑤层出土遗物

遗址出土的瓷器均是各大外销瓷窑的产品，龙泉窑、景德镇窑、建窑系、义窑以及本地的磁灶窑、德化窑、同安窑等窑口均是外销瓷的重要窑口。这一组合的产品在"海上丝绸之路"沿线各地及南宋时期的沉船上经常同时发现，比如"南海Ⅰ号"沉船、"华光礁Ⅰ号"沉船等均发现有上述窑口的产品。这么大量的来自各地外销窑的产品在遗址上共同出现应该不是一种偶然，而是通过泉州港的外销把它们联系在了一起，是宋代外销瓷的一部分。它们之所以出现在此地也正是由于宋代泉州海外贸易的兴盛，吸引了国内众多地区瓷器来此交易，从而在此地留下其遗物。换句话说，府后山的遗物是当时外销器物的一部分，是南宋泉州港繁荣的见证。

（原载《福建文博》2020年第2期）

注释

[1] 许清泉：《宋船出土的小口陶瓶年代和用途的探讨》，《海交史研究》第5期。陈鹏、曾庆生：《泉州府后山出土的江西瓷器》，《江西历史文物》1983年第4期。

[2] 福建博物院、晋江博物馆：《磁灶窑址：福建晋江磁灶窑址考古调查发掘报告》，科学出版社，2011年。

唐宋泉州城空间格局下的泉州南外宗正司、泉州市舶司遗址的考古发掘研究（节选）

◎汪　勃　梁　源

　　泉州南外宗正司遗址的发掘开始于 2019 年，目前开展了 2 次。2019 年揭露出来建筑基址 2 处、水池及其岸线、道路等遗迹现象，出土有高等级的砖瓦建筑构件、文字内容多样的墨书陶瓷器残件。相关遗存和建筑构件表明该地点有宋元时期的大型高等级建筑遗存，墨书文字内容则佐证了此处与"水陆"、赵氏宗族等有关联。结合文献记载和地貌分析，探讨了建筑遗存朝向、水池遗迹范围、出土遗物性质等与"寺"、放生池和"水陆"的关系，推定遗址在该区域、水池遗迹与"天宝池"相关，并参考区域内现状地貌推测遗址的四至范围为：东至旧馆驿以西的南北一线上，南至东西向段的古榕巷南侧，西至三朝巷以西约30 米，北至西南—东北方向的最北斜向楼（QZB0107 南部）的北侧。

　　2020 年明确了台基 2 的东、南侧边界，在水池的东、南、北侧分别揭露出来台基 1 及其上房址（台基 1F1）、台基 3 和水池遗迹南岸线、房址 B0107T1CF1 等遗迹的局部，亦出土有高等级建筑构件与"水陆"相关的墨书陶瓷器残件。

　　陶瓷器墨书文字内容包含干支纪年、机构名称、人名等。其中，"水陆""水六库司"等明确表明了其与"水陆"的关系，"允""叔""仲""彦""宗""崇"等字或与赵宋皇族的辈分相关，"宗厨""赵"与南外宗正司或赵宋的关系尚需研究，"崇福寺""西塔""江夏"等则说明此地与其他寺院、"寺"、黄氏也有关联。

　　泉州市舶司遗址 2019 年在前期调查勘探的基础上，布设两条探沟进行了发掘，揭露出来了宋元时期的铺砖地面、铺石等遗迹，并由此得知相关建筑遗存的坐向与"壬子正针"乾亥缝线（"道"）相关，推测如此精心选址、规划、测量而修建的建筑当与宋元时期的较大型官式建筑遗存相关。"水沟巷""通籴桥"今日尤在，结合相关文献记载，推测揭露出来的建筑遗存与泉州市舶司（福建路市舶司）遗址相关。综合分析区域内考古勘探调查的结果，加之周边地形、街巷、水系等可以构成一个相对独立的空间，推测遗址的四至范围大致为：西南依竹街，东北到舶司库巷，东南至水门巷，西北靠八卦沟。观音宫、观音宫西侧巷道—水仙宫或与院落的南北向轴线相关，而三义庙或在遗址的西南角。

2020 年扩大发掘区域，揭露出来了铺砖地面和石墙、石墩、石构、鹅卵石铺面等宋元明时期的建筑遗存，确认了此确有大型较高等级官式建筑群的存在，出土有砖瓦类建筑构件，还在建筑遗存的墙体上找到有"（监）造市舶亭蒲（寿）（庚）"戳印文字的条砖。

目前尚未找到北宋时期相关建筑遗存，揭露出来的宋元明时期建筑遗迹现象大致可以分为三期遗存：第一期遗存为 2019 年在 C1206TG3G 内揭露出来的铺砖地面为主，灰色方砖对缝斜向平铺，相关建筑的朝向约为 162°，堆积层中出土陶瓷片的时代不晚于南宋，推测其始建时代为或为南宋。第二期遗存为 2020 年东北发掘区内的大多数遗迹，或为两路之间的廊庑（或厢房或护厝）类遗存，方砖黄色微红，错缝"工"字平铺，相关建筑方向与 159°相关，较之第一期遗存逆时针旋转了约 3°，相关地层中仅出土有宋元时期的瓷片，故推测其时代为元。第三期遗存为 2020 年西南发掘区西侧部分遗迹，已被现代建筑破坏殆尽，相关建筑的方向与 156°相关，较之第二期遗存又逆时针旋转了约 3°，其上地层堆积中出土明清时期青花瓷片，铺地砖呈红色，推测其时代为明。三期遗存或有自东向西、以两路之间的廊庑或墙为间隔而改建或扩建的可能性。

（原载《自然与文化遗产研究》2021 年第 3 期）

泉州南外宗正司遗址出土墨书陶瓷二题（节选）

◎ 黄建秋

2019 年为了配合"泉州：宋元中国的世界海洋商贸中心"申遗，中国社会科学院考古研究所、福建博物院和泉州市"海上丝绸之路"申遗中心联合组成的泉州城考古工作队对泉州南外宗正司遗址进行了发掘。这次发掘清理出了宋元时期部分水池等遗迹。各类遗迹中不仅出土了大量砖、瓦等建筑构件，还出土了大量陶瓷器。这次发掘共收集了 6678 件陶瓷器标本，其中 225 件陶瓷器底部等部位有墨书。鉴于出土墨书陶瓷数量多而且墨书内容丰富，本文拟对墨书内容及墨书陶瓷的窑口略作分析。

墨书内容

225 件墨书陶瓷器中，字迹清晰可辨的陶瓷标本 129 件，部分字迹可辨的陶瓷标本 40 件，字迹完全不可辨识的陶瓷标本 56 件。从内容看，墨书可以分为机构名、人名、纪年、吉祥语等。

机构名

这类墨书约 31 件。

1. 水陆或水六。

2. 水六 / 库堂。

3. 堂。

4. （殿）司。

5. 司库。

6. 库司 / 供养。

7. 库。

8. 司。

墨书"司"青瓷罐（T6C ③ B：93），磁灶窑产品。"司"估计是宗正司的省称。罐底墨书是指该器属于宗正司这个大集团客户，是供货方或物流方所做的标识。

9. □院供用。

墨书"□院供用"素胎盆（T6C ③ A：32），磁灶窑产品。参考发掘者的认识，我们推测这里的"院"应该是天宝池内的禅院，"□"字应为"禅"字。盆底墨书应该是指该器属于院这个小集体。

10. 司供。

墨书"司供"酱釉陶片（T5C ③ B：13），磁灶窑产品。"司"应该是宗正司或库司的省称。"供"是供养的省称。该器上的墨书是指该器属于宗正司这个大集团或库司这个小集体。

11. 上房。

12. 癸亥酱 / 坊置。

13. 玲房。

人名

1. 年号 + 姓或名 + 置。

这类墨书有 8 件，其中的"置"当作购置、置办解。

墨书"己巳置堂头大张□"青瓷炉（T6C ③ A：10），磁灶窑产品。墨书是指该碗是身份为堂头的"大张□"个人的物品。

以上陶瓷器上标注年号应该是物主记录购置时间的反映，这种做法不常见，是研究时人生活态度的可靠资料。

2. 年号 + 置。

3. 姓氏 + 置。

这类墨书陶瓷都是碗，共 23 件，包括 18 个姓氏。

墨书"杨置"2 件，其中 1 件是磁灶窑青瓷碗（TG2 台基 2 下：255）。墨书是指该碗是"杨"个人或杨家的物品。

墨书"郭置"陶碗（T6C ③ B：88），磁灶窑产品。墨书是指该碗是"郭"个人或郭家的物品。

墨书"□菜一具 / 杜火头置（南）（正）"酱釉罐（TG2 台基 2 下：108），磁灶窑产品。墨书是指该罐是杜姓火头军个人的物品

4. 姓名或名双字。

这类墨书陶瓷器 11 件。

5. 姓或名单字。

这类墨书 26 件。

墨书"丰"青瓷碗（TG2 ②：40），磁灶窑产品。墨书是指该碗是"丰"个人的物品。

6. "水六" + 名词。

7. 其他。

墨书"宗厨"青瓷碗（T5C ③ A：2），磁灶窑产品。墨书是指该碗是"宗厨"个人或厨房这个小集体的物品。墨书"东禅常（住）"酱釉碗（T7D ③ B：14），磁灶窑产品。墨书是指该碗是禅院"常住"个人的用品。

纪年

墨书年号或日月的陶瓷器有 12 件。

以上陶瓷器墨书应该是所有者所做的标识，所有者特别重视时间标识的做法值得研究。

吉祥语

这类墨书陶瓷器 3 件，仅从字面看，它们应该是吉祥语。

无论墨书内容作何解释，墨书都是所有者所做的标识。

墨书与窑口

墨书陶瓷器的器形

231 件墨书陶瓷中，以碗为主，其次是罐，其余是炉、器盖和砚等。197 件碗中，127 件青白瓷碗、65 件青瓷碗、4 件白瓷碗、1 件陶碗。10 件罐中，1 件酱釉罐、2 件素胎罐、7 件青瓷罐。5 件炉中，3 件青瓷炉、2 件青白瓷炉。

另有酱釉碗 1 件、酱釉陶片 1 件、青白瓷器盖 1 件、青瓷器盖 1 件、陶砚 1 件、素胎盆 1 件、白瓷盘 1 件、青瓷盘 1 件、青瓷盒 1 件、黑釉盏 2 件、青瓷罐 7 件、青白瓷腹片 1 件。

以上陶瓷器多为日用器，拥有者甚众，造型相同或高度相似，容易混淆或错拿，所以需要根据情况在碗等物品底部做标记。

墨书陶瓷器的窑口

现有资料表明，该遗址收集的 6678 件陶瓷器中 225 件陶瓷器有墨书，墨书陶瓷器占陶瓷器标本的 3.4%。6678 件陶瓷器包括 22 个窑口的产品，14 个窑口的产品有墨书，其余 8 个无墨书。

磁灶窑 2568 件标本，约占陶瓷器标本总数的 38%。墨书陶瓷 18 件，占墨书陶瓷总数的 8%。墨书陶瓷器只占磁灶窑陶瓷器总数的 0.7%。从内容看，墨书都是所有者做的标记。

结语

墨书，本质上是人们避免因为造型相同而错拿或者防止他人拿走而在陶瓷器底部等不显眼部位所做的标记。内容为大集团的墨书是供货方或物流方所做的标记，内容为小集体的墨书是该陶瓷器属于小集体的标记。内容为姓氏的墨书是该陶瓷器属于物主个人或其家庭的标记，内容为名字的墨书是该陶瓷器属于个人的标记。内容为吉祥语的墨书是颇有情怀的物主所做的标记。内容为纪年的墨书是物主所做的标记。

墨书陶瓷不仅见诸福建、日本福冈等地遗址，还见诸浙江宁波等地的港口遗址，在陶瓷器上施墨书不是福建的地域特色，而是流行于很多地区的表示陶瓷器所有者的标记。

6678 件陶瓷器标本中只有 225 件墨书陶瓷，墨书陶瓷数量是所有陶瓷器标本数量的 3.4%。

22 个窑口的陶瓷器中，有 14 个窑口的标本中有墨书。其中永福窑产品中的墨书陶瓷比例高达 33%、安溪窑产品中的墨书陶瓷比例也高达 20%，而其他窑口产品中墨书陶瓷比例普遍低于 2%。而只有吉州窑、南安窑、永福窑、安溪窑和义窑的产品上有表示机构名的大集团客户的墨书。约占陶瓷器标本总数 38% 的磁灶窑产品中墨书陶瓷比例仅为 0.7%，而陶瓷器标本数量不多的庄边窑（3 件）、耀州窑（5 件）、松溪窑（9 件）、东张窑（13 件）、越窑（32 件）、同安窑（55 件）、遇亭窑（87 件）和四都窑（133 件）的产品上没有墨书。

以上数据信息含量极大。我们认为，墨书的有无、墨书所反映的陶瓷器所有者的不同等事实，为研究陶瓷器供需关系、宗正司置办陶瓷器时的选购要求、宗正司内部陶瓷器分配和使用以及皇族个人置办陶瓷器方式等问题提供了重要线索。

（原载《泉州城考古学术研讨会论文集》科学出版社 2021 年 6 月版）

沉船发现

从水下考古的发现看
福建古代瓷器的外销（节选）

◎栗建安

根据考古发现的资料表明，至迟在南朝，福建已开始烧造青瓷器。随着窑业技术的进步，福建的瓷器生产不仅持续发展，而且还在许多方面取得了重要的成就。与此同时，福建所生产的大批瓷器，还源源不断地输往海外，促进了与各国的经济、文化交流，扩大了中国文化对世界的影响。

但是，由于种种原因，福建大批输出的陶瓷器有一部分未能到达预定的港口和地点，而是随着失事、遇难的船只沉没于海底。如今，随着水下考古事业的开展与进步，使这些在水下沉睡了千百年的遗物中的一部分被陆续打捞出水、重见天日，再现了当年福建海上交通的繁荣和海外贸易的盛况。同时也为我们探讨和研究福建古代陶瓷的生产和外销提供了重要和宝贵的实物资料。

水下考古发现的福建古代外销瓷

关于青瓷器

水下考古发现的青瓷器主要来自西沙群岛的华光礁，其中装饰篦点纹划花并刻有"吉""大吉"字样的大碗，经与福建省南安罗东窑址调查采集的同类标本相比较，可确定是罗东窑的产品。[1]南安篦点划花纹碗，即有的称其为"珠光青瓷"的。烧造这类碗的窑址遍布全省各地，以同安汀溪窑最为著名。但华光礁的篦点划花碗，却与汀溪窑产品差别较大而与南安市南坑窑、罗东窑的同类标本更为相似，从它们与"大吉"大碗等出自同一地点来看，它们作为南安市窑址的产品也是可能的。

此外，华光礁的青瓷器中还有少量的瓶和罐等。其中的青釉褐彩长颈瓶，与晋江磁灶窑土尾庵窑址出土的同类标本在胎质、釉色、器形、纹饰以及工艺特征等方面都基本相同。小罐和四系罐也都与土尾庵窑址的同类器物相似或相同。它们都可确定为磁灶窑的产品。

磁灶窑是一处著名的外销窑口，目前已知在日本、东南亚的古遗址中的出土品，博物馆、美术馆里的收藏品，都有磁灶窑的陶瓷器。20 世纪 50 年代以来，多次对其进行考古调查。1978 年，泉州海外交通史博物馆对磁灶窑做了全面调查并选择在溪口山、蜘蛛山、童子山和土尾庵窑址进行局部试掘，发现了南朝晚期（溪口山）、唐代（溪口山上层、童子山）、宋元时期（童子山、蜘蛛山、土尾庵）等各个不同时代的窑址。[2]1995 年秋，福建省博物馆考古部对土尾庵窑址再次做了抢救性发掘。此次发掘发现窑炉残迹一小段，出土了大批陶瓷器和窑具等标本。[3] 陶瓷器中有青瓷、酱黑釉瓷、黄绿釉瓷等。酱黑釉瓷中有一类小口瓶，与西沙群岛华光礁和广东台山"南海一号"所出的酱釉小口瓶完全一样。再者，"南海一号"沉船遗址打捞的绿釉器（有菱口碟、瓶等），其胎、釉、工艺特征等也与土尾庵窑址的同类器物相似或相同，因此它们皆可视为磁灶窑的产品。

（原载《海交史研究》2001 年第 2 期）

注释

[1] 杨小川：《南安市篦点划花青瓷介述》，《福建文博》1996 年第 2 期。

[2] 叶文程、苏垂昌、黄世春：《晋江磁灶窑的发展及其外销》，中国古陶瓷研究会、中国古外销陶瓷研究会：《中国古代陶瓷的外销：一九八七年福建晋江年会论文集》，紫禁城出版社，1988 年。

[3] 福建省博物馆：《磁灶土尾庵窑发掘简报》，《福建文博》2000 年第 1 期。

中国水下考古"六大发现"
——"海上丝绸之路"上的中国古代外销瓷（节选）

◎栗建安

中国水下考古事业自 1987 年起步，经历了 20 余年的发展历程，在此期间做了大量的水下考古调查工作，并对一些重要的水下历史文化遗存进行了成功的抢救性水下考古发掘，取得了一批重要的考古发现和大量珍贵的水下文物资料。这些考古实物资料中的大部分是中国外销瓷，从而为研究当时"海上丝绸之路"（又有称之为"陶瓷之路"）的形成、发展、历史意义，以及中国陶瓷史、世界贸易陶瓷史提供了非常重要的考古实物依据和参考。

西沙群岛"华光礁Ⅰ号"沉船遗址

1998 年底至 1999 年初，中国国家博物馆水下考古研究中心与海南省文物保护管理办公室组织在西沙群岛的华光礁、北礁开展水下考古调查，并对"华光礁Ⅰ号"沉船遗址进行了试掘。2007 年春，又对"华光礁Ⅰ号"沉船遗址进行了抢救性水下考古发掘。水下考古调查、试掘与发掘出水了一批陶瓷器和其他遗物（如锡器、铜镜、锭石等）。[1]

瓶，卷沿，长直颈，溜肩，斜直腹，平底微凹，通体施青黄色釉，肩、腹部釉下褐彩绘卷草纹，底面无釉露胎。小罐，矮直沿，敞口，溜肩，鼓腹，内凹底，施青黄色釉，肩部釉下褐彩绘卷草纹，外底无釉露胎。部分小罐底面露胎处有朱书符号。四系罐，器形有敞口或直口，溜肩，弧腹或鼓腹，有的腹部压印瓜棱形，平底内凹或有矮阁足，肩部横置（或竖置）4 个桥形系，施青黄色釉，外釉不及底。以上青釉瓶、小罐、罐均为福建晋江宋代磁灶窑的产品。[2]

小罐，矮直沿，敞口，溜肩，鼓腹，内凹底，底面留有线割痕，施酱黑釉，外底无釉露胎。军持，敛口，宽折沿下垂，短直颈，鼓腹，饼足内凹，束口短直流。小口瓶，敞口，缩颈，圆肩，斜直腹，平底内凹，灰胎，外施酱褐釉，底面无釉露胎。以上的酱釉器都是福建晋江磁灶窑的产品。[3] 部分器物的底部露胎处有墨书文字（如"谢字""吴"等）。

广东"南海Ⅰ号"沉船遗址

1987 年在广东台山川山群岛附近海域发现一艘古代沉船，命名为"南海Ⅰ号"。当时打捞的一批文物中陶瓷器有 200 余件，其中多数是青白瓷，还有青瓷，以及少量绿釉器和酱釉器。[4]

1998—2004 年，中国国家博物馆水下考古研究中心组织专业人员对"南海Ⅰ号"沉船进行水下考古调查，采集出水一批沉船文物，大部分仍是陶瓷器，其他遗物有铜钱、漆器、铜器、金器等。[5]

酱黑釉器　器形有碗、盏、小口瓶、四系罐、梅瓶等，皆为灰胎，里无釉，外施半釉，底部露胎。部分器物的底部露胎处有墨书文字（如"林六哥""记□"等）。

绿釉器　器形有盏、菱花碟、瓶、葫芦瓶、炉等。灰胎，内外施绿釉，底部露胎。

以上的酱黑釉器、绿釉器皆为福建晋江磁灶窑的产品。

中国水下考古工作所发现的古代沉船遗址与其装载的中国贸易陶瓷，都能够与国内古窑址考古出土、海外发现的同类器物相对应，从而揭示了中国古代贸易陶瓷从窑址→沉船→海外目的地的方向与路线，以及这些贸易陶瓷的生产→贸易→消费的完整历史过程，成为研究中国陶瓷史、贸易陶瓷史、海上交通史以及"海上丝绸之路"与东西方经济、文化交流的重要资料。

（原载《国际博物馆》2008 年第 4 期）

注释

[1] 中国国家博物馆水下考古研究中心、海南省文物保护管理办公室：《西沙水下考古1998—1999》，科学出版社，2006 年。

[2] 曾凡：《福建陶瓷考古概论》，福建省地图出版社，2001 年。

[3] 福建省博物馆：《磁灶土尾庵窑发掘简报》，《福建文博》2000 年第 1 期。

[4] 朝日新闻社：《中国·南海沉船文物と中心をする はるかなる陶磁の海路展》图录，集巧社，1993 年；任卫和：《广东"南海Ⅰ号"沉船文物简介》，《福建文博》2001 年第 2 期。

[5] "南海Ⅰ号"沉船已于 2008 年 4 月进行了整体打捞。前期的水下考古调查资料尚在整理中。

布瑞克沉船出水的
福建陶瓷（节选）

◎李永歌

　　从 9 世纪到 1521 年麦哲伦发现菲律宾之前，这一时期被菲律宾学者称为"史前时期"。由于菲律宾本国没有文献记载，因此只能通过中国和东南亚国家少量的文献记载以及菲律宾的考古发掘才能重建这一时期的菲律宾历史。中国文献中关于菲律宾的记载最早出现在北宋开宝四年（971），据《宋史·食货志》记载："（开宝）四年，置市舶司于广州。后又于杭、明州置司，凡大食、古逻、阇婆、占城、勃泥、麻逸、三佛齐诸蕃并通贸易，以金、银、缗钱、铅、锡、杂色帛、瓷器市香药、犀象、珊瑚、琥珀、珠琲、镔铁、鼊皮、玳瑁、玛瑙、车渠、水精、蕃布、乌樠、苏木等物。"[2] 这里的麻逸，据考证为现在菲律宾的民都洛岛或吕宋岛。从这条史料可以看出，北宋初年，中国同菲律宾的商品贸易中已经包含陶瓷。

　　自 20 世纪 90 年代以来，在菲律宾群岛的西部和西南部海域发现了许多古代沉船，出水了大量的中国及东南亚国家的陶瓷器。其中 1991 年在巴拉望岛西南部海域发现了一艘宋代沉船遗址，即布瑞克沉船。该沉船是由菲律宾国家博物馆委托法国的一家水下考古机构进行打捞的，出水了大量的南宋时期的陶瓷器。

沉船状况

　　布瑞克沉船遗址位于巴拉望岛西南部黎刹地区邦邦点的布瑞克暗沙，距离海岸线约 7 海里，水深 5 米，沉船所在位置为一较窄的峡谷，珊瑚底，最宽处 6 米。该沉船没有发现木质船体遗迹，可能是由于洋流的作用使船体偏离了原来的位置。出水的福建陶瓷有青白釉、青釉、酱褐釉、黑釉瓷、釉下褐彩瓷等，器型有碗、盏、碟、盘、瓶、壶、盒、军持、罐等。此外还出水有江西景德镇地区的青白釉瓷器，器型有碗、盘、瓶、炉、罐等[3]。本文重点讨论的是该沉船出水的福建陶瓷，下面就该沉船上出水的福建陶瓷进行分析。

出水陶瓷器

布瑞克沉船出水的福建陶瓷器型多样、种类丰富，其中以青白釉瓷器最多，青釉瓷器次之，酱釉器和黑釉瓷较少。产品以碗、盘、瓶类为主，其中碗、盘在东南亚国家中多作为日用品，瓶在东南亚国家中多作为丧葬用品。这些陶瓷器来自福建的多个窑口，保存较好，下面按照窑口进行介绍。

磁灶窑陶瓷

磁灶窑位于泉州市晋江市磁灶镇，1956年在福建的文物普查中发现了该地区存在大量的窑业遗址，经过历次调查，共发现26处窑址，其中宋元时期的窑址有12处。磁灶窑产品往往被称为"青釉器""黄绿釉器""酱釉器"，而不是"青釉瓷""黄绿釉瓷""酱釉瓷"。之所以会出现这样的叫法，是因为目前学术界关于磁灶窑究竟是陶器还是瓷器的问题没有统一的意见[4]。布瑞克沉船出水的磁灶窑陶瓷主要是酱褐釉军持和小口瓶。

军持 敛口，圆唇，沿面略弧，颈部有两道弦纹，短粗颈，溜肩，鼓腹，平底，圆管，短直流、流口略束，颈部和肩部各有一道弦纹，酱褐釉，釉不及底，高12.2厘米，口径5.8厘米，底径6.8厘米[5]。此外该沉船还出水一件酱褐釉带盖军持，高12.2厘米，口径5.8厘米，底径6.8厘米。该沉船出水的军持与华光礁一号沉船出水的军持极其相似，高9.3厘米，口径6.3厘米，腹径11.3厘米（图一）[6]。

小口瓶 小口微敞，卷沿，缩颈，肩腹部多旋削痕迹，平底，灰胎，施酱褐釉，釉不及底。分为两种：一种是溜肩，长直腹略弧，高约17.7—20厘米；另一种是圆肩，深腹斜直，高约30—35厘米（图二）[7]。该沉船上出水的小口瓶与磁灶窑金交椅山窑址出土的小口瓶非常相似，灰胎，里釉至口沿内侧，外釉至腹下部，高约17—35厘米，口径2.4—2.8厘米，底径7.4—8.4厘米[8]。

▲图一

▲图二

年代判断

布瑞克沉船出水的福建陶瓷与华光礁一号沉船出水的福建陶瓷非常相似，有些器类几乎完全一样，由此可知两艘沉船上陶瓷器的年代应是同时或非常接近。两艘沉船出水的磁灶窑陶瓷与金交椅山窑址出土的磁灶窑陶瓷非常相似，出水的德化窑瓷器与德化碗坪仑窑址下层文化层出土的瓷器比较相似，而金交椅山窑址为磁灶窑第三期窑址，年代为北宋至南宋早期，碗坪仑窑址下层文化层的年代为北宋晚期到南宋中期，因此可知布瑞克沉船的年代为北宋晚期到南宋早期。

此外，布瑞克沉船还出水一件底部刻有"建宁府王承务宅功夫"字样的青白釉瓷盒，据《建宁府志》载："绍兴三十二年，升为建宁府……（元）世祖元初，隶杭州。十五年，改建宁路，隶福州行中书省。《元史》作二十六年[8]。"据此可知建宁府这一行政单位是从南宋绍兴三十二年（1162）年才开始出现的，元世祖十五年（1278）撤销。"承务"是隋唐官名，唐以后，"承务"成了地主富豪的统称。"功夫"二字是宋代手工艺品中的常用词汇，表示该件瓷器是由此陶人制作的，比如德化碗坪仑窑址下层文化层中出土的一件青白釉瓷盒刻有"颐草堂先生雕造功夫"铭文。

综上所述，该沉船及沉船上出水的陶瓷器年代应在绍兴三十二年到南宋中期以前（1162—1200）。

（原载《中国港口博物馆馆刊专辑》2016 年增刊第 1 期总第 2 期）

注释

[1] 范伊然：《南海考古资料整理与述评》，科学出版社，2013 年。

[2] [元] 脱脱等：《宋史·食货志》卷一八六"互市"条，中华书局，2000 年。

[3] Marie-France Dupoizat：The ceramic cargo of a Song Dynasty junk found in the Philippines and its significance in the China-South East Asia trade，South East Asia & China：Art，Interaction & Commerce，Percival David Foundation of Chinese Art，1995 年，图 5、图 6。

[4] 福建博物院、晋江博物馆：《磁灶窑址：福建晋江磁灶窑址考古调查发掘报告》，科学出版社，2011 年。

[5] Marie-France Dupoizat：The ceramic cargo of a Song Dynasty junk found in the Philippines and its significance in the China-South East Asia trade，South East Asia & China：Art，Interaction & Commerce，Percival David Foundation of Chinese Art，1995 年，图 36。

[6] 中国国家博物馆水下考古研究中心、海南省文物保护管理办公室：《西沙水下考古 1998—1999》，科学出版社，2006 年，第 135 页，图 6-100。

[7] Frank Goddio：Weisses Gold，Steidl Verlag，Gottingen，1997 年，第 50-51 页。

[8] 福建博物院、晋江博物馆:《磁灶窑址:福建晋江磁灶窑址考古调查发掘报告》,科学出版社,2011年,第320页,图二二五,5。

[9][明]夏玉麟、汪佃修纂,吴端甫、许友泉、蔡伟缵点校,《建宁府志》卷一《建制沿革》,厦门大学出版社,2009年。

新安沉船与福建陶瓷续（节选）

◎李榕青

2012 年 12 月，浙江省博物馆筹划四年之久的《大元帆影——韩国新安沉船文物精华特展》在杭州武林馆区隆重开幕。韩国国立光州博物馆提供了 196 件出自新安沉船的展品。

《大元帆影》展出的一件"黑褐釉棋子罐"（高 7.8 厘米，底径 9 厘米），形态拙朴，憨态可掬[1]。罐为子口，鼓腹，阔平底，饼状实足，底面露质地紧密平整的灰胎。罐内施青釉，外壁施酱釉不及底，口沿交织着青釉与黑釉。器盖母口、微敞，平顶，一僧帽钮，盖面满釉，盖内无釉露灰胎（图一）。

工匠们使用浸釉手法对在罐外不及圈足处和子口面施酱黑釉，再刮去口沿一圈的酱黑釉用荡施手法对罐内施青釉，由于处理手法草率，在子口沿处留下酱黑釉与青釉交叠存在的痕迹。有学者在观察胎质、胎色及工艺特征后认为此罐是福建磁灶窑的产品。

《磁灶窑址》[2] 发掘报告在土尾庵窑址 1995 年度考古发掘中总结："酱黑釉器中，少量为黑釉、酱褐釉，酱黑釉最多，多数里外施釉，里满釉，外釉不及底、足部露胎。还有一类是在口部及外腹部施酱黑釉，而在器物内部施青釉。"土尾庵窑址第四期的年代被定位在"南宋晚期至元代"，正是磁灶窑窑业技术发展、外销产量最鼎盛的时期。

宋元时期福建烧黑釉器物的窑址集中在闽江流域和福州地

▲图一 黑褐釉棋子罐

区（宋代建窑以烧黑釉茶盏为主、最具名气），较重要的窑址有闽北建窑、武夷山遇林亭窑、浦城半路窑、建瓯小松窑、南平茶洋窑、将乐万全窑等。福州地区有闽侯南屿窑、福清东张窑、宁德飞鸾窑等。闽南地区除晋江磁灶窑外，其他如德化、漳浦等地窑址烧造为数不多的酱釉产品。各处窑址的胎质、胎色及器形、施釉工艺，手法各有差别。在器物外部施酱褐釉、在器物内部施青釉工艺的窑址，就目前福建考古调查发现的则只有闽南地区晋江流域最重要的窑场——磁灶窑的蜘蛛山、土尾庵。蜘蛛山窑址出土灰褐胎的斜直腹平底小罐，内施青釉、外施酱釉至下腹，底露胎（残高 7.8 厘米、底径 9 厘米，图二）；还有形态与"黑褐釉棋子罐"相似的鼓腹平底实足的绿釉小罐。土尾庵窑址出土了内施青釉、外施酱黑釉的束口茶盏，灰胎、胎质紧密，器内施青黄釉，口沿及外腹施黑釉；另有广口、短直颈、鼓腹、平底小罐，有圆唇外折，也有圆唇外卷，肩部或颈下贴饰一周圆饼状乳钉纹，颈、肩、腹刻划柳斗纹，口沿、器内、乳钉纹均施青釉，口沿下及外腹施酱褐釉[3]。

▲图二　磁灶窑蜘蛛山窑址出土的内青釉外酱釉的茶盏

　　《磁灶窑址》发掘报告证实自北宋始，磁灶窑窑工们就一直努力吸收外来先进的窑业技术，由于当地"取地土开窑"，几百年来难以改变其"近似陶器的胎粗色灰的本质"。为此，窑工们在陶瓷器施釉的传统工艺方面充分展露其最富于特色的想象力。"对同一式的器物施各类不同的釉，如金交椅山的执壶，有青釉、酱黑釉，土尾庵的军持、小罐，就有青釉、酱黑釉、黄绿釉等各种釉色。同一种器物上施两种以上不同的釉，如……青口酱釉盏，或口沿施青釉，器身为酱黑釉，或者碗内施青釉、外为酱黑釉。"[4]"黑褐釉棋子罐"就是一个实例。

　　此外，展品中还有"黑褐釉盆""孔雀蓝釉云凤纹盘"[5]应该也是磁灶窑的产品。

　　黑褐釉盆，宽折沿，斜腹，底部微凸，釉色已经严重脱落，胎色偏黄，粗糙的胎体吸附海里的凝结物，内壁有模印的菊瓣纹，照片外腹局部经放大观察，还有残留的绿釉。

　　磁灶窑生产各式盆，最有代表性的工艺是在青釉下用褐彩绘画或者图案（此类产品在日本九州地区出土不少的完整器）、文字。蜘蛛山、土尾庵生产数量较多的绿釉、黄绿釉及素胎的盆，个体大小不一，灰或灰黄胎，胎质粗松，釉下上土黄色化妆土，施绿釉或黄绿釉，外釉不及底，盆底无釉露胎等为其主要特点。虽然窑址没有发现盆内模印完全相同的菊瓣纹的出土标本，绿釉折沿盆的残片及在器物内模印相似菊瓣纹的其他标本还是有的。土尾庵窑址出土的相当部分陶瓷器在成形过程中使用了模制及模印装饰，发现较多的盒模、盒盖模型，盖面外周为深刻的菊瓣纹及凹弦纹，盖内刻云气及凤鸟纹等[6]。另一件展品"孔雀蓝釉云凤纹盘"，折沿，斜弧腹，平底，宽圈足，露砖红色胎，也是采用模制的。器内及折沿、外壁的釉色大多脱落，在器物外沿下及内壁模印局部尚残留白色化妆土

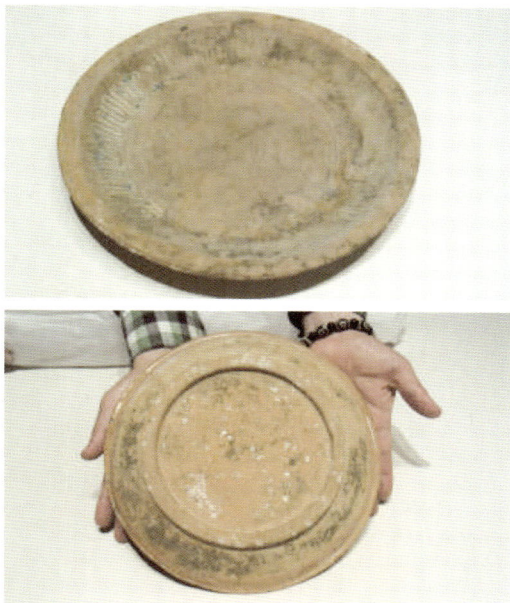

▲图三 孔雀蓝釉云凤纹盘
（浙江省博物馆陶瓷部提供）

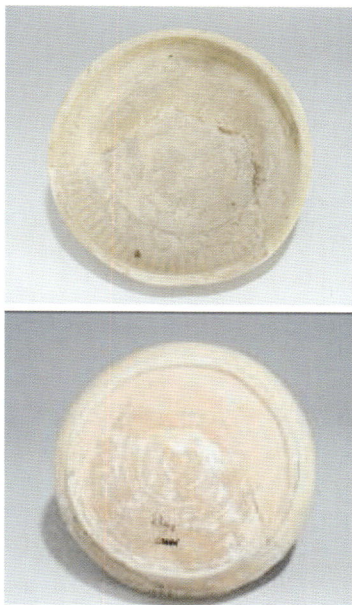

▲图四 磁灶窑素胎孔雀纹盘

和绿釉的痕迹[7]，腹部一周印菊瓣纹饰，宽双弦纹内印双凤穿花，中心单圈弦纹内印花（图三）。

磁灶窑的窑工们制作时将片状坯泥贴于模具内按压成器，制作绿釉菱花盘、碟直接用内外模在坯体内压印纹样、图案。成型的器物即是素胎器，入窑高温烧，出窑后再施色釉，二次入窑低温烧成色釉器[8]。如果烧成的温度稍欠，日后釉层就容易脱落。沉没于海床几百年的绿釉盆脱落其绿釉后成为灰头土脸的黑褐釉盆或近似素胎器也是情有可原的。

泉州海外交通史博物馆有一件蜘蛛山窑址采集的素胎孔雀纹盘的残器[9]与新安沉船孔雀蓝釉云凤纹盘在工艺、胎质、纹样等特征均有相似之处：胎色也相似，腹部模印一周菊瓣装饰，弦纹间隔纹饰印两只吉祥鸟穿花，器外素面无纹，宽圈足，足底有旋纹等（图四）。

借展到中国的黑褐釉棋子罐就是此前陈列在韩国国立博物馆展柜的那一件，棋子也出自棋子罐内。棋子是光面无纹，最大的可能是围棋（博多出土同类棋子）。这个罐子的身份就是供船员戏耍的"围棋罐"了。数量极少的绿釉盆、绿釉盘不外是船上的粗使器皿，毕竟磁灶窑是以生产价廉物美的日用品为主的民窑。日本学术界将日本自博多宋元遗址出土的磁灶窑陶瓷器（包括金交椅山、土尾庵、蜘蛛山、童子山的产品）称作"陶瓷A群"，胎土为灰色—褐色，质地坚致，夹有细沙粒，钵、盆、罐、瓶的形制多样，有少量黄绿釉器物[10]。

（原载《南方文物》2016年第2期）

注释

[1][5][7] 浙江省博物馆：《大元帆影：韩国新安沉船文物精华特展》，文物出版社，2012年。

[2][3][4][6][8] 福建博物院、晋江博物馆：《磁灶窑址：福建晋江磁灶窑址考古调查发掘报告》，科学出版社，2011年。

[9] 福建博物院、晋江博物院：《磁灶窑址：福建晋江磁灶窑址考古调查发掘报告》，科学出版社，2011年，图版一二七。

[10] 森本朝子：《博多出土的以磁灶窑产品为中心的中国陶器》，福建博物院、晋江博物院：《磁灶窑址：福建晋江磁灶窑址考古调查发掘报告》，科学出版社，2011年，附录二。

"南海 I 号" 宋代沉船 2014 年的发掘(节选)

◎ *"南海 I 号" 考古队*

1987 年 8 月,中国交通部广州救捞局与英国海洋探测打捞公司合作在广东南海川山群岛附近搜寻一艘外国沉船时,意外发现一条宋代沉船。1989 年 8 月成立由中国考古学会理事长苏秉琦先生担任会长、日本考古学会会长江上波夫担任副会长的"中日联合中国南海沉船调查学术委员会"。1989 年 11 月,组成了由中国历史博物馆馆长俞伟超先生为队长、日本国水中考古学研究所所长田边昭三为副队长的"中国南海沉船水下考古调查队"对沉船进行调查,并将该沉船命名为"南海 I 号"。由于调查时为东北季风季,现场风浪大,水下能见度极差,未能找到船体,仅发现了瓷片。其后由于种种原因,中日合作未能继续进行。

2001 年,经国家文物局批准,重启"南海 I 号"沉船遗址的调查工作,考古人员首次在水下探摸到了沉船遗址上散落的凝结物与沉船本体并做了精确定位。2002—2005 年进行了多次大规模的水下探摸和局部试掘工作,工作的重点是全面了解和掌握沉船的规模、堆积情况和保存状况,为下一步编制发掘、打捞和保护方案提供科学依据。沉船遗址海域水深 22—24 米,沉船船向 240 度,海底为淤泥,平均埋藏深 1—3 米。

2007 年 12 月 28 日,"南海 I 号"考古队采用沉箱套取将沉船整体打捞出水并异地安放于广东海上丝绸之路博物馆"水晶宫"。2009 年和 2011 年进行两次试发掘[1],于 2013 年 11 月 28 日启动沉船的保护发掘,并于 2014 年 2 月正式开始全面的考古发掘。在"南海 I 号"沉箱内开 6×6 米的探方,以沉箱东南角为基点向北向西布 2 排共 12 个探方,其中 6×6 米的探方 10 个,东、北各留 1 米隔梁,6×3.317 米的探方 2 个,东面留 1 米隔梁,总发掘面积 398.6 平方米(图一)。至 2014 年 12 月底,完成了沉船表面覆盖的回填黄沙堆积和海泥淤积的清理,基本揭露出沉船船体及船货表面轮廓,出土了一批以瓷器占大宗的沉船遗物。

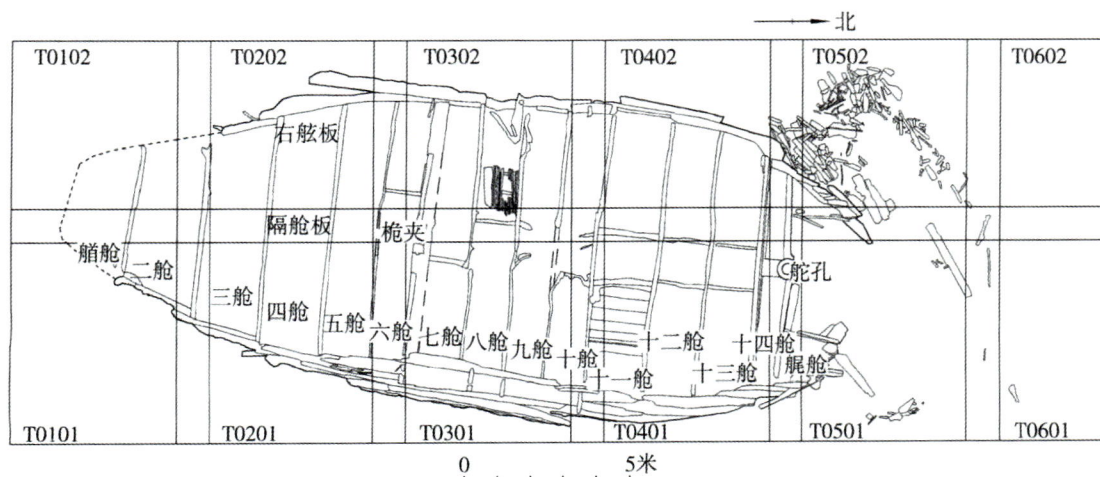

▲图一　沉船平面图

船货

清理发现有金器、银器、铜器、钱币、锡器、漆木器、朱砂和瓷器，散落于各舱室表面及四周，原装载位置和方式不明。数量相对较少的漆木器、金银饰品、锡碗等，是否为贸易船货还不确定。但各船舱表面显露的船货主体状况较清晰，甲板以上主要装载铁锅和铁钉，舱室内主要为码放整齐的瓷器，部分舱室上部码放铁锅和铁钉。

艏舱：又称艏尖舱，上部残，下部未发掘。装载物不明。

第2舱：甲板以上堆放铁钉和铁锅。舱内瓷器有景德镇窑系的青白釉芒口碗、花口碗，龙泉窑系的青釉刻花碗、盘，德化窑系的白瓷或青白釉大碗（盘）、大小喇叭口瓶、大小粉盒，磁灶窑系的酱釉罐、小口鸡腿瓶等。

第3舱：中部甲板以上堆满铁钉和铁锅。舱内瓷器有景德镇窑系的青白釉花口碗，龙泉窑系的青釉花口碗和刻花碗、盘，德化窑系的白瓷或青白釉花口大碗（盘）、大小喇叭口瓶、大小粉盒、葫芦瓶，磁灶窑系的酱釉大小罐、小口鸡腿瓶等。

第4舱：中部甲板以上分别堆有铁钉和铁锅。舱内瓷器有龙泉窑系的青釉刻花碗、盘，德化窑系的白瓷或青白釉花口大碗（盘），闽清义窑系的青釉出筋葵口碗、刻花碗、弦纹碗，磁灶窑系的酱釉小口鸡腿瓶等。

第5舱：左、右部甲板以上都堆有铁锅和铁钉，多数铁锅倒扣于铁钉之上。舱内瓷器有景德镇窑系的青白釉菊瓣碗、婴戏纹碗、花口盘，龙泉窑系的青釉刻花大碗，德化窑系的白瓷或青白釉大小瓷壶、粉盒及刻花大碗（盘），磁灶窑系的酱釉小口鸡腿瓶等。

第6舱：甲板以上左半部堆有铁锅，右半部堆放铁钉。舱内瓷器有景德镇窑系的青白釉花口盘，德化窑系的刻花大碗、宽平沿大盘、大小粉盒、双系罐等。

第7舱：甲板以上左、右皆堆放铁钉。舱内瓷器有龙泉窑系的青釉刻花大碗，德化窑系的白瓷或青白釉刻花大碗（盘），建窑系的黑釉盏等。

第 8 舱：左舷边堆放铁钉。舱内瓷器有景德镇窑系的青白釉花口盏，龙泉窑系的青釉刻花大碗、盘、碟、盏、出筋小碗，德化窑系的白瓷或青白釉刻花大碗（盘）、双系罐、四系罐、执壶、大小喇叭口瓶，磁灶窑系的绿釉印花碟、酱釉小口罐、四系大小罐、小口鸡腿瓶等。

第 9 舱：中部侧立一大块铁钉类凝结物。舱内瓷器左半部有闽清义窑系的青釉刻花葵口碗、少量磁灶窑系的酱釉小口罐，右半部基本为磁灶窑系的酱釉印字四系大罐。

第 10 舱：左半部以酱釉四系罐为主，中部右半部散落一些银铤和龙泉窑系青釉碗，德化窑白瓷或青白釉大小粉盒、执壶，闽清义窑青釉碗，磁灶窑绿釉瓶等。

第 11 舱：甲板以上中部堆有银铤和铁钉凝结物。舱内瓷器以闽清义窑系青釉碗为主，另有少量德化窑系白瓷大碗（盘）。

第 12 舱：甲板以上中部左侧以铁锅凝结物为主，右侧有铁锅和铁钉凝结物。舱内左半部主要是德化窑系青白釉大盘、锯齿口大盘和闽清义窑系青釉碗，右半部则为以闽清义窑青釉碗为主的瓷器。

第 13 舱：舱内瓷器以闽清义窑青釉碗为主。

第 13 舱：中部有数块铁钉类凝结物。舱内瓷器主要有龙泉窑系青釉刻花碗和德化窑系白瓷或青白釉刻花大碗（盘）、四系罐等。

艉舱：又称艉尖舱或虚梢，指船艉左、右两个纵向小隔舱。左舱码放德化窑系白瓷大碗，右舱有龙泉青釉刻花碗、花口盏等瓷器，而两个小隔舱与舵孔之间区域有大片散乱铁钉和铁锅凝结物，局部可见成摞的青白釉菊瓣碟和青瓷碗。

出水遗物

本年度（2016 年）清理提取船内及其周边散落遗物以瓷器为大宗，其次是凝结铁器，另有大量铜钱、铜环以及金器、银器、锡器、石器、铅器、漆木器和朱砂等，还有大量海生物、贝壳和少量植物种子等。截至 2014 年底，共获取完整器物 1800 件（套），其中瓷器 1454 件、金器 118 件（套）、银器 22 件、铜器 45 件、铁器 11 件（约 800 枚铁钉）、锡器 4 件，其他 146 件。另外提取船木和木材 81 件，采集铜钱、朱砂、动物骨骸、果核、串饰、水银等 867 件。

瓷 器

出水瓷器多因扰乱而破碎严重，完整器 1454 件，有青白釉瓷、青瓷、白瓷、酱釉瓷、绿釉瓷、黑釉瓷等。

酱釉瓷

多为福建晋江磁灶窑系器物。胎质较粗糙，胎色发红，釉质较差，有酱红、酱黄或酱绿

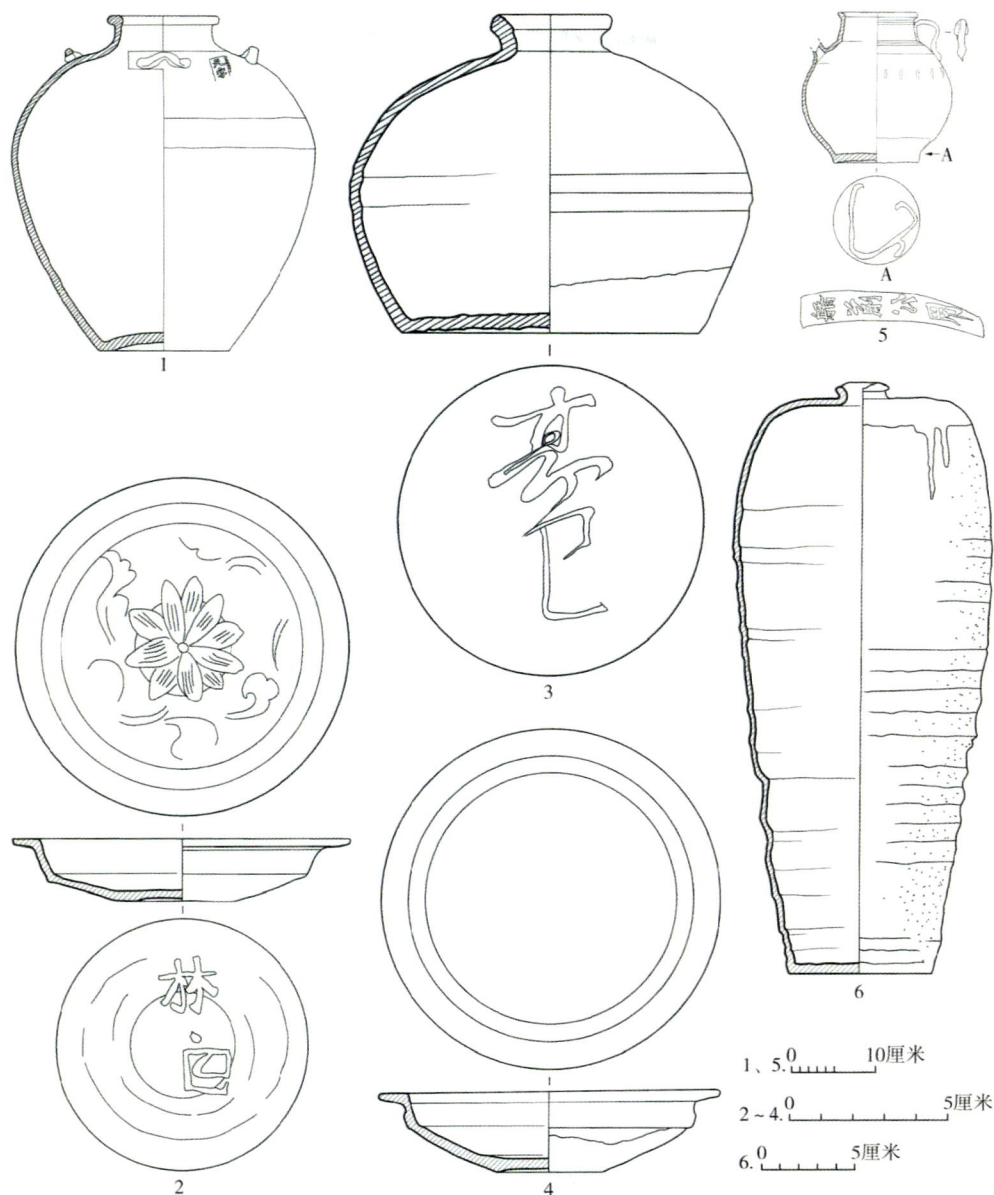

▲图二　酱釉瓷器

1. 酱褐釉四系罐（T0402①：3）　　2. 酱黄釉盏（T0502④：122）　　3. 酱褐釉小口罐（T0102②：21）
4. 酱褐釉盏（T0402②：81）　　5. 酱褐釉壶（T0502④：35）　　6. 酱褐釉小口鸡腿瓶（T0402②：280）

等多种颜色，多为外壁及口沿施釉，釉不及底，器物下腹以下均露胎，器盖表面及器钮施釉。多素面，纹饰少见，仅部分器物肩部印有文字。主要器形有四系罐、小口罐、壶、小口鸡腿瓶、器盖、盏等。

四系罐　有大、小两类，形制相同，均为侈口，束颈，溜肩，鼓腹，小平底，肩部有四个桥形横系。T0402①：3，酱褐釉，底内凹，肩部四个桥形横系之间压印四处"六字□"。口径 12.8 厘米、底径 14.8 厘米、高 38 厘米（图二，1；图三）。

小口罐　侈口，束颈，溜肩，鼓腹，大平底。部分底部有墨书。T0102②：21，酱褐釉，外底有墨书。口径 3.5 厘米、底径 9.2 厘米、高 10 厘米（图二，3；图四）。

▲图三 酱褐釉瓷四系罐（T0402①：3）

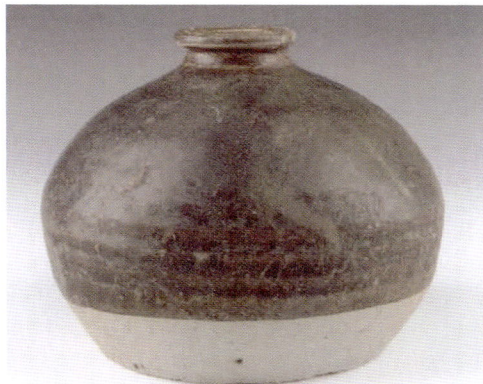

▲图四 酱褐釉瓷小口罐（T0102②：
21）

▲图六 酱褐釉瓷小口鸡腿瓶（T0402②：
280）

▲图五 酱褐釉瓷壶（T0502④：35）

▲图七 酱褐釉瓷盏（T0402②：81）

　　壶　T0502④：35，酱褐釉，釉不及底。侈口，束颈，鼓腹，底内凹，曲把，流残。颈部饰数周凹凸弦纹，肩腹部压印一周平行短竖槽。近底部露胎处有墨书"艚前公用"四字。口径 9 厘米、底径 10.5 厘米、高 18.5 厘米（图二，5；图五）。

　　小口鸡腿瓶　仅口部周围施釉。鼓肩，深腹，小平底。腹身有多周弦纹。T0402②：280，口肩部施酱褐釉，有流釉现象。口径 2.8 厘米、底径 7.6 厘米、高 31.4 厘米（图二，6；图六）。

　　盏　数量较少，敞口，斜腹，底内凹。T0502④：122，酱黄釉。平折沿，浅腹。内底饰花卉纹，外底有墨书"林直"二字。口径 9 厘米、底径 3 厘米、高 2 厘米（图二，2）。T0402②：81，酱褐釉。平折沿。口径 9 厘米、底径 3 厘米、高 2.4 厘米（图二，4；图七）。

　　2. 绿釉瓷器。

　　福建晋江磁灶窑系器物。胎色多发红，胎质较软，吸水性较强。通体施釉，个别底部无

▲图八　遗物

　1. 绿釉瓷印花纹碟（T0402②：38）　2. 绿釉瓷直颈瓶（T0402②：80）　3. 锡碗（T0502④：189）
4. 黑褐釉瓷碗（T0402②：230）　5. 绿釉瓷细颈瓶（T0402②：41）　6. 绿釉瓷三足瓜棱香熏（T0302②：47）

釉。釉质较差，少数呈银黑色。主要器形有三足瓜棱香熏、印花纹碟、细颈瓶、直颈瓶等。

三足瓜棱香熏　盖面圆隆，上有三个圆形透气孔，盖钮为张口回首卧狮。器身为直口，束颈，鼓腹，腹呈瓜棱状，平底，底接三兽形足，口沿有方形板耳。T0302②：47，口径10.2厘米、通高17.5厘米（图八，6）。

碟　花口，平折沿，斜腹，平底。口、腹、内底均有压印花卉纹。T0402②：38，口径10.7厘米、底径6.2厘米、高1.6厘米（图八，1；图九）。

细颈瓶　侈口，长颈，垂腹，平底。部分颈部有数周弦纹，腹部饰褐点彩。T0402②：41，颈肩部饰两周凹弦纹。口径1.9厘米、底径3.1厘米、高7.9厘米（图八，5；图十）。

直颈瓶　平折沿，溜肩，弧腹，底内凹。腹部饰褐彩花纹。T0402②：80，口残，平底。底径9.5厘米、残高18.5厘米（图七，2）。

3. 黑釉瓷器。

福建晋江磁灶窑系器物。胎色灰黄，胎质较细腻坚硬，釉色黑亮。器形仅见小碗。

碗　T0402②：230，黑褐釉，外壁下腹至底露胎。敞口，弧腹，矮圈足。口径11厘米、圈足径3.8厘米、高4.8厘米（图八，4）。

沉船各舱内货物品种多样，通过发掘，船货的装载方法逐渐明了，已提取出来的船货构成越来越清晰，且新发现了一批货物类型。瓷器种类、形制、窑口等丰富，大部分产自江西、福建和浙江，几乎囊括了当时南方的主要窑口与瓷器种类，尤其还发现了一些器形较为特殊的外销瓷器。另外还发现一批金器、银器、铜器、锡器、漆木器，以及具有浓郁异域风格的金饰品和剔犀、剔红漆盒等。

▲图九　绿釉瓷印花纹碟（T0402②：38）

▲图十　绿釉瓷细颈瓶（T0402②：41）

"南海Ⅰ号"沉船是一条满载货物的远洋贸易商船，船载货物中铜钱的最晚年号为南宋早期宋高宗时期（1131—1162）的"绍兴元宝"，而金页和银铤的铭文均与国内出土的南宋时期同类货币相同[2]，瓷器中的景德镇窑青白釉婴戏纹碗与江西出土南宋嘉泰元年（1201）青白釉孩儿戏水纹碗[3]相同，福建晋江磁灶窑酱黑釉和绿釉器物大部分为土尾庵、蜘蛛山等窑址的南宋晚期产品[4]，部分器物也与南宋晚期"华光礁Ⅰ号"等沉船出水器物[5]相同。据此推断该沉船应属南宋中晚期，较确切的年代有待于沉船中下部的发掘。

（原载《考古》2016年第12期）

注释

[1] 广东省文物考古研究所：《"南海Ⅰ号"的考古试掘》，科学出版社，2011 年。

[2] 李晓萍：《南宋金银铤收藏与鉴赏》，浙江大学出版社，2008 年。

[3] 彭适凡：《宋元纪年青白瓷》，庄万里文化基金会，1998 年。

[4] 福建博物院、晋江市博物馆：《磁灶窑址：福建晋江磁灶窑址考古调查发掘报告》，科学出版社，2011 年。

[5]a. 中国国家博物馆水下考古研究中心、海南省文物保护管理办公室：《西沙水下考古1998—1999》，科学出版社，2006 年。b. 包春磊：《南海"华光礁Ⅰ号"沉船水下考古试析》，《南海学刊》2015 年第 3 期。

"华光礁I号"
沉船出水陶瓷器概览（节选）

◎刘爱虹

  西沙群岛位于中国南海的西北部，地处海南岛东南 100 余海里。古代这里被称为"千里长沙"，是南海航线的必经之路，自古就是"海上丝绸之路"航线上的重要组成部分，是联系中国与世界各地的交通要地。自 20 世纪 70 年代以来，西沙群岛海域陆续发现了大量古代文物遗存。

  800 多年前，一艘满载着中国货物的贸易商船航行至西沙华光礁时，意外触礁，沉没在礁盘内。1996 年中国渔民出海捕鱼作业时首次发现该沉船。1998—1999 年、2007—2008 年经过两次水下考古发掘，该沉船被命名为"华光礁I号"沉船，共发掘出水陶瓷器、铁器等各类文物近万件和船体构件 511 块，迄今这些文物大部分保存在海南省博物馆。

  沉船出水的酱褐釉器皿均为陶胎，胎质疏松，施釉较薄，釉层附着力较差，极易脱落。器型包括了罐、瓶、小罐、军持等，均系南宋时期产品，与福建晋江磁灶窑的宋元窑址中所见器类颇为相近，应属该窑产品。

  磁灶窑位于福建省晋江市磁灶镇，是宋元时期泉州重要的陶瓷外销窑口。其始烧于南朝晚期，历经隋唐五代、北宋，在南宋至元代达到了鼎盛，并一直延烧至明清时期。宋元时期磁灶窑烧制的产品有酱褐釉、黄釉、青釉等，器型有碗、盏、壶、罐、执壶、灯盏等，产品以素面为主，多用于外销，为适应外销需要，装饰花纹多带有异国风格，产品曾在海外诸多国家都有发现。

  沉船出水的青釉褐彩器有长颈瓶、小口罐和瓶，其中以青釉褐彩小口罐（图一）为多，一般都是在器物肩部用褐彩绘画对称的花草纹。磁灶窑生产的釉下彩瓷器，目前在海外发现的主要集中在日本以及东南亚的一些国家。

▲图一　青釉褐彩小口罐

▲图二 酱釉小口罐

▲图三 酱釉小口罐

▲图四 酱釉小口瓶

▲图五 酱釉军持

▲图六 青釉长颈瓶

酱釉小口罐（图二、图三）可分为两种：一为小口、卷沿、短颈、圆肩、平底；二为小口、圆唇、短束颈、溜肩、平底略凹。两种均施酱褐色釉，下腹部与底部露胎。

酱釉小口瓶（图四），其肩、腹部有数道旋削痕，肩部施釉，釉层较薄，易脱落，其余露胎。酱釉小口瓶与晋江金交椅窑址出土的同类器相似，这类器物在日本、菲律宾以及东南亚海域的沉船中都有出水。

军持（图五）是印度梵语音译，意为"水瓶"，用来净手。南宋时期，东南亚国家的印度教与佛教僧侣及其信众都喜欢用这样的净水器洗手礼神，因而磁灶窑的军持烧造数量

▲图七 酱釉四系罐

很多。军持是专用于外销的器型，产品主要销往东南亚地区。

青釉长颈瓶（图六），釉色青中泛黄，釉面干涩，部分脱落。这类器物一般在颈、肩部饰以褐彩草叶纹，其用途或许与净瓶相类似。

酱釉四系罐（图七），圆口，短颈，鼓腹，肩饰四系，平底，釉不及底，多处灰白色胶结块。类似产品在日本博多遗址也有出土，同时伴出的还有相同造型的黄釉罐。此外这类器物在菲律宾等东南亚国家也有发现。

（原载《文物天地》2017 年第 6 期）

13—14 世纪亚洲东部的海洋陶瓷贸易（节选）

◎ 魏　峻

中国是瓷器的故乡和原产地。在不晚于公元前 2000 年的商代，华夏先民已经生产出原始瓷器。从那之后，中国制瓷技术不断发展进步，到了晚唐五代时期，瓷器已具有极高的工艺水平和品质，并开始经由海洋向域外诸国大量销售，深受世界其他国家或地区居民的喜爱。从东北亚到东南亚再到南亚、西亚的广大地区，都曾发现过晚唐五代时期的中国陶瓷，包括长沙窑褐彩瓷器、越窑青瓷、巩义窑绿釉和三彩瓷器、邢窑白瓷等。20 世纪末于印度尼西亚海域发现的阿拉伯商船"黑石号"为世人提供了一个认识 9 世纪海洋陶瓷贸易的重要实例[1]。至 13—14 世纪，中国的陶瓷生产技术更加成熟稳定，瓷器品类增多，生产规模扩大，与之相适应的是陶瓷产品外销规模的扩大和繁荣。陶瓷器成为这一时期全球贸易体系中最重要的商品之一。

外销瓷的生产与销售

磁灶窑址主要分布在福建省晋江市磁灶镇一带，经过考古发掘的重要窑址包括土尾庵、金交椅山等处。磁灶窑的生产年代分为四期，分别为南朝晚期至唐中期、晚唐至五代时期、北宋及南宋早期、南宋至元代[2]。到第四期时，陶瓷器的产量达到历史最高峰，新出现种类繁多且具异域风格的黄绿釉器，其他如青釉器、酱黑釉器和素胎器也有一定数量。另外，第四期的磁灶窑产品在日本列岛，东南亚地区的菲律宾、印度尼西亚、柬埔寨，南亚的斯里兰卡以及北非的埃及等地都有过出土。

环中国海沉船与出水瓷器

13—14 世纪，东亚、东南亚地区的海洋贸易繁荣发达，商船往来频繁，这在沟通太平洋西岸地区古代国家之间商品、文化交流的同时，也于茫茫大海中留下了大量的沉船。这些沉船是被泥沙掩埋的"时间胶囊"，为研究当时的海洋陶瓷贸易提供了宝贵的实物资料。按时间的早晚，本文将大致梳理出 20 世纪 70 年代以来环中国海海域发现的主要沉船。

"华光礁 I 号"沉船。2007—2008 年，中国国家博物馆等机构对沉没于三沙市华光礁礁盘内的这条沉船进行了发掘，确认沉船现存长度约 20 米，宽约 6 米，初步估计排水量为 60 吨。考古人员在船舱底部及沉船外侧采集到各类瓷器近万件，其中以福建窑口的产品比例最高，包括德化窑、松溪回场窑、南安罗东窑和磁灶窑等地产品，以及少量景德镇窑的青白釉瓷器。出水瓷器的组合和特征显示其年代为南宋早中期，属于 12 世纪沉船。

马来西亚丹绒新邦沉船。这是一艘发现于马来西亚沙巴州海域的中国古代沉船，出水瓷器有来自德化窑的青白釉瓷器、闽清义窑等窑址的青灰釉瓷器、磁灶窑的酱釉陶器等。该沉船年代与"华光礁 I 号"沉船年代相近或稍晚 [3]。

"南海 I 号"沉船。1987 年发现于广东阳江海域，2007 年中国水下考古人员完成对该沉船的整体打捞。确认沉船残长 22.15 米，最大宽度 9.9 米，甲板以下的隔舱、船体支撑结构及船货保存较好。目前，针对该沉船的博物馆内考古工作仍在进行。发掘出水的文物种类丰富，其中陶瓷类船货占大多数，包括福建德化窑、闽清义窑和江西景德镇窑的青白瓷、浙江龙泉窑的青瓷、福建磁灶窑的绿釉瓷和黑釉瓷器等。"南海 I 号"沉船的年代为南宋中晚期（约 12 世纪末至 13 世纪初）。

后渚沉船。1973 年，福建省泉州市的后渚港内发现一条南宋时期沉船。经考古清理，确认这艘沉船残长 24.2 米、残宽 9.15 米，分为 13 个隔舱，沉船的甲板和上层建筑已经不复存在。船货主要为来自东南亚一带的各种香料和药物，陶瓷器数量不多但包括了产自浙江、福建窑口的青瓷、黑釉瓷、青白瓷等种类。这是一艘中国福建地区生产且常年在中国东南沿海至东南亚地区进行海洋贸易的商船，其沉没时间约为 1271 年之后。与后渚沉船同属南宋晚期的还有菲律宾吕宋岛西侧发现的圣安东尼奥沉船。

"石屿 II 号"沉船。2009 年发现于海南省三沙市永乐群岛的石屿东侧，所载贸易瓷器包括景德镇青花瓷、卵白釉瓷，德化窑青白釉瓷，莆田窑青灰釉瓷和磁灶窑的酱釉陶器等 [4]。该沉船中发现了大量元青花瓷器，表明青花瓷至迟在元朝末期已经成为重要的外销瓷器品类。与"石屿 II 号"沉船年代相近的沉船还有福建漳浦县的沙洲岛元代沉船、印度尼西亚马都拉岛枢府沉船等。

"南澳 II 号"沉船。2015 年发现于广东省东部的南澳海域，初步调查显示其出水瓷器以福建窑口出产的青灰釉瓷器为主，从沉船中的瓷器特征及"沂西丁酉造"款的漆碗推测，该沉船年代约为元代末期。

沉船资料反映的陶瓷贸易变迁

南宋中晚期阶段，亚洲东部地区陶瓷贸易的一个突出特点是福建地区陶瓷窑口的产品大量外销，德化窑和义窑的青白釉瓷器、磁灶窑的绿釉和酱釉陶器等非常流行，莆田、松溪、南安等地的青灰釉或者青黄釉瓷器在这一时期沉船和遗址中也有较多发现。与此同时，景德镇窑青白釉瓷器和龙泉窑青瓷也是受欢迎的外销瓷器品种。这一阶段，北宋时期较为流行的越窑系青瓷以及广东地区外销窑口（如广州西村窑、潮州笔架山窑等）的产品则很少发现。此时期日本各地发现的瓷器主要为龙泉窑青瓷以及闽北、闽中地区生产的陶瓷器。相对而言，闽南地区的产品除磁灶窑外，其他窑口的产品在日本各遗址中都较为少见。[5]这种现象与闽南窑口的陶瓷制品本阶段在东南亚地区的大规模流行形成鲜明对比。

（原载《文博学刊》2018 年第 2 期）

注释

[1]Regina Krahl，John Guy，J.Keith Wilson，Julian Raby（eds.），Shipwreck：Tang Treasures and Monsoon Winds，Smithsonian Institution，2010，pp.45－72.

[2] 福建博物院、晋江博物馆：《磁灶窑址：福建晋江磁灶窑址考古调查发掘报告》，科学出版社，2011 年，第 378—381 页。

[3] 刘淼、胡舒扬：《沉船、瓷器与海上丝绸之路》，社会科学文献出版社，2016 年，第 57 页。

[4] 中国国家博物馆水下考古研究中心、海南省文物局：《西沙群岛石屿二号沉船遗址调查简报》，《中国国家博物馆馆刊》2011 年第 11 期。

[5] 森达也：《宋元外销瓷的窑口与输出港口》，《考古与文物》2016 年第 6 期。

"南海Ⅰ号"沉船
瓷器墨书初步研究（节选）

◎林唐欧

　　在研究"海上丝绸"之路历史的过程中，墨书作为一种特殊现象引起很多学者的关注，并就此开展了大量的研究。由于海外商品贸易是一种大范围的活动，可能会跨越多个国家、地区，所以任何一点的研究都不足以概括全部。例如，日本博多遗址中出土的很多墨书，由于没有纵向、横向的研究比较，除了那些指证明确者外，大部分还属于猜测和臆想状态[1]。在一些古港口码头、淤塞的河道中也发现有墨书，但互相之间都没有关联性，基本停留在推测的层面上，深入展开研究的也不多。"南海Ⅰ号"沉船是一艘中国宋元时期重要的水下遗存，大量的文物保存较好，沉船信息相对完整。该沉船中墨书瓷器的摆放位置和出土位置较为原始、扰动较少，为墨书的综合分析和深入研究提供了准确丰富的新资料（图一、图二）。因此，对该沉船瓷器墨书进行分析具有一定的学术意义和价值。

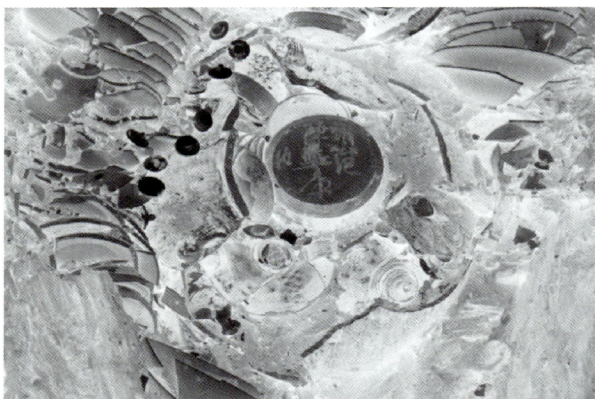

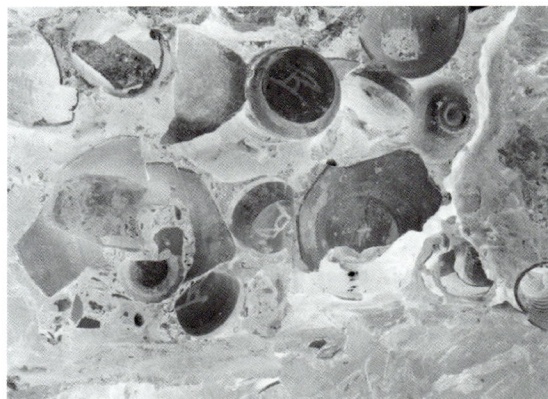

▲图一　墨书瓷器的套装　　　　　图二　墨书瓷器在船舱内摆放情况

　　"南海Ⅰ号"沉船从 1987 年发现至今已经出土大量的墨书遗物，其中大部分墨书都墨迹清晰、笔画点钩清楚、易辨、可释读，而且墨书蕴含的内容丰富多样，有利于对墨书现象进行整体的深入研究。除书写于陶瓷器上的墨书外，还有书写在木牌、竹片上的墨书，以及印在陶瓷上的文字、符号等。本文所指墨书主要是指用毛笔蘸墨书写于陶瓷器的底部或下腹无釉处的文字。

墨书出土及书写综述

从 2013 年底开始截至 2017 年初，"南海 I 号"沉船出土墨书已统计者 921 件，其中字迹可辨认者 888 件、不可辨认者 33 件。[2] 此次发掘发现的墨书较以往数量繁多、内容丰富，并且出土的舱位、层位都很清楚，写有墨书的瓷器大部分在舱位中发现，并不是所有的瓷器上都书写有墨书，而是一摞瓷器最上面一件器物写有墨书。这些现象为研究整个墨书的内容性质提供了较为可靠的依据。

从墨书瓷器的归属窑系统计，发现有墨书的窑系主要是德化窑、磁灶窑两个窑口，其他窑口如闽清义窑、龙泉窑系、景德镇窑、罗东窑、东张窑、同安窑等亦有少量器物底部有墨书。书写在德化窑瓷器上的墨书数量最多，共 559 件，其次为磁灶窑 304 件，然后是闽清义窑 29 件，龙泉窑 5 件，景德镇窑 1 件，其他窑口共 23 件。德化窑器类有粉盒、瓶、执壶、四系罐、盘等，磁灶窑器类有盖、瓶、小口罐、碗、罐、缸、壶等，闽清义窑器类有碗，龙泉窑系器类有碗、盘等，景德镇窑器类有碟等，其他窑口有墨书的器类主要为碗。墨书字数最少者只有 1 个字，最多达 6 个字，墨书字迹大多清晰可辨，所见书体不一，有楷书、行书、草书等，以具有行书笔意的楷书较多。部分墨书虽然内容相同，但写法不同，或为不同人书写。

"南海 I 号"沉船于 2014 年 2 月正式开始全面考古发掘。在沉箱内布置 12 个探方，其中 6×6 米探方 10 个，东、北各留 1 米隔梁，6×3.3 米的探方 2 个，东面留 1 米隔梁，总发掘面积 398.6 平方米。发掘记录采取两种方式进行编号登记，前期采用探方的方式进行编号登记，如"2015NHIT0502 ④：1024"意思就是年份、地点、探方号、层位、序号；另一种记录方式就是发掘工作进入船舱之后以船舱为单位进行编号登记，如"2015NHIC9b ①：3"意思就是年份、地点、舱号、舱中分小舱、层位（不是地层而是货物码放摆放的层次）、序号。墨书出土位置平面分布情况见图三。

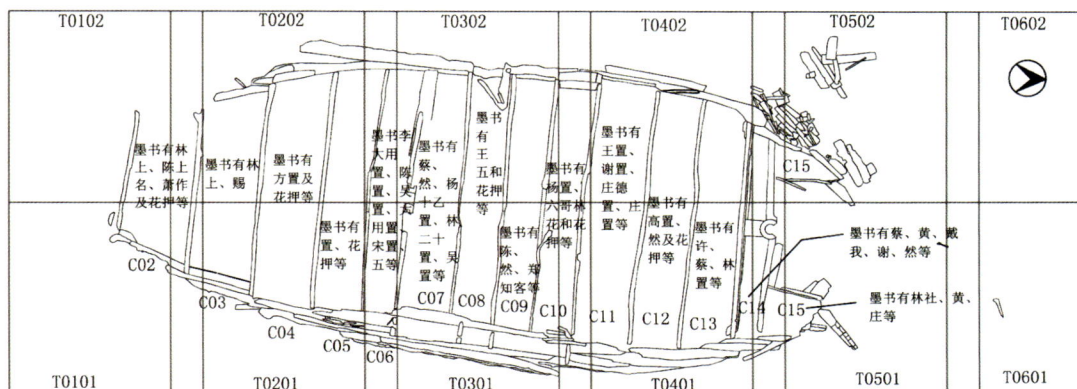

▲图三 墨书在"南海 1 号"沉船各舱内分布情况

从瓷器墨书的书写位置来看，德化窑瓷器的墨书一般写在白釉大盘、青白釉粉盒、青白釉喇叭口瓶及青白釉小罐的底部，只有 3 件写在青白釉带流执壶的底部，分别是"东山""谢直""长□"。磁灶窑瓷器基本书写在酱釉小口罐、酱釉罐的底部或者下腹部露胎处，有的同时书有。闽清义窑、龙泉窑瓷器大部分书写在青釉碗的底部，只有一件闽清义窑青釉碗书写于碗内施釉处。景德镇窑瓷器主要发现书写在青白釉印花花卉纹碟的底部，仅发现书一个"赐"字，其他内容暂没有发现。另一件墨书比较特殊，书写在陶罐内腹部，由于是盲写，字体的结构不是很规范。

墨书文字释例

纲

"纲"（标本 2015NHIC9c ①：20，图三），共 15 件，皆为磁灶窑酱釉罐，主要集中在 C9 舱中。从位置看第 9 舱属于船的中部，中部在船上是一个较为安全的位置，使用者没有一定的权力是不可能放置在这里。从许多专家学者的研究中可知"纲"就是纲首，或者是船长的意思。"纲首"指运输货物组织的首领，到宋元时期已演绎为大海商，是全船之总管，也就是相当于现代海船的船长之职，执掌船上一切大小事务权利。本文也取用这种意思，不再展开讨论。既然是纲首就有权把自己的货物放在船中最好最安全的位置上。

蔡火长直（置）、陈工直（置）

"蔡火长直（置）"（标号 2014NHIT0102 ②：95，图四），为磁灶窑酱釉罐的残留底部。此墨书分两行，从右到左读，左边有部分缺失但还能辨读。南宋时期出海贸易中有一种以"以舱代薪制"，有专家从相关的文献中找到印证，从"南海 I 号"沉船上出土的墨书"蔡火长直""陈工直"等再次以实物的形式印证了此说法。在宋代海船的人员构成中，有"船主、事头、火长、舵工、碇工等"，"蔡火长直"就是姓蔡的火长购置的货物，也就是说蔡火长受雇于海船，自己作为船员中的火长（"火长"作为海船上掌管航海罗盘的导航技术人员的名称，也称"舟师"），在出海贸易中自己也可以购置一定的货物，所卖收入也可算

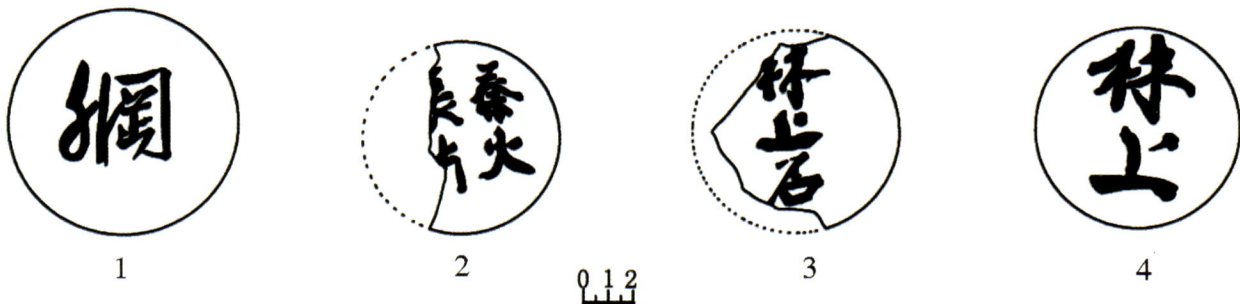

1   2   3   4

1：2015NHIC9c ①：20；2：2014NHIT0102 ②：95；
3：2014NHIT0101 ②：049；4：2014NHIT0102 ②：95
▲图四　特定称谓的墨书

是薪酬，"陈长保直""陈工直"也是相同的道理。这种"以舱代薪制"，将船上人员的利益、命运紧紧地联系在一起，促使他们同心协力克服出现的种种困难而让自己获利更多。

林上、林上直（置）

"林上直（置）"，目前仅发现 2 件，标本 2014NHIT0101 ③：88 和 2014NHIT0101 ②：049（图六），出现"林上"（图五）或"林直""上"的墨书较多，对于此类的解读有几种说法。比较集中的有两种说法：一是说"上"表明是在摆放货物时的方位；二是人名。陈波在 2011 年"南海Ⅰ号"沉船试掘后撰文分析认为人名较为合理，"或许该舱是用于放置某位林姓商人的大宗货物"[3]。2014 年"南海Ⅰ号"沉船全面发掘后出土了"林上直（置）"的标本，刚好出土的位置都在同一个舱位上，这也印证了陈波的说法是成立的，即姓林名上的商人所购置的货物。目前也没有发现有相对表示方位的墨书出土，如"中""下""左""右"等。有意思的是"林上""上""林上直"的墨书都集中在船艏第 3 舱中，器物大部分是德化窑大盘和粉盒类，而"林直"墨书的出现基本集中在船的后部，也就是第 13、14 舱，舱内有多个窑口的产品，但大部分为磁灶窑瓷器。以此推测或许船上有两位林姓商人，为了区分各自的货物，墨书有不同的写法，放置的位置也进行了不同的安排。另外，书有"蔡"字墨书的瓷器写法也不同。书写在德化白釉大盘底部的"蔡"字小而工整娟秀，犹如小楷，而书写在磁灶窑酱釉小口罐的则是行草体，笔画遒劲有力，很显然是两种不同的风格。书写"黄"的墨书也有多种写法，楷、行、草体皆有，这些现象都值得仔细地分析研究。

（原载《南海学刊》2018 年 12 月）

注释

[1][日] 佐伯弘次：《博多出土墨书陶瓷器をめぐる诸问题》，福冈市博多研究会：《博多遗迹群出土墨书资料集成》，1996 年，第 9—16 页；黄建秋：《福冈市博多遗址群出土宋代陶瓷器墨书研究》，《学海》2007 年第 4 期。

[2] 国家文物局水下文化遗产保护中心、广东省文物考古研究所、中国文化遗产研究院、广东省博物馆、广东海上丝绸之路博物馆：《"南海Ⅰ号"沉船考古报告之二——2014—2015 年发掘》，文物出版社，2017 年，第 364—406 页。

[3] 陈波：《"南海Ⅰ号"墨书问题研究》，《东南文化》2013 年第 3 期。

新安沉船上的
福建酱黑釉陶瓷（节选）

◎李榕青

　　1977—1984 年，对韩国新安沉船进行了 11 次的打捞，发现 24547 件陶瓷、28 吨铜钱、1303 根紫檀木，还有金属器、漆木器、石制品、骨角制品、香辛料、药材、船上生活用品等物件，720 余件船体残片经拼装复原成尖底、有 13 个水密舱的中国航海船。沉船的形制与福建泉州发现的南宋古船相似，有可能是"福船"。沉船年代的上限依出水木牌上的墨书定为"宋至治三年（1323）六月一日"。判断出发地的依据来自铸着宁波元代古名"庆元路"铭的几个青铜权。由于出水有日本博多的多个寺院名字与诸多"纲司""纲首"的墨书木牌，多数人推测此行目的地是日本主要贸易港口博多港[1]。

　　福建磁灶窑的陶瓷生产始于南朝晚期，随着远程航海与海外低端市场的大量需求，在南宋至元代达到其历史的鼎盛时期。由于其原料源于当地"取地土开窑"而突显其近似陶器的胎粗、色灰的本色特征。但是磁灶窑窑工们兼收并蓄多种外来窑业工艺技术，凭借原材料低廉与泉州港交通海外的优势，扬长避短，烧造出适应于海内外市场不同需求的各类精、粗陶瓷器，其产品涵盖日用器皿及货运容器，数百年经久不衰[2]。新安沉船上的磁灶窑酱黑釉盒，是一只子口、鼓腹阔平底、饼状实足、灰胎的盖罐。罐内施青釉，外壁施酱黑釉不及底，口沿交织着青釉与酱黑釉，器盖为母口微敞、平顶、一僧帽钮，盖面满釉、盖内无釉露灰胎（图一）[3]。2012 年，此"酱釉盒"作为"黑釉

▲图一　新安沉船打捞的磁灶窑黑釉盖罐

▲图二 新安沉船出水的磁灶窑酱黑釉小罐

▲图三 晋江磁灶岭畔村部陈列的黑釉小瓶

棋子罐"与5个直径1—1.3厘米的灰胎"围棋子"配套展出，并在浙江省博物馆出版的展览图录《大元帆影：韩国新安沉船出水文物精华》上注明："棋子罐与围棋子成套出现，应为船员娱乐所用。"再看《大元帆影：韩国新安沉船出水文物精华》中"围棋子"的照片，应该也是磁灶窑的产品。

此外，两只标注"福建省"的"黑釉壶"。一只为直口，方唇，缩颈，弧肩，鼓腹微扁，平底，胎质、施釉工艺与"南海Ⅰ号"出水的酱黑釉小口罐相似[4]。另一只"黑釉壶"器身更扁，口沿刮釉，斜直口，方唇，缩颈，弧肩，扁鼓腹，平底，灰胎，口、颈部局部无釉，磁灶窑土尾庵出土有相似的小口酱黑釉罐残件[5]。这一类的小口罐在"南海Ⅰ号"沉船上，出水于大批混装着磁灶窑产品的舱底。新安沉船上仅有2件，也可能是日用器皿。宋元之际，由于小口罐是大宗实用器皿，其器形没有发生明显变化。

另有26只高5.5—7.4厘米的酱黑釉小瓶被标注着"元·福建省磁灶窑"（图二）。2015年，福建省晋江市磁灶镇岭畔村主任吴吉祥先生发动村民捐赠家藏的磁灶窑产品，在村部的会议室里办了一个磁灶窑陶瓷陈列，进门的展柜里就摆放着数个酱黑釉小瓶，器形、胎质与新安沉船出水的黑釉小瓶完全相同（图三）。

新安沉船出水有一批酱褐釉四系罐（图四），韩国研究人员认为其中的肩部刻"清香"铭的"褐釉四耳壶"，是广东宋元奇石窑生产的[37]。与此相似的产品也摆在磁灶窑村部的陈列室（图五）。从"南海Ⅰ号"沉船出水大量的磁灶窑酱褐釉四系陶罐看，也有部分肩部有文字印纹。东南亚发现的宋元时期陶罐里都有磁灶窑的产品，酱黑、酱褐釉器是磁灶窑的主打产品。宋代沉船"华光礁Ⅰ号"、"南海Ⅰ号"、Die Investigator Dschunke、Die Breaker Dschunke 等出水的大量磁灶窑陶瓷器之中包括酱黑、酱褐釉产品。日本博多、菲律宾、印度尼西亚、柬埔寨及埃及、东非等地都发现宋元时期的磁灶窑陶瓷。运输航道→消费地发现的这些贸易商品意味着海外市场的需求刺激了磁灶窑的生产规模与产品的多元化。

▲图四 新安沉船出水的酱釉罐

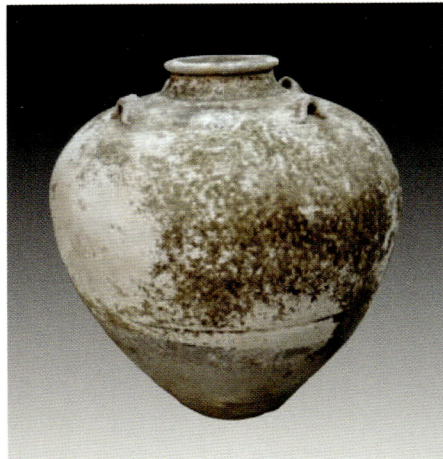

▲图五 福建晋江磁灶镇岭畔村部陈列的"清香"罐

（原载《博物院》2020 年第 1 期）

注释

[1] 韩国文化公报部、文化财管理局：《新安海底遗物——综合篇》，1988 年；韩国国立海洋遗物展示馆、文化财厅：The Shinan Wreck，2006 年；Lee Myong OK. Discovery from the sinan shipwreck. Kungnip Chungang Pangmulgwan，National Museum of Korea，2016.

[2] 曾凡：《福建陶瓷考古概论》，福建省地图出版社，2001 年；栗建安：《福建的建窑系黑釉茶碗》，《特别展唐物天目——福建省建窑出土天目と日本伝世の天目》，茶道资料馆、福建省博物馆，1994 年。

[3] 国家文物局水下文化遗产保护中心、中国国家博物馆、广东省文物考古研究所、阳江市博物馆：《"南海 I 号"沉船报告之一——1989—2004 年调查（下）》，文物出版社，2017 年；国家文物局水下文化遗产保护中心、广东省文物考古研究所、中国文化遗产研究院、广东省博物馆、广东丝绸之路博物馆：《"南海 I 号"沉船报告之二——2014—2015 年发掘（上）》，文物出版社，2018 年。

[4] 福建博物院、晋江博物馆：《磁灶窑址：福建晋江磁灶窑址考古调查发掘报告》，科学出版社，2011 年，第 100 页。

[5] [韩]金英美：《新安沉船与海上丝绸之路》,《大元帆影: 韩国新安沉船出水文物精华》,文物出版社，2012 年。

[6] 写于 1408 年的《室町殿行幸御餝记》，写于 1467 年的《君台观左右帐记》。

"南海 I 号"出水墨书陶瓷器概述（节选）

◎陈浩天　陈士松

　　墨书陶瓷器是指在器物表面以笔墨书写文字或者符号等的一类陶瓷器。"南海 I 号"在 2014 至 2016 年间出土墨书陶瓷器 910 余件，涉及的窑系有德化窑、磁灶窑。

　　"南海 I 号"出水陶瓷器墨书少者 1 字，多者 6 字，一般书写于外底露胎处。部分磁灶窑酱釉小口罐、酱釉罐、酱釉碗、酱釉执壶。龙泉窑及其他窑口的青釉碗墨书书写在下腹部露胎处（在下腹部露胎处有墨书者，大都外底露胎处同时也有墨书）。少部分磁灶窑陶罐书写在内腹部，酱釉梅瓶书写在外腹部。较特殊的是，一件闽清义窑青釉碗书写于碗内施釉处。

　　除部分无法辨认外，"南海 I 号"墨书器字迹多清晰可辨，以楷书、行书较多。部分墨书虽然内容相同，但写法不同，或为不同人书写。墨书陶瓷器应主要为标记货主或者商号、器物用途等作用。

　　"直"字类

　　"直"，意同"置"，即置办的意思。有的是在器物底部单独书"直"字，有的是在"直"字前面会加上"姓"。"直"字有各种不同的写法或体。其中 1 件磁灶窑酱釉罐底部书写有 4 个"直"字，底部墨书为"林直直直直"。4 个"直"字有 3 个写法一样。（图一）

　　器物用途类

　　仅见 1 件。磁灶窑制品中一件酱釉执壶底部墨书"纲"，下腹部墨书"前公用"，下腹部墨书应为表明器物用途。（图二）

▲图一　磁灶窑酱釉罐底部墨书"林直直直直"

▲图二　磁灶窑酱釉执壶底部＋下
腹部墨书"纲"＋"前公用"

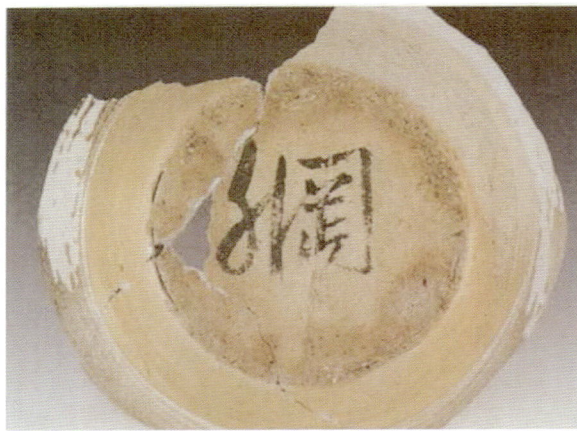

▲图三　磁灶窑酱釉执壶底部墨书"纲"

"纲"字系列　2014 至 2016 年"南海 I 号"发现的酱釉罐底部有墨书"纲"的统计共有 15 件，酱釉执壶底部有墨书"纲"的 1 件。（图三）

符号类

部分器底墨书似符号，部分又似外国文字，有待进一步考证。（图四）

其他类

1 件酱釉罐底部墨书"+30（花押）"，推测阿拉伯数字 30 可能为国外商人标记。（图五）

作为遗迹现象之一的墨书虽然存在难以辨识的内容，而且部分相关研究避免不了推测，但是不可否认大量墨书所揭示的相关信息为我们提供了一个还原南宋航海远洋贸易生活场景的有效途径，让我们可以进一步去探秘宋代中国的海上贸易活动。

▲图四　磁灶窑酱釉罐底部墨书符号

▲图五　磁灶窑酱釉罐底部墨书"+30+
花押"

（原载《文物天地》2020 年第 2 期）

"南海 I 号"南宋沉船出水瓷器
阿拉伯文墨书题记考释（节选）

◎孙 博

　　"南海 I 号"沉船发现于 1987 年 8 月，船体位于广东上川岛西南方向海域，后于
2007 年 12 月整体打捞出水，并移驻广东海上丝绸之路博物馆。经过 20 余年的调查及发
掘工作，截至 2019 年 8 月，考古人员从"南海 I 号"沉船中打捞清理的船载文物已达 18
万余件 [1]。出水文物以瓷器为大宗，主要有江西景德镇窑青白瓷、浙江龙泉窑青瓷、福建
德化窑青白瓷和白瓷、闽清义窑青白瓷和青瓷、磁灶窑酱黑釉瓷和绿釉瓷等，部分瓷器附
有墨书题记。目前，沉船 1989—2004 年调查工作以及 2014—2015 年发掘工作的阶段成果
已于 2017 年陆续集结整理出版，相关考古报告共计 4 册 [2]。

　　中国古代的海外贸易一直是"海上丝绸之路"研究的重点，现存的历代地理著作以及
私人游记等为"海丝"研究提供了珍贵的史料，但是囿于宋代及以前的相关资料可谓寥寥
可数，尚不足以展现一个较为清楚直观的面貌。因而，实物证据仍旧不可或缺，这就需要
相关考古发掘工作的配合。在近几十年来的水下考古发掘中，附有墨书的文物成批次被发
现，而文字作为信息记录的媒介，不同于其他考古材料，通常具有切实的具象化含义，可
以作为了解历史信息的捷径，因而可以通过材料解决具体的问题。所以，墨书问题虽是一
个较为微观的角度，但以小见大，却可以对研判古代"海上丝绸之路"的贸易以及交通情
况提供一定的依据。

　　墨书问题最早为日本学界所重视，并已取得了相当的成果。从 20 世纪 30 年代开始，以
山本博、冈崎敬、池崎让二、佐伯弘次以及大庭康时为代表的学者主要以博多遗址群中出土
的众多墨书为基础，进行了较为深入的研究 [3]。近年来随着"泉州湾沉船""南海 I 号沉船"
等遗址水下考古工作的持续推进，愈来愈多墨书题记的发现引起了国内相关学者的兴趣，但
总体而言，国内针对该类议题的专门研究仍不够充分。其中，黄建秋是国内较早关注墨书问
题的学者，他主要围绕日本博多遗址的发现，对中日所见的各类墨书题记进行了系统的梳理
与分析，并着重对墨书"直"字进行深入探讨 [4]。陈波以 2011 年"南海 I 号"第二次试掘

所见墨书"林上"为例，探讨了墨书的性质、功能和边界，并结合宋元时期的文献资料谈及彼时贸易船上的人员组织关系[5]。林唐欧根据 2013 年底至 2017 年初"南海Ⅰ号"发掘的墨书瓷器，针对船只上中文墨书的空间分布、内容及分类进行了系统的归纳整理，并根据墨书反映的南宋海外贸易情况和社会人员结构进行探讨[6]。在陶瓷器以外，诸如陈高华、庄为玑以及庄景辉等学者亦对福建泉州宋代古船木牌木签墨书进行过深入研究[7]。

经过数十年的研究，国内外学者对中文墨书的释读已经形成了较为系统的认知，相关的成果也大多集中于此。而外文墨书的存在虽然是客观事实，但由于本身出水量少，加之材料释读的复杂性，并未能在学术界获得太大关注。但仍需强调的是，外文墨书所记录的历史信息不可忽视。而"南海Ⅰ号"作为南宋时期的远洋贸易商船，阿拉伯文墨书的发现可补中文材料之缺，从而使我们可以对沉船整体情况有更深入的了解。另一方面，宋代及以前中国与阿拉伯地区之间交通的基本面貌仍存在相当的可研究空间，尤其是两地之间的贸易路线。有学者特别是西方史学界对于宋代中国船只是否能够直接抵达阿拉伯地区仍存有相当的怀疑。同时，此前学术界对于"海上丝绸之路"考古主要都集中于对出水器物本身的关注，甚至在很大程度上变成了陶瓷考古，而对于"人"的印象则很模糊。鉴于此，本文以四册考古报告已经公布的资料为讨论基础，从阿拉伯语墨书题记的新材料出发，以沉船中出水的阿拉伯语墨书题记为主要着眼点，试图对船上活跃的群体以及上述相关问题进行一个初步的讨论，根据新材料探讨新问题。

"南海Ⅰ号"出水的阿拉伯文物

沉船上发掘出的明显具有阿拉伯风格的器物主要有两类，阿拉伯风格的金属器（主要是金器）以及有阿拉伯文墨书题记的瓷器。墨书题记作为直接附有文字内容的文物，所蕴含的历史信息更为直接。其中阿拉伯语墨书瓷器共计发现 7 件，器类均为罐类，多数属磁灶窑，仅有一件为德化窑。根据考古报告所载之器物编号，发现该类瓷器分布在船只尾部（探方 T0501、T0502），以及船身中前舱位（探方 T0301、C4 舱）。书写在瓷器上的阿拉伯语墨书所见书体不一，部分字母相同但写法不同，推测为不同人书写的可能性较大。

磁灶窑酱釉罐底部墨书一（图一：2） 该墨书题记亦发现于沉船之探方 T0501 的第 4 沉积层 c 分层中，位于一磁灶窑酱釉罐残件（T0501 ④ c：941）底部，器物整体呈现淡土黄色底径残长 13 厘米。由于该器物存有缺损，且部分墨书题记字迹模糊不清无法辨认，因而残存的墨书题记中仅有一个单词 الله（Allah/ 真主）可辨识清楚。其余可辨识部分有 طه（ṭah）、ضا（ḍā）、ما（mā）、حا（ḥā）以及 ى（yāi）等，为字母或字母组合，无实际含义。推测原件器物底部应为完整的一句话，根据残存的阿语单词，推测或为穆斯林所记之真主赞词。

磁灶窑瓷罐器底部墨书（图一：3） 该墨书发现于沉船探方 T0502 一磁灶窑瓷罐器残

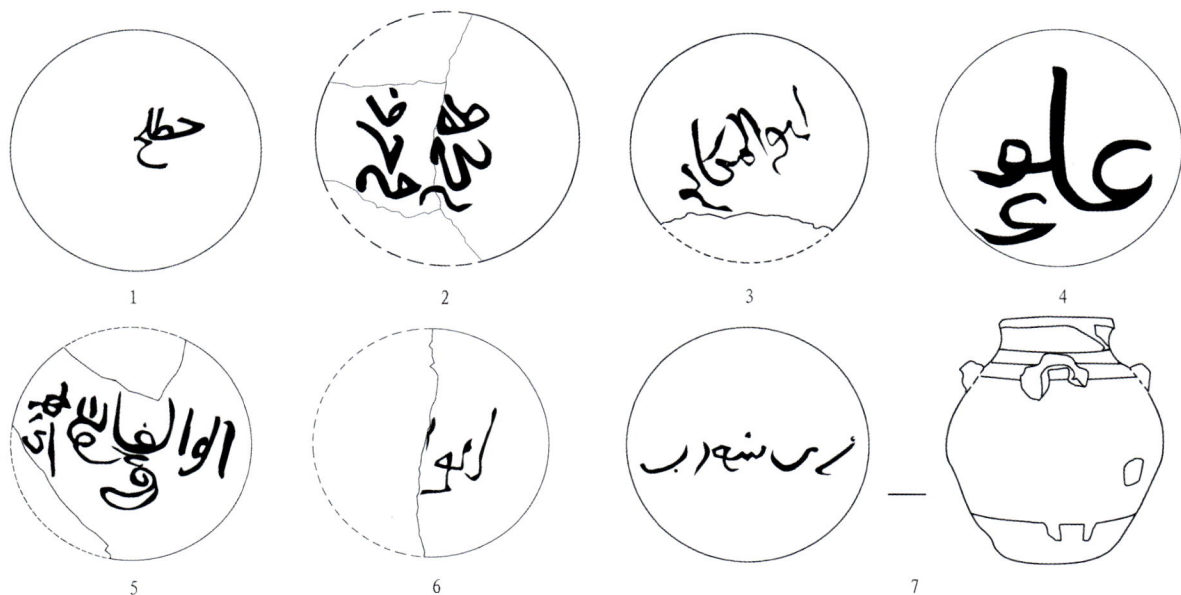

▲图一　　 "南海Ⅰ号"沉船瓷器阿拉伯语墨书

件底部（T0502④：1163），该残件位于船舱之上的第 4 沉积层中。该罐胎致密坚硬，夹细砂，下腹至底部施有酱釉，呈深黄色，残留罐腹呈灰白夹青灰色，器底写有墨书处内凹。该墨书为明显的阿拉伯语，亦呈现出典型的阿拉伯语誊抄体特征。墨书共由两个单词组成，前者（右）应为 ابو（abū），字面意为父亲；后者（左）应为 المكارم（al-ma-karim）为阿拉伯语男子名，意为"光荣的"；考虑其常作为人名前缀，因而整体为一明显的阿拉伯人名艾布—马克里姆。

磁灶窑酱釉罐底部墨书二（图一：4）　　墨书发现于沉船探方 T0502 一磁灶窑酱釉罐器残件底部（T0502④：1115），该残件同样位于船舱之上的第 4 沉积层中，器物整体呈现出深黄夹青灰色调，底径 14.2 厘米。此墨书应为阿拉伯语，行文书写较为随意，书体可能为三一体或誊抄本。存有م或ى的可能性，因而该墨书考虑为 علوم（elūm），"知识、科学"；或为 علوي（elwiya），"空中的、天上的、上方的"两种释义。除了以上两种可能性以外，亦可能为一人名。

磁灶窑酱釉罐底部墨书三（图一：5）　　墨书于探方 T0502 第 4 沉积层中被发现，位于一磁灶窑酱釉罐残件底部（T0502④：420），器物整体呈现深红灰色，残件底径 16.8 厘米。根据残存的墨书题记，观察中间字符，可能为阿拉伯语 الماء سم（毒水），其他字母辨识不清。该墨书行文较为洒脱，阿拉伯语单词顺序的排列及字母的书写方法均有一定的改变与变形，推测为阿拉伯语与书法技术进行糅合的一种艺术形式[8]，书体风格因人而异，辨认较为困难。不过根据花押的使用场景，推测整体作为人名或者别号的可能性较大，具体信息仍需进一步考察。

磁灶窑酱釉罐底部墨书三（图一：6）　　墨书发现于沉船探方 T0301 一磁灶窑绿釉罐残件底部（T0301②：203），该残件位于船舱之上的第 4 沉积层中，器物整体呈现出深黄色调，底径 20.2 厘米。此墨书为一残缺单词，应为阿拉伯语 الى（aleā），或为一人名，具体信息有待继续考察。值得注意的是，在该探方内亦发现有数件疑似阿拉伯语墨书的残件，同样因残损过多亦不可完整辨认，例如 T0301 ②：222 以及 T0301 ③：222 二酱釉罐底部墨书[9]，因未可辨认出完整字义，故未专门条列考释。

磁灶窑酱黑釉罐底部墨书（图一：7） 该墨书瓷器件发现于甲板下第 4 舱之内，为发现的 7 件阿拉伯语墨书瓷器件中唯一位于船舱之下者。墨书绘于一磁灶窑酱黑釉罐底部（04NH01C4：1），该罐器物保存完整，罐腹施以黑色酱釉，罐口、足为白色胎底。此墨书墨迹暗淡，但仍可明显地辨认为阿拉伯语，字体呈现出典型的阿拉伯语誊抄体特征。墨书共记三单词，考虑字形为 ربى سنع ای，若按照阿拉伯语标准语用法则较难理解其含义，推测应该为方言用法。按照其读音归类于阿拉伯标准语，可直接翻译为"万物皆由主造"，赞颂真主之意，为明显的伊斯兰教赞词。

"南海Ⅰ号"所载外籍人员身份类别之判定

从出水阿拉伯语墨书件所处的位置及器类来看，其作为船货的可能性较小，而更有可能是船上人员的日常用品。据考古报告提及，"南海Ⅰ号"所发掘的磁灶窑瓷器主要分布在船体中前部，后部第 11 舱以后很少见到[10]。但是与之相反的是，被记有墨书题记的磁灶窑瓷器则集中出现于船只尾部（探方 T0501、T0502），且绝大多数分布于船舱之上的第 4 层。而摆放位置的相异，显示出两者用途的区别。据考古人员描述，该层为"黑灰色泥沙沉积层，包括沉船本体和凝结物在内的较复杂堆积里……该层下暴露较清晰的船体结构轮廓和各隔舱内以成摞码放瓷器为主的船货"[11]。这说明被记有墨书题记的磁灶窑瓷器其位置处于船舱货物层之上，因而作为贸易货物的可能性较小，而更有可能作为船上人员的日常用品。值得注意的是，在沉船尾部右侧同样的地层内，亦清理出写有"艄前公用"墨书的磁灶窑酱釉罐，而该罐被认为是"南海Ⅰ号"船员用品的概率较大[12]。以上信息综合表明船上人员尤其是船员的活动空间，而"南海Ⅰ号"沉船尾部（探方 T0501、T0502）的第 4 层应该存在"南海Ⅰ号"上发现的阿拉伯语墨书瓷器有 5 件亦发现于同一区域，表明船上应该存在着阿拉伯人群体。

而另一方面，宋代海船的船员群体中有能力购入金器的只有可能是作为一船之长的纲首，宋代文献中曾记载"纲首"一般为"巨商"[13]。但是，"南海Ⅰ号"沉船中共清理出写有"纲"字的墨书瓷器计 15 件，皆为磁灶窑酱釉罐，主要集中在 C9 舱中，该舱位于船体中部，是一个较为安全的位置，而这被认为是"南海Ⅰ号"纲首所有物[14]。但是以"纲"写于器物足以表明该船纲首应该是中国人，这样就排除了"南海Ⅰ号"上的阿拉伯人群体作为船员的可能性。鉴于以上两点，笔者认为"南海Ⅰ号"所载阿拉伯人群体作为船员的可能性较小，而更可能是搭乘船只的客商。如周去非在《岭外代答》中也记载了宋代外籍客商搭乘中国船只之事："大食国之来也，以小舟运而南行，至故临国，易大舟而东行。"同书中亦有记载如下："中国舶商欲往大食，必自故临易小舟而往。"[15]可以得见由于中阿船只大小的差异，自中国至故临的航线多由中国船只航行，这也可以从14世纪阿拉伯旅行家伊本·白图泰记载元代的中外贸易情况中得到印证——"……中国海域只能由中国船只航行……中国船只共分三类：大的叫作艟克，复数是朱奴克；中者为艚；小者为舸舸姆。"[16]同时，元典章《市舶》二十二条目中，便详细记载了关于番商搭乘中国船只的规定，陈裕菁认为上述规定是沿用南宋旧制[17]。而宋代之所以制定这些规定，足以说明当时以阿拉伯人为主的外籍商人乘坐中国船舶是一个较为普遍的现象。

"南海Ⅰ号"所反映的宋代番商海上生活

考虑阿拉伯商人遗留物的出水位置，也可以对该群体船上的生活空间做出一定程度的还原。上文提及，"南海Ⅰ号"出水的金器主要集中在船只中后左部C10c舱位，即T0301、T0401两探方交界处，以及沉船左舷前部船体外侧（探方T0201）之漆盒内[18]。金器，尤其是金质首饰作为贵重的私人用品，理应放置在生活范围较近的地方，尤其是起居场所可能性较大，因而可以将沉船上的阿拉伯人起居场所大致锁定为该二区域内。进一步考虑到阿拉伯语墨书瓷器的出水位置，亦有两件（04NH01C4：1、T0301 ②：203）位于船体前部第4舱以及船体中后部左侧探方T0301，而这两个方位均与金器出水的位置较为接近，这也加大了上述区域作为起居空间的可能性。同时，船只探方T0402亦发现有一绿釉军持[19]，考古人员认为该器具应为穆斯林净礼之器具[20]，而该类器具亦不该距离起居场所过远。因而笔者认为，阿拉伯群体在"南海Ⅰ号"上的生活起居区域，大致可以认为存在于船只后部艉舱上部区域、船只中后左侧第10舱附近上部区域，以及船只前方第4舱上部区域之中。

"南海Ⅰ号"所载阿拉伯商人的简单讨论

对船体功能分区的考察有助于我们对阿拉伯语墨书瓷器件的信息作进一步挖掘，并有利于对器物主人的身份进行判定。除了墨书件T0301 ②：203及04NH01C4：1两件器物外，船上所发现的阿拉伯语墨书瓷器主要分布于船只尾部（两探方T0501、T0502）。上文提及该处功能分区复杂，人员往来密集，而且此处距离船上两处阿拉伯人起居点都有一定距离。因而可以推断，为了在密集的人员往来中区分彼此日常用品，其上墨书作为所有者人名的概率更大。与之相对，在船只尾部也发现了大量写有姓名或"姓名＋直"字样的酱釉罐[21]。而写于磁灶窑瓷罐器底部墨书（T0502 ④：1163）的姓名最为清晰，而且存在一定的典型性，值得进一步考察。

（原载《东南文化》2021年第2期）

注释

[1][20] 田国敏：《反映 12 世纪宋与东南亚诸国交往的"南海Ⅰ号"沉船出水器物初探》，《客家文博》2020 年第 1 期。

[2]a. 国家文物局水下文化遗产保护中心、中国国家博物馆、广东省文物考古研究所、阳江市博物馆：《"南海Ⅰ号"沉船考古报告之一———1989—2004 年调查》，文物出版社，2017 年；b. 国家文物局水下文化遗产保护中心、广东省文物考古研究所、中国文化遗产研究院、广东省博物馆、广东海上丝绸之路博物馆：《"南海Ⅰ号"沉船考古报告之二———2014—2015 年发掘》，文物出版社，2017 年。。

[3] a.[日] 山本博：《元寇役と博多湾出土遗物（上）》，《历史と地理》第 30 卷第 3 期，1932 年，第 59 页；b.[日] 冈崎敬：《福冈市（博多）圣福寺见の遗物について—大陆舶载の陶磁と银铤》，《九州文化史研究所纪要》第十三号，1968 年，第 24 页；c.[日] 池崎让二：《海を越えてきた陶磁器》，[日] 川添昭二编《よみがえる中世 1 东アジアの国际都市博多》，平凡社，1988 年，第 87—89 页；d.[日] 佐伯弘次：《博多出土墨书陶磁器をめぐる诸问题》，《博多遗迹群出土墨书资料集成》，博多研究会，1996 年，第 9—12 页；e.[日] 大庭康时：《集散地遗迹としての博多》，《日本史研究》448 号，1999 年，第 168 页。

[4] 黄建秋：《福冈市博多遗址群出土宋代陶瓷器墨书研究》，《学海》2007 年第 4 期。

[5] 陈波：《南海Ⅰ号墨书问题研究——兼论宋元海上贸易船的人员组织关系》，《东南文化》2013 年第 3 期。

[6][12][14] 林唐欧：《"南海Ⅰ号"沉船瓷器墨书初步研究》，《南海学刊》2018 年第 4 期。

[7]a. 陈高华、吴泰：《关于泉州湾出土海船的几个问题》，《文物》1978 年第 4 期；b. 庄为玑、庄景辉：《泉州宋船木牌木签考释》，《厦门大学学报》（哲学社会科学版）1980 年第 1 期。

[8] 周顺贤、袁义芬：《阿拉伯书法艺术》，宁夏人民出版社，1993 年，第 106 页。

[9] 周顺贤、袁义芬：《阿拉伯书法艺术》，宁夏人民出版社，1993 年，第 395 页。

[10] 国家文物局水下文化遗产保护中心、广东省文物考古研究所、中国文化遗产研究院、广东省博物馆、广东海上丝绸之路博物馆：《"南海Ⅰ号"沉船考古报告之二———2014—2015 年发掘》，文物出版社，2017 年，第 277 页。

[11] 王元林等：《"南海Ⅰ号"宋代沉船 2014 年的发掘》，《考古》2016 年第 12 期。

[13] [宋] 朱彧著，李伟国点校：《萍洲可谈》卷二，中华书局，2007 年，第 133 页。

[15] [日] 周去非著，杨武泉校注：《岭外代答校注》，中华书局，1999 年，第 91、126 页。

[16] [摩洛哥] 伊本·白图泰著，马金鹏译：《伊本·白图泰游记》，华文出版社，2015 年，第 356、357 页。

[17] [日] 桑原骘藏著，陈裕菁译订：《蒲寿庚考》，中华书局，2009 年，第 37、71 页。

[18] 国家文物局水下文化遗产保护中心、广东省文物考古研究所、中国文化遗产研究院、广东省博物馆、广东海上丝绸之路博物馆：《"南海Ⅰ号"沉船考古报告之二———2014—

2015 年发掘》，文物出版社，2017 年，第 464 页。

[19] 国家文物局水下文化遗产保护中心、广东省文物考古研究所、中国文化遗产研究院、广东省博物馆、广东海上丝绸之路博物馆：《"南海Ⅰ号"沉船考古报告之二——2014—2015 年发掘》，文物出版社，2017 年，第 307 页。

墓葬发现

晋江池店发现一唐初墓葬

◎王建新　吴金鹏

　　1997 年 7 月 16 日，福建晋江池店赤塘村在修筑环村公路开挖土方时，挖掘出一古墓，晋江市文物管理委员会闻讯后，立即加以保护，并联合泉州市文物管理委员会办公室进行抢救性清理发掘。该墓为券顶单室砖墓，平面呈凸字形，墓室内长 377 厘米、宽 98 厘米，券顶已坍，残高 132 厘米。出土器物有船形陶灶，灶上置甑、釜，青釉瓷器有钵、托杯、五盅盘、熏炉、五联双系小罐、镶斗插器、盘口壶、四系罐、六系罐。该墓葬俗、出土器物与晋江池店赤塘隋唐墓葬群基本相仿。经分析其应为唐初墓葬。

（原载《中国文物报》1998 年 5 月 17 日一版）

晋江发现一唐代古墓

◎粘良图　王建新

11月3日至4日，晋江市博物馆会同泉州市文管会，对晋江池店发现的一座唐代古墓葬进行抢救性清理。 该古墓为带两耳室的券顶砖室墓，长 7.95 米，宽 2.2 米，残高 1.26—1.75 米。墓室内分甬道、前厅、棺台，内壁砌有 9 根节柱，底用素面长方砖人字形卧砌。墓砖纹饰丰富，有筐状、莲花、双鱼、龙戏珠、蕉叶、朱雀等近 10 种。这次清理出土的器物 13 件，包括盏、钵、两系罐、三足砚、三足鼎等青瓷，还有带金珠坠的琉璃珠串和纹饰精致的玉猪 2 件。带两耳室的墓室结构在晋江尚属首次发现。珠串、玉猪等随葬品亦较为罕见。该墓为研究晋江唐代社会经济、墓葬风格和习俗提供了实物依据。

（原载《中国文物报》1998 年 11 月 25 日一版）

晋江南岸发现晚唐墓

◎王建新　施良衍

　　去年 12 月 16 日，晋江市文管办、博物馆联合泉州市文管办，对晋江南岸池店一晚唐古墓葬进行抢救性发掘。该墓葬墓室距地表 2 米。墓葬形制为拱顶砖室，全长 5.9 米，通高 1.88 米，外宽 1.44 米。墓壁为一尺长方形灰色素面砖顺砌 29 层，从第 19 层起拱至顶，拱顶为楔形素面砖双层砌就。墓结构包括甬道、棺台、后厅三部分。甬道和后厅底砖为人字形卧砌。棺台底砖呈平行纵向卧砌，平面高出底部砖两层，四边设有水沟。墓室与甬道连通处设置 1 米高锥形门，墓壁两边及锥门顶部设有 11 个菱花顶小壁龛安放泥塑土偶。该墓结构工整，风格独特，历经千年，拱顶及四壁尚坚固完好。墓葬没有被盗，保持完整。清理中出土一套完整的随葬器物，有青瓷、铜器、铁器，包括可复原的残片 38 件。器物包括四系大罐 3 件、两系小罐 14 件、撇口大碗 2 件、铜钵 1 件、"开元通宝"铜钱 4 枚、铜棺饰 6 件、棺钉 8 枚。该墓墓葬形制及出土器物的特征为，墓壁设置数个壁龛，砌无花纹素面砖。随葬品也有变化，壁龛里放土偶。瓷器的特点呈高大瘦长，瓷装饰已出现釉下彩斑和窑变现象，由此推定，其年代应为唐代晚期。近年来，晋江南岸池店多次发现唐代古墓葬。丰富的出土器物，印证了"晋人南迁，沿江而居"的历史，也为民俗研究和晋江地方史研究提供了重要的实物资料。

（原载《中国文物报》1999 年 1 月 10 日一版）

泉州晋江南岸发现南朝古墓

◎黄跃进　肖德兴

　　福建晋江市池店镇霞福村日前发现一座南朝古墓。史载"晋江"因"晋人南迁，沿江而居"而得名的说法获得进一步证实。　该墓从西南向东北，形制为砖室券顶墓，券顶早年已毁，墓顶上有50厘米厚的耕土层。从墓口到封门，中部有2个券顶耳门。墓砖长44厘米，宽22厘米，厚6.5厘米，砖面印有龙、太阳三足鸟、双鱼、菊花、梳纹等多种图案。由于早年曾被盗，此次仅出土"滑石猪"一对（长10厘米、宽1.5厘米、厚0.5厘米）、青瓷器9件，其中汤瓯碗1块、小杯1个、带盘三足盆1个、两耳罐4个、青瓷缸1个、青瓷砚1个，以及一些钻孔小珠子。　有关考古人士介绍说，墓砖的太阳三足鸟，系西汉长沙马王堆轪侯夫人帛画太阳三足鸟的演化；"滑石猪"为我国东南南朝墓的典型明器，而两级甬道加墓室，乃是南朝墓的典型形式。1995年，池店附近曾发现过花纹砖墓室，伴出有"太货六珠"铜钱，表明此墓距今一千四五百年。此次晋江南岸发现的南朝墓，与晋江北岸南安丰州镇20世纪50年代发现的南朝古墓在墓式、葬式、随葬品上极其相似，说明古代的晋江南北岸得到同时开发，"晋江"因"晋人南迁，沿江而居"而得名的古籍记载可以得到确证。

（原载《中国文物报》1999年1月27日一版）

晋江清理唐代墓葬

◎吴金鹏

　　1999 年元月 28 日，福建省晋江市文管办协同泉州市博物馆，对青阳岭山村村民建房挖地基时发现的一唐墓进行抢救性清理。该墓葬为券顶砖构单室墓（券顶早年已坍塌），平面呈凸字形，由甬道和墓室组成。墓口方向 292 度，甬道长 95 厘米、宽 75 厘米，墓室长 402 厘米、宽 166 厘米，由前厅和棺台组成，墓壁残高 80—185 厘米，棺台高 17 厘米。墓壁用 38×18×6 厘米的模印纹饰的长方形青灰砖顺砌而成，从第 29 层起拱，券顶用模印纹饰的楔形长方砖砌就，甬道及墓室底均采用素面长方形砖两两纵平卧铺砌。墓砖纹饰有鱼、团菊纹（楔形砖），半钱、旋涡、波浪纹，钱、团菊纹，缠枝花纹 4 种。清理出土的器物有青釉五盅盘、镶斗（足残）、托盘（沿残）、盘口壶、两系罐、碗、盏等青瓷残片及一条形钩状铜饰。该墓从墓室结构、墓葬风格、墓砖纹饰和随葬品都与前清理的唐墓相仿，但该墓随葬品不成套、数量少且完好仅 1 件，加上券顶坍塌，墓右壁有一缺口，棺台铺地砖已被翻挖，说明该墓已于早年被盗掘。自 1973 年在晋江市内坑镇砌坑村发现"贞观四年"（630）纪年唐墓后，在境内已先后发现并清理唐代墓葬 27 座，为晋江唐代建县提供了重要的实物依据。

（原载《中国文物报》1999 年 4 月 21 日一版）

晋江清理南朝墓葬

◎吴金鹏

1999 年 9 月，福建省晋江市文管办协同泉州市文管办，对晋江市池店镇新店村村民取土时发现的一南朝墓进行抢救性清理，获得一批文物资料。该墓葬为券顶砖构单室墓，平面呈凸字形，由甬道和墓室组成。墓口方向 95 度，甬道残长 0.9 米、宽 0.5 米、高 1.15 米，墓室长 3.46 米、宽 0.64 米，由前厅和棺台组成，墓壁残高 1.56 米，棺台高 6 厘米。墓壁及甬道底起三层用模印网格纹、钱纹及素面的长方形砖依次相同顺置错缝叠砌而成，墓底采用素面长方形砖平卧顺置错缝铺设。清理出土的随葬品有 9 件，均实用器，有青釉敛口钵、两系罐、四系罐、两系盘口壶、小杯各 1 件，青釉碗 2 件，青铜鐎斗、青铜小杯各 1 件。甬道处发现平面有铭文的断砖 4 块，铭文有阴刻楷书的"奠""五岁"及尚未辨清的阴刻草书 6 个字。该墓从墓室结构、墓葬风格和随葬瓷器的造型、体量、釉色都与之前清理的南朝墓相仿。据鉴定，该墓年代为南朝早期，甚至可推早至东晋。其中，出土的青铜鐎斗系温酒酒器，甬高 23.9 厘米、宽 22 厘米，器身敞口，折沿，深直腹，平底，下附外撇的三兽蹄足，口沿有流，腹部一侧设龙首把，把下饰突棱一周。这件青铜器系泉州市迄今发现的最早的青铜实用酒器，堪称近年晋江南朝、隋唐墓葬出土器物的珍品。史载，晋江因西晋末年"永嘉之乱"，"衣冠南渡，沿江而居"得名。自 1996 年以来，在晋江畔的池店镇先后发现并清理南朝墓葬 5 座，其中有隆昌元年（494）纪年南朝墓，为"晋人沿江而居"的记载提供重要的实物佐证。

（原载《中国文物报》1999 年 12 月 15 日一版）

池店平原南朝隋唐墓葬清理简报（节选）

◎晋江市博物馆

1996 年，福厦漳高速公路晋江段施工，一批深埋地下的古墓葬相继暴露。经报批，晋江市文管会、博物馆联合泉州市文管会对晋江池店平原露头的 18 座南朝、隋唐古墓葬进行抢救发掘，清理出土陶、瓷、铜、铁、玉石等不同质地的器物 152 件，为号称"海滨邹鲁"的晋江古邑历史研究提供一批珍贵的实物依据（图一）。

1996 年 4 月 24 日，据群众报告，池店镇池店、霞福、涪潭等村

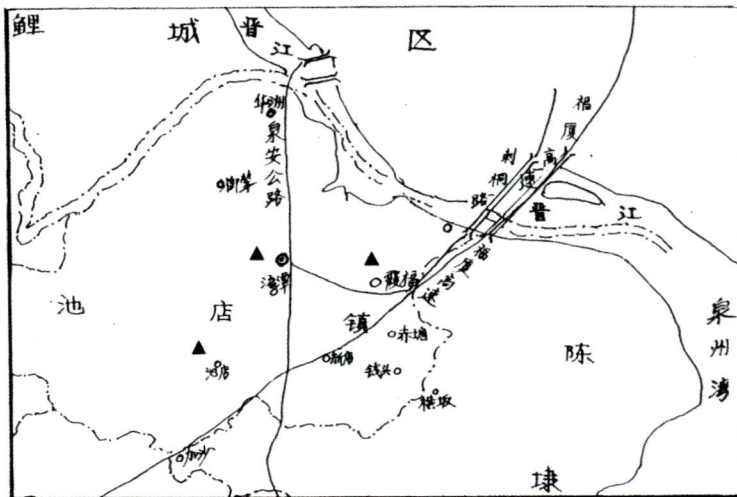

▲图一 池店南朝墓葬分布图

因开挖路基发现模印花纹的墓砖。经现场调查，发现 16 座露头的古墓葬，其中霞福 8 座、池店 4 座、浯潭土窟 3 座、欧祠山 1 座。鉴于这些墓葬已受到不同程度破坏，亟须进行抢救性清理，经批准同意联合泉州市文管会进行抢救性发掘清理。晋江市政府、晋江市文化局对此非常重视，拨出专款给予支持。

田野工作从 4 月 29 日开始至 6 月 5 日告一段落。首先对霞福 3 座古墓葬进行清理，在 M₁ 墓甬道出土随葬陶瓷器皿 15 件，分别为托杯（2 式）3 件，钵 3 件，碗、唾壶、五盅盘、镳斗、三足炉、杯、插器、陶灶、三足火盆各 1 件。除灶、火盆外，其他均为青釉瓷器，器皿造作皆匀称工细，其中船形陶灶，长 25 厘米，双灶眼，灶台上置两小甑，内有舀水的小勺，还有带把的盖。

▲图二 四管插器

M₂墓出土陶瓷器23件、铁器3件、玉石器1件。陶瓷器分别为托杯3件，双系小罐5件，陶灶、四足砚、三足火盆、四管插器（图二）、插器、虎子、五盅盘、三足炉、锥斗、碗、敛口钵、杯、小瓶、唾壶、水盂各1件，铁剪、短剑、不求人各1件，玉石头簪1件。玉簪为柱六角形，下小上大，顶簪八瓣，棱角边缘清晰，顶有圆孔，土浸鸡骨白，通高11厘米，顶簪径2.1厘米，顶高1.5厘米，柱高10厘米。该墓还发现一方正面阴刻简笔行书"太岁壬子"的墓砖残块，估计为该墓纪年砖。

M₃墓出土了18件陶瓷随葬器，计有高足杯2件，双系罐5件，钵2件，陶灶、灯插、三足火盆、唾盂、小瓶、五盅盘、锥斗、托杯、博山炉各1件。

M₁—M₃墓同为凸字形砖室墓，方向一致，间距只有0.3—0.4米，墓室间筑有小窗通连。据墓式结构、出土器物种类、数量分析，M₁—M₃墓为唐代墓葬，居中M₂墓为男主人墓，左右为妻妾墓。

霞福M₄—M₈墓墓砖尺寸为40×22×65厘米，砖一侧模印花纹，计有筐纹、钱纹、莲瓣、鱼纹、双鱼纹、鱼莲纹、蕉叶纹等吉祥图案。

M₄—M₈墓均毁坏严重，仅出土一些陶瓷残片。其中M₇墓出土一枚"太货六铢"铜钱，是南朝陈朝祯明三年（589）铸造的货币，属珍稀古钱币，可作为该墓葬断代的参照。

浯潭土窑M₉墓出土器物有碗3件，钵2件，六系罐、带流双系罐、双系盘口壶、锥斗各1件。M₁₀墓出土的有碗、钵、双系罐各1件（均残损）。M₁₁墓出土的有钵、杯、碟各1件。该处墓葬出土器物体形较大，多实用器，据鉴定这3座古墓为南朝墓葬。

池店村M₁₂墓出土器物有碟2件（1残），杯、钵各1件。

时池店赤塘因村民采土又发现4座古墓，其中2座券顶已坍塌，另2座墓室保存完好。调查时发现该处墓葬墓后砖壁裸露，墓壁上几块反砌的墓砖上有龙、仕女、蕉叶、菊花等模印纹饰。

M₁₃墓楔形砖筑砌的穹形墓顶前方有宽约0.3米、用零砖堵塞的早年盗洞。为了保护墓室的整体结构，便从墓口处开挖，清理出整座墓室。该墓平面呈凸字形，长4.2米，宽1.3米，高1.65米，封门高1.46米、宽1.2米。出土器物有双系小罐、盏各2件，虎子、五盅盘（残）、四管插器、镳斗、托杯（残）、陶三足火盆（残）、盘口壶（残）、陶灶各1件。

M₁₃墓墓室内壁严格按照四神守四方的"五行"学说，东、西、南、北分别用青龙、白虎、朱雀、玄武图案的墓砖砌筑。"四神"形态生动逼真，线条简洁流畅，具有较高的艺术价值。

M₁₄墓出土器物有碗（残）3件、双系罐1件、铁棺钉1件。该墓的墓砖有9种服饰、头饰不同，分别持花枝或圆扇的仕女像，并发现1块刻有卍字纹饰的墓砖。

M₁₅墓出土的器物有杯2件，双系盘口壶、双系罐、双系小罐各1件。

据鉴定M₁₃—M₁₅墓均为唐晚期的墓葬。

福建省博物馆对晋江连续发现南朝、隋唐墓葬，出土大量器物一事极为重视。5月25日，省博派考古专家主持对M₁₆墓清理发掘。

M₁₆墓出土的有四盅盘、四管插器、锥斗、虎子、高足杯、陶灶、双系罐、三足砚、鼎、盏、钵、花插各1件，盘口壶、唾壶、托杯各2件，双系小罐3件。

该墓葬器物不仅丰富而且工艺精美，据专家鉴定，该墓为晚唐墓葬。

省博专家认为赤塘M₁₃—M₁₆4座南朝、隋唐时期砖式墓结构较完整、风格典型、墓砖纹饰丰富多样，而且距离较近，建议对其砖构部分进行保护，以为研究晋江古代墓葬风格、葬丧习俗提供实物资料。

距M₁₆墓200米的M₁₇墓，因毁坏严重，未见遗物。

10月5日至7日，池店梧潭又发现一南朝墓葬M₁₈，清理出土的有四系罐、钵（图三）各3件，双系罐、杯、碗各2件，托杯、三足砚、五足砚、博山炉、

▲图三 青瓷敛口钵

▲图四 南朝仰莲四管插器

锥斗、四管插器（图四）、三足火盆、双系盘口壶、灯盏、虎子（残）、花插（残）各1件。

在1996年内，晋江市文物工作者在池店平原2.23公里半径范围内发掘清理南朝至晚唐墓葬18座，出土器件152件，其中绝大多数为青釉瓷器，共133件。经过整理，胎质细腻坚硬、釉色匀薄莹洁的瓷器，造型古朴的陶器，制作精致的玉器，绿锈斑斓的古钱，风格迥异的铁剑、铁剪等，还有模印清晰的墓砖——收藏于博物馆。这些文物可以补充史籍对唐代以前晋江历史记载的不足，为研究晋人南渡以来的晋江历史提供珍贵的实证。

（原载《福建文博》2000年第1期）

福建晋江霞福南朝纪年墓（节选）

◎吴金鹏

　　福建省晋江市池店镇霞福村，位于晋江南岸，离泉州刺桐大桥仅 1 公里。1998 年 11 月 1 日，村民在该村西区、泉州刺桐公路左侧 20 米处挖土方时发现一砖室墓（图一）。

　　该墓出土随葬器物共 12 件，计有黄金坠 1 件、滑石猪 1 对、青瓷器 9 件，尚有料珠 400 多颗。5 件青瓷器置于甬道，料珠及黄金坠散于棺台前部，4 件古瓷器和滑石猪置于棺台左侧。现将随葬器物分述如下：

　　青瓷器，共 9 件，灰胎，釉层大部分剥落。

　　托盘三足炉　1 件（M_1：4）。由三足炉和托盘组合。三足炉敞口，深弧腹，平底，底附外撇三蹄足。承炉的托盘作敞口，浅斜腹，平底。三足炉施满釉，盘内满釉，器外釉不及底。三足炉口径 13.5 厘米、底径 8 厘米，盘口径 15.8 厘米、底径 13.8 厘米、通高 22 厘米（图一，2)。

　　盏　2 件（M_1：5、M_1：8）。其中 M_1：8 残可复原。尖唇，浅斜腹，平底，内底微凹。内施满釉，外釉不及底。口径 8—8.8 厘米、底径 4—4.1 厘米、高 3.2—4.1 厘米（图一，3）。

　　钵　1 件（M_1：6）。敛口，平沿外折，弧腹，平底，口大底小，腹部较矮。器内施满釉，外釉不及底，器身留有多道旋转纹，内底留有 7 个支烧点。口径 21.8 厘米、底径 11.5 厘米、高 14.4 厘米（图一，4）。

　　三足砚　1 件（M_1：9）。圆形，直壁，砚面微凸起，下附三蹄足。器内外施满釉，足底露胎。口径 14.2 厘米、通高 4.7 厘米（图一，5)。

　　双系罐　4 件（M_1：7、M_1：10、M_1：11、M_1：12）。敞口，短束颈，丰肩，扁圆腹，平底，肩部附两贯耳，器身留有多道旋转纹。器内施满釉，外釉不及底。口径 6.2—7.3 厘米、底径 5.7—6.2 厘米、高 7.7—8.2 厘米（图一，6）。

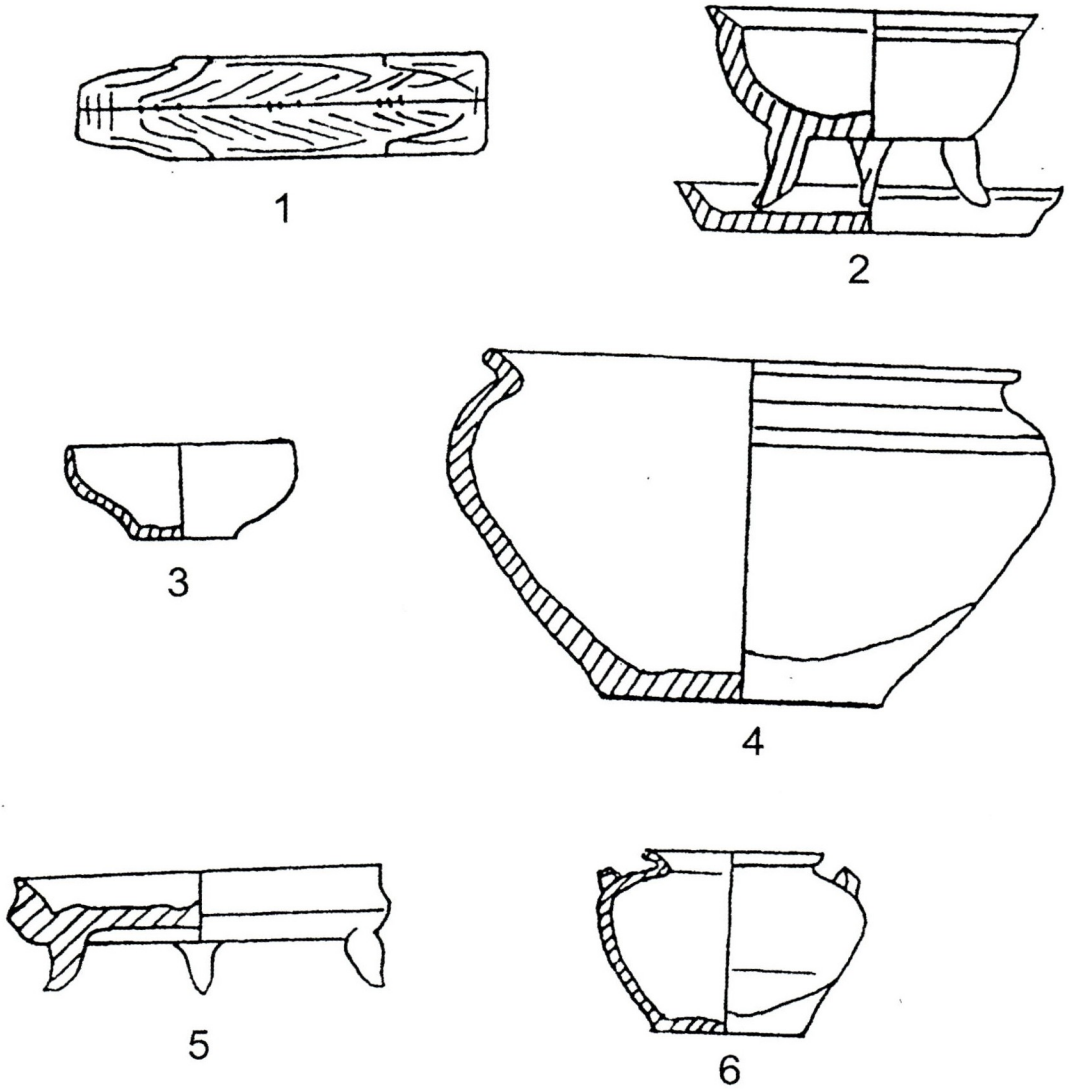

▲图一 出土器物

1.滑石猪 2.托盘三足炉 3.盏 4.钵 5.三足砚 6.双系罐

（原载《南方文物》2000 年第 2 期）

晋江清理唐墓

◎施良衍　何振良

2000 年 5 月，福建晋江市博物馆在晋江南岸池店一唐墓进行抢救性清理，出土一套较完整的随葬品。该墓葬为砖构券顶单室墓，由甬道和墓室组成。墓室为长方形黄色条砖顺砌，清理出土的随葬品有青瓷器和陶器，大多为实用器，也有明器。四管插器、虎子、两系小罐、两系盘口壶等较完整。其中盘口壶等器物高大瘦长，碗出现玉璧形足，呈现中晚唐时期同类墓葬特点，该墓葬的年代应为唐中晚期。该墓的发掘清理，对研究福建的唐墓和地方历史提供了宝贵资料。

（原载《中国文物报》2000 年 6 月 4 日一版）

晋江市内坑吕厝唐墓
发掘简报（节选）

◎李水长

内坑原名"梨坑"，地处晋江市西部，与南安市官桥镇交界，历史悠久，素有晋江"西大门"之称。2010年9月30日，晋江市内坑镇吕厝村发现一座券顶砖室古墓。接到报告后，晋江市博物馆工作人员立即赶赴现场，并邀请泉州市考古队进行抢救性发掘。考古发掘历时2天。

墓内葬具及尸骨均无存，出土遗物多位于甬道中，发掘时部分出土物已破碎，出土器物共24件。这些器物制作精良，除三足炉和灶为陶器之外，其余皆为青瓷器，具体描述如下：

鐎斗 M1：5，完整。口，11.4厘米、高8厘米。尖唇，撇沿，敛口，弧腹，平底微凹，腹部一侧贴塑鱼尾纹把手，三蹄形足。通体施青釉，釉稀薄光亮，有开片（图三，1）。

博山炉 M1：6，完整。通高13.3厘米。由托盘、子口罐和多尖盖组合而成。盖顶部堆贴几个曲绳状尖角柱，中心对称戳刺4个小孔，盖外侧对称贴塑4个小耳，罐弧腹，下腹部有修削，托盘为尖唇，敞口，浅弧腹，平底。通体施青釉，釉稀薄光亮，有流釉，并有细小开片。罐内及托盘底部无釉露胎，胎灰色，质粗（图三，2）。

三足砚 M1：12，一足残。口径、底径、高厘米。圆形盘，侈口，圆唇，浅腹，平底微鼓，底部间隔均匀地贴塑三锥形足，足尖外撇。施青釉，釉稀薄光亮，有开片，内外底无釉露胎，质地坚硬粗糙（图三，3）。

碗 2件，完整。

M1：8，口径9厘米、底径3.8厘米、高5.6厘米。敞口，尖唇，弧腹，圈足。施青釉，釉稀薄光亮，有开片，内外底无釉露胎，胎色灰白，质地坚硬粗糙（图三，4）。

M1：9，口径10厘米、底径4厘米、高6.8厘米。敞口，尖唇，外沿下部施2道凹弦纹，弧腹，圈足。内外施青黄釉，釉稀薄光亮，有开片，釉不及底，露灰白胎，质地坚硬粗糙（图三，5）。

三足砚（M1：12）　碗（M1：8）　碗（M1：9）　六系罐（M1：22）

五盅盘（M1：24）　三足砚（M1：10）　双系罐（M1：3）　双系罐（M1：2）

六系罐　M1：22，完整。口径 12.4 厘米、底径 14 厘米、高 28 厘米。圆唇，敛口，束颈，丰肩，肩部贴有六系环耳，鼓腹，平底微凹。内外施青釉，外施釉不及底，釉色稀薄光亮，有流釉，并有细小开片，底部露胎，质地坚硬粗糙，有厚重感（图三，6）。

五盅盘　M1：24，完整。口径 15.5 厘米、底径 7 厘米、高 4.4 厘米。盘身直口，平底，内有 5 个小盅与盘身相粘连（图三，7）。

三足炉　M1：10，完整。口径 20 厘米、底径 9 厘米、高 9 厘米。夹砂灰陶，平沿，敞口，口沿内外饰有 1 道弦纹，弧腹，平底，底部贴塑三蹄足（图三，8）。

四管插器　M1：16，完整。通高 12 厘米。由四管与底座两部分组成。四管直口，平底。通体施白釉（图三，9）。

双系罐　3 件，完整。3 件器物形制相若，尖唇，束颈，丰肩，肩部对称贴塑 2 个环耳，腹内收，平底微凹。壁内外施青釉，外壁施釉不及底，釉稀薄光亮，有流釉，并有细小开片，底部露胎，胎质坚硬粗糙，有厚重感。

M1：3，口径 6.4 厘米、底径 6 厘米、高 8 厘米。罐内置海生贝类遗骸（图三，10）。

M1：4，口径 7.4 厘米、底径 5.8 厘米、高 7 厘米。罐内置谷物（图三，11）。

M1：2，口径 6.4 厘米、底径 6 厘米、高 7 厘米（图三，12）。

盏托　2 件，完整。2 件器物形制相若，包括托盘和托杯两部分。托盘为尖唇，口微敛，斜弧腹，平底微凹，实足。托杯位于托盘中间，与托盘相粘连，圆唇，斜腹，平底微凹。壁内外施青釉，外壁施釉不及底，釉稀薄光亮，有流釉，并有细小开片，底部露胎，质地坚硬粗糙，有厚重感。

M1：19，通高 3.8 厘米，其中托盘口径 12.8 厘米、底径 7 厘米，托杯口径 6 厘米（图

盏托（M1：19） 　　盏托（M1：21） 　　唾壶（M1：14） 　　陶灶（M1：17）

托杯（M1：20） 　　盘口壶（M1：11） 　　盘口壶（M1：3） 　　高足盘（M1：1）

三，13）。

M1：21，通高 3.2 厘米，其中托盘口径 13 厘米、底径 5.8 厘米，托杯口径 6.6 厘米（图三，14）。

唾壶 M1：14，完整。口径 3.2 厘米、底径 5.1 厘米、高 6.1 厘米。圆唇，敞口，束颈，溜肩，鼓腹，平底微凹。内外施青黄釉，釉稀薄光亮，有开片，底露胎，质地坚硬粗糙（图三，15）。

陶灶 M1：17，完整。长 21.7 厘米、宽 10.4 厘米、高 6.1 厘米。灶台平面呈船形，悬空式灶门，灶门上端呈齿状，灶面微凹，上有 2 个灶眼，灶后端有翘起的烟孔。灶眼上置一套釜、甑。釜为尖唇，撇沿，口微敛，鼓腹，圆底。甑为敞口，斜腹，平底，底中心有镂孔（图三，16）。

托杯 M1：20，完整。器物由托和杯组成，通高 7.2 厘米，其中杯口径 6 厘米、足径 3 厘米，盏托口径 10 厘米、足径 5.8 厘米。杯为敞口，口沿外侧饰 2 道凹弦纹，斜腹，实足，足端外撇。托为尖唇，敞口，弧腹，饼足微凹。通体施青釉，外壁施釉不及底，底部露胎（图三，17）。

盘口壶 2 件，完整，形制各异。

M1：11，口径 6.1 厘米、底径 5.8 厘米、高 7.5 厘米。尖唇，盘口，盘口外沿饰 1 道凹弦纹，束颈，溜肩，扁圆腹，腹下部内收，实足微撇。内外施青釉，釉稀薄均匀光亮，足底露胎，胎质较粗糙（图三，18）。

M1：13，口径 13 厘米、底径 11 厘米、高 30 厘米。尖唇，盘口，口沿外侧饰数道弦纹，长颈，溜肩，颈肩之间对称饰竖向 2 个环耳，鼓腹，平底。施青釉，釉不及底，釉稀薄光亮，有流釉，并有细小开片，腹下部及底部露白胎，胎质坚硬粗糙，有厚重感（图三，19）。

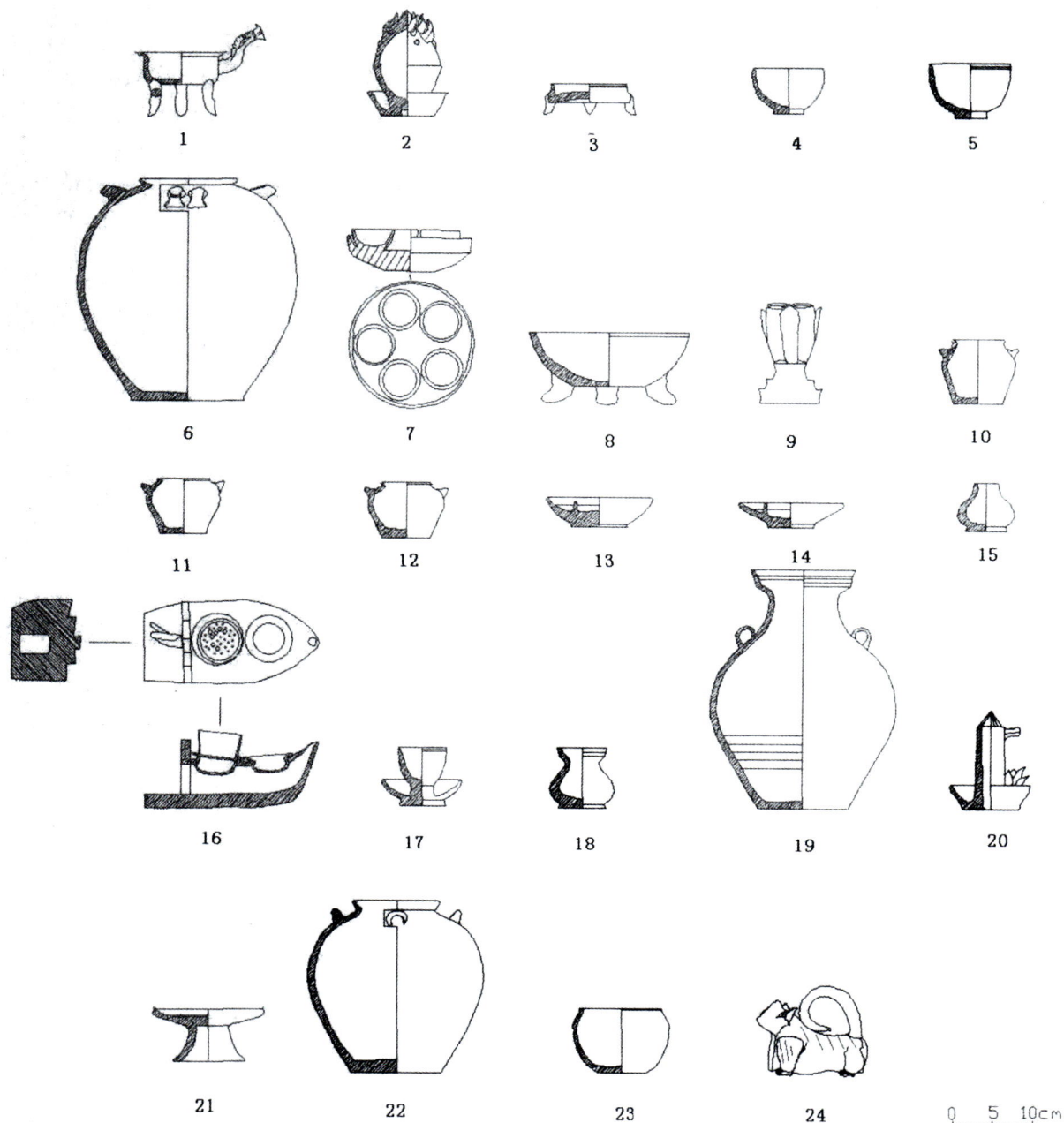

▲图三　出土瓷物

1.鐎斗（M1：5）　2.博山炉（M1：6）　3.三足观（M1：10）　4、5.碗（M1：8、M1：9）

6.六系罐（M1：22）　7.五盅盘（M1：24）　8.三足炉（M1：12）　9.四管插器（M1：16）

10、11、12.双系罐（M1：3、M1：4、M1：2）　13、14.盏托（M1：19、M1：21）　15.唾壶（M1：14）

16.陶灶（M1：17）　17.托杯（M1：20）　18、19.盘口壶（M1：11、M1：13）　20.烛台（M1：18）

21.高足盘（M1：1）　22.四系罐（M1：23）　23.钵（M1：7）　24.虎子（M1：15）

烛台　M1：18，完整。底径7厘米、高12.3厘米。烛孔整体呈柱状，烛孔上覆有斗笠形盖，孔一侧上端贴塑一环形耳，下部雕成莲花瓣状。烛盘为方唇，浅曲腹，平底微凹。器外壁施青釉，釉稀薄光亮，有开片，器底露胎，质地坚硬粗糙（图三，20）。

高足盘　M1：1，口残。残高6.6厘米、口径13.5厘米、足径4.5厘米。直口，浅腹曲收，

四系罐（M1：23）　　　钵（M1：7）　　　　烛台（M1：18）　　　四管插器（M1：16）

双系罐（M1：4）　　　虎子（M1：15）　　　镳斗（M1：5）　　　博山炉（M1：6）

盘底微平，喇叭形高圈足。内外施青釉，釉稀薄不均，有流釉，并有细小开片，圈足内露胎，胎质坚较粗（图三，21）。

四系罐 M1：23，完整。口径10.4厘米、底径11.2厘米、高21.3厘米。敛口，撇沿，束颈，丰肩，肩部对称饰四系环耳，鼓腹，下腹浅收，平底。外壁施青釉，釉不及底，底露灰胎，胎质粗糙（图三，22）。

钵 M1：7，完整。口径10.2厘米、底径6.2厘米、高8厘米。尖唇，敛口，口沿外侧饰有2道凹弦纹，口沿内侧有轮弦纹，撇沿，鼓腹，下腹内收，平底微凹。内外壁施青釉，釉色薄匀，局部有流釉，外壁施釉不及底，露灰白胎，胎质坚硬粗糙（图三，23）。

虎子巧 M1：15，完整。通高12厘米。用粘贴、刻划等手法生动简洁地塑造出老虎的眼、眉、鼻、嘴、四肢和尾巴，通体施灰白釉（图三，24）。

该墓出土器物具有典型的磁灶窑系特征。青瓷器胎色以灰白为主，有的偏黄，胎质较粗糙。器物皆施青釉，釉色青中闪黄，釉色莹润，玻璃质感强，属草木灰和石灰石混烧的石灰釉，应是本地烧制。福建地区以丘陵地貌为主，属亚热带气候，雨量充足，草木茂密繁盛，水资源丰富，极利于陶瓷的制作。晋江地区制陶业有着悠久的历史，距该墓不远的晋江溪口山窑址就是一处规模较大的南朝时期古窑址，这说明到南朝时期，福建特别是泉州地区已经具备了比较成熟的陶瓷烧造技术。

（原载《福建文博》2011年第2期）

晋江紫帽园坂村唐墓
清理简报（节选）

◎陈建中

2015年3月20日，在晋江市紫帽镇园坂村一施工工地内，发现一座砖室墓葬，编号M1。为了保护墓葬，泉州市博物馆和泉州市文物保护研究中心的考古人员，在晋江市博物馆的配合下，于3月21日开始对墓葬进行抢救性清理。

墓葬共出土30件随葬品，除陶灶外的器物均普遍施青釉，釉面有细小开片，施釉不及底，脱落严重，底部皆有螺旋纹，为轮制痕迹。绝大部分器物分布于甬道和棺室前部，仅陶灶、鐎斗、盘口壶3件器物位于棺室后部。具体器物描述如下：

小盏 6件。

M1：1 圆唇，直口，斜腹，平底。内外施青釉，灰色胎。口径8厘米、底径3.8厘米、高2.6厘米（图一：7）。

M1：2 尖唇，直口，弧腹，平底。灰色胎。口径7.6厘米、底径4.5厘米、高2.4厘米。

M1：3 尖唇，直口，斜腹，平底。

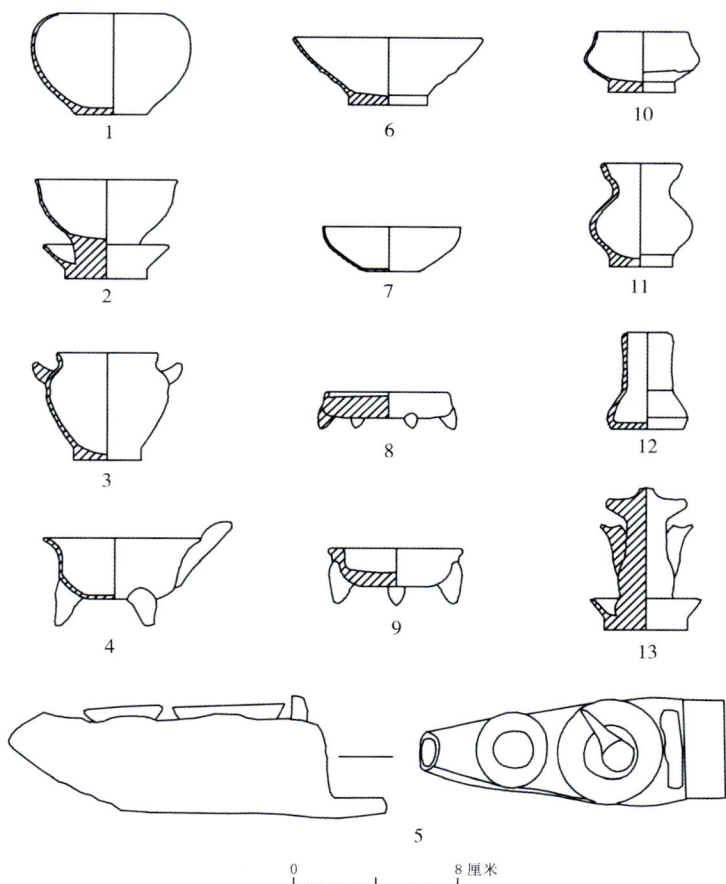

1.钵（M1：9） 2.托杯（M1：14） 3.双系小罐（M1：11） 4.鐎斗（M1：25） 5.陶灶（M1：30） 6.小碟（M1：7）
7.小盏（M1：1） 8、9.砚台（M1：23、M1：22）
10.盂（M1：24） 11.小瓶（M1：20）
12.单管插器（M1：19） 13.灯盏（M1：18）
▲图一 M1出土器物（一）

施青黄釉，胎灰色。口径 8 厘米、底径 4.3 厘米、高 2.8 厘米。

M1：4 尖唇，直口，斜腹，平底，灰色胎。口径 8.4 厘米、底径 4.8 厘米、高 3 厘米。

M1：5 尖唇，敛口，弧腹，平底、矮圈足。内外施青釉，有流釉现象，灰色胎。口径 6 厘米、底径 3.2 厘米、高 2.8 厘米。

M1：6 尖唇，侈口，斜腹，平底。施青釉，灰色胎。口径 6.5 厘米、底径 4 厘米、高 3.1 厘米。

小碟 2 件。皆施青釉，圈足平底，灰色胎。

M1：7 侈口，尖唇，斜腹。口径 11.6 厘米、底径 5.4 厘米、高 4.2 厘米（图一：6）。

M1：8 直口，圆唇，弧腹。口径 9.8 厘米、底径 5 厘米、高 4.6 厘米。

钵 2 件。皆为平底，灰色胎。

M1：9 敛口，丰肩，弧腹。内外施青釉。口径 6.5 厘米、底径 4.6 厘米、高 6.2 厘米（图一：1）。

M1：10 敛口，丰肩，斜腹，平底。内外施青釉，釉色脱落严重。口径 6.6 厘米、底径 4.6 厘米、高 4.9 厘米。

双系小罐 3 件。皆为敞口，短束颈，平底，肩部贴塑一对耳系。施青釉，灰色胎。

M1：11 丰肩，斜腹，口径 6 厘米、底径 4.2 厘米、高 6.8 厘米（图一：3）。

M1：12 折肩，斜腹，口径 6.2 厘米、底径 4.5 厘米、高 6.9 厘米。

M1：13 折肩，弧腹，口径 6 厘米、底径 3.9 厘米、高 6.1 厘米。

托杯 4 件。皆内外施青釉。

M1：14 杯敛口，斜腹，实足，足端外撇，托尖唇，敞口，斜腹，饼足。胎灰色，底红胎。口径 8.4 厘米、底径 5.5 厘米、高 6.6 厘米（图一：2）。

M1：15 杯敛口，斜腹，实足，足端外撇，托尖唇，敞口，斜腹，饼足。胎灰色。口径 8.2 厘米、底径 6.5 厘米、高 6.4 厘米。

M1：16 杯直口，鼓腹下收，实足，足端外撇，托尖唇，敞口，斜腹，饼足。胎红色，底灰胎。口径 8.2 厘米、底径 5.7 厘米、高 7.8 厘米。

M1：17 杯直口，弧腹下收，实足，足端外撇，托尖唇，敞口，斜腹，饼足。胎红质坚。口径 8 厘米、底径 6 厘米、高 7.3 厘米。

灯盏 1 件。

M1：18 连体，插管中间为实心柱，上部附双耳，下部附两片花瓣，底座呈圆形碟状，尖唇，斜腹，饼足。施青釉，胎灰色。底径 5 厘米、高 9 厘米（图一：13）。

单管插器 1 件。

M1：19 单管，圆唇，直口，直腹近底部外撇，平底，灰黄胎，口径 3 厘米、底径 4.5 厘米、高 6.3 厘米（图一：12）。

小瓶 2 件。皆为平底，内外施青釉，表面有流釉现象，胎灰色。

M1：20 圆唇，盘口，束颈，溜肩，扁圆腹，下腹内收，饼足。口径 4.6 厘米、底径 4.3

厘米、高 6.8 厘米（图一：11）。

M1：21 残，尖唇，敞口，束颈，溜肩，扁圆腹，下腹内收、饼足外撇。口径 3.8 厘米、底径 4.5 厘米、高 8 厘米。

砚台 2 件。皆施青釉，表面有流釉现象，灰黄胎。

M1：22 直口，折肩，直腹，下腹内收，平底，底附贴 3 支乳钉足（残 1 支）。口径 9 厘米、底径 6.4 厘米、高 3.6 厘米（图一：9）。

M1：23 侈口，直腹，下腹内收外撇，平底，底附贴 8 支乳钉足（残 1 支）。口径 8.1 厘米、底径 8.3 厘米、高 2.4 厘米（图一：8）。

盂 1 件。

M1：24 尖唇，敛口，折肩，鼓腹下收，饼足平底。内外施青釉，灰色胎，底红胎。口径 6.1 厘米、底径 4.7 厘米、高 4.4 厘米（图一：10）。

双系罐 1 件。

M1：25 直口，短颈，溜肩，弧腹，平底，肩附一对耳系，系处施弦纹 2 周。胎灰色，底红胎。口径 10.8 厘米、底径 8.8 厘米、高 18 厘米（图二：2）。

鐎斗 1 件。

M1：26 尖唇撇沿、敛口，直腹下收，平底，底附 3 支乳钉足，腹部一侧贴塑钮把。内外施青釉，灰胎，外釉不及底，底红胎。口径 9.5 厘米、底径 5 厘米、高 5.8 厘米（图一：4）。

盘口壶 3 件。皆为盘口，丰肩，鼓腹下收、平底。内外施青釉，黄胎，底红胎。

M1：27 短束颈，肩部施双耳系。口径 13.5 厘米、底径 13.2 厘米、高 31 厘米（图二：1）。

M1：28 颈部以上残，束颈，颈部施弦纹 2 周，肩部施四耳系。残高 26.4 厘米（图二：3）。M1：29 口沿残，短束颈，肩部施双耳系，残高 30.2 厘米（图二：4）。

陶灶 1 件。

M1：30 船形，中空，船头前部上翘，为圆形出烟孔，船后部留长方形灶门。灶上部设二圆孔并置 2 个小陶釜。釜尖唇，撇口、斜腹。较大的釜上置有一勺，勺面呈半球状，直把，末端呈尖状。釜后部贴塑山形挡火板。灶黄胎，质地较坚硬。通长 22 厘米、高 7.4 厘米，

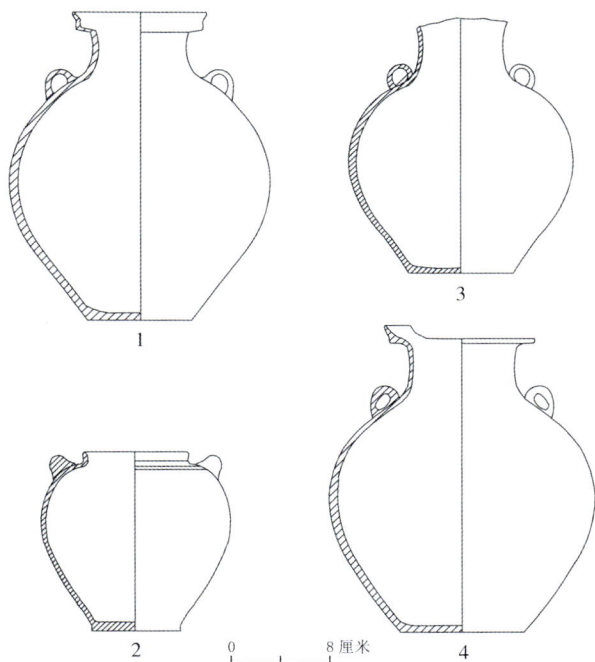

1、3、4. 盘品壶（M1：27、M1：28、M1：29）
2. 双系罐（M1：26）
▲图二 M1 出土器物（二）

1. 小盏 M1：1

2. 小盏 M1：2

3. 小盏 M1：3

4. 小盏 M1：4

5. 小盏 M1：5

6. 小盏 M1：6

7. 小碟 M1：7

8. 小碟 M1：8

9. 小碟 M1：9

10. 钵 M1：10

11 双系小罐 M1：11

12. 双系小罐 M1：12

13. 双系小罐 M1：13

14. 托杯 M1：14

15. 托杯 M1：15

16. 托杯 M1：16

17. 托杯 M1：17

18. 灯盏 M1：18

19. 单管插器 M1：19

20. 小瓶 M1：20

21. 小瓶 M1：21

22. 砚台 M1：22

23. 观台 M1：23

24. 盂 M1：24

25. 双系罐 M1：25

26. 鐎斗 M1：26

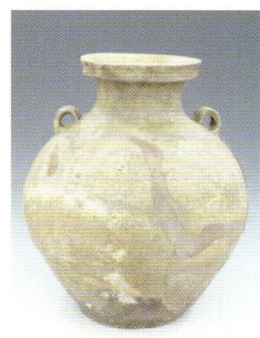

27. 盘口壶 M1：27

28. 盘口壶 M1：28

29. 盘品壶 M1：29

30. 陶灶 M1：30

两釜的口径分别为 4.5 厘米、6.5 厘米，勺通长 5.5 厘米、勺面直径 2.2 厘米（图一：5）。

由于该墓墓砖上没有印刻记录年代的铭文，给墓葬年代判定造成一定的困难。但根据墓葬中出土 30 件随葬品的数量来看（图三），与泉州唐墓清理出的随葬品相当，远超南朝时期墓葬随葬品的数量[1]，且出土器物中的盘口壶、双系罐椭圆高长、鼓腹下收，双系小罐、钵、托杯及瓶小巧、鼓腹的形制符合泉州唐代同类型随葬品的特征，与 2004 年发掘的惠安上村唐墓[2] 和 2010 年发掘的晋江内坑唐墓[3] 的相关出土器物形制类似，因此初步推测该墓葬为唐墓。

从出土器物来看，这批器物皆施青釉，属草木灰和石灰石混烧的石灰釉。釉面有细小开片，形成冰裂纹，并有流釉现象。胎色以灰白为主，胎质较细腻，具有典型的磁灶窑系特征，与磁灶窑址第一、二期器物特征相符。磁灶窑址第一期的年代为南朝晚期至唐中期，第二期的年代为晚唐至五代[4]，而这批器物可能处于两者的过渡时期，即唐代中后期。进而，我们将该墓年代推断为唐代中后期。

该墓地处晋江流域下游，正是北人南迁泉州时聚居的主要区域之一。此区域经过南朝至隋唐，长达数百年的和平稳定与发展，经济已有很大提升，人口也有增加，至唐代已成为人丁兴旺、物质丰饶之地。此前文物考古工作者在青阳、池店、内坑等地都有发现唐代墓葬[5]，清理出土大量随葬品，其规模与随葬品质量并不亚于泉州市区已发现的唐墓。此次在紫帽镇发现这座保存完整、随葬品众多的唐代墓葬，也再次印证了晋江市北部沿江平原地区在唐代已达到较为发达的水平。

（原载《福建文博》2018 年第 7 期）

注释

[1] 范佳平、黄伟：《泉州六朝隋唐墓》第 4 章《时代与分期》，九州出版社，2013 年，第 110 页。

[2] 泉州市文物管理委员会、惠安县博物馆：《福建惠安县上村唐墓的清理》，《考古》2004 年第 4 期。

[3] 泉州市博物馆、晋江市博物馆：《晋江市内坑吕厝唐墓发掘简报》，《福建文博》2011 年第 2 期。

[4] 福建博物院、晋江市博物馆：《磁灶窑址：福建晋江磁灶考古调查发掘报告》，科学出版社，2011 年，第 373、377 页。

[5] 何振良：《福建晋江出土的南朝隋唐青瓷》，《中国古陶瓷研究（第 8 辑）》，紫禁城出版社，2002 年，第 48、49 页。

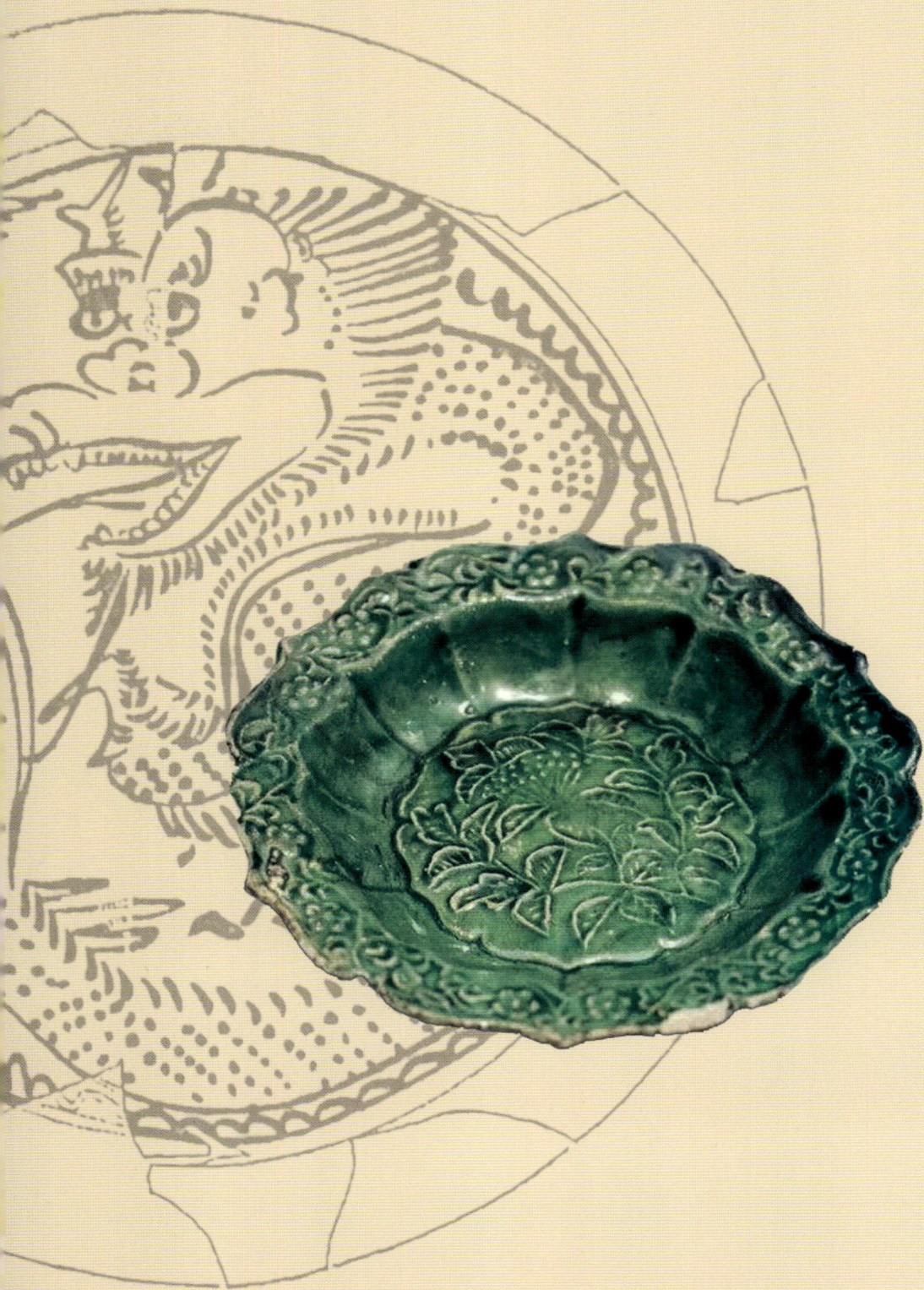

专论类

晋江、泉州古代外销陶瓷初探

◎叶文程

古泉州地区的晋江县和泉州，是宋元时代盛产陶瓷的重要地区。在宋元时代，这里出现许多烧制陶瓷器的窑场，其中较著名的古窑场有晋江县磁灶乡、泉州市郊东门窑等。由于这里所处的特定地理环境，东南临海，泉州又是中世纪海外交通非常发达的奢名港口，这一地区在南宋及其之后，古代陶瓷窑场的大量出现和外销有密切的关系。中华人民共和国成立后，经过多次的调查所得到的大量古陶瓷标本，结合东南亚各国出土的资料看，可以证实这里所烧制的陶瓷器大量是作为外销的。

1964年间，我们曾到晋江磁灶乡和泉州东门窑进行调查，现就上述两处窑址位置及堆积情况做一简介。

晋江磁灶（即现在磁灶公社所在地）位于泉州市西南部、晋江县中部，距泉州市20多公里。这里历来以生产陶瓷为主，故被称为"磁灶乡"。其周围有许多起伏的山丘，人们便是在这小山窝里筑窑烧造瓷器。磁灶乡北部横贯着一条溪流，叫作"梅溪"，由西向东流经泉州与晋江汇合流入泉州湾。古窑址都分布在梅溪两岸的小山丘上。主要的窑址有蜘蛛山、许山、虎尾庵、宫仔山等4处。就堆积情况看，上层杂有近代的陶瓷片，下层便是古窑陶瓷碎片和烧窑工具的堆积。瓷片釉色有绿釉、青釉、黑釉等数种。堆秋层厚度1—3米左右。

蜘蛛山窑址位于磁灶乡的东部，堆积物甚丰富，出土物也较完整，是磁灶乡古窑址较重要的一个。

虎尾庵窑址位于磁灶乡的东部，南邻蜘蛛山遗址。现在的一条新龙窑就是在古窑址上建起来的。遗址大部分被破坏，文化层堆积1—5米左右。

许山窑址、宫仔山窑址位于磁灶乡的东南部。这两个窑址受破坏较厉害，特别是宫仔山遗址已堆满近代碎片，古代碎瓷片较难找到。

磁灶古窑址就遗物的器形、釉色和装饰花纹，并结合文献记载和以前的调查看，可以初步确定是宋元时代的。

泉州东门外碗窑乡，位于泉州市的东北部，距泉州市约有 8 公里。该乡有一个小小的盆地，东西北三面环山，南部有一条小溪流入浔美港。据说在古代，海潮可涨至该乡，海运交通便利。浔美港和后渚港相连，应为瓷器外运的出发点。

碗窑乡古窑址分布在南、北两个小山坡上，故称为"南窑"和"北窑"。

北窑是在后路村的后山，山高约 50—60 米。碎瓷片就堆积在山坡上，堆积层厚度约 2—3 米。南窑在后路村的南面山坡上，山高约 10—20 米，堆积层厚度 1—2 米。遗址范围东北长约 54 米，南北宽约 20 米。

碗窑乡烧瓷的历史较长，就南北两窑调查所得的器物看，釉色以青釉居多，器形种类有碗、盘、炉、缸、器盖等，可以确定为宋代的产品。

晋江磁灶古窑址出土的器物：

磁灶蜘蛛山出土的遗物，其釉色有绿釉、黄绿釉、青釉、黑釉和褐色釉等，还有一些未施釉的器物。器物的胎骨一般较厚重，质粗，硬度大。

胎骨有灰色、褐色、红褐色、黄色或淡黄色。釉水薄而均匀，没有垂釉和凝釉的现象。绿釉、酱色釉较光亮，青釉器物都呈现有细小的冰裂纹。器物施釉情况是，碗、碟器外施釉，碟有的无施釉，有的只在近口沿处施釉。壶、缸等器内无釉。露胎处呈灰色、褐色或淡黄色。

这里出土的一种绿釉双龙壶，或称之为军持壶，共采集到几件，有的缺口部，有的缺流部，但都可以复原。一般高 12 厘米、口径 6 厘米、底径 5.5 厘米。口稍外侈，边唇外折，颈短而粗，底平微凹，流附于肩腹之间，腹部周身印 2 条龙纹，腹下部有 1 道弦纹，底腹印有瓜瓣纹。器表施绿釉，釉水光亮（图一）。这类器物现场出土不少，泉州海外交通史博物馆在调查发掘该窑址时也曾发现过这种标本。我们这里仅选取一件较完整的进行介绍。军持这类器物在东南亚一些国家曾有发现，如菲律宾发现的军持（图二，见艾迪斯著《菲律宾发现的中国瓷器》附图 29b，《东方陶瓷协会学报》37 卷，1967—1969 年），同为绿色釉，器身也模印有龙纹，但也有无装饰的。通过对菲律宾发现的这类器物与晋江磁灶乡出土的军持进行比较研究，我们认为两者无论从器物的造型特点、釉色和表面的装饰花纹看都极其相似，可以确定为这类器物是晋江磁灶乡所烧制的专供外销用的产品无疑。

还出土有一种未施釉的军持，相当完整，表面作灰色或淡黄色，器物的形制和表面所印的龙纹与上述军持完全相同，特别是腹下部模印的瓜瓣纹更为相似。这类器物尽管未施釉，我们也可推知当是晋江磁灶乡烧制的外销瓷产品（图三）。

关于晋江一带烧造的古外销瓷产品——军持，这类器物的发现和出土是值得我们重视和注意的。过去，在东南亚一带曾不断出土遗留在国外的军持，但只能作一般的叙述与介绍，却未能得知是出自哪一个窑口。如《南洋遗留的中国古外销陶瓷》一书说："朱彧撰之《萍洲可谈》一书，其卷二述我国海舶在广州载货南航时各种情事颇详。其海舶大者可容数百人，小者容百余人，以巨商为纲首、副纲首及杂事，且经市舶司批准。海舶所载之货，以陶瓷为最多。其中所述之一段最为贴切：'舶船深阔各数十丈，商人分占贮货，人得数尺许，下以贮货，夜卧其上，货多陶器，大小相套，无少隙地。'读此，可证宋代我国陶瓷出口外销之盛，故南洋必有宋代之陶瓷流传乃意中事，查雅加达博物院在南洋获得之宋瓷最多，除大盘、大碗之外，其获得之军持及各种瓶、壶之类亦不少。"（韩槐准著《南洋遗留的中国古外销陶瓷》，页 9，图三，新加坡青年书局，1959 年）所以，晋江磁灶乡出土的军持，对照东南亚一带发现的军持和瓶、壶等类器物，可使我们得知：东南亚等地发现的军持等标本大多数是出自晋江磁灶乡这个窑口，比以前一般所推论的"华南窑"就更为确切了。

1974 年间，泉州湾后渚港宋代海船的发掘，在船舱的第二舱中曾出土一件军持，颇为完整，是一件值得注意的重要标本。这件军持为灰黑色胎骨，表面似磨光，口沿部刻山形几何纹，肩部间有数道弦纹和不规则的刻划纹（泉州湾宋代海船发掘报告编写组《泉州湾宋代海船的陶瓷器》，载福建省晋江地区文物管理委员会编《晋江地区陶瓷史料选编》，1976 年）这件军持究竟出自何地？哪一个窑口？是值得探讨的。根据这件器物的造型特点与作风，并与东南亚发现的实物和磁灶出土的同类标本进行比较，我们初步推定这种产品应是晋江磁灶乡所烧造的，也是宋元时代的外销瓷产品（图六），而不是外来物。这是否能成立还可以进行研究讨论。

在磁灶也出土有绿釉长颈壶和酱色釉长颈壶，这类产品在广泛意义上也可称之为军持壶。绿釉长颈壶出有几件，都较完整，一般高 18 厘米、口径 5.8 厘米、底径 7 厘米。口沿边唇斜削，颈长，腹上部附一长流，平底。施绿釉，底腹无釉（图四）。酱色釉长颈壶，出土数量也多，一般高 16.5 厘米、口径 5—6 厘米、底径 7.1 厘米。与绿釉长颈壶的形制相同。施酱色釉，底腹无釉（图五）。上述两种釉色的壶类虽然尚未见到国外发现的标本，但我们初步推测也应是一种古外销瓷产品。

磁灶乡还发现不少青釉小碟，器身低矮，圜底，底部宽大，有的底部并印有缠枝花纹和菊花纹。这类青釉碟是磁灶出土数量最多的一种。它在古代是一种食具或灯具，为磁灶早期所烧造的产品。这种碟也是一种外销瓷产品。在菲律宾、西里伯（今苏拉威西岛）和婆罗洲（今加里曼丹岛）出土很多。一般都认为这种青釉碟，是当时我国专为外销而烧造的。在菲律宾群岛巴布彦、加拉彦、黎刹省、民都洛、马斯巴特、三描礼士等地都有发现。（陈台民《菲律宾出土的中国瓷器》，菲律宾《华侨周刊》，第 17 卷，第 20 期，1958 年）

泉州碗窑乡北窑出土的遗物，如青釉小缸。口小，边唇外折，颈矮，器身低矮，底乎微凹。胎质细洁，作灰白色。施青釉，釉色浅，底无釉。这种小缸与印度尼西亚雅加达博物馆得自渔民在爪哇海捞得的宋瓷也颇相似，也应是古外销瓷的一种。（韩槐准著《南洋遗留的中国古外销陶瓷》，图版五，新加坡青年书局，1959 年）

南窑和北窑出土的青釉碗和青釉盘等，与东南亚一带发现的也有相似之处，也应是这里烧造的外销瓷产品。（韩槐准著《南洋遗留的中国古外销陶瓷》，图版六，新加坡青年

书局，1959 年）

此外，福建省泉州海外交通史博物馆及已故吴文良先生也藏有水坛多件，系碗窑乡出土。就器物的形制看，也与韩槐准先生在国外搜集的非常相似（韩槐准著《南洋遗留的中国古外销陶瓷》，图版七，新加坡青年书局，1959 年），可以确定是泉州碗窑乡烧造的外销瓷产品之一种。

晋江磁灶乡、泉州碗窑乡出土的陶瓷器，种类颇多，其中尤以军持、瓶、碟居多。根据器物的形制与特点看，是宋元时代的产品，主要根据是：

就器形看，如军持壶、瓶，颈粗而长，器身瘦长，流直而长，有的几与口齐高。至于流的安排上，有在肩部，也有在肩腹向，有的流与颈之间还附有板饰，使流与颈部连结起来。柄的制作，上端粘于颈部，下端粘附于肩部或腹部。这些都具有宋元时代的特征。

就釉色看，有青釉、绿釉、黄绿釉、酱色釉、褐色釉、黑釉，主要的釉色是青釉和绿釉，其次为酱釉和黑釉。青釉器物中，釉色有深有浅，器物内外呈现有细小冰裂纹。黑釉器的标本，与水吉建窑出土的很相似，可以推定其时代应是宋代或稍后的。

就装饰看，装饰技法有印花、划花、堆花、贴花，装饰花纹有龙纹、缠枝花纹、莲瓣纹、牡丹花纹等。这都具有宋元时代装饰的风格。

就文献记载看，据《梅溪吴氏分支族谱》云："三世，元末大乱，招延清源鸿孺麦先生，设熟海训子弟耕陶……"又乾隆《晋江县志》云："瓷器出晋江磁灶乡，烧大小钵子、缸、瓮之属，并过洋（南洋，即东南亚诸国）。"

如上所述，晋江磁灶烧制陶瓷器是有其悠久的历史。它不仅烧造供国内需用的陶瓷器，也烧造外销到东南亚各国的外销产品。如前面提到的军持（菲律宾称为龙壶）、瓶、碟等，便是例证。直到今天，磁灶仍在烧造外销东南亚诸国的陶瓷器。同时，历史上磁灶人又把制瓷技术传播到菲律宾去。有人曾提道："……中国（福建省）晋江县磁灶乡……自这小村镇移来的工匠，把这工艺介绍到菲律宾去。"（Gregorio L•Azarin《磁灶窑制瓷技术》，[菲律宾]《华侨周刊》，第 26 卷，第 1 期，1963 年）直至现在，菲律宾仍有华侨和当地人民从事陶业生产。

泉州碗窑乡南北两窑出土的遗物，其类别有碗、盘、碟、钵、盒等，而以碗类器居多，因此，这个瓷窑称为"碗窑"。该窑釉色以青釉为主，青釉中有带黄或带褐的，色泽深浅不一，釉面呈现有细小冰裂纹。装饰花纹有莲花瓣纹、缠枝花纹、刻划线纹等，纹饰简单朴素。该窑瓷器胎厚，有浑厚凝重之感，特别是大型碗、盘。就以上器形、釉色和纹饰看，可以证明其是宋代的瓷窑。

前面提到的碗、缸、坛等物，可以肯定有相当一部分是作为外销的。（韩槐准著《南洋遗留的中国古外销陶瓷》，图版，新加坡青年书局，1959 年）陈万里先生在《调查闽南古代窑址小记》中曾提到，这里发现的瓷器产品，外销的也当占有相当的一部分。

晋江、泉州及其附近地区，自宋元以来窑业兴盛，宋元时期可谓其陶瓷业的勃兴时代。

这一时期陶瓷业发达的原因，与当时泉州港成为对外贸易的国际大港是有密切关系的。从国外陶瓷标本的不断发现，而国内传世品却不多，也可以说明当时烧制的瓷器有一大部分是作为外销的。当宋元之际泉州港对外贸易发达，泉州及其附近地区的陶瓷器作为外销商品之一，由泉州港运销到亚、非各国去。如元周达观《真腊风土记》曾说："如温州之漆盘，泉州之青瓷器。"所以，泉州一带作为外销商品的陶瓷器，是泉州港中外交通的重要实物佐证。

泉州地区宋元时代古外销陶瓷标本的调查发现及研究，就其意义来说是非常重要的。这不但丰富了福建陶瓷史和我国陶瓷史的内容，也为古外销陶瓷的研究提供了极其新颖的资料。晋江磁灶乡和泉州碗窑乡发现的古外销陶瓷标本和东南亚各国所发现的相互比较都有相类之处。结合文献记载看，如《诸蕃志》《岛夷志略》等书所记，可以说明自 10 世纪以来，中国人民和亚、非各国人民的友好往来。例如伊本·白图泰曾说："中国陶器仅产于刺桐（泉州）、兴克兰（广州）两城……中国人将瓷器转运出口至印度诸国，以达吾乡摩洛哥。"（张星烺《中西交通史料汇编》，第三册，《古代中国与非洲之交通》，174 页）当时陶瓷工艺品的大量对外输出，也说明我国陶瓷器对世界物质文化的影响和贡献。晋江、泉州的制瓷技术，曾由我国陶瓷工人带到菲律宾去。根据我们的调查访问和有关资料看，在菲律宾怡老戈曾有几条龙窑在烧造陶瓷器。他们把所烧造的瓮，叫作"文奈""达巴渊"和"大孝"。（Gregorio L·Azarin《磁灶窑制瓷技术》，菲律宾《华侨周刊》，第26 卷，第 1 期，1963 年）

晋江、泉州古陶瓷的外销和制瓷技术的外传，普遍受到各国人民的欢迎，显示出我国古代劳动人民的聪明和智慧。通过古陶瓷的外销，不但促进泉州海外交通贸易的发展，也促进了中国人民和亚、非各国人民的经济、文化交流和友好交往。今天，我们通过晋江、泉州古外销陶瓷的发现来追溯历史，回忆往事，感到无比欣慰。中国人民与亚、非各国人民之间悠久的历史友谊，像一条源远流长的大河，将越来越波澜壮阔地向前奔流。

[原载《厦门大学学报》（哲学社会科学版）1979 年第 1 期]

▲图一 晋江磁灶出土军持

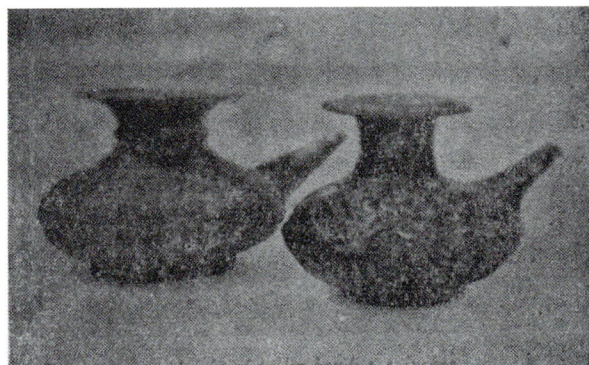

▲图二 菲律宾出土军持

▲图三 晋江磁灶出土未施釉军持

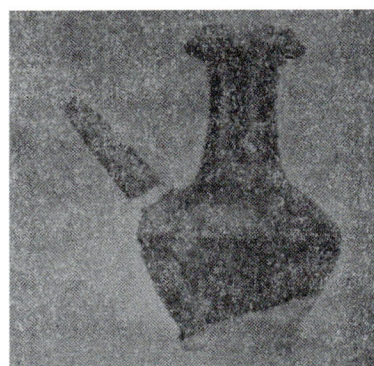

▲图四 晋江磁灶出土绿釉壶

▲图五 晋江磁灶出土酱色釉壶

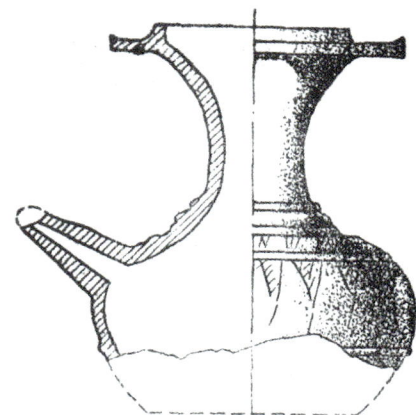

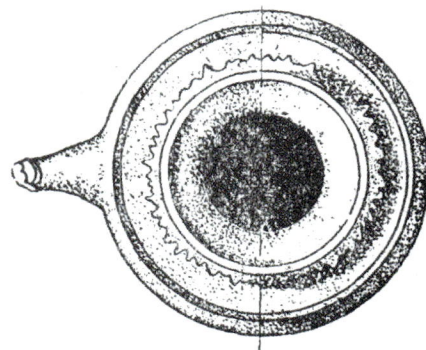

▲图六 泉州湾宋代海船出土军持

晋江磁灶窑的发展及其外销

◎叶文程 苏垂昌 黄世春

一

我国著名的文化古城——泉州，自唐宋以降，就凭借其优越的港口条件、丰富的手工业产品和发达的文化，逐渐成为中世纪"梯航万国"的世界著名贸易港。特别是宋元时期，泉州港已跃居我国四大贸易港（广州、明州和扬州）之首，成为我国对外交通、贸易和中外文化交流的重要城市。

距今泉州市西南约 16 公里，地濒泉州湾的晋江磁灶的磁灶窑，是宋元时期福建和泉州地区的一个重要的陶瓷外销的窑口。磁灶历史上属泉州府晋江县，今为泉州市晋江县的一个下属镇，因历代烧制陶瓷，闻名遐迩。磁灶四周小山环抱，梅溪自其西北经东折而注入泉州湾。由于地处晋江下游出海口，水陆交通便捷，陶瓷产品可借舟楫之便，运抵口岸，出洋外销。古窑址分布在梅溪两岸的小山丘上，保存较好的有土尾庵、蜘蛛山、曾竹山、童子山等。

中华人民共和国成立前，沙善德氏访问磁灶时，就指出它是一处外销窑口。他把磁灶窑产品和南洋出土的宋以后陶瓷产品做了比较，认为南洋出土的某些陶瓷，如龙瓮，即是磁灶窑产品[1]。

1956 年冬，故宫博物院陈万里、冯先铭和李辉柄对磁灶窑进行了调查，在许山、蜘蛛山、宫仔山和土尾庵，采集到许多陶瓷及窑具的残片。其中有青釉碗（莲瓣、篦纹）、黑釉碗、炉形器、青釉碟等。从采集到的器物的特征判断，磁灶窑是一处宋至明以"青釉为主，黑釉为辅"，至今延续不断、历史悠久的窑口[2]。

1963 年和 1964 年，厦门大学人类博物馆研究人员曾 2 次到晋江磁灶窑的蜘蛛山、土尾庵、许山和宫仔山等遗址进行调查。在上述遗址中，采集了不少标本，其中有一部分标本相当完整。标本有如军持、青釉碟、长颈瓶和长颈壶等，釉色有青、黄、绿、黑、酱等。经我们初步观察，这些器物主要是输往东南亚诸国。还有一些粗陶器，如早期烧造的"龙瓮"——宋元以来烧造的咸菜瓮，也都是销往国外的。

1978 年泉州海外交通史博物馆对磁灶窑进行全面调查，并选择了溪口山、蜘蛛山、土尾庵和童子山一号窑，进行局部试掘，采集到近千件标本，首次发现了南朝晚期窑址——溪口山窑[3]。

1976 年 3 月晋江县文化馆配合晋江地区文管会对磁灶进行普查，共查出古窑址 19 处，采集部分标本。1979 年 9 月，晋江县文管会又对磁灶窑址进行复查，考证出南朝窑址 1 处、唐代窑址 5 处、唐宋混叠窑址 1 处、宋元窑址 12 处。1980 年，在草庵出土"明教会"黑釉碗，后又对下灶、岭畔一带窑址进行考察，在大树威窑址堆积层中发现"明教会"碗残片 2 件，找到了烧制窑口，为研究晋江明教史提供了宝贵的实物资料。

据考古工作所得资料，磁灶窑烧制年代可早到南朝晚期，此后，历代延续不断。现将各窑址的时代、分布列述如下：

（1）南朝晚期窑址 1 处：位于下官路村，双溪口的溪口山（下层）。

（2）唐五代窑址 6 处：分布在下灶村的虎仔山、后山和老鼠石，下官路村的后壁山、狗仔山、溪口山（上层），岭畔村的童子山（二号窑）。

（3）宋元窑址 12 处：分布在岭畔村的蜘蛛山、土尾庵、山坪和童子山（一号窑），磁灶村的许山、宫仔山、顶山尾和大树威；前埔村的曾竹山、金交椅山、溪墘山，另一处为现属泉州市南安市官桥下洋村的斗温山。

（4）清代窑址 7 处：分布于下官路村的铜锣山，洋宅村的路山尾，下灶村的宫仔山、寨边山、窑尾草埔，磁灶村的下尾湖、瓮灶崎。

二

溪口山窑址，破坏过甚，其堆积仅 0.8 米，曾试掘 12 平方米。窑址可分为上、下二层。其上层出土器物有盘口壶、壶、盘、钵、罐、瓮、灯座等。陶瓷生产工具和窑具有陶垫拍、陶球、托座和垫饼（三角支钉）等。前述容器类器物大多器表上部施青釉（釉层易脱落），下部无釉。这些器物从造型、釉色、风格结合窑具和工艺等方面观察，溪口山窑址下层，可早到南朝晚期。它的发现使磁灶窑的烧造年代上限大大提前了，成为泉州地区目前发现年代最早的窑址。

唐五代窑址，保存较好的有狗仔山和虎仔山，其堆积层厚约 0.6—1 米。从调查采集到的标本看，其器形有四系罐、平底钵、罐、瓮和釜等。器物质地大多粗松、灰白胎。器表仅上部施青釉、下部及底无釉。窑具方面有托座和支钉，不少器物留有支烧痕迹。从采集的器物标本分析，应是唐五代时期产品。溪口山上层也有大量的四系罐、平底钵，也应是这时期的产品。

宋元窑址有 12 处之多，堆积层的厚度远胜南朝和唐五代窑址，如土尾庵堆积约 1—5 米左右。曾竹山有 8 条窑床暴露于地表，有些窑址出现窑床重叠现象。这一时期窑址作坊范围比前代有所扩大，如曾竹山窑址其范围达 1600 平方米。海交馆对蜘蛛山和童子山一号窑进行局部试掘，发现其窑炉均为龙窑。这时期烧制的器物品种相当丰富，计有军持、瓶、带座小瓶、小口瓶、碗、钵、执壶、壶、煎壶、缸、瓮、盘、碟、注子、砚滴、炉、熏炉、盆、洗、器盖、托子、四系小盂、盖盒、漏斗、器座、墓鼓，还有雕塑的力士（人物）等。生产工具方面有模具、陶车套轴。窑具方面有托座、垫圈、垫钵、三足垫饼等。值得注意的是，除土尾庵和蜘蛛山等个别窑址外，不少窑址只烧制单一产品。如金交椅山单烧执壶，溪墘烧碗，童子山一号窑烧盆，曾竹山烧小口瓶，斗温山烧小口罐。这时期的釉色，可以说是丰富多彩，已由前代的单色釉（青釉等），发展到同时兼烧各色低温铅釉，计有绿釉、黄釉、绛色釉和黑釉。器物的成型方面，一般已采用轮制，大型器物如罐、瓮则采用手工拉坯，也有不少器物采用分段模制，然后粘接成整器。从出土窑具看，这时期已采用匣钵装烧套烧、对口烧、复烧（出有垫圈）等。还应特别提出的是，磁灶窑所使用的泥料，可能含铁量较高，故采用低温铅釉，以装饰器表，首先素烧，经上釉后再进行二次焙烧，不少器物如军持、执壶、瓶等，均为未施釉的素胎，便可证明。装饰手法有划花、刻花、贴花和雕塑等。装饰花纹方面有牡丹花纹、菊花纹、莲瓣纹、缠枝花纹、鱼藻纹、龙纹、古钱纹、水波纹、叶脉纹和圆环纹等等。童子山窑烧制的盆（或盘），颇具特色。它是在器内表面，青釉下用酱黑色彩绘各种花纹，属于釉下彩，具有北方磁州窑风格，有的盆（或盘）器里表面用酱黑釉题写诗句，颇富诗情画意。

明清时期，磁灶窑仍继续烧造，但以转烧日用粗陶为主。窑址只发现 7 处，破坏严重，范围不大，堆积层厚度一般 1.4—2.1 米。主要器类有缸、瓮、钵、壶等。窑具有托座、垫钵、垫饼和陶垫拍等。釉色有青釉、酱釉、酱黄釉，也有未施釉的粗陶[4]。

民国期间，磁灶窑址处于没落阶段。从几次调查来看，仅发现窑址 5 处，堆积层厚度只有 0.3—0.6 米，主要器物均为民间生活用具，如瓮、钵、壶、拾骸罐、养鸡槽等，以瓮及各种缸类居多。单色酱色釉。大部分为肩挑小贩销售，价格低廉，群众俗语称为"磁灶挑瓷卖，十破去九也不赔。"

中华人民共和国成立以后，磁灶陶瓷业有了较大的发展，兴建了国营陶瓷厂，除烧制各种大小缸、瓮、碗、钵外，还烧制建筑瓷。特别是党的十一届三中全会以后，磁灶陶瓷业得到了充分的发展，产品大量转为建材瓷。1984 年，磁灶镇全省第二个跨入亿元乡、镇行列。目前全镇烟囱林立、厂房列布，以生产各类建材瓷、古建筑装饰瓷为主的陶瓷产品销售全国各地。

三

目前的考古资料证明，南朝晚期的磁灶窑，已初具规模。从当时的交通形势看，泉州港与东南亚、南亚诸国的交通航线已经畅通，印度僧人拘那罗陀就是从泉州乘大船回国的。文献还记载这时期海上航路出现了"舟舶继路，商使交属"的景象。但目前国外尚未发现这一时期磁灶窑产品。

唐五代时期，我国造船业和航海术有了长足的进步，泉州港已成为当时我国主要的对外贸易港之一。据文献记载，五代时期泉州地区的"陶瓷铜铁，泛于蕃国"[5]。磁灶窑这一时期的窑址，已由南朝的 1 处增至 6 处，说明生产规模扩大。今后随着国外考古的发展，必然会有磁灶窑陶瓷产品的出土。

宋、元时期的泉州港，已跃居我国四大贸易港之首，且被外国人誉为"世界第一大港"。由于泉州对外交通贸易的繁盛，泉州地区广大腹地的陶瓷、铜铁、丝绸、茶叶等商品，源源不断地输出到亚洲各国。磁灶窑在这一时期正处在鼎盛时期，这从发现的 12 处窑址数目，可以说明。据目前所掌握的国外考古资料，它的外销地点，主要限于日本和东南亚诸国。

日本各地相当于宋元时期的遗址中，出土了很多磁灶窑土尾庵窑址的绿釉瓷器，特别是在横滨、长野、福冈和京都等地出土有磁灶窑童子山所产的黄釉下铁绘花纹盆（或盘），而且很多是完整的。此外，日本各地也发现蜘蛛山窑址所生产的绿釉剔花器和绿釉上面黄釉斑点的器物，以及龟形砚滴等等[6]。上述这些磁灶窑的产品，应是通过贸易渠道输出到日本的。据日本文献《朝野群载》记载，北宋崇宁元年（1102），泉州客商李充由泉州经明州到日本贸易，商品除丝绸外，还有"瓷碗二百床，瓷碟一百床"（床是闽南方言，用它作计算陶瓷数量的单位）。李充于崇宁三年（1104）回泉州，次年又去日本贸易，头尾五年，他就两次到日本贸易，这充分说明泉州与日本之间的商业活动是十分频繁的[7]。因而距泉州港口岸最近的磁灶窑产品能输出到日本。前述日本各地出土的磁灶窑各类陶瓷，可与日本文献相印证。

南洋的菲律宾、印尼、马来西亚等国，都发现了磁灶窑的产品，其数量相当的可观。

菲律宾曾发现磁灶窑蜘蛛山窑址、土尾庵窑址所烧制的双龙抢球、缠枝牡丹花等纹饰的绿釉军持和黑釉（无纹）军持[8]。菲律宾各地的古墓中，也出土过不少磁灶窑烧制的宋元时期的瓮和肩部堆塑蛟龙的"龙瓮"[9]。冯先铭先生在菲律宾考察外销瓷时，发现"福建泉州窑（磁灶）产品有低温绿铅釉印花盘、军持等器，军持应属定烧器，也有仿剔红剔黑工艺特征烧制的黑釉剔花瓶、罐、炉等器"[9]。马来西亚的沙捞越博物馆收藏的陶瓷，属于磁灶窑产品的有绿釉、盘，黑釉龙纹军持[10]。沙捞越首府古晋的尼亚大科的一个山洞遗址中，也出土有磁灶窑的产品[11]。磁灶窑烧制的传统产品——"龙瓮"，自宋明至今，沿袭不断，除了内销外还输出到东南亚各国，为当地人们所喜爱。它"为爪哇、渤泥及菲律宾的猎头部落所珍存，而且代代相传，尊之为神秘之法宝"。[12]印尼雅加达博物馆收集了该国各地传世和出土的中国陶瓷，其中就有磁灶窑宋元时所烧制的军持等器物[13]。以上是宋元时期磁灶窑产品向国外输出的情况。

此外，在我国台湾省澎湖县所属各个岛屿，20 世纪 70 年代以来，不断发现了磁灶窑宋元时期所烧制的产品。1985 年台湾省澎湖"县立文化中心"出版了《澎湖宋元陶瓷》一书。作者陈信雄曾于 1979 年参加台湾大学人类学系师生的"澎湖宋元陶瓷考古队"，在澎湖各岛进行宋元陶瓷遗址的调查。其后，又进行 3 次调查和发掘，所得宋元陶瓷标本在 1 万件以上。其中以福建、浙江窑口的陶瓷最多，也有磁灶窑宋元时期的产品。由于作者不能亲自到闽、浙实地考察，仅能据中国大陆出版的考古书刊核对澎湖出土的器物。即使如此，他还是能指出比较明显属于磁灶窑宋元时期烧制的某些产品。我们根据该书所提供的彩色图版、插图和对器物的描述，也能看到不少器物，确实是属于磁灶窑的特有产品。这是近 10 多年来，磁灶窑考古资料的重要发现。

澎湖列岛出土宋元陶瓷，属于磁灶窑的产品有曾竹山的陶瓶（共发现 2015 件，数量最多）、斗温山的青釉细陶壶 374 件、童子山的青釉陶盆、蜘蛛山的青釉印花碗等等。书中还有不少器物标明福建或泉州附近产品的，估计其中有相当一部分，也可能是磁灶窑的产品。陈氏还指出台湾本岛不曾发现中国宋元时期的陶瓷，因此认为，澎湖位于台湾海峡东南部，是中国东南沿海各地窑口陶瓷外销的一个转运站，由此再把商品转运到南边的菲律宾、印度尼西亚和马来西亚诸国。他得出结论："经由泉州、澎湖到南洋的澎湖航线，乃宋元期间，中国陶瓷外销航路中的一环。"[14]我们希望海峡两岸的陶瓷考古工作者，在不久的将来，能够互相来往，实地考察，进行学术交流。

四

明清时期，磁灶窑转以烧制日用粗陶为主，除供国内需求外，仍然输出到它的传统市场——东南亚诸国。如乾隆版《晋江县志》卷一记载："瓷器出磁灶乡，取地土开窑，烧大小钵子、罐、瓮之风，甚饶足，并过洋。"晋江是我国著名的侨乡。明清时期，福建人民大批出国，我国制造陶瓷的技术，随着他们传播到各侨居地——东南亚各国。例如，磁灶乡吴姓工匠，于西班牙占领菲律宾以前在菲律宾南怡罗戈省美岸社传授烧造一种叫作"文奈"的中国瓮。据说，现在"美岸制造的'文奈'具有明代的瓷器工艺的影响"。[15]因此，我们可以说，磁灶乡的工匠，为中菲文化交流作出了贡献。

总之，晋江磁灶窑是我国东南沿海地区，以烧造外销陶瓷为主的重要窑口，是具有浓厚的地方特色和时代风格的民窑。它所处的地理位置濒临泉州港口岸，使其外销条件优越。同时，它与泉州港的兴衰密切相关，当泉州港在宋元时期对外交通和贸易达到鼎盛的时候，也正是磁灶窑生产发展昌盛的时期。磁灶窑的某些产品是专门为外销而烧造的，如军持等可能是为适应东南亚各地宗教生活而生产的定烧器物。磁灶窑的产品器类丰富多彩，虽然比较粗放但却颇具特色。特别应指出的，磁灶窑出土一些瓷雕塑上，深目高鼻的人物形象，生动地反映了泉州港宋元时期"涨海声中万国商"的景象。

（原载《中国古陶瓷的外销：一九八七年福建晋江年会论文集》紫禁城出版社 1988 版）

注释

[1][12] 沙善德著，吴逎聪译：《福建——中国考古学之新富源》，《福建文化》第 27 期。

[2] 陈万里：《调查闽南古代窑址小记》，《文物》1957 年第 9 期。

[3] 陈鹏、黄天柱、黄宝玲：《福建晋江磁灶古窑址》，《考古》1982 年第 5 期；福建省泉州海外交通史博物馆调查组：《晋江县磁灶陶瓷史调查》，《海交史研究》1980 年总第 2 期。

[4] 叶文程：《晋江泉州古外销陶瓷初探》，《厦门大学学报》（哲学社会科学版）1979 年第 1 期；冯先铭《我国古代外销瓷问题》，1980 年总第 2 期。

[5] 清源：《留氏族谱·宋鄂国公传》，手抄本。

[6] 冯先铭：《中国古代外销瓷的问题》，《海交史研究》1980 年总第 2 期；《海交史研究动态》第 8 期，第 7 页；日本东京国立博物馆《日本出土的中国陶瓷特别展览》，1975 年。

[7] 木宫泰彦著，胡锡年译：《日中文化交流史》，商务印书馆，1980 年，第 243 页；《朝野群载》卷二。

[8] 艾迪斯：《菲律宾发现的中国瓷器》，《东方陶瓷协会学报》第 37 卷，1967—1969 年。

[9] 冯先铭：《元以前我国瓷器销行亚洲的考察》，《文物》1981 年第 6 期，第 71 页。

[10][11] 冯先铭：《在东南亚国家的中国古代外销陶瓷见闻》，《海交史研究动态》第 9 期。

[13] 韩槐准：《南洋遗留的中国古外销陶瓷》，新加坡青年书局，1959 年，第 9 页，图三。

[14] 陈信雄：《澎湖宋元陶瓷》，澎湖县文化中心，1985 年。

[15] Gregorio L·Azurin：《磁灶窑制瓷技术》菲律宾《华侨周刊》第 26 卷第 1 期，1963 年。

福建磁灶土尾庵窑址瓷器
的装饰工艺

◎粟建安

　　磁灶窑，是福建省重要的古窑址之一，也是宋元时期华南沿海的一处重要的外销瓷（即贸易瓷）产地。磁灶窑的产品，曾远渡重洋，销往东亚、东南亚以至东非的许多国家和地区，受到当地民众的喜爱，或者在遗址有出土，或者被博物馆、美术馆收藏。中华人民共和国成立以来，文物考古工作者曾对磁灶窑址做过多次调查，其间泉州海外交通史博物馆及文管会还曾对其中的溪口山窑址和土尾庵窑址进行过发掘。近年来，由于窑址受破坏的情况较严重，经批准，福建省博物馆考古部于 1995 年 10 月对磁灶的土尾庵窑址又进行了一次抢救性发掘，揭露了龙窑窑基一段，出土了大批瓷器和窑具标本。据初步整理，可知土尾庵窑址的瓷器有青釉、黄（酱）釉和黄绿釉三大类，器形以日用品为主，主要有碗、碟、盏、杯、盘、盆、钵、罐、壶、瓶、灯、炉、军持、执壶、水注、盏托、砚台、瓷枕、香紫、扑满、鸟食、各类器盖以及腰鼓等，此外还有动植物模型，如狮、虎、龟、兔、蟾蜍、寿桃和人像（力士）等。

　　土尾庵窑址的瓷器，胎色灰或深灰，胎质较粗，吸水性强，一般施釉不及底，有的仅施半釉或更少，如一部分黑、酱釉的碗、钵、盆、罐等，有的则上一层白色化妆土，在化妆土上刻划纹样或描绘图案，再施釉烧制。土尾庵窑址瓷器，不仅器形品种繁多，表现在这些器物上的瓷器装饰手法，也是多种多样的，常见的有刻划、剔花、贴塑、模印、彩釉和彩绘等。现将其情况分别简介于下：

　　刻划　在瓷器的素坯上刻划纹样，然后上釉烧成。这是宋元时期我国南方瓷窑最为常见的装饰工艺。土尾庵窑址瓷器中采用此种装饰工艺的，主要是青釉和彩釉器，常见的刻划纹样有像篦纹、券草、莲瓣、荷花、水波、卷云等，多装饰于器物的内外腹部、内底。标本中有一件青釉划花碗，内口沿上是连弧花边、内腹和底刻划一折枝荷花，另一件莲瓣碗，内外腹部均刻划莲瓣，外腹莲瓣稍突出似浅浮雕。六系罐一件，胎体施一层白色化妆土，未上釉，腹部刻划双线大网格纹。

剔花 将瓷器的釉面剔刻出纹样至胎体露出，烧成后胎、釉色调相异，对比度强，具有主体感，从而产生独特的艺术效果。土尾庵窑址出土瓷器中仅在几件黑釉茶碗的内腹部见有剔刻的文字，可辨认的有"济""庙""庵"等，可能是寺庙庵观定烧的。据原晋江县文管会、博物馆所编《磁灶窑址》，在晋江草庵曾出土"碗内凹刻'明教会'三字"的黑釉瓷碗，并在大树威窑址发现一块有"明"字样的黑釉碗残片。土尾庵与大树威相距不远，足见当时定烧的窑址不止一处。两处发现的刻字内容均与宗教有光。

如果说以上的发现尚不足以说明剔刻是作为装饰工艺的，那么试看以下 2 件在磁灶窑调查采集的标本：一件是酱釉双耳小罐，大口，矮颈，鼓腹，平底，口沿至上腹有对称双耳连接。颈部剔刻曲折纹，其下一道凹弦纹，腹部剔出上、下两组的圆涡纹，整个器物体现出浓郁的异域风情。另一件为双耳瓶，胎、釉与前一件相同，形制为广口，细颈，斜弧腹，饼状实足，颈下对称贴附一双环形耳。瓶身剔刻的图案自口沿而下分为 5 组，分别为回纹、仰莲瓣、大回纹、覆连瓣以及圆涡纹。圆涡纹与双耳小罐相似。这两件瓷器的剔刻工艺，表明题刻工艺在磁处窑的存在和应用。目前的发现中，这两件堪称剔刻工艺的代表。但它们与磁州窑的剔刻花工艺稍有不同，后者是将釉面剔去，留下图案，前者则是刻出花纹。

贴塑 其工艺一般为在瓷器坯体上堆贴瓷土质的装饰性图案或附件，烧成后与器身浑然一体，达到装饰、美化的目的。其具体方法似可分为两种：一是将事先已制作好的图案或附件直接粘贴在器身，然后施釉装烧，如前述的酱釉双耳瓶的环耳。土尾庵瓷器标本中还有一些罐、盖残片上粘贴有菱花、杜丹、游龙等图案。另有一件是龙把军持，器身贴塑一条蛟龙，龙首伏在流上，前身盘于颈部，后身弯曲成把，龙尾连接器腹。军持的腹部还刻划有牡丹纹样。此军持仅上一层白色化妆土，从其他同形标本可知，此类军持应是黄绿釉器，有一标本仅存口、颈部，器表橙黄，龙身翠绿，相映成趣。贴塑的另一种方法，是在瓷器需要装饰的部位堆贴瓷土，再加以雕塑成纹样。如一黄绿釉瓷残片，其肩、腹部有堆贴雕刻的龙纹，龙身点上黄釉。另有一件酱釉执壶，上腹贴附龙纹，下腹饰等分的 9 道出筋状水波纹。

模印 土尾庵瓷器采用模印工艺装饰的器物也不少，有盘、碟、瓶、罐、炉、水注以及动物模型、人像等。出土标本中就有各类器物的模具。一般在模印成型器物的内侧，都留有明显的按压痕。模印的器物，或是上下，或是左右，两部分对接、相粘而后施釉烧成。出土品中有此类的烧成中变形而分离的标本。模印工艺的效果也有两种，一种是模印的纹样图案较浅，近似刻划一般，但图案规范、整齐。出土标本中有一件罐类器残片，素胎，从口沿至下腹部模印多组图案，分别为云雷纹、3 道竖状凸弦纹、覆莲瓣、云雷纹、连环钱纹、仰莲瓣等。另一种模印出的纹样明显凸起，似浮雕。有一类黄绿釉小罐，器身是上下对接的，上腹部模印龙纹。其他还有龟、兔、蟾蜍形小水注等，也是同样工艺。另有一种长颈瓶，颈腹部分别模印莲瓣、龙凤纹样，是左右对接的。

彩釉 土尾庵窑址的彩釉器，主要是黄绿釉，其中单色绿釉的，色调有草绿、翠绿、墨绿等，器形有军持、香炉、盘、盆、罐、执壶、荷叶形器盖、蟾蜍和龟形水注、鸟食罐等。

单色黄釉的，色调有橙黄、浅黄、鲜黄等，器形较绿釉少，有军持、荷叶形盖、蟾蜍形水注、鸟食罐等。但更多的还是同一器物上黄绿釉兼施的，如前述的龙把军持、龙纹瓮、龙纹小罐等，此外还有盆、瓷枕、六系小罐、环耳瓶、长颈瓶等。有一件彩釉盆标本（仅存底部）通体绿，内刻划一枝荷花，花为银白色。此类彩釉装饰工艺，使瓷器上的纹样图案与底色形成鲜明的色彩对比，从而突出主题、烘托气氛、提升视觉效果。黄绿釉的装饰方法，是中国北方磁州窑系富于地域和民族特色的传统工艺。而晋江磁灶窑中也出现此类工艺，土尾庵窑址的黄绿釉器中的某些器物，如荷叶形器盖等，还同磁州窑系同类器极为相似。这说明两者之间有着一定的关系。

用两种不同的釉色来装饰器物，除前述的黄绿釉器外，土尾庵窑址还见有一些黑釉碗、盏，外侧是黑釉，内壁施青釉。或者是将口沿部的黑釉刮去，蘸上一圈青釉（或称"青口"），后者在福建的生产黑釉的窑址，如德化盖德窑、南平茶洋窑、建瓯小松窑、光泽茅店窑等，皆有见到。有的口沿施白釉，又有称之为"白覆轮"的。

彩绘 土尾庵窑址的彩绘器，皆为釉下彩。其工艺是先在素坯上施化妆土，再在化妆土上用褐色颜料绘画加彩，彩绘之上施一层青黄色透明釉。常见纹样除点彩外，还有花草、鱼龙及文字等。彩绘的器物主要是盆、执壶、盅等。还有一些素胎的瓶类残片，也是化妆土上绘褐色纹样，但此类器物尚未见施青釉的，估计可能还是上黄、绿釉。

土尾庵窑址出土瓷器的装饰工艺，是磁灶窑的窑业技术的一个组成部分。它们反映了磁灶窑在这方面所受到的其周边地区各名窑的影响（如龙泉窑、景德镇窑等）的同时，也吸收了某些北方窑系的传统工艺（如磁州窑系的黄釉）。在福建众多的宋元窑址中，兼收并容多种窑业技术的窑址并不多。从现有的考古调查发掘资料中，仅知南平市茶洋窑址、漳浦县赤土窑址有类似情形，但仍不如磁灶窑表现之如此明显、突出。因此，这些外来技术是如何传播及其传播路线，它们怎样被吸收的等等，都有待深入研究。磁灶当地或无优质瓷土，所产瓷器多是胎粗色灰，但勤劳智慧的磁灶窑工匠们不仅制造出琳琅满目的各类瓷器，还吸收、采用多种工艺，在瓷器装饰上充分发挥了自己的聪明才智，使其产品能在强手如林的窑业竞争中独树一帜，并凭借其靠近泉州港的地利，将瓷器远销海外，为自己在外销瓷史上争得了一席之地。

[原载《中国陶瓷研究（第 4 辑）》紫禁城出版社 1997 年 8 月版]

南宋泉州"酒库造碾"和"小口陶瓶"

◎曾萍莎 陈建鹰

　　泉州磁灶窑生产的"小口陶瓶"曾经在闽南、台湾澎湖、日本博多及东南亚各地屡有发现。由于分布广、数量多,这种小口、圆肩、深腹、斜壁、平底造型的陶瓶,它的用途一直备受关注和讨论,以至有诸如火药瓶、水银瓶、蔷薇水瓶、圣水瓶、酱油瓶、猛火油瓶、酒瓶等多种说法。[1]其中,虽然有不少学者根据这种陶瓶的质地和特点,先后综合多方面资料,并运用逐项排除的方法进行论证,认为该陶瓶用于装酒的可能性最大,[2]但因为缺乏直接的依据,尽管言之成理,却也未成定论。近年,泉州中山公园出土了镌刻有"酒库造碾"等文字的南宋石碾,同时发现数十件"小口陶瓶"以及碗、壶等一些其他日用陶瓷器皿的残片,[3]为泉州酒业的历史和"小口陶瓶"的用途提供了新证。

　　1999年8月,泉州中山公园进行人防工程建设。当时,施工人员将开挖防空洞时取出的土石运往城北郊区倾倒。数天后,一位市民在土堆里发现石碾和石柱础等文物,并报告泉州晚报社记者和泉州闽台关系史博物馆。接获报告后,闽台馆人员立即冒雨赶往现场,清理出石碾2件、石柱础1件、"小口陶瓶"残片数十件,以及碗、壶等其他日用陶瓷器皿残片数十件。其中,2件石碾均为花岗岩石质,一全一残,呈长方形,碾内开凿碾槽。完整的一件长1.32米、宽0.4米、高0.33米,外壁一侧刻有"酒库造碾,绍兴二十年七月,一样二只公用"字样。

　　中山公园一带原是宋代泉州府衙所在地。依据出土石碾所刻文字,该碾为"酒库"的"公用"之物,造碾时间为南宋"绍兴二十年"。顾名思义,酒库应是存放酒的仓库。南宋泉州府衙是否专门设有酒库,文献中不见记载。但是,该石碾既然是"公用"之物,又出土于府衙旧址,那么,这一"酒库"应当属于府衙无疑。值得注意的是,南宋泉州府衙的这座"酒库"或许不仅仅是存放酒的仓库,它可能同时又是一座酿酒的作坊。因为从"酒库造碾"的使用功能来看,它对酒的存放或包装应该没有什么直接作用,而更可能是当时用于碾磨原料的酿酒工具。当然，有关宋元时期泉州酿酒技术的资料未见载籍，因此，当时造什么酒，原料是否经过碾磨也就不得其详。

古代府衙设有专门的酒库似乎并不多见。但从宋元时期泉州的具体情况分析，泉州府衙"酒库"的出现又是一件颇为自然的事情。一方面，酒是宋元时期泉州港重要的外销商品之一。据《宋会要辑稿·职官》记载："阜通货物，彼此所阙者，如瓷器、茗、醴之属，皆所愿得。"其中，"醴"即是酒。宋元时期泉州外销酒几乎遍布东南亚各地，如《诸蕃志》记载，泉州宋代外销酒的销售地有占城、真腊、三佛齐、单马令、凌牙斯加、佛罗安等地。《岛夷志略》则记载元代泉州外销酒销往占城、明多郎、丁家庐、曼陀郎、度郎布一带。因此，作为海外贸易的大宗商品，酒的购藏和储备也就十分重要。另一方面，宋元时期泉州府衙每年酒的消费量也是十分可观的。这点仅从泉州地方官员每年为海舶举行的祈风典礼中即可见一斑。据宋李邴《九日山水陆堂记》记载，当时，九日山延福寺及昭惠庙"每岁之春冬，商贾市于南海暨番夷者，必祈谢于此"。地方官员和商贾们在"挂酒椒浆，为舟预请"的祈谢典礼之后，"散胙饮福，觞豆杂进，喧呼狼藉"，使得祈风典礼变成了官府举办的"饮福"欢宴。[4]李邴的这些记闻在现存九日山的祈风石刻中也可得到印证，如淳祐癸卯（1243）颜颐仲等人的祈风石刻也有"礼成饮福"的记述。[5]实际上，宋元时期泉州官府每年的官祭活动不只是九日山的祈风典礼，其他如真武庙、天妃宫、文庙、城隍庙、山川坛等处也都是官府每年必须举办祭典的地方。所以，一年之中，官员们"饮福"的场面在泉州府城应该是经常可以见到的。换而言之，这些官员们本身就是一个庞大的消费群体，且不说他们日常对酒的消费，即使是为了应对"饮福"的需要，泉州府衙每年也必须有足够的酒的储量，仅此而言，南宋泉州府衙"酒库"的出现也是极为正常的。

宋代泉州府衙旧址于1976年1月也曾发现与"酒库造碾"纪年时间相近的遗址。当时，福建省博物馆和泉州海外交通史博物馆在府后山（府衙后院旧址）的卫生学校工地，进行过一次抢救性发掘，在总厚度达4.25米的堆积层中，"出土了大量宋代青、黑、白瓷器和陶瓷残片"，以及炊事工具和饮食废弃物。其中，仅"小口陶瓶"残片就达400多种。同时，"在深2.2米的灰层中，出土一件香炉残器，底部墨书'隆兴甲申闰月望日'"，为南宋初年遗物。[6]有学者根据府后山科学发掘的结果，判定这是一处宋人生活区的堆积，并认为大量"小口陶瓶"在生活区里出现，与当时的饮食生活有关，它们应该是用来装酒的酒瓶。[7]可以说，这是第一次将"小口陶瓶"与它的使用环境直接联系起来进行的一项研究，也是关于"小口陶瓶"用途研究中最有说服力的一项成果。但是，如前所述，由于缺乏直接依据，这一说法也只是推论之一。与府后山这次正式发掘相比较，"酒库造碾"及其伴随出土的"小口陶瓶"残片，虽然在发现时已经过二次转移倾倒，没有地层记录，但原出土地点明确，倾倒时堆积集中，没有受到进一步扰乱，因此，同样具有重要的考古学价值，可以进行综合研究。

中山公园出土的绍兴二十年（1151）"酒库造碾"与府后山出土的隆兴甲申年（1164）

香炉残器纪年时间相近，同属于南宋初年，出土地点又都在泉州府衙旧址，伴随的出土物中也都发现数量众多的"小口陶瓶"残片。因此，先前的研究中，认为"小口陶瓶"曾经大量出现在宋人生活区的堆积中，它们与宋人的日常生活有关的说法再次得到了印证。府后山出土的"小口陶瓶"残片属于府衙后院的生活堆积，先前的研究以该文化层中出现丰厚的炊事工具和饮食废弃物堆积为据，认为"小口陶瓶"应该是装酒的酒瓶，但并没有发现这种陶瓶用于装酒的直接依据。中山公园出土的"小口陶瓶"残片则与"酒库造碾"同时发现，这不仅说明了泉州府衙在南宋绍兴年间设有一座酒库，而且这座酒库里也在使用"小口陶瓶"。宋元时期泉州外销酒几乎遍布东南亚各地，作为饮用品和商品，酒的盛放、转运和销售都必须有容器。而根据学者们的研究，"小口陶瓶"在已发现的所有外销陶瓷中，是最适合于装酒之用的器物，甚至在苏门答腊北部，这种陶瓶就"经常被称为'唐酒壶'"。[8]因此，"酒库造碾"和"小口陶瓶"在宋代泉州府衙旧址同时出土，为"小口陶瓶"是用于装酒的酒瓶的说法提供了直接的佐证。

（原载《海交史研究》2005 年第 2 期）

参考文献

[1][8] 陈信雄：《澎湖宋元陶瓷》，澎湖县文化中心，1985 年。

[2] 许清泉：《宋船出土的小口陶瓶年代和用途的探讨》，《海交史研究》第 5 期；陈信雄：《澎湖宋元陶瓷》，澎湖县文化中心，1985 年；黄天柱：《泉州宋代小口陶瓶的用途》，《泉州稽古集》，中国文联出版社，2003 年。

[3]《刺桐佳酿何处有，千年酒库见天日——泉州发现宋代酒库文物》，《泉州晚报》（海外版），1999 年 8 月 19 日。

[4] 乾隆《泉州府志》卷七，"山川·九日山"。

[5] 吴幼雄等：《泉州史迹研究》，厦门大学出版社，1998 年。

[6][7] 许清泉：《宋船出土的小口陶瓶年代和用途的探讨》，《海交史研究》第 5 期。

宋元时期晋江磁灶窑
经营理念和商业模式初探

◎吴金鹏

　　福建晋江的磁灶窑是中国古代著名的民窑之一，也是宋元时期华南沿海一处重要的外销陶瓷产地。其陶瓷生产始于南朝晚期，兴于唐五代，宋元时达到鼎盛，明清时衰落。产品比较粗放，但生产工艺博采众长、因地制宜、独具特色，并以海外市场为导向，大量远销东亚、东南亚以及东非的许多国家和地区，在中外经济文化发展史上发挥了重要作用和影响。近年来晋江磁灶窑窑址的调查和发掘、出土器物的断代、烧制技术和工艺的研究，以及外销问题的考证等基础性研究取得重要成果，有助于把磁灶窑研究不断引向深入。但通过遗迹和遗物去探讨人在窑场经营和产品营销中的作用，把陶瓷生产和外销放在整个社会经济体系中去研究的比较少。本文拟对宋元时期晋江磁灶窑经营理念和商业模式进行初步探讨，以抛砖引玉，求教于方家。

一、抓住政府实行对外开放政策和泉州港兴盛的良机，磁灶窑业发展找到了新商机和新市场

　　唐五代以来，人口增长的压力，与泉州地区土地贫瘠，不利于发展农业经济的矛盾日益突出。宋代谢履《泉南歌》"泉州人稠地少山谷瘠，虽欲就耕无地辟，州南有海浩无边，每岁造舟通异域"，阐明了利用"州南有海浩无边"的区位优势，通过"每岁造舟通异域"，发展海外贸易，是当地发展地方经济的一条重要出路。宋代，泉州地区开始形成以农业为辅助、工商为主体、外贸为核心的港口经济结构，这对海外贸易产生巨大的影响[1]。经济结构的调整，海外贸易发展的需求，为陶瓷、丝绸等手工业的发展提供了新的机遇。磁灶窑业的发展与泉州港的兴衰紧密联系在一起，形成了相互依赖又相互促进的关系。泉州港特殊的地理位置、发达的造船业和先进的航海技术等优势加速了泉州港的发展。政府推行

的对外开放政策，保证了泉州港的顺利发展。宋元祐二年（1087）泉州市舶司正式设立，保护外商的合法权益，出台了许多保护外商的法律条文，鼓励外商来华贸易，对积极"招诱"船舶的中外商人，可以补官。南宋末年，任命"擅番舶利者三十年"的阿拉伯人蒲寿庚提举泉州市舶司，就是南宋政府兑现政策的最好例证。元朝实行"往来互市，各从所欲"的开放政策，鼓励国内商人从事海外贸易。泉州实行优惠的低关税政策，其他港口"番舶货物，十五抽一"，"唯泉州三十取一，用为定制"[2]。宋元两朝对外开放政策的延续性和政府承诺的兑现给手工业者和来泉州从事海外贸易中外商人吃了政策的"定心丸"。但是，从事海外贸易风险很大，因为古代船舶全靠风力来航行，风信不顺，可能无法到达目的地，甚至经常发生海难，泉州就有"走海行船三分命"的民谚。为了让泉州海商克服心理障碍，甘冒风险出洋贸易，宋代时泉州太守和市舶司每年夏冬两季到南安九日山延福寺昭惠庙向海神通远王祈风（祈求风信，亦名"贸易风"）。从北宋宣和五年（1123）开始，官定妈祖为航海保护神，到元代妈祖已从顺济夫人不断被敕封升格为天妃，目的都是保佑商舶能"顺风抵达，满载而归"。由此，吸引大批本地商人、异地商人和外国商人通过泉州港进行海外贸易，进出货物。

泉州港从北宋初期跻身全国三大海港的行列，到元代时已成为"东方第一大港"。磁灶窑业也从唐五代时期的兴起走到宋元时期的鼎盛——窑业水平最高，规模也最大。磁灶窑的产品伴随着从泉州港启程的商船，远销到东亚的日本、朝鲜，东南亚的菲律宾、印度尼西亚、马来西亚等国，最远到达东非的肯尼亚。磁灶窑实现了由一处普通的内销民窑一跃成为宋元时期东南沿海重要的一处以"外销为主、内销为辅"的外销陶瓷生产基地，蜚声海内外。

二、充分利用优势资源，创新窑业技术和经营管理模式，提升磁灶窑产品的市场竞争力和占用率

无论是宋元两朝政府一如既往地推行对外开放的政策还是泉州港的兴盛，都仅仅是磁灶窑业发展良好的外部环境和潜在的发展前景。磁灶窑业要应对日益激烈的市场竞争还必须练好"内功"。

（一）窑场科学选址，有效利用本地丰富自然资源低成本解决产业链的问题

晋江磁灶境内拥有陶瓷生产最得天独厚的自然资源。位于晋江西北的紫帽山南麓，为西北高、东南低的丘陵地带，瓷土埋藏丰厚；温暖湿润的亚热带季风气候，使草木繁茂，可提供烧窑的燃料；境内有晋江支流九十九溪的分支梅溪穿境而过，水上交通便捷；离泉州港仅十几公里。磁灶窑历次的调查和考古资料表明，共发现南朝至清代窑址26处，其中宋元时期窑址12处，都分布于梅溪两岸的小山坡且相对集中在三大片区（即今天的3个村居，见表一）。由此我们可以看出宋元时期磁灶窑场选址的科学性和布局的先进性。

第一，梅溪两岸依山坡建窑的选址可取地土开窑，就地取"柴"，陶土的淘洗沉淀用

水方便，舟楫运输运量大、运费低而且较好解决了陶瓷产品在运输中易破损的问题。这既能最直接高效解决产业链的问题，又能最低成本解决原材料的供给和产品运输的问题，使产品价格更具有市场竞争性。

第二，相对集中的窑场布局，使得同一片区窑场之间和不同片区形成相对分工又紧密联系的生产格局，便于技术交流、生产特色产品、扩大影响。如：同属今岭畔村片区的蜘蛛山窑、土尾庵窑、童子山一号窑和山坪窑 4 处窑场[3]，在调查和考古中发现，风格较接近，产品同样具有种类多样、釉色丰富、工艺水平较高、海外发现的外销产品也较多的特点，应为同一时期同一片区窑业技术相互影响的缘故[4]。但童子山一号窑却又独辟蹊径以生产专销日本的釉下彩黄釉铁绘大盆的特色产品而闻名海内外。同属今前埔村片区的金交椅山窑、曾竹山窑、溪墘山窑 3 处窑场，在调查和考古中发现，金交椅山窑主要烧制执壶，曾竹山窑烧制碗，溪墘山窑烧制小口瓶[5]，产品生产相对分工，突出各自特色。某种产品生产更熟练、更专业，劳动效率更高，降低成本，容易形成主打产品，不失为提高市场占有率的好办法。这种单一产品专业化的生产模式，具有先进性。窑场相对集中的片区选址布局，同样具有先进性，可视为今天工业园区的雏形。

表一　宋元时期磁灶窑址分布情况

地址	名称	年代	备注
磁灶镇岭畔村	童子山一号窑址	宋、元	国保单位
	蜘蛛山窑址	宋、元	国保单位
	土尾庵窑址	宋、元	国保单位
	山坪窑址	宋、元	
磁灶镇磁灶村	宫仔山窑址	宋、元	
	顶山尾窑址	宋、元	
	大树威窑址	宋、元	
	许山窑址	宋、元	
	镇宫山窑址	宋、元	
磁灶镇钱坡村	溪墘山窑址	宋、元	
	金交椅山窑址	宋、元	国保单位
	曾竹山窑址	宋、元	
	斗温山窑址	宋、元	现属南安市官桥镇下洋村
磁灶镇大埔村	宫前山窑址	宋、元	

（二）扬长避短求生存，博采众长求创新，提升市场竞争力求发展

磁灶窑业存在着本地瓷土质量不高的先天不足，胎质颗粒较粗，不够致密，吸水性较强的弱点。唐代磁灶窑烧造的瓷器较简单，多为轮制，胎质灰白厚重，不加纹饰，施青釉，仅挂半器，釉厚，有垂痕。窑具仍是托座和支钉，器底多有粘搭痕迹[6]。产品类型较单一，以一般生活日用品为主。由此可见磁灶窑业水平不高。入宋以后磁灶窑业要在市场竞争中求得生存和发展，唯一出路就是窑业技术创新，提升市场竞争力求发展。

1. 在产品种类、釉色和装饰技法上创新

宋元时期磁灶窑产品的种类更多，以土尾庵窑为例：产品以生活日用器皿为大宗，此外还有陈设器和建筑材料等。生活日用器皿中有碗、盘、盏、碟、盆、钵、洗、罐、缸、瓮、壶、瓶、灯、盂、执壶、水注、军持、急须、瓷枕；陈设器有炉、香熏、花瓶、花盆、动物形砚滴、动植物模型（狮、虎、龟、蟾蜍、寿桃、力士像），以及其他如腰鼓、扑满、鸟食罐等器物；建筑材料有装饰板等[7]。釉色更丰富，可分为五大类，即青釉、酱釉、黑釉、黄釉、绿釉。绿釉器多有"返银"现象，有的则黄、绿釉同施一器。装饰手法有刻划、剔花、贴塑、模印、雕镂和彩绘等。装饰纹样有花卉（莲、菊、牡丹、缠枝花、折枝花等）、草叶（卷草）、瓜棱、龙、凤，以及篦纹、云雷、弦纹、卷纹、水波纹及点彩、文字等，其中以龙纹最具特色。磁灶窑在产品种类、釉色和装饰技法方面创新，主要是善于吸收名窑的先进工艺，兼容并蓄，并结合自己特点进行创新，而不是简单的照搬照抄。如：土尾庵窑装饰技法上吸收北方磁州窑的剔花和黄绿釉富有地域特色的传统工艺，青釉褐彩盏的工艺却是元代龙泉窑流行青釉加点彩的瓷器装饰。土尾庵窑产品造型上模仿周边名窑建窑和龙泉窑，如黑釉碗的主要造型乃仿自建窑的建盏，青釉莲瓣碗与龙泉窑器物相仿。童子山一号窑烧制釉下彩黄釉铁绘大盆的釉下彩绘工艺借鉴于唐代长沙的铜官窑，此技术在泉州窑业技术中属首创。

考古资料表明：在福建众多的宋元窑址中，兼收并容多种窑业技术的窑址并不多，表现程度不如磁灶窑明显和突出。博采众长的技术创新使磁灶窑克服了当地无优质瓷土的劣势，不仅能生产出琳琅满目的各类瓷器，在装饰上充分发挥了聪明才智，使产品能在强手如林的窑业竞争中占得先机，并凭借其靠近泉州港的地利，将瓷器远销海外，为自己在外销瓷史上争得一席之地[8]。

2. 在制坯、施釉和装烧技术上创新

坯体制作上除沿袭陶车轮制的技术外，还运用了小器型直接模制、大中器型分段模制再粘结等新的制坯技术来提高生产效率，提高坯体成品率和统一性，扩大产量，满足市场需求。在施釉工艺上为解决胎质致密性不够、吸水性强，施釉上增加釉料成本的问题，创造了在素胎上施一层白色化妆土再施釉的工艺，减少釉料的吸附，这成为磁灶窑产品的一大特色。在装烧方面，开始采用"M"形匣钵为主的匣钵装烧，提高了瓷器烧成质量和成品率，同时结合垫具（垫柱、垫圈、垫座等）和间隔器（支钉、垫饼等）等多种形式窑具的广泛应用，最大限度地提高窑内空间的利用率，满足扩大产能的需要，提高经济效益。

3. 在经营管理模式上创新

考古资料表明，在迄今泉州地区发现的最早的窑址磁灶溪口山南朝窑址（续烧至唐代）就发现在器壁或器底有阴刻"张金记""光""大""垅""天""人"等铭文。唐五代的后壁山窑址发现在托座有"吴"字铭文[9]。这些铭文据专家考证大都认为是窑工的记号。窑工记号有两种可能。一种是搭烧，即某个窑工把自己生产的产品集中在标有自己记号的托座上装烧，标明自己对这些产品的所有权，说明窑内产品由一家或数家的产品统一搭烧。另一种可能是实行生产责任制，产品质量责任到人的管理模式，确保陶瓷质量的跟踪监督检查，分析问题，提高窑工的制瓷技术。这种模式被宋元时期的窑场所接受和传承。宋元时期的蜘蛛山窑址中，多次发现器物中有"程"姓的铭文。如好几个军持的底部记有"程家工夫"，瓦板和托钵刻划有"程干""程二"的字样[10]。笔者认为，与程姓相关的不同铭文应该是为作区别而设的，分别代表着不同的身份和对象。"程"姓铭文仍是窑工的记号。"程家工夫"印记中的"工夫"为宋元时期工艺品中常见的用语。有学者认为"程家工夫"是指一家或数家同姓合资经营的制瓷作坊。而本人认为，"工夫"既然是工艺品中常见的用语，说明这些军持应该是具有工艺品质量的产品，而不是一般的产品。"程家工夫"的产品可视为磁灶窑的一个知名品牌和一种高端产品。因为标记的产品局限于畅销海外的军持中的一部分。这说明宋元时期磁灶窑已注重打造品牌，来提升知名度和美誉度，以获得更高利润，甚至可以说"程家工夫"就是磁灶窑一枚知名的国际品牌。可见，磁灶窑产品既有一般的廉价产品也有高端的优质产品，可满足不同群体的需求，扩大市场占有率。而"程干"不是窑工。"干"究竟指什么呢？著名的海交史专家陈高华、吴泰在《关于泉州湾出土海船的几个问题》[11]一文中的"海船中出土的若干木牌木签试释"部分就"曾干水记""林干水记""张干水记""干记"木牌木签中的"干"进行辨释。他们认为，"干"就是"干人"，即替官僚和大地主经营私人产业的人。这种"干人"，在宋元时期是普遍存在的。官僚和大地主让干人代替"管库""管米谷"，甚至"贷财本兴利"从事商业活动。而在宋元时期，官僚从事海外贸易也很普遍。由此可见，"程干"就是一位替官僚和大地主（在泉州可能是南外宗正司官吏）进行陶瓷生产的程姓人，即今天的职业经理人。同时这也说明磁灶窑出现了官营陶瓷贸易搭民间窑场烧制的一种全新的经营模式。它不是官营和官府督造，而是由"干人"来完成。至于"程二"的字样很有可能就是"程干"笔画刻划不清的误辨。

三、以海商为依托了解海外商情和市场需求，形成了产品以市场为导向的商业模式

磁灶窑通过创新窑业技术和管理模式来提高产品质量，降低成本，解决了生产的问题；通过便利的梅溪水道和通达海外的泉州港解决产品的运输问题；解决产品在海外市场的销售问题，主要依靠泉州海商。泉州海商既了解海外市场需求又熟悉磁灶窑业，由他们提供

海外市场需求的信息引导磁灶窑产品生产。泉州海商就是磁灶窑产品远销海外市场的供销大军。

宋元时期，泉州海商由本地海商、外地海商和外国番商构成。本地海商可分为舶商、散商、南外宗子海商、僧人海商、海员水手[12]。泉州港以及泉州海商通商贸易的范围相当广泛，据宋代赵汝适《诸番志》记载的与泉州通商的国家和地区就达 58 个，元代汪大渊《岛夷志略》记载了与泉州通商的国家和地区已达 99 个，提到的地名更达 220 个。

泉州海商了解海外市场需求的途径有两条。其一，从"住番"到杂居。频繁往来泉州的商舶由于利用季风的特点，每年冬季十月、十一月或十二月刮北风，商舶从泉州港顺风南下，隔年夏季四月刮南风，商舶从南洋回航。泉州海商因候风住番，就地进行商业贸易。他们由通商而通晓当地语言，熟悉当地风土人情，与上层人物有往来。"住番"经商是宋代出洋贸易的显著特点，这种特点到元代既有延续又有新发展[13]。元代出使真腊（今柬埔寨）的周达观在《真腊风土记》中就有"（真腊）国人交易，皆妇人能之，所以唐人到彼，必先纳一妇人者，兼亦利其买卖故也"。海商从住番到与当地杂居的定居方式，使他们更能深入了解、真实掌握海外市场需求。这些海商成为早期的华侨。其二，来泉"番商"。通过来泉州经商的外国番商介绍所在国家的方位、山川、途程、风土、物产，了解到海外市场需求。根据询问来泉经商的番商胡贾，在泉州成书的宋代赵汝适的《诸番志》就是最好的证明。

1. 熟悉番国的风土习俗是市场导向的一种模式

如《诸番志》说登流眉国"饮食以葵叶为碗，不施匙筋，掬而食之"。苏吉丹"饮食不用器皿，缄树叶以从事，食已则弃之"。勃泥国"无器皿，以竹编、贝多叶为器，食毕则弃之"[14]。这种情况为磁灶窑生产大量的碗、盘等日用粗瓷远销东南亚提供了广阔的市场。磁灶窑的粗瓷，着眼于实用，价格低廉，一般人都用得起，他们便趋之若鹜。

宋元时期，泉州的穆斯林在生活上也广泛地使用军持。"军持"是梵语的音译，即"水瓶"之意，是佛教僧侣和穆斯林随身携带用于贮水、饮用和净水的器物。宋末元初侨居泉州的番商阿拉伯穆斯林蒲寿晟在《心泉学诗稿》的《山中井》一诗中曾描述"明月照我牖，独取携军持"[15]。军持是穆斯林圣物，有着大量的市场需求，特别是在信仰伊斯兰教的东南亚国家有广泛的市场。原故宫博物院陶瓷顾问韩槐准先生在《军持之研究》中写道："南洋人自信奉伊斯兰教后，对于传统习惯应用之军持，需要尤多……除日常拜功当备此类水壶为小净之用外，同时古代到天方朝觐之最大重典时，亦当备此类水壶一个或数个，以为搭船时船主配给淡水之用……至将归时，当以所携带之壶，汲麦加阿必渗渗井之泉……马来人称为'圣水'……归赠戚友，以备家用。"[16] 因此磁灶窑大量生产各种装饰、各种釉色的军持通过泉州海商远销东南亚地区，其中以龙纹军持最受欢迎。

菲律宾的土著民族，普遍实行瓮棺葬或称洗骨葬。据欧文·穆蒂尔在《北婆洲土著之民俗研究》一文中介绍："多半杜生人及大部分穆律人，皆用各种价目不同大瓶，葬殓其尸。"[17]"大瓶"即瓮。另外，菲律宾和加里曼丹的一些土著居民还存在瓮崇拜的习俗，其中对龙瓮尤为崇拜。《中国殖民史》记载说："婆罗洲之劳仔人、嘉颜人所藏之瓦瓮，或来自中国，上雕龙形，视为传家之宝。土人谓瓦瓮有神呵护，对之极恭敬。"[18] 他们每年都要举行一次圣瓮节，即在每年农作物收成后举行拜瓮的祭典。瓮还作酒瓮、水瓮。这些与瓮有关的习俗，对泉州海商来说就是一个大市场，他们把磁灶窑普遍生产的龙瓮大量外销到东南亚。

磁灶窑外销东南亚的兴盛，可从宋赵汝适的《诸番志》记载的 58 个国家和地区中有 35 个购买从泉州港输出的中国瓷器，以及元汪大渊《岛夷志略》关于从与泉州输出东南亚的粗碗、瓮、大小埕瓮、青瓷器、黑瓶等与磁灶窑相关的产品的记载等文献资料中得到证实，更可从南洋的菲律宾、印度尼西亚、马来西亚等国考古发现数量可观的宋元时期磁灶窑产品得到证实。如在菲律宾各地发现有绿釉军持、黑釉军持、黑釉罐、黑釉刻花瓶、黑釉炉、青釉小碟，墓葬出土龙瓮以及海域打捞出水青釉盏、青釉小罐、褐黄釉小罐等；在印度尼西亚发现的磁灶窑产品有黑釉龙纹军持、各种执壶、小口瓶、碗、绿釉盘和龙瓮等；在马来西亚的沙捞越也有绿釉盘和黑釉龙纹军持发现[19]。此外，磁灶窑的小口陶瓶（小口长腹）是一种专供装酒的酒瓶，在泉州湾宋船、"华光礁Ⅰ号"沉船、"南海Ⅰ号"沉船均有发现，在马来西亚沙捞越、印尼爪哇、菲律宾、泰国以及日本博多都有大量发现，销售地极其广泛，也是一种主要的外销产品。

宋代虽然对日贸易的主要港口是明州，泉州港的商舶要在明州办理出境手续即"公凭"，才能航海东渡日本，但这并不影响泉州海商对日贸易的积极性，对日贸易依然活跃。李充就是专门从事对日贸易的泉州本地海商。据《朝野群载》记载，他曾于宋崇宁元年至四年（1102—1105）先后两次由泉州经明州启航泛海日本"转买回货"。崇宁四年（1105）明州市舶司发给李充的公凭上记载的贸易品除丝织品外，还有瓷碗 200 床、瓷碟 100 床。"床"是闽南语方言，也可以作记数之用。"如按当时一床 200 个单位计算，那么就有瓷碗 40000 个、瓷盘 20000 个。"[20] 这批瓷器应该都是泉州本地生产的。可以推测李充也是泉州陶瓷（也包括磁灶窑产品）销售日本市场供销大军中的一位佼佼者。磁灶窑产品大量外销日本可从日本各地考古发现宋代磁灶窑产品得到证实。据《日本出土的中国陶瓷特别展览》一书介绍，福冈市西区田岛经家、福冈市筑柴郡太宰府町五条遗址、长野县饭田市米中村经家等地，出土有磁灶童子山一号窑生产的黄釉铁绘纹盘。熊本县也出土过磁灶土尾庵窑的绿釉瓶。此外，蜘蛛山窑烧制的绿釉划花器、绿釉上点黄釉斑的器物（即彩釉器），在日本也发现不少[21]。

2. 以市场导向的另一个模式就是按订单烧制（亦称"定烧"）

定烧，即由客户根据自身需要就某种产品的款式、釉色、装饰、数量、交货日期等方面提出具体要求，指定磁灶某窑场生产的一种商业模式。这种模式内外销都有。在内销方面，土尾庵窑址出土瓷器中仅在几件黑釉茶碗的内腹部见有剔刻的文字，可辨认的有"济""庙"等，可能是寺庙庵观定烧的。据原晋江文管会、晋江市博物馆所编《磁灶窑址》，在晋江草庵寺曾出土"碗内凹刻'明教会'三字"的黑釉碗，并在（宋代）大树威窑址发现一块有"明"字样的黑釉碗残片，土尾庵窑与大树威窑相距不远，足见当时定烧不止一处[22]。在外销方面，蜘蛛山的贴屏兽首衔环瓶、孔雀印纹盘，土尾庵窑的堆花兽首衔环瓶，二彩、三彩小罐等，与我国传统造型装饰有所不同，目前国内很少发现磁灶窑产品，更无发现过这类器型，可能是专供外销的一种品种[23]。土尾庵窑址也发现"一件是酱釉双耳小罐，大口、矮颈、鼓腹、平底，口沿至上腹有对称双耳连接，颈部剔刻曲折，其下一道凹弦纹，腹部剔出上下两组的圆涡纹。整个器物体现出浓郁的异域风情"[24]。这些与中国传统造型装饰不同，具有浓郁的异域风清且国内又很少发现的磁灶窑产品应认定为海外定烧器。此外，军持也有东南亚穆斯林的定烧器。已故的著名古陶瓷专家冯先铭在菲律宾考察外销陶瓷时，发现"福建泉州窑（磁灶窑）产品有低温绿铅釉印花盘、军持等器，军待应属定烧器"[25]。

四、结语

本文借助对晋江磁灶窑址的调查和发掘、出土器物的断代、烧制技术和工艺的研究以及外销问题的考证等研究成果，探讨政府、窑场主、窑工及泉州海商等群体在磁灶窑业经营和产品营销中的作用，把陶瓷生产和外销放在宋元时期泉州社会经济体系中研究，探寻晋江磁灶窑的经营理念和商业模式以及其对后世的影响。

第一，磁灶窑的经营理念和商业模式的形成离不开政府开放的政策、泉州港的兴起和泉州海外贸易的发展，离不开窑场主和窑工的聪明才智，离不开泉州海商的贡献。

第二，磁灶窑的"创新"理念贯穿于生产经营始终，从窑场选址和布局的创新，到窑业技术的创新，到生产模式的创新，到管理模式的创新，直到销售模式的创新，形成了一套经市场检验行之有效的经营理念和商业模式，并深刻影响着后世的商业活动。这是晋江商业文化的缩影。

第三，磁灶窑以海外市场为导向的商业模式，促成了磁灶窑外销陶瓷作为泉州与东南亚地区的交往的重要载体之一，深入到东南亚社会的诸多方面，既改变了人们的生活饮食习惯，提高了当地的物质文化水平，又传播了中华民族的先进文化，因此受到普遍的欢迎，密切了华人与当地政权和与当地人民的关系，海商也由候风"住番"到通婚杂居，为华侨社会在东南亚的形成、存在和发展创造了有利的条件，也促成了泉州成为全国著名的侨乡。

第四，宋代诗人刘克庄《泉州南郭二首》云："闽人务本亦知书，若不耕樵必业儒。唯有桐城南郭外，朝为原宪暮陶朱。海贾归来富不赀，以身殉货绝堪悲。似闻近日鸡林相，只博黄金不博诗。"这说明了决定磁灶窑业生产和商业活动的窑场主和海商深受自身"亦农亦商"局限性的影响，又过分依赖外销，只满足于眼前高利润的回报，放弃学习的意识，仍旧沿袭几百年前的窑业技术，没有更长远的发展规划，导致了在明初实行海禁政策和泉州港衰落的新一轮社会变革中迷失方向，错失转型发展的良机。清乾隆版《晋江县志》卷一载："瓷器出磁灶乡，取地土开窑，烧大小钵子、缸、瓮之属，甚饶足，并过洋。"磁灶窑外销产品更单一，规模也大不如前，导致最终走向衰落，从此一蹶不振。而邻近的德化窑却抓住机遇进行技术革新和产业转型，生产出猪油白瓷器和新品青花瓷，满足海外市场的新需求，德化窑业发展由此走向新辉煌。

第五，磁灶窑"取地土开窑"和就地取"柴"的经营理念，虽能取得短期的利益，但造成当地水土流失的影响却是深远的。宋元时期晋江沿江两岸的德化、永春、安溪、南安、晋江有窑场百余处，都用同样的方式进行陶瓷生产，造成水土严重流失，共同淤积了晋江出海口，使泉州港失去优良港口的地位，成了泉州港走向衰落的原因之一。

［原载《中国古陶瓷研究（第 14 辑）》紫禁城出版社 2008 年版］

注释

[1] 王四达：《宋元泉州港繁荣原因新探》，《华侨大学学报》1989 年第 2 期，李玉昆、李秀梅：《泉州古代海外交通史》，中国广播电视出版社，2006 年。

[2]《元史》卷四七《世祖本纪》。

[3] 这 4 处窑场遗址也成为磁灶窑的代表，早在 1961 年就被公布为福建省第一批省级文物保护单位，2006 年与金交椅山窑址一起被国务院公布为第六批全国重点文物保护单位。

[4] 黄天柱在《晋江磁灶古窑址及其历史与外销调查记》一文中也认为"蜘蛛山窑址出土器物的风格与土尾庵窑的产品较接近，应是同一时期，又为邻窑而互相影响的缘故"。黄天柱：《泉州稽古集》，中国文联出版社，2003 年。

[5][6][9] 陈鹏、黄天柱、黄宝玲：《福建晋江磁灶古窑址》，《考古》1982 年第 5 期。

[7] 福建省博物馆：《磁灶土尾庵窑发掘简报》，《福建文博》2000 年第 1 期。

[8][22][24] 粟建安：《福建磁灶土尾庵址瓷器的装饰工艺》，《中国古陶瓷研究（第 4 辑）》，紫禁城出版社，1997 年。

[10][23] 黄天柱：《晋江磁灶古窑及其历史与外销概谈》，《福建文博》1999 年增刊。

[11] 中国航海学会、泉州市人民政府：《泉州港与海上丝绸之路》，中国社会科学出版社，2002 年。

[12] 李玉昆、李秀梅：《泉州古代海外交通史》，中国广播电视出版社，2006 年。

[13][14] 丁炯淳：《宋元明清华商与东南亚华侨社会》，《海交史研究》2007 年第 1 期。

[15][16][17][18] 郑焕章：《泉州古陶瓷与亚洲地区宗教信仰文化》，中国航海学会、泉州市人民政府：《泉州港与海上丝绸之路》，中国社会科学出版社，2002 年。

[19] 叶文程、苏垂昌、黄世春：《晋江磁灶窑的发展及其外销》，中国古陶瓷研究会、中国古外销陶瓷研究会：《中国古代陶瓷的外销：一九八七年福建晋江年会论文集》，紫禁城出版社，1988 年；黄天柱：《晋江磁灶古窑及其历史与外销概谈》，《福建文博》1999

年增刊。

[20] 刘兰华：《宋代陶瓷与对日贸易》，《中国古陶瓷研究（第 5 辑）》，紫禁城出版社，1999 年。

[21] 陈丽华：《唐宋时期泉州与东北亚的陶瓷贸易》，《海交史研究》2006 年第 1 期。

[25] 叶文程、苏垂昌、黄世春：《晋江磁灶窑的发展及其外销》，中国古陶瓷研究会、中国古外销陶瓷研究会：《中国古代陶瓷的外销：一九八七年福建晋江年会论文集》，紫禁城出版社，1988 年。

中日物质文化交流的历史见证之一——急须

◎林清哲 姚乐音

11月5日—11日中国古陶瓷学会2008年泉州年会暨中国古外销陶瓷学术研讨会在福建省泉州市顺利召开。期间，全球各个国家的古陶瓷专家学者云集刺桐城，探究古陶瓷研究动态，共商古陶瓷研究发展大计。晋江市博物馆作为本次年会的协办单位之一，以周到的筹备、诚恳的姿态喜迎八方来客，泉州古代外销陶瓷博物馆及金交椅山宋代古窑址群是本次年会专家学者参观考察的重点。中外嘉宾在参观考察泉州古代外销陶瓷博物馆及晋江市博物馆时，对磁灶窑出土的一种特殊器形兴趣尤深，这种器形就是急须。

急须是闽南地区日常生活的重要器具。不同地域称呼略有不同，有称之为"土锅"的，有称之为"煎药罐"的，但在晋江一带基本上称之为"急烧"或者"急烧仔"（"仔"为闽南语常用尾音，虚词，无实际意义）。器物大多不施釉，露胎。基本造型大致为浅盘口，束颈，鼓腹，平底微内凹。肩部有一管状短流，同流大致成90度角处附有一圆筒形单把。急须在晋江磁灶金交椅山宋代窑址、磁灶土尾庵宋元窑址都有出土，原器最初应该还带盖，由于时日久远，器盖基本散佚不见。至今闽南地区仍沿烧并使用这种器形，并将之作为煎药器皿。日本学者森村健一、田中克子、森本克子等在参观泉州古代外销陶瓷博物馆时告诉我们急须在日本也有同类器物，不过扮演的角色却是茶道里的汤瓶。在日本语中也被称

为"急须"（きゅうす）。日本学者还告诉我们，日本的急须具有晋江馆藏的磁灶窑急须的造型，现今，中国称为"茶壶"（流与把手角度为180度角）的，日本称之为"急须"。

唐代李商隐《肠》诗有云："热应翻急烧，冷欲彻微波。"这是目前我们能见到的较早提到"急烧"一词的文献。宋代黄裳《龙凤茶寄照觉禅师》一诗曰："寄向仙庐引飞瀑，一簇蝇声急须腹。"其句下自注曰："急须，东南之茶器。"可见，在宋代已经出现了一种名叫"急须"的茶器。考古发掘证明最迟在唐代长沙窑和越窑就烧制出了一种附有横式长柄的带流壶，流与柄的角度也大致成90度角。同磁灶窑急须不同的是，长沙窑、越窑的流、把都较长，整器较为修长，且器表或施青釉，或施酱釉等。当地的工作者都将其归入"壶"类。这种横柄壶同唐代流行的注壶一样可能是盛酒或装水之用。磁灶窑所发现的急须从器形学上则似乎可归入"罐"类。我们所谈及磁灶窑的急须同长沙窑和越窑出土的长横柄壶在造型上可能有一定的历史关联，但是磁灶窑急须通器不上釉很可能同它直接被置于炭火之上煎煮药水有关。宋元磁灶窑的急须是受到长沙窑和越窑横柄壶影响所致，抑或是当地窑工独自创新开发出的新器型我们不得而知，仍有待今后加强相关方面研究。但它在器形与发音上同日本出土的古陶瓷的相似性则是古代中日物质文化交流的历史见证。从语言学角度来探讨中日文化交流的学者经过研究也认为急须极有可能就是中日文化交流的重要物证之一。

磁灶窑急须的出土为我们探讨中日物质文化交流史提供了珍贵信息，丰富了中外学术交流。我们期待，伴随着中日文化交流的进一步开展，作为中日文化交流重要见证的急须，能取得更多科研成果。

（原载《中国文物报》2008年11月）

福建晋江磁灶窑的青瓷器

◎栗建安

晋江磁灶窑址，是福建省一处重要的生产外销瓷的窑址。

半个世纪以来对磁灶窑址的多次考古调查与发掘，获得了一批珍贵的考古实物资料。在出土的陶瓷器标本中，青瓷占了主要的部分，并延续于磁灶窑自南朝创烧以来至元代的生产过程。

一、磁灶窑青瓷器发现概况

南朝时期的青瓷窑址，在磁灶窑仅发现 1 处，即溪口山窑址。1978 年，泉州海外交通史博物馆磁灶窑考古调查小组对溪口山窑址进行了小规模试掘，窑炉遗迹情况不详[1]。

溪口山窑址出土器物均为青釉器，大多数器物的胎质粗，胎体厚，胎色多呈青灰，釉层较薄，多有流釉现象，釉色青绿，一部分呈青黄色，一般施半釉，内外底均露胎，胎釉结合不甚紧密，较易剥落。器形种类较少，主要有碗、钵、盏、盆、罐、灯、盘口壶等。多为平底器，有的底面留有线切割痕。碗、钵、盏等器物均为直口或稍敛，弧腹，平底或平底微凹。器物均为裸烧，器内有泥点支钉痕。

溪口山窑址的年代上限应与福州怀安窑南朝窑址相当[2]，为南朝晚期，即 6 世纪中期，下限当不晚于唐中期，即 8 世纪后期。

晚唐至五代时期的窑址有经考古调查的溪垵山窑址、后山窑址以及经过考古发掘的金交椅山窑址的 Y2H1、Y2H2 等遗迹。但是各窑址的窑炉、作坊等遗迹情况不详。这时期窑址的数量增加，反映磁灶窑的陶瓷器生产点增多、生产规模较前期扩大。

以上窑址的出土器物仍以青釉器为主，还有部分素胎器。

青釉器的胎质较细，胎体较前期薄，胎色呈灰或青灰，釉色有青绿、青黄，釉面较莹润，多有细小的冰裂纹。器物多数仍施半釉，一部分施釉至圈足处，外底仍无釉露胎。器类也较前期多样，增加了盘、执壶、水注、器盖等。碗、盘、盏等器物的形制一般为敞口或撇口，饼足或矮圈足。新出现了葵口盘、瓜棱壶。罐耳多为拎包式直耳。器盖的种类较多。

素胎器多为器盖，配于罐、执壶、水注等。

圆器仍使用支钉、垫座叠烧。

北宋时期至南宋早期的代表性遗迹为金交椅山窑址考古发掘揭露的 4 座窑炉基址（02CJY1-4）和 1 处作坊遗址（02CJF1）[3]。其他还有以往考古调查发现的印斗山、后壁山等窑址。

金交椅山窑址的考古发现，说明本期磁灶窑的窑业生产有了进一步的发展，出现了金交椅山这样生产成规模、产品系列化和多品种的陶瓷器烧造窑场，形成从原料的开采、加工→陶瓷器的制作、烧成→产品的运输、外销的一个完整的手工业生产系统。

这时期的陶瓷器，打破了以往青釉器的单一生产局面，出现了酱黑釉器，素胎器的产量仍有一定比重。

青釉器的釉色以青灰、青绿、青黄为主，大多数釉面莹润，开细冰裂纹。器物的品种更加多样。器形增加有盒、瓶、炉、盏托、急须等。有的器形如执壶、水注、罐、器盖等品种多样、形成系列。器物的装饰除了前期的葵口、瓜棱外，还出现了刻划、开光（屏风式）、雕花等技法与纹样。

器物仍以裸烧为主。由于烧造的器形增多，使用的窑具更加多样，除支钉、多种垫座外，还有垫饼、垫圈等。窑具上仍见刻划文字、符号的。

金交椅山窑址出土青釉器的主要器形有执壶、水注、罐、碗、碟、壶、瓶、器盖等，釉色多数呈青灰色。金交椅山窑址的大部分青釉器的釉色、器形与浙江上林湖、里杜湖等越窑址[4]的同类器物是相同或相似的，由此可以说明，金交椅山窑址的青釉器应是仿上林湖越窑五代至北宋时期的产品而烧制的。同时，金交椅山窑址所使用的主要窑具是垫柱，它们与寺龙口越窑址出土的 A、B、C、D 型支具相同（如其中的 Aa 型 I 式，Ab 型 I 式、II 式，B 型 II 式，C 型 I 式，D 型 I 式等支具）。

两者的不同之处在于，金交椅山窑址的青釉器无论在器形种类、纹饰图案还是制作工艺等方面都较上林湖越窑逊色。前者除个别器物外（如 A 型执壶），有器物表面的旋削痕明显，底足部的修整不够，多素面器而少纹饰，釉层较薄而多冰裂纹等方面问题，显现出较为粗疏、草率、随意的作风。然而金交椅山窑址亦有自身的特色，如同样的器形亦见于酱釉器，某些器形如器盖的形制较后者更为丰富多样等。

根据上述的分析、比较，从上林湖越窑到磁灶窑，大部分陶瓷产品相似或相同，作为窑业技术重要部分之一的窑具，其在两地的形态几乎完全一致。因此，推断磁灶窑金交椅山窑址的仿越窑窑业技术，可能是通过当时窑工的直接交流而形成的。

从东南亚等地的发现证实，本期磁灶窑产品已成批外销。

南宋至元代时期较重要的窑址是土尾庵、童子山、蜘蛛山等窑址，其都曾于 1978 年作过考古调查和小规模试掘，土尾庵窑址还于 1995 年由福建省博物馆考古部进行过正式的抢救性发掘[5]。土尾庵窑址的堆积达 4 米多厚，地理位置上与蜘蛛山窑址相连。其他窑址也大都较集中地分布在岭畔一带，可以看出本期磁灶窑的生产规模更加扩大，超过前期而达到了历史的最高峰。产品大量外销。

本时期的陶瓷器，除了原有的青釉器、酱黑釉器、素胎器之外，又出现了黄绿釉器并占有一定的比重。各类器物的品种更加多姿多彩、前期所未见的如军持等专为外销的产品纷纷出现。装饰纹样与技法也更丰富多样，传统与异域的图案交相辉映。磁灶窑陶瓷器的生产进入一个繁荣、鼎盛时期。

这时期青釉器的器类增多，器形相比前期有较大的变化。土尾庵窑址出土青釉器的数量、品种均较多，可作为本时期的代表。

土尾庵窑址出土青釉器的釉色以青黄数量最多，少量呈青灰，大多数釉面有冰裂纹，出现釉下褐彩装饰。器形主要有碗、盘、盏、碟、钵、盆、执壶、水注、罐、瓶、炉、器盖等。其中各式军持为该窑址自身最具特色的和有代表性的品种，一部分器物保留有如金交椅山窑址青釉器的风格（如灯托、执壶、四系罐等）。其他如篦纹划花碗、浅盘口褐彩执壶、球腹小罐、瓜楞水注、筒腹炉等与龙泉窑青瓷的同类器物的面貌与风格相似，应是仿龙泉窑的产品。当然，前者在器形、釉色、装饰、制作工艺等各个方面都与龙泉窑青瓷的水平相去甚远。

元代之后，考古调查发现的窑址数量锐减，产品也转向釉陶粗器如罐、瓮之类的生产。

二、磁灶窑青瓷器的制作工艺

磁灶窑陶瓷器上的工艺遗痕，可反映其器物制作的工艺过程、技术水平和技法特征。具体有以下几方面的内容：

①成型。

陶瓷器坯体成型的工艺有轮制、模制、手制等。

轮制。

磁灶窑陶瓷器在不同时期和对不同器物的轮制工艺有着不同的要求。如：

金交椅山窑址的青釉执壶，其制作较规整，器形匀称、线条流畅，器表多数修坯、无明显的旋削痕，圈足整齐，足底、足内都经过认真修整、较齐平。

土尾庵窑址出土的青釉碗则器表较粗糙、留有明显的旋削痕，圈足壁常见偏心圆、厚薄不匀，足底、足内都未经细心修整，多留有乳突状的割坯痕。

模制。

磁灶窑部分陶瓷器是采用模制的。窑址调查与发掘发现了一批模具以及与这些模具相同的陶瓷器标本。这些器物的外形与器表的纹样都是模制的，因此所用的是外模，器物的内侧都有明显、清晰的指印痕，说明是将还体在模具内用手工按压成型的，而在成型后并未将按压的痕迹抹去（如瓶、砚滴、塑像等）。而有的器物是直接用模具在坯体内压印纹样、图案的，所使用的是内模。还有一些器形可能是内外模兼用的。

手制。

磁灶窑陶瓷器中一部分器物的附件如流、柄、系、耳、铺首以及堆贴的纹样、图案的饰件等，应是手制的。

此外，还有在器物的坯体上使用压印、刻削等方法，以改变或修饰器物的形状（如腹部刻划或压印成型的瓜棱壶、葵形碗，仅在口沿上刻削出花瓣形的葵口碗等）。

②施釉。

磁灶窑青瓷器的施釉方法，有浸（蘸）釉、刷釉、荡釉等，大多数器物一般施釉不及底。

浸（蘸）釉：即将器物需要上釉的部分浸入釉水中，使其沾上、吸附釉汁。磁灶窑的大部分器物如碗、盘、碟、盏等都是用这种施釉方法的。通常这些器物多为里满釉、外半釉，有的外釉仅至口沿下，足、底皆无釉露胎。瓶、罐、壶等多为里釉仅至内口沿下，器内无釉，外釉至下腹，足、底皆无釉露胎。

刷釉：用刷子蘸上釉水，涂刷在器物的表面。磁灶窑有一部分器物用刷釉，如有些执壶、四系罐、壶等，其器表常常留有因刷釉不匀而呈现的刷痕和露胎痕，一般在这些器物的外口沿下尤为明显。

荡釉：将釉水倒如器物内腹并加以摇荡，使其内部均匀沾上釉汁。磁灶窑部分器物如碗、盏、瓶、罐等的器内施釉用此方法。

③装饰。

磁灶窑青瓷器的装饰工艺主要有：刻划、模印、堆贴以及彩绘等。

刻划：在陶瓷器的素坯上用尖利的工具刻划出纹样、图案，然后上釉、烧成。这是陶瓷器上最为常见的装饰工艺。磁灶窑的各类陶瓷器均有采用此种工艺的。常见的刻划纹样、图案有篦纹、卷草、莲瓣、荷花、卷云、水波等，多装饰于器物的腹部、内底。

印花：主要是在碗、碟等器物的内底压印花纹、图案，如土尾庵窑址、蜘蛛山窑址的出土标本中就有一批。

堆贴：将与胎体的质地相同的材料制成的附件，堆置或粘贴在陶瓷器的坯体上，再上釉，入窑烧成。如执壶、罐、瓶上贴附的环耳等。

彩绘：皆为釉下彩。其工艺一般是先在器物的坯体上施一层白色化妆土，再在化妆土面上用褐色颜料绘制纹样、图案或文字，然后再施青黄色透明釉，形成青釉褐彩器。磁灶窑的青釉褐彩器有盆、盏、小罐、执壶等，常见的纹样有花卉、草木、鱼龙、水波以及文字、诗词等 [6]。

三、磁灶窑青瓷器的贸易与消费

磁灶窑青瓷器的贸易与消费状况，可以通过海内外的水下考古与古代城市遗址的考古发现而了解其概貌。

（一）城市遗址的考古发现

1. 福建城市遗址发现的磁灶窑青瓷器

关于磁灶窑青瓷器在中国的古代城市遗址的考古发现，较有代表性的是泉州 1987 年发掘的清净寺遗址和 2003 年发掘的德济门遗址的出土资料。

泉州清净寺遗址 [7]。

泉州清净寺，据 1310 年的阿拉伯文碑的译语为"艾苏哈卜清真寺"，位于泉州市涂门街北侧，为第一批全国重点文物保护单位（1961 年公布）。1987 年，为配合其维修、保护，由福建省博物馆、泉州市文物管理委员会、泉州海外交通史博物馆等单位组成考古队，对泉州清净寺的奉天坛基址进行了考古发掘，发掘揭露了从宋代到近现代的 6 期建筑遗迹，出土了一批陶瓷器。其中"宋代瓷器"青釉碟、壶（应为执壶）等均可确定为是磁灶窑的产品（相同者见于土尾庵、蜘蛛山等窑址）；"元代陶瓷器"中的 VI 式碗，I、II 式盏，I 式碟，壶（应为香薰）等，也都是磁灶窑的产品（亦见于土尾庵、蜘蛛山等窑址）。

泉州德济门遗址 [8]。

德济门为泉州古城的南门，其遗址于 2001 年在泉州城市建设工程中发现，后于 2010 年 11 月至 2002 年 3 月，由福建博物院与泉州文物局组成考古队进行了抢救性考古发掘。发掘除揭露了德济门的遗迹外，还出土了一批陶瓷器。其中的宋代陶瓷器，如 I、II 式青釉盏，青釉碟等，均是磁灶窑的产品，与土尾庵窑址、蜘蛛山窑址的同类器物相同。

此外，在福州市的五代夹道遗址出土的青黄釉褐彩"福"字洗，应为磁灶窑童子山等窑址的产品 [9]。

上述城市遗址发掘出土的磁灶窑宋元时期青瓷器，说明当时磁灶窑大量生产日用陶瓷，其产品的一部分是供应其周边城市的日常生活需求和消费。

2. 日本城市遗址发现的磁灶窑青瓷器

日本博多地区的许多城市遗址均出土有磁灶窑青瓷器，如：博多 79 次调查 1827 号土坑、79 次调查 2714 号土坑、56 次调查 0281 号土坑、祇园地铁站入口 1 号土坑以及大宰府条坊 19 次调查、香椎 B 遗址土坑墓等 [10]。

在日本其他地区的考古发掘中，也还发现有磁灶窑陶瓷器，如：镰仓（今小路西遗迹）出土有磁灶窑童子山等窑址的青釉褐彩盆等陶瓷器 [11]。

3. 东南亚地区发现的磁灶窑青瓷器

在菲律宾出土的磁灶窑青瓷器中有瓜棱执壶、水注，褐斑水注以及盏、碟、小罐等等。[12]

印度尼西亚，从部分已发表的资料中看到的磁灶窑青瓷器有青釉褐彩军持[13]。

在著名的世界文化遗产地柬埔寨吴哥遗址，日本上智大学吴哥遗址国际调查团在 Beateay Kdei 地点的发掘中，出土一件堆贴龙纹、刻划水波图案的青釉四系罐，应为磁灶窑的产品[14]。

4. 水下考古的发现

我国的水下考古事业自 20 世纪 80 年代建立以来，在从渤海（辽宁绥中三道岗）到南海（西沙群岛）的广袤海域，持续开展水下考古调查和发掘，陆续发现了一批宋至清各时代的沉船遗址，取得了多项考古发现和研究成果。其中，在西沙群岛的水下考古调查与试掘和"南海I号"沉船的调查与发掘中，也发现了一批磁灶窑的青瓷器。

西沙群岛水下考古调查与试掘[15]。

由中国历史博物馆（现已改名为中国国家博物馆，下同）水下考古学研究中心于 1998 年底至 1999 年初组织的对西沙群岛的水下考古调查，发现了一批水下沉船遗址，采集到大量的水下文物。其中在西沙群岛"华光礁I号"沉船遗址进行的水下考古调查与试掘，出水了一批陶瓷器和其他遗物（如锡器、碇石等），其中的青黄釉褐彩卷草纹长颈瓶、青黄釉褐彩卷草纹小口罐、青黄釉小罐、青黄釉瓜棱四系罐等，则是磁灶窑的产品。

中国"南海I号"沉船水下考古调查[16]。

1987 年 8 月，交通部广州救捞局与英国某探测打捞公司合作，在广东台山川山群岛附近海域意外地发现了一艘古代沉船并打捞出水了一批文物，大部分是陶瓷器，其他还有铜器、铁器、锡器等共计 200 余件。1989 年开始对这艘沉船的水下考古调查，并正式将其命名为"中国南海I号"沉船，至今调查工作仍在进行。在多次的水下考古调查中，陆续打捞出水了一批文物，大部分仍是陶瓷器，其中除了有磁灶窑的酱釉碗、罐、小口罐、四系罐、小口瓶（梅瓶），绿釉菱花碟、葫芦瓶外，也有青釉罐等。

5. "海上丝绸之路"航线上遗址的发现

"海上丝绸之路"航线所经之处，有些并非城市港口，而仅是作为航行船舶的临时补给、停靠、避风之地。例如我国的澎湖列岛就是当时海上国际贸易交通线的一个重要的中途站、停靠点。至 20 世纪 90 年代，经过台湾省学者们的多次考古调查与发掘，已经获得上万件的古代陶瓷器标本。对此研究多年的台湾省陈信雄教授认为"其中青釉细陶壶 300 多件，产自泉州斗温山窑，颇有代表性。其他青釉陶盆、黄绿釉陶盖和瓮、罐、盂、壶、缸之类，多为粗重之器。"这些皆为磁灶窑产品[17]。

磁灶窑青瓷器的考古发现（包括窑址、遗址、沉船等），不仅表明磁灶窑陶瓷器有着悠久的生产历史，还反映了其作为陶瓷产品从生产、贸易到消费的完整过程，以及在古代社会物质生活中和对外经济、文化的传播与交流中的重要作用。

［原载《中国古陶瓷研究（第 14 辑）》紫禁城出版社 2008 年第 10 月版］

注释

[1] 陈鹏、黄天柱、黄宝玲：《福建晋江磁灶古窑址》，《考古》1979 年第 5 期。

[2] 福建省博物馆、福州市文物管理委员会：《福州怀安窑址发掘报告》，《福建文博》1996 年第 1 期。

[3] 福建博物院：《晋江磁灶金交椅山窑址发掘简报》，《福建文博》2005 年第 2 期。

[4] 慈溪市博物馆：《上林湖越窑》，科学出版社，2002 年。

[5] 福建省博物馆：《磁灶土尾庵窑发掘简报》，《福建文博》2000 年第 1 期。

[6] 天鹏、宝成：《一处产品外销日本的窑址的年代探索》，《福建文博》1982 年第 2 期。

[7] 福建省博物馆：《泉州清净寺遗址》，《考古学报》1991 年 3 期。

[8] 福建博物院、泉州市文物局:《泉州德济门遗址发掘报告》,《福建文博》2003 年第 2 期。

[9] 福建省博物馆考古部、福州市文物考古工作队：《五代夹道遗址发掘简报》，《福建文博》1994 年第 2 期。

[10] 日本福冈市教育委员会：《博多 1-86》福冈市埋藏文化财调查报告书、《高速铁道关系调查报告书Ⅰ–Ⅶ》、《都市计划道路博多站筑港线关系埋藏文化财调查报告 I-V》等。

[11] 日本根津美术馆：《苏る臻仓——遗跡发掘の成果と传世の名品》，大塚巧艺社，1996 年。

[12]Leandro and Cecilia Locsin：Oriental Ceramics Discovered in the Philippines，Charlese. Company. Rutland，Vermont & Tokyo，Japan，p57、58。

[13]Sumarah Adhyatman：Antique Ceramics found in Indonesia，The Ceramics Society of Indonesia，1990，p：161.

[14]The Banteay Kdei temple re-examined：Some evidence to interpret the history through and after Angkor period，上智アジア学第 20 号（2002 年）

[15] 中国国家博物馆水下考古研究中心、海南省文物保护管理办公室：《西沙水下考古 1998—1999》，科学出版社，2005 年，第 130、131 页。

[16] 朝日新闻社：《中国·南海沉船文物と中心をするはるかなる陶磁の海路展》图录，集巧社，1993 年。

[17] 陈信雄：《遗留在澎湖的宋元和五代外销陶瓷》，历史博物馆：《中国古代贸易瓷国际学术研讨会论文集》，长荣国际股份有限公司文化事业本部，1994 年，第 259 页。

略论宋元时期磁灶陶瓷的
对外交流

◎何振良

在漫长的世界陶瓷史上，中国的陶瓷生产一直名列前茅。中国陶瓷和丝绸一样，在中国古代输出品中占有极其重要的地位。它在中国与世界各国经济文化的相互交流中起过桥梁和纽带的作用，对世界文明的发展做出了伟大的贡献，所以中国在国际上博得了"瓷国"的称誉。我国古代陶瓷的输出主要通过海陆两路，陆路即唐以前的"丝绸之路"，另一条就是唐宋以后东到朝鲜、日本，南经东南亚、南亚、西亚，远达非洲，后人称之为"海上丝绸之路"或"海上陶瓷之路"的海路。文献记载和出土物都充分表明它比"陆上丝绸之路"持续的时间更长、范围更广、影响和贡献更大。

地处福建东南沿海的磁灶窑，至迟在南朝时期已开始生产青瓷器，迄宋元间形成规模。该窑集南北各窑制瓷技术之大成，烧制过釉下彩绘瓷、黑釉瓷、低温黄绿釉瓷等多种产品，成为泉州窑系中最具代表性的窑场之一，因此，亦有人把磁灶窑称为"泉州窑"。根据国内外现有出土的资料，可以证明自唐代以来，尤其是宋元时期，磁灶陶瓷通过各种渠道输入到东亚、东南亚以至非洲的许多国家和地区，对这些国家和地区的物质文化发展和社会生活，产生了重要影响，并做出了积极的贡献。

一、磁灶陶瓷外销的原因

（一）泉州地区长期相对稳定的社会环境

三国鼎立时，中原逐鹿，福建属于孙吴的后方辖区，基本未受战争波及。西晋末"永嘉之乱"，中原纷争，而江南特别是福建相对比较稳定，唐末五代，统治闽国的王审知和后期统治晋江地区的留从效、陈洪进等都能吸取唐亡的教训，采取安定社会、发展生产、鼓励海交、倡兴文教的措施。北宋立国之后，与北方的辽、金长期战争，最后北方领土沦入金人之手，迁都临安，江南半壁相对安定。南宋末蒲寿庚献泉州城降元。在这些朝代更迭斗争中，泉州地区基本未受战争的破坏，社会相对安定，各行各业顺利地发展起来

（二）磁灶陶瓷业的发展

磁灶窑所在地区丘陵环抱、岗峦起伏，九十九溪从西北向东南流经全境，经池店镇溜石村汇于晋江后注入泉州湾而入海，是古代泉州地区一条主要的水上交通要道。磁灶地区蕴藏着得天独厚的高岭土资源和丰富的柴草燃料资源。经过长时期的生产实践，当地制瓷技术不断得到提高。特别是自南朝以来，受浙江越窑系统工艺的影响，磁灶瓷业规模逐渐扩大。发展至宋元时代，泉州地区经济文化事业进入了鼎盛阶段，如《宋史·地理志》所称："民安土乐业，川源浸灌，田畴膏沃，无凶年之忧。"这时，磁灶窑场如雨后春笋蓬勃兴旺，陶瓷生产的工艺技术取得了杰出的成就，烧制出大量式样优美又实用价廉的陶瓷器，获得了国内外广大消费者的赞赏，为产品的大量外销赢得了广阔的市场。

（三）泉州发达的造船业

泉州港是"海上丝绸之路"的重要港口，有发达的造船业和先进的造船航海技术。6世纪的南朝，文献上就有了泉州与海外交通的记载，那时泉州的大舶已可通达南洋的棱伽修国（今马来半岛）。隋唐时期，泉州是当时全国的主要造船基地之一。五代时泉州的远洋帆船即可以运陶瓷、铜铁"泛于蕃国"。

两宋时期，泉州的造船业更是兴盛发达，宋人谢履《泉南歌》云："州南有海浩无穷，每岁造舟通异域。"[1]北宋《太平寰宇记》将"海舶"列为泉州产，《诸蕃志》中称之为"泉舶"。当时泉州所建造的海船，无论在形制和船体的规模上都已经相当先进，质量居全国之首。宋人吕顾浩云："南方木性与水相宜，故海舟以福建（泉州）为上，广东船次之，温、明船又次之。"[2]此外，宋代泉州除官营造船业外，私营造船业更为发达，"漳、泉、福、兴化，凡滨海之民所造舟船，乃自筹财力，兴贩牟利而已"。[3]

元朝时曾多次命泉州等地造船。元至元二十八年（1291），意大利旅行家马可·波罗奉忽必烈之命，护送阔阔真公主远嫁波斯。忽必烈下令"命备船十三艘，每艘具四桅，可张十二帆"，从泉州扬帆启航。据研究，这些四桅船是在泉州建造的。由上可知，泉州造船业发达，航海技术先进，加之指南针在航海中的应用，使海运事业获得巨大的发展。

（四）泉州港高度繁荣的对外贸易

唐代，泉州港已成为当时海上交通的重要港口，和广州、交州、扬州并称为我国四大贸易港。许多外商来泉州经商，出现了"船到城添外国人""市井十洲人"的繁荣景象。五代时期，中原战争频繁，沿海比较安宁，先后统治泉州的王延彬、留从效和陈洪进，都高度重视发展海外交通贸易，所以泉州的海外交通更加发展。这时的泉州窑已开始经营海外贸易陶瓷。《清源留氏族谱》载"陶瓷、铜铁，泛于蕃国，取金贝而还，民甚称便"，可见此时泉州陶瓷已大量销往国外。

北宋后期泉州港已成为一个"有蕃之饶杂货山积"[4]的繁华海港，对外通商贸易已涉

足 31 个国家和地区，赶上并超过明州，仅次于广州。海外贸易的发达使泉州港的地位日益重要，宋元祐二年（1087）正式批准在泉设置福建市舶司，从政治上确立了泉州作为重要贸易港口的地位，泉州的对外贸易进入了一个新的时代，泉州陶瓷更是大量地倾销海外各市场，从而形成了漫长的"海上陶瓷之路"。南宋时期，泉州港得到南宋统治者的格外重视和支持，发展迅速，上升到与广州港地位相当的程度，福建市舶司成为南宋两大市舶司之一，泉州"舶货充羡，称为富州"，达到"若欲船泛外国贸易，则自泉州便可出洋"的程度。在这种极为有利于刺激陶瓷生产的海外交通形势下，大量的磁灶陶瓷从泉州港"放洋过海，泛往外国""且有供不应求之势"。

元代统一中国后，高度重视对外贸易，元初泉州著名的阿拉伯商人后裔蒲寿庚素"主市舶"30 年，积极开展海外贸易，实行"其来市，各从所欲"[5]的开放政策，并鼓励国内商人从事海外贸易。泉州由此走向她的黄金时代，海外交通空前繁荣，对外贸易已凌驾于广州之上，出现"涨海声中万国商"的繁荣景象，到了元至元末年，被誉为"东方第一大港"。北非摩洛哥旅行家伊本·白图泰在其《游记》中称赞泉州港为"世界最大港之一，或径称世界唯一之最大港亦无不可也"。意大利旅行家马可·波罗在他的游记里曾说："元朝瓷器运销到全世界。"他也称费泉州港："刺桐是世界上最大的港口之一。大批商人云集这里，货物堆积如山，的确难以想象。"元代著名文人吴澄亦称道："泉，七闽之都会也。番货远物，异宝珍玩之所渊薮，殊方别域，富商巨贾之所窟宅，号为天下最。"[6]

二、磁灶陶瓷的对外输出

宋元时期，磁灶窑已成为我国东南沿海一处重要的陶瓷产区，其生产高度发展，产品大量外销。

日本与中国一衣带水。据日本文献《朝野群载》记载，北宋崇宁元年（1102），泉州客商李充自置船备货，由泉州经过明州（浙江宁波）市舶司办手续到日本贸易，其登记的"公凭"所附货单中就有"瓷二百床（'床'为闽南言，用它作计算陶瓷数量的单位，碗每床 20 件），瓷碟一百床（碟每床 50 件）"。李充于崇宁三年（1104）回泉州，次年又去日本贸易，可见，头尾 4 年（1102—1105），他就两次到日本贸易。这充分说明泉州与日本之间的商业活动是十分频繁的。[7]因而距泉州港口岸最近的磁灶窑产品大量输出到日本。20 世纪以来，日本各地相当于我国宋元时期的遗址中，出土了很多磁灶窑土尾庵窑的绿釉瓷器，在横滨、长野、福冈、京都等地也出土有磁灶窑童子山一号窑所产的黄釉铁绘花纹盆（或盘），而且很多是完整的。此外，日本各地也发现蜘蛛山窑所生产的绿釉剔花器和绿釉上点黄釉斑的器物，以及龟形砚滴等。[8]日本各地出土的磁灶窑各类陶瓷，可与日本文献相印证。

日本东洋陶瓷学会会长三上次男教授 1981 年 4 月在泉州海交馆作学术报告时指出："晋

江土尾庵窑的绿釉瓷器（陶器），在日本到处都有，特别是在日本的滨馆。晋江童子山窑的彩绘陶盆，九州发现很多完整的，京都也有……"[9] 日本的九州出土中国瓷器数量最大，福冈修地铁时，考古工作者清理了 15000 平方米，出土中国陶瓷片有 10 万片之多。有划花篦纹青瓷（珠光青瓷）、青白瓷、磁灶窑的黑绘青瓷、建窑黑瓷、龙泉青瓷、江西吉州窑青瓷、湖田窑的青白瓷等数量很大，还有北方地区的磁州窑产品。由此可见，当时磁灶陶瓷出口日本的数量相当大，而且是与当时中国的几大名窑，如浙江龙泉窑，江西湖田窑、吉州窑，福建建窑，河北磁州窑等的产品一起对外输出的。

东南亚是我国海外贸易的重要地区，也是通往南亚、中东、非洲和欧洲去的海上运输的必经之路，所以各地都有大量的磁灶陶瓷发现。

菲律宾和中国的经贸往来可追溯到隋代。在《诸蕃志》《岛夷志略》等宋元文献中所述的与中国经商的麻逸、三屿、白蒲迩、蒲哩噜（元代为麻里）、沙华公、蒲端和苏禄等国，都在今菲律宾群岛。所以在菲律宾群岛自北部的吕宋岛到南部的苏禄省都有磁灶窑陶瓷器发现，尤其是沿海地区的港口和贸易城市出土最多。其中有磁灶窑蜘蛛山、土尾庵所烧制的双龙抢珠、缠枝牡丹花等纹饰的绿釉军持和黑釉（无纹）军持，还有其他窑生产的黑釉刻花瓶、黑釉罐、青釉孔雀纹碟等等。[10] 中国著名陶瓷学家冯先铭先生在菲律宾考察外销瓷时，发现："福建泉州窑（磁灶窑）产品有低温绿釉印花盘、军持等器，军持应属定烧器。也有仿剔红剔黑工艺特征烧制的黑釉剔花瓶、罐、炉等器。"[11] 另外，磁灶窑生产的青釉小碟，在菲律宾的巴布彦、加拉彦、黎刹省、民都洛、马斯巴特、三描礼士等地都有相当可观的发现。龙瓮是磁灶窑宋元时代普遍烧造的一种外销特色产品。[12] 在"菲律宾各地古墓葬中发掘出的瓮，肩盘踞着蛟龙的陶瓷，据考证是宋代的龙瓮。这种瓮用来酿造和盛水，或用作埋葬婴尸与验骨之葬器"。[13] 一家菲律宾打捞公司的负责人在参观泉州海交馆外销瓷陈列时说，他们经常在菲海域捞获为数甚多的包括泉州产品在内的中国瓷器。近年曾一次打捞到不少宋元时期磁灶窑的青釉盏、青釉碗、青釉小罐、酱色釉小罐等。

文莱出土的中国瓷器，主要来源于文莱附近的古都柯达巴都。这里在 20 世纪 50 年代初期进行了发掘，出土的中国陶制品主要有南宋、元代的青白瓷。有一种南方生产的黑色或深褐色的瓷器，具有北方磁州窑的特点，推测主要是磁灶窑的产品，也有龙泉窑的作品。

马来西亚出土的中国陶瓷标本最丰富，仅沙捞越博物馆收集出的陶瓷标本就达 100 多万片。其中属于福建窑口的居多，而属于磁灶的低温釉器以翠绿和深绿釉居多。该馆收藏的完整器中属于磁灶窑产品的有绿釉盘、黑釉龙纹军持。沙捞越首府古晋的尼亚大科的一个山洞遗址中，也出土有磁灶窑的产品。[14]

在印尼，雅加达博物馆中收藏有大量中国瓷器，有的是从海里打捞上来的。其中如军持、执壶、碗等物，很多是磁灶土尾庵、蜘蛛山、金交椅山、童子山的产品。

在南亚地区的斯里兰卡西北部之曼台，出土有中国瓷片，釉色深绿、褐色，是磁灶窑常见的产品。[15]

东部非洲的肯尼亚，出土的宋瓶与磁窑址中的产品极为相似。[16]

磁灶曾竹山等窑生产的小口瓶，在印尼的东爪哇土班、佛里沃、伊斯兰蒂岛曾有出土，苏门答腊也很常见。在马来西亚、泰国（200件以上）、菲律宾和日本九州博多（136件）均有发现。[17]

此外，在我国台湾省澎湖县所属各个岛屿，20世纪70年代以来，不断发现了宋元时期磁灶窑所烧制的产品。根据《澎湖宋元陶瓷》等著述的记载和相关考察成果表明，澎湖列岛出土的宋元陶瓷，大致可划分为青瓷、白瓷或青白瓷、黑釉瓷、陶质器皿、曾竹山陶瓶五大种类。其中属于磁灶窑的产品有陶质器和曾竹山陶瓶。日用陶质器皿3200多件，包括壶、盆、瓮、罐、孟、缸等，胎多呈灰色，或施青、绿、灰、褐釉，还有渔具红陶网坠、建筑材料破瓦等。曾竹山陶瓶共发现2015件标本，单体数量最多。[18]《澎湖宋元陶瓷》的作者陈信雄先生指出台湾本岛不曾发现中国宋元时期的陶瓷，因此认为，澎湖位于台湾海峡东南部，是中国东南沿海各地窑口陶瓷外销的一个转运站，由此再把它转运到南边的菲律宾、印度尼西亚和马来西亚诸国。他得出结论："经由泉州、澎湖到南洋的澎湖航线，乃宋元期间中国陶瓷外销航路中一环。"[19]

三、磁灶窑外销陶瓷在国外的影响

磁灶陶瓷的外销，对东南亚各国的影响是多方面的。首先，在物质生活方面，它普遍地改变和丰富了人们的饮食文化。其次，在精神文化领域，由于各地区历史阶段、民族传统、社会条件等因素的不同和差异，它在一些地方的宗教生活中担负起特殊的功能，在另一些地方，则对他们的文化艺术，发挥了奇特的作用。概言之，磁灶陶瓷的大量外销，促进了中外经济、文化交流，在中国陶瓷对外贸易史上写下了浓重一笔

（一）对一些国家和地区人民的生活有一定影响

饮食是人类赖以生存的首要条件，饮食器是人类饮食文化的一个重要组成部分。在我国瓷器问世之前，世界各国固然已经存在着多种多样的饮食及其方式，但是，尚未找到理想适用的饮食器。某些社会进步较快的地区，只有上层人物已经用上金属材料（如金、银、铜、锡）制作的饮食器。在更为广大的地区，人们还在沿用着木器、陶器，而在社会发展迟缓的地区，则无器皿可言。[20]根据《诸蕃志》记载："登流眉国（今马来半岛），饮食以葵叶为碗，不施匙筷，掬而食之。"苏吉丹（今印尼爪哇）"饮食不用器，缄树叶以从事，食已则弃之"。渤泥国（今文莱）"无器皿，以竹、贝多叶为器，食毕则弃之"。元《真腊风土记》记载，柬埔寨寻常百姓，做饭用"瓦釜"，做羹用"瓦铫"，以树叶为碗，用菱叶为匙，以椰壳为勺。盛饭用的"瓦盘"还是从中国进口的。总之，以上各国居民饮食器，大多凭借当地自然条件的恩赐，因陋就简地利用热带植物的茅叶乃至果壳之类，稍事加工制作而成。在这种情况下，我国瓷器成为他们迫切需求之物，是很自然的。福建窑口

产品，以日用餐具之碗、盘、杯、碟为大宗，正是以迎合各国人民的生活需求为生产宗旨的。正如《宋会要辑稿》所说："阜通货贿，彼之所阙者，如瓷器、茗醴之属，皆所愿得。"于是瓷器逐渐成为各国贵族乃至平民喜爱的器皿。我国宋代以后有关对外关系的史籍中涉及用瓷器作为主要货物的大量记载，就是以上情况的真实反映。至中国陶瓷输入以后，提供了精美实用的器皿，才改变了原来的生活习俗。宋《诸蕃志》记载，波斯国王"食饼肉饭，盛以瓷器，掬而啖之"。《明史·外国四》："文郎马神（今印尼加里曼丹的马辰），初用蕉叶为食器，后与华人市，渐用瓷器。"在上述地区发现有宋元时期磁灶窑生产的碗、盘、瓶、罐、碟等。因为其粗糙实用、价格便宜，成为深受东南亚各国民间喜爱的"大路货"。除瓷器之外，磁灶窑生产的一些陶制器皿，诸如缸、坛、瓮、罐、大盆、粗碗等也大量输出到东南亚地区，以满足各国、各民族不同的生活习俗的需要。这对改变当地人民的物质生活方面，有着极重要的作用。1963年菲律宾国立博物馆富斯著、许其田译的《菲律宾发掘的中国陶器》一书说道："从中国运入菲岛的陶器与菲人早年的社会及农村生活有着密切的关系。"

（二）在精神领域内产生了不同程度的影响

沙善德在《福建——中国考古学之新富源》一文中对龙瓮详细地叙述道："在古代陶瓷贸易中，自宋以来，皆以各式'龙瓮'为主要。所谓'龙瓮'者，盖瓮上绘有一龙绕于此瓮。此种'龙瓮'为爪哇、渤泥、菲律宾的部落所珍存，而且代代相传，尊之为神秘之法宝。"[21]在古代（甚至延续到现代），菲律宾南部和北加里曼丹的一些居民所盛行的"瓮棺葬"，或称"洗骨葬"，就是用磁灶窑烧制的"龙瓮"。明代张燮《东西洋考》"文郎马神"条在叙述加里曼丹的"瓮棺葬"时说："及通中国，乃渐用瓷器，又好市华人瓷瓮画龙其外（者），人死，贮瓮中以葬。"清道光《厦门志》卷八"番市，文郎马神"条也记载曰："俗用中国瓷器，好市为棺具。"在菲律宾各民族中，也普遍实行瓮棺葬，如明多省南部和吕宋岛北部某些民族都采用这种葬俗。

另者，菲律宾和加里曼丹的一些居民还存在"瓮崇拜"的习俗，其中对龙瓮尤为崇拜，而且在加里曼丹大多是跟鬼神崇拜结合在一起。《中国殖民史》记载说："婆罗洲之劳仔人、嘉颜人所藏之瓦瓮，或来自中国，上雕龙形，视为传家之宝。土人谓瓦瓮有神呵护，对之极恭敬。"当地居民赋予这种古瓮某种神秘的生命形态。按照瓮的形状、大小和纹饰，它们和人一样，也有名字。当地居民把龙瓮视为神圣的东西，每年都要举行一次圣瓮节，即在每年农作物收成后举行拜瓮的祭典，以在全村驱逐邪祟。在居民日常生活中，其还是一种高贵的贮具，被用以收藏珍贵衣物、金银财宝等。同时，瓮还被作为酿酒、贮酒或宴饮的容器。这些瓮在这些居民们看来，意义非同寻常。

从宋代以来，磁灶窑龙瓮的外销，在加里曼丹和菲律宾的各民族中被大量使用于祖骨崇拜，并且还直接产生了对龙瓮本身的崇拜，可以看出在东南亚陶瓷文化与原始宗教信仰密切结合，反映了古代泉州与东南亚文化的交流。

军持之名是从梵语音译过来的，系水瓶之意，原为佛教僧侣随身携带用以贮水饮用和净手的一种水器，在印度化时代曾盛行于东南亚，到了伊斯兰化时代，又为这一地区的穆斯林所沿用，与宗教活动关系密切。在伊斯兰宗教生活中，虔诚的穆斯林前往麦加圣地朝觐，海上旅行时，需贮淡水以备饮用，朝圣归来，也需带回阿必渗渗泉圣水和阿拉伯蔷薇水自用或馈赠亲友。因此，军持成为穆斯林惯用器物。[22] 军持早在 4 世纪，就从印度传入南洋，亦传入我国。到了宋元时期，随着泉州海上交通和对外贸易的飞跃发展，从唐代已传入泉州的伊斯兰教更为兴盛。受传统习惯影响，居住在泉州的穆斯林在生活上也广泛使军持。宋末元初侨居泉州的阿拉伯穆斯林蒲寿庚在《心泉学诗稿》的《山中井》一诗中曾述说："明月照我牖，独起携军持。"

由于东南亚的穆斯林在宗教活动中须使用军持，因此，磁灶窑大力发展军持的生产，然后从泉州港出口外销。如今在磁灶的土尾庵窑址和蜘蛛山窑址等出土的军持标本和在菲律宾发现的相同，艾惕思《菲律宾发现的中国瓷器》、洛克辛夫妇《菲律宾发现的东方陶瓷》等国外著作对此有详细的记述，体现了宋元时期泉州与东南亚地区伊斯兰信仰文化的交流。

综上所述，磁灶窑是我国东南沿海一处著名的外销陶瓷产区。宋元时期，泉州港高度繁荣的对外贸易推动了磁灶窑的生产发展和大量外销，其产品多见于东亚、东南亚等国家和地区。磁灶陶瓷的对外交流，丰富了东亚、东南亚等地区各国人民的生活，与其宗教信仰文化产生了密切的联系，产生了重大影响，因而受到了东亚、东南亚等地区各国人民的普遍欢迎和极大重视。它显示了我国古代劳动人民的聪明智慧和创造性劳动，也说明我国陶瓷对世界物质文化的影响和贡献。

〔原载《中国古陶瓷研究（第 14 辑）》紫禁城出版社 2008 年第 10 月版〕

注释

[1] [宋] 王象之：《舆地纪胜》卷 134《福建路》。

[2] [宋] 吕颐浩：《忠穆集》卷 2《舟楫之利》。

[3]《宋会要辑稿》，《刑法》二之 137。

[4]《宋史》卷 330，《杜纯传》。

[5]《元史》卷 10，《世祖纪七》。

[6]《吴文正公集》卷 16。

[7] 木宫泰彦著，胡锡年译：《日中文化交流史》，商务印书馆，1980 年，第 243 页。《制野群载》卷 20。

[8] 冯先铭：《中国古代外销瓷的问题》，《海交史研究》1980 年总第 2 期。《海交史研究动态》第 8 期，7 页。日本东京国立博物馆《日本出土的中国陶瓷特别展览》，1975 年。

[9]《海交史研究动态》第 8 期，1981 年 7 月。

[10] 艾惕思：《菲律宾发现的中国瓷器》，《东方陶瓷协会会报》37 卷，1967—1969 年。

洛克辛夫妇：《菲律宾发现的东方陶瓷》，1967 年。

[11] 冯先铭：《元以前我国瓷器销行亚洲的考察》，《文物》1981 年第 6 期。

[12] 陈台民：《菲律宾出土的中国资器》，菲律宾《华侨周刊》第 17 卷，第 20 期，1958 年 11 月。

[13][14] 冯先铭：《在东南亚国家的中国古外销瓷见闻》，《海交史研究动态》第 9 期。

[15]《斯里兰卡发现一些中国瓷器》，《北京日报》1959 年 7 月 10 日。

[16] 马丢：《东非和南阿拉伯的中国瓷器》图版。

[17][18] 陈信雄：《澎湖宋元陶瓷》，澎湖县文化中心，1985 年。

[19] 叶文程、林忠干：《闽台陶艺文化》，番薯藤文化丛书之八，台湾省幼狮文化事业股份有限公司。

[20] 叶文程、唐杏煌：《中国古陶瓷与国外社会生活》，《人类学研究》试刊号，1985 年。

[21] 沙善德著，吴逦聪译：《福建——中国考古学之新富源》，《福建文化》第 27 期。

[22] 韩槐准：《军持之研究》，《南洋学报》第 6 卷第 1 辑。

"海上丝绸之路"的外销瓷
——磁灶童子山窑的产品及其工艺

◎郭育生

　　泉州港历来就是海外交通的大海港，自唐末跻身"四大港口"后，经五代、宋代的发展，至元代终成东方第一大港，海外交通贸易盛况空前、历久不衰。作为"海上丝绸之路"的起点之一，它不仅是中国贸易商品的聚集地，也是海外货物的汇聚地，在东西方文化交流中扮演了很重要的角色，对沟通中国与亚洲、非洲、欧洲的政治、经济、文化交往，作出重要的贡献。其时港城繁华，海外贸易发达，陶瓷业也适应海外贸易的需要蓬勃兴起，陶瓷与丝绸一样，成为海舶运输的大宗贸易品，"海上丝绸之路"又被称为"丝瓷之路""陶瓷之路"，所以泉州的外销瓷历来就是海外交通贸易史等方面研究的重点对象，而泉州磁灶窑就是泉州外销瓷最重要的窑口之一。

　　磁灶窑位于泉州晋江市中部的磁灶镇，距泉州市 16 公里左右。这里历来以生产陶瓷为主，故被称为"磁灶乡"。其北部横贯着一条叫梅溪的小河，自西向东流进晋江汇入泉州港。古窑址就自上而下分布在梅溪两岸起伏的小山丘上。因其窑口众多、历史悠久、遗存丰富、产品海外多地屡有发现，所以引起众多学者专家的兴趣和重视，并对其进行了一系列的调查和研究。早在 20 世纪 50 年代，故宫博物院陈万里、冯先铭、李辉柄等先生就对磁灶窑进行过调查。其后，厦门大学、泉州海外交通史博物馆、晋江地区文管办、福建省博物馆、晋江县博物馆等单位均对其进行了大量的调查工作，并进行过局部试掘，采集到大量标本，发现了南朝至清代的 26 处窑址。其中南朝窑址 1 处、唐五代窑址 6 处、宋元时期窑址 12 处、清代窑址 7 处。[1] 结合各次调查、发掘及研究的结果，可知磁灶窑始烧于南朝，发展于唐五代，繁盛于宋元，衰落于明清，而窑口尤以下官路村至岭畔村的土尾庵、童子山一带最为密集。童子山窑仅是其中的一处窑址。

　　童子山窑址位于磁灶镇岭畔村土尾庵山对岸的梅溪北岸，长约 260 米，宽约 140 米，堆积厚度约 1.3 米。[2] 但笔者在调查时发现该窑受破坏比较严重，早期被开垦为果园的地方也处于荒芜状态，窑址上到处树木杂草丛生，上山甚难。山上部分窑址及山脚下已被民房侵占，早先丰富的标本现已难以觅得。令人比较欣慰的是在 1979 年泉州海外交通史博物馆就对其进行了全面调查及局部发掘，获得一批该窑的器物和标本，并对此窑有了初步的了解，发现此窑址是从唐代延烧至宋元时期，有二号窑和一号窑两个窑床，分别为唐五代和宋元时期。[3] 虽然所获得的器物和标本器型单一，均为盆或盘及其残片，但因其工艺、造型等方面较为少见，一经发表，就引起众多学者专家的关注，各种论著多所涉及，纷纷引用。[4] 然其皆不甚详细，故在此择代表性器物，略作介绍，以飨读者，并对其工艺稍作探讨，不足之处，敬希读者不吝指正为幸。

一、童子山窑产品简介

以下介绍的几件产品皆藏于泉州海外交通史博物馆，均为泉州海外交通史博物馆 1980 年调查发掘时所获得标本中的一部分。这几件产品相对来讲比较完整，虽为数不多，然该窑的产品特征、工艺手法等内涵于此可见一斑，而除此之外还有大量同类的残瓷片标本，就不作介绍了。

鱼纹盆 为 2 件盆叠烧而粘连在一起，盆口呈椭圆形，应是在窑里烧制时变形所致。口径 34—36 厘米，底径 26—28 厘米，高 11.8 厘米，胎厚 0.7 厘米。撇口，宽沿，稍卷唇，圆弧腹，腹部较浅，深 6.4 厘米，平底微内凹。盆口及以下施满釉，釉色偏青黄，釉层较薄，外壁及底部不施釉，露胎，胎色呈灰黑色，胎质粗糙，含较大粗砂颗粒状物，但较紧密，烧成温度高。盆内腹部、内底釉下的主纹是一幅用毛笔描绘的写意鱼纹，鱼纹旁边绘有写意的水草纹、蕉叶纹等纹饰，纹饰呈铁褐色，部分呈黑色。纹饰整体特别是鱼纹，写意夸张，生动清晰，富有特色，较为少见。盆的一侧约 1/4 的腹部及口沿残缺。（图一）

五言题诗盆 该盆仅残存盆底及部分腹部，口沿等其他部分已缺，破为数片，已粘连在一起。

▲图一　鱼纹盆

▲图二　五言题诗盆

▲图三　七言题诗盆

底径 33.5 厘米，残高 8 厘米，胎厚 0.6 厘米。从残件上可看出此盆是浅圆腹，平底微内凹。器内施满釉，釉色偏青黄，釉层较薄，器外无釉，露胎，胎色呈黄褐色，胎质粗糙、坚硬，杂有粗砂颗粒状物，但较坚硬，烧成温度高。盆内釉下饰有外圆内方的双划线钱纹，钱纹方形双划线内书写有四行五言诗句："七十有三春，年来尚当先。山河无寸□，天地是何□。"惜有二字残缺。钱纹方形双划线与圆形双划线之间还饰有一圈四组形成四方形的草叶形纹。其描绘的花纹及诗句均呈铁褐色偏暗。器外底墨书三竖行："杨宅□，元年十月记，师□"等字样。（图二）

七言题诗盆　为 3 件盆叠烧而粘连在一起，盆体开裂，略有变形，应是在窑里烧制时所致。口径 46 厘米，底径 37 厘米，3 件通高 17 厘米，胎厚 0.7 厘米。敛口，圆唇，圆弧腹，腹部较浅，深 6.5 厘米，平底微内凹。盆口内及以下施满釉，釉色偏青黄，釉层较薄，外壁及底部不施釉，露胎，胎色呈灰黑色，胎质粗糙，含较大粗砂颗粒状物，但较坚硬，烧成温度高。盆内腹部、底部釉下饰有外圆内方的双划线钱纹。钱纹方形双划线内书写有四行七言诗句："三月当濂禁火神，满头风碎踏青人。桃花也笑风尘客，不插一枝空过春。"钱纹方形双划线与圆形双划线之间还饰有一圈四组形成四方形的草叶形纹，钱纹外还饰有一圈的圈点纹等纹饰。其描绘的纹饰

及诗句均呈铁褐色。整个画面疏朗有序，诗字书写整洁、一目了然，给人以清新感。（图三）

吉语残片 仅残存部分瓷片，应是盆底残片。长24.5厘米，宽18厘米。器内施青釉偏黄，釉下描有相交的双线圆圈连环钱纹，每个钱纹中心书有一字，总共二行四字："福海寿山"。其中"福""海"二字残缺大半，仅据上下文依稀可辨。钱纹双划线之间还饰有一组细小的草叶形纹，四组草叶形纹组成一个四方形。纹饰及文字呈铁褐色偏绿。器外露胎，胎色灰黑，杂有粗砂颗粒状物，但较坚硬、结实，烧成温度高。（图四）

花叶纹盘 为2件盘叠烧而粘连在一起，盘口变形呈椭圆形，盘沿上有支钉叠烧的痕迹，盘底开裂，应是在窑里烧制时所致，口沿略有破损，基本完整。盘口口径31—35厘米，底径27厘米，高2—6厘米，胎厚0.5厘米。葵花形侈口，宽沿，浅弧腹，平底微内凹。盘口及以下施满釉，釉色偏青黄，釉层较薄，外壁及底不施釉，露胎，胎色呈灰黑色，胎质粗糙，杂有粗砂颗粒状物，但较坚硬结实，烧成温度高。盘内底部釉下饰有一幅用毛笔描绘的写意花叶纹，呈铁褐色。整个画面由数片叶子烘托着一排花蕾构成，构图疏朗随意，作风草率，寥寥数笔，极尽写意夸张之能。（图五）

从上述几件器物的介绍可看出童子山窑产品的基本特征：该窑产品较单一，以盆、盘等大型器为主。器内

▲图四 吉语残片

▲图五 花叶纹盘

施满釉，釉色偏青黄，釉层较薄，器外露胎，胎灰色偏黑，胎质粗糙，杂有粗砂颗粒状物，但较坚硬结实，烧成温度高。器内釉下彩绘有褐色纹饰、诗句、吉语，纹饰构图写意，题材有鱼藻纹、钱纹、花叶纹等，彩绘均为绘画、书写于釉下。从其胎质粗糙、杂有粗砂颗粒状物和釉色偏青黄、釉层较薄及用支钉烧制等情况看，该窑产品具有唐宋早期的时代特点，结合磁灶窑的烧制时间及各地方出土的器物等各方面情况来判断，可知该窑延烧时间长，从唐五代始烧，而盛行于宋元时期。

二、童子山窑釉下彩绘工艺初探

童子山窑引人注目的是釉下彩绘纹饰、诗句。其釉下彩绘工艺在泉州地区，甚至在福建地区，都是比较少见的，属于比较孤立的"点"，[5]"为泉州瓷器釉下彩绘开了先导"。其产品在日本的九州、京都等多地出土。"过去日本把它叫作'绘高丽'，认为它是高丽出产的，原来是磁灶童子山窑的产品。"[6]虽釉下彩绘技法在福建地区早期的陶瓷业（不包括晚些时候明清时期的青花瓷）中显得少见的，宋元时期福建的陶瓷业中仅南平茶洋窑、浦城大口窑等少数窑址中有零星发现釉下彩绘瓷标本，但均未发现像童子山窑这样专门烧制釉下彩绘瓷的窑口，所以童子山窑这种釉下彩绘技法就显得独特了，然甚少对其专门进行探讨研究，诸如其技法源于何处？对后世的釉下彩工艺有何影响等方面内容均甚少涉及，故在此对其稍加探索，希起抛砖引玉之用。

釉下彩绘技法历史悠久，三国时期就有发现釉下彩的瓷器，唐五代长沙窑进一步发展了其技术，而釉下彩绘技法的代表就是元、明、清时期的青花瓷。[7]三国时期釉下彩瓷器只是零星出现，只能说是釉下彩的萌芽，而真正意义上的釉下彩绘技法则是出现在唐代的长沙窑。它首创胎上画彩，然后上釉高温烧成的新技法。这是与绘画艺术的结合，开了以绘画技法美化瓷器的先例，[8]"突破了青瓷的单一青色，丰富了唐代瓷器的装饰艺术，对后世釉下彩的继续发展开了先河，在工艺上也为后世奠定了基础"。[9]长沙窑创新釉下彩绘技法，不但其产品行销于国内外，在扬州、宁波等国内港口以及"海上丝绸之路"沿线各地屡有发现，[10]成为重要的外销瓷之一，而且这种技法成为国内其他窑口釉下彩绘的先导。北宋磁州窑就继承了唐长沙窑的釉下彩画及在器表题写诗句作装饰的釉下彩绘技法，并使得釉下彩绘技法得以广泛运用到山西介休窑、江西吉州窑等磁州窑系的产品上。特别是吉州窑的釉下彩绘技法一直沿用至元代，为元代景德镇窑青花瓷的产生奠定了坚实的基础。[11]

从窑址发掘的标本上看，童子山窑的釉下彩绘都属于青釉褐彩，器内青釉下用褐彩描绘纹饰或书写诗句、吉语，纹饰题材有鱼藻纹、钱纹、花叶纹等，构图写意，诗句、吉语亦绘有钱纹等图案装饰，表现了浓厚的生活气息。窑址上可采集到的标本基本上都是这类釉下彩绘器，由此可看出童子山窑主要生产的就是釉下彩绘器。目前，泉州地区甚至在福建地区发现的宋元时期窑口中，其产品以釉下彩绘瓷为主的仅此磁灶童子山窑。这在福建地区就显得独具特色，所以其釉下彩绘技术必然来源于福建之外的其他地区窑口。童子山窑唐五代始烧，盛于宋元时期，釉下彩绘图案构思简单明了、技法娴熟写意，已完全融入了传统绘画技法。特别是将诗句、吉语作为瓷器装饰，这一特色最早就是开创于唐代的长沙窑，[12] 并为之后的磁州窑继承。磁州窑器上多见以毛笔绘制图画及书诗句的装饰，图案内容多为花鸟鱼兽和富有生活气息的民间题材，而这一类产品又为吉州窑所发展。[13] 所以童子山窑的釉下彩绘技术极有可能就是传承于它们并有所发展，同时带有浓厚的地方特色。比如，童子山窑釉下彩绘的鱼纹样就带有明显的海鱼特征，有别于磁州窑系的淡水鱼特征。总之，童子山窑的釉下彩绘图案丰富多样、笔法线条流畅、内容富有生活气息、技法已非常成熟，为后世青花瓷的出现奠定了良好的技术基础。正是因为有童子山等窑长达数百年的釉下彩绘技术铺垫，所以元代青花瓷才会在一出现时就表现出它的成熟性。

（原载《海交史研究》2012 年第 1 期）

注释

[1][3][6] 陈鹏、黄天柱、黄玲：《福建晋江磁灶古窑址》，《考古》1982 年第 5 期。

[2] 国家文物局：《中国文物地图集·福建分册（下）》，福建省地图出版社，2007 年，第 357 页。

[4] 叶文程、林忠干：《福建陶瓷》，福建人民出版社，1993 年，第 231 页；冯先铭：《中国陶瓷》，上海古籍出版社，1994 年，第 423 页。这些陶瓷著作都涉及童子山窑的产品。

[5] 孟原召：《宋元时期泉州地区制瓷业的兴盛与技术来源试探》，《海交史研究》2007 年第 2 期。

[7] 汪庆正：《简明陶瓷词典》，上海辞书出版社，1989 年，第 235 页，"釉下彩"条。

[8] 中国硅酸盐学会：《中国陶瓷史》，文物出版社，1982 年，第 223 页。

[9] 中国硅酸盐学会：《中国陶瓷史》，文物出版社，1982 年，第 200 页。

[10] 曹建文：《景德镇青花瓷器艺术发展史研究》，山东美术出版社，2008 年，第 57 页。

[11] 中国硅酸盐学会：《中国陶瓷史》，文物出版社，1982 年，第 239—246、250 页。

[12] 中国硅酸盐学会：《中国陶瓷史》，文物出版社，1982 年，第 246 页。

[13] 汪庆正：《简明陶瓷词典》，上海辞书出版社，1989 年，第 253 页，"磁州窑"条。

泉南奇苑
——晋江磁灶窑及产品

◎ 张卫军

　　磁灶镇位于福建省晋江市，是我国著名的陶瓷之乡，陶瓷生产历史悠久，距今已有 100 多年。境内主要溪流梅溪，汇于晋江后注入泉州湾，是古代磁灶的主要水上通道。古窑址多沿溪分布，数量众多，早在 20 世纪 50 年代，故宫博物院陈万里、冯先铭等先生就对磁灶窑进行过调查。其后，厦门大学人类博物馆、泉州海外交通史博物馆、福建省博物馆、晋江县博物馆等单位的研究人员均对其进行了大量的调查工作，并进行过局部试掘，采集到大量标本，发现了南朝至清代的 26 处窑址，大多分布在梅溪两岸的小山坡上。其中南朝窑址 1 处，唐五代窑址 6 处，宋元时期窑址 12 处，明清窑址 7 处。因磁灶镇境内分布的古代窑址遗存有共同或相似的历史与考古学文化内涵，故将这些遗存命名为"磁灶窑"。

　　磁灶窑是中国古代著名的陶瓷产地之一，是具有浓厚地方特色和时代风格的民窑，生产始于南朝晚期，盛于宋元，延续至明清及近现代。明万历四十年（1612）刊《泉州府志》卷三有"磁（瓷）器出晋江磁灶地方，又有白色次于饶磁（瓷）"的记载。清乾隆版《泉州府志》卷十九《货之属·瓷器》记，瓷器"出安溪高坪，但不甚佳。其瓷硼则出晋江磁灶"。宋元时期，磁灶窑产品外销到日本和东南亚诸国为主要福建外销陶瓷。2006 年磁灶窑址被国务院公布为第六批全国重点文物保护单位。

磁灶窑址概述

　　磁灶窑址数量众多，其中南朝时期的溪口山窑址，唐五代时期的溪墘山窑址，宋元时期的土尾庵、蜘蛛山、童子山、金交椅山窑址最具代表性，窑址概况如下：

　　溪口山窑址　位于磁灶镇下官路村双溪口山坡，东北临梅溪支流的岔口处，遗物散布范围约 3600 平方米，残存窑址堆积厚约 0.8 米。其年代为南朝晚期，是迄今为止闽南地区发现年代最早的窑址。溪口山窑址陶瓷器品种仅见青釉器。大多数青釉器的胎质较粗，胎体较厚，胎色多呈青灰色，釉层较薄，釉色青黄，胎釉结合不甚紧密，较易剥落。器型种类较少，有碗、钵、盏、盆。窑具均为束腰形垫座，灰色，粗砂陶质。

溪墘山窑址　位于磁灶镇前埔村西，南濒梅溪。器物品种皆为青釉器，灰胎或青灰胎，胎质较细，釉色有青黄、青绿，釉面多有细小的冰裂纹，器物皆施半釉，外底无釉露胎。器物多用支钉叠烧，主要器型有碗、盘、盏、盆、罐、执壶、水注、灯、器盖等。溪墘山窑址的碗、盘，特征为饼足略凹以及较宽的矮圈足，采用支钉叠烧工艺。直口、矮颈、折肩罐以及执壶、水注等器型均具有晚唐五代风格，因此该窑址的年代为晚唐五代时期。

土尾庵窑址　位于岭畔村的梅溪南岸小山坡，东邻后宅村，西界水尾宫，南接蜘蛛山。遗物分布面积约 3 万平方米，堆积层最厚处达 4.5 米，系多次堆积。1995 年福建省博物馆考古队选择在山顶部及其东北角发掘，发掘面积共 100 平方米，出土窑砖、窑具及较多的陶瓷器等。其品种以生活日用器皿为大宗，此外还有陈设器、建筑材料等。生活日用器皿中有碗、盘、盏、军持、瓶、钵、执壶、壶、罐、碟、盆、洗、瓮、盂、灯、盏托、水注、急须（闽南地区日常生活的重要器具，又称"土锅""煎药罐"）、瓷枕等。陈设器则有炉、香薰、花瓶、花盆、动物形砚滴、动植物模型，以及其他如腰鼓、扑满、鸟食罐等器物。建筑材料有装饰板等。陶瓷器装饰纹样有花卉、草叶、篦划、瓜棱、龙凤、云雷、弦纹、卷云、水波、点彩、文字以及狮、虎、龟、蟾蜍、桃、力士等动植物造型，其中以龙纹最具特色。土尾庵窑址出土陶瓷的器型种类之多，在福建省宋元窑址中是少见的。磁灶是当时最重要的外销瓷窑口之一。

蜘蛛山窑址　位于梅溪南畔的岭畔村蜘蛛山上，与土尾庵窑址毗邻，面积约为 600 平方米，堆积层厚度为 2—4 米。产品品种有青釉器、酱黑釉器、绿釉器以及素胎器等，胎质基本相同，一般质地较粗松，胎色呈灰褐色，施釉不到底。器型种类较多，有军持、瓶、碗、罐、执壶、壶、盘、碟、杯、砚滴、灯盏、豆状托子、双耳三足炉、四系小盂、盒、尊、漏斗、火盆、力土雕塑、器盖、建筑材料、花砖、模具和匣钵，其品种风格与土尾庵窑产品较接近。

童子山窑址　位于磁灶镇岭畔村东北的童子山南坡，南邻梅溪，东南距横跨梅溪的下板桥约 100 米。窑址地势依山傍水，山高约 40 米，范围约 4700 平方米，堆积丰厚，南坡与西坡发现残龙窑基各 1 条。陶瓷器品种主要是青釉器和素胎器，两者的胎质类似，均为陶质，较粗松，呈灰或深灰色，釉色多偏青黄，一般器内满釉，器外施半釉，底部露胎。有釉下彩绘花纹、图案、文字及素胎绘、堆、划等纹饰。主要器型是各式盆，其他还有罐、缸、壶枕等。

金交椅山窑址　位于磁灶镇前埔村沟边自然村的金交椅山，东北临大溪（即梅溪上段），东邻沟边村，西界南安境，南靠邱山，山上草木丛中散布成堆的宋代青瓷片及窑具，范围约 15000 平方米，瓷片堆积最厚达 3.4 米。根据考古发现，该窑场创烧于五代，废烧于元末，为宋元时期福建最重要的外销瓷窑址之一，也是磁灶现存 12 处宋元时期窑址中保存最完好的 1 处。

金交椅山窑址于 2002 年 5 月起至今已进行了 3 次抢救性发掘，总计发掘面积约 1550 平方米，揭露 4 座窑炉遗迹，均系斜坡式龙窑，还发掘出作坊遗迹 1 处。从残存的窑址可辨认出窑口、火膛、窑壁、窑门、窑床。在窑址周围发现大批支垫，且在出土器物的口沿、内部、底部发现有明显的烧结痕，可以判断，金交椅山窑炉采用的是器物叠烧工艺。估算起来，这样的龙窑一炉可烧制成千上万件瓷器，可见当时烧制瓷器的规模之大和技术之精。在金交椅山古窑址考古发掘的 4 座龙窑及作坊遗迹中，还发现了 10 口存储釉料的大缸，结束了磁灶窑址"只见瓷，不见灶"的历史。

金交椅山窑址出土瓷器有执壶、军持、罐、瓶、盏、注子、碟等多种，产品以执壶、碗、罐、瓶为主，盏、柱子、碟等次之，釉彩为青黑二色，胎质薄，釉色光亮。碗深腹矮圈足，碗内划菊花纹，内外施青釉。执壶敞口，细颈，广腹，腹上部作流，上翘，颈与肩部作把，肩上划鸵鸟纹饰，施青绿釉。罐广肩，直腹，矮圈足，肩部四耳。盖与口作子母唇，上下相套，内外施青釉，釉光亮细腻。对海外各国发现的磁灶窑器物的造型、胎质、胎色、施釉等进行比较，可以发现，有一些器物与金交椅山出土瓷器完全相同或相近，由此可以证明金交椅山窑址正是当年大批量生产外销陶瓷的地方。

金交椅山窑址发掘出的龙窑遗迹和作坊遗迹集中在一座小山丘上，反映出宋元时期磁灶窑业的发达，陶瓷生产的规模较大。每座窑炉都存在叠压打破关系，说明这些窑炉都曾经多次使用，烧窑时间较长。尤其是宋元时期作坊遗迹的发现，在泉州地区还是首次，意义甚大，揭示了陶瓷器的制作工艺及其工序流程。窑炉、作坊遗迹的发掘，为宋元时期泉州地区窑业技术研究增添了新的重要资料。金交椅山窑址及其附近的开地取土处、水上运输通道（九十九溪），形成了一处颇具规模的古代外销陶瓷生产窑场，较系统、全面地展示了古代外销陶瓷从生产到外销的完整过程，这在全国古窑址中还是少见的。

磁灶窑产品种类及其生产工艺

磁灶窑产品包括各种单色釉和彩绘陶瓷，种类繁多，器型丰富。其品种以生活日用器皿为大宗，此外还有陈设器、建筑材料等。生活日用器皿中有碗、盘、盏、碟、盆、钵、洗、罐、缸、瓮、壶、瓶、灯、盂、盏托、执壶、水注、军持、急须、瓷枕等。陈设器则有炉、香薰、花瓶、花盆、动物形砚滴、动植物模型（如狮、虎、龟、蟾蜍、寿桃、力士像等），以及其他如腰鼓、扑满、鸟食罐等器物。建筑材料有装饰板等。其中，黄釉铁绘花纹大盘、军持、青釉碟是专供外销的产品，龙瓮是最具地方特色的。

磁灶窑瓷器的胎质一般呈灰色，颗粒较粗，胎质不够致密。也正因如此，瓷器胎土施釉处多上一层黄白色化妆土。但一般仅施半釉，器内无釉。其釉色丰富多彩，大体上分为青釉、酱黑釉、黄釉、绿釉与黄绿釉五大类。若加细分，则青釉有青灰、青绿、青黄，黄釉有橙黄、浅黄、鲜黄，绿釉有草绿、翠绿、墨绿，且多有"返银现象"，锈入釉。青釉多见于碗、碟、盏、钵、盆、小罐、壶、执壶、军持、灯、炉、香薰等器物。有的还在青釉下添加褐彩。酱黑釉多施于碗、盏、盏托、罐、壶、执壶、水注、炉、腰鼓等器物，有的如碗、盏里侧或口沿施青釉，外施酱黑釉。黄绿釉则见于瓶、壶、罐、军持、水注、盆、盘、炉、枕、鸟食罐及动植物模型等。有的为单色的黄釉、绿釉，有的则黄绿釉同施一器。装饰手法常见的有刻划、剔花、贴塑、模印、釉彩和彩绘，个别也使用镂雕。装饰工艺上博采众长，是其他民窑不能比拟的。剔花、黄绿釉的装饰技法吸取北方磁州窑的风格，刻划、贴塑则传承自龙泉窑、景德镇窑，釉下褐彩的装饰师承唐代长沙铜官窑。装饰纹样五花八门，纷繁迭出。有花卉（莲、菊牡丹、缠枝花、折枝花等）、草叶（卷草）、瓜棱、瓜、凤，以及篦划、云雷、弦纹、卷云、水波、点彩等，还有用褐色材料书写诗文或刻划、模印文字的铭文装饰，其中尤以龙纹最具特色。

磁灶窑宋代产品有一件带有"明教会"款的黑釉碗，为一级文物，晋江博物馆藏。1979年于草庵龙泉书院遗址出土。碗内外施酱釉，圈足露胎，内壁刻划阴文"明教会"三字，口径18.3厘米，足径5.9厘米，高6.5厘米，系宋代磁灶大树威窑烧制。据考证其为当地宋代摩尼教徒统一烧制的食具，是当时泉州摩尼教兴盛的一个重要标志。它的发现为研究宋代泉州地区摩尼教的活动提供了珍贵的实物资料。草庵系全国重点文物保护单位，是世界上现存最完整的摩尼教遗址。

磁灶窑产品的外销

泉州是古代"海上丝绸之路"的重要起点之一，宋元时期发展成为"东方第一大港"，海外交通发达，贸易空前繁荣，陶瓷与丝绸、茶叶成为大宗外销商品。宋人写的《萍洲可谈》"记载舶船深阔各数十丈，商人分占贮货，人得数尺许，下以贮物，夜卧其上。货多陶器，大小相套，无少隙地。"宋代赵汝适《诸蕃志》记载，从泉州输出的瓷器远销24个地方。元代汪大渊《岛夷志略》记载，瓷器外销多达44个地方，分属如今的亚洲、非洲各地。

宋元时期，磁灶窑产品生产工艺博采众长、因地制宜、独具特色，产品以海外市场为导向，大量销往东亚、东南亚、南亚和东非许多国家与地区。明清时期，磁灶窑陶瓷器依然远销海外。其产品在日本、韩国、菲律宾、印度尼西亚、马来西亚、新加坡、印度、泰国、柬埔寨、斯里兰卡、埃及、肯尼亚等东亚、东南亚、南亚及非洲国家中多有出土，常见藏于这些国家的博物馆、美术馆，在中外经济文化交流史上发挥了重要作用。清乾隆三十年（1765）刊《晋江县志》卷一《舆地志·物产》"货之属"记，瓷器"出磁灶乡，取地土开窑，烧大小钵子、缸、瓮之属，甚饶足，并过洋"。

明代，磁灶吴姓陶瓷工匠把制造龙瓮的技术传播到菲律宾，使其成为当地著名的工艺。当地称这种龙瓮为"文奈"，在生活中广泛使用，甚至视之为圣物。磁灶窑生产的军持，被程斯林用来盛装"圣水"。

近年来，在日本、东南亚以及"海上丝绸之路"的航线上，不断有宋元时期的中国陶瓷出土或出水，其中相当一部分与磁灶窑的器物相同或相似，包括黄釉铁绘大盘、军持、龙瓮等专门为迎合国外消费者需求而组织生产的外销产品。这些陶瓷器的发现为宋元时期泉州地区外销陶瓷的研究提供了实物资料，同时也为海外发现的部分中国陶瓷找到了产地，为磁灶窑生产外销瓷提供了确凿佐证。

（原载《收藏》2012 年第 10 期）

土与火的艺术
——宋元磁灶窑陶瓷精品赏析

◎林清哲

磁灶窑是中国古代著名的民窑，也是宋元时期泉州外销瓷的主要产地之一，以及华南沿海重要的外销陶瓷产地。产品远销日本及东南亚各国，已列入"海上丝绸之路东端——泉州"申报世界文化遗产的备考名单。它位于福建省晋江市西北的磁灶镇，因开窑设灶制瓷而得名。窑址大都分布于梅溪两岸，自上而下的金交椅山、溪墘山、宫前山、溪口山、狗仔山、许山、顶山尾、土尾庵、蜘蛛山、大树威、宫仔山、镇宫山、后山、后壁山、虎仔山，都有古窑址分布，烧造年代最早可追溯至南朝，唐五代得到较大发展，宋元时期臻于鼎盛，至明清始走向式微。

器型多样的磁灶窑陶瓷（图一）有碗、盏、盆、盒、瓮、罐、花插、军持、烛台、炉诸类，釉色有青、绿、黑、酱、黄等色。产品形制多样，釉彩纹样丰富。产品粗放但博采众长，因地制宜，独具特色，并以海外市场为导向，大量远销东亚、东南亚以及东非的许多国家和地区，在中外经济文化发展史上发挥了重要作用。宋元时期随着泉州港海外贸易的发达，磁灶窑陶瓷业得到极大发展，并进入了鼎盛阶段。

▲图一 器型多样的磁灶窑陶瓷器

宋黄绿釉军持 高16.5厘米、口径10.5厘米、底径7厘米、宽21厘米。敞口，口沿外撇，长颈，弧肩，肩上出长直形流，扁圆腹，饼形足。通体施黄绿釉，釉层均匀稀薄，可见釉

▲图二 宋黄绿釉军持

下胎体颗粒，酱黄釉仅见于流嘴侧面肩与上腹部交界处，其余以绿釉为主。器外壁从上而下依次刻划纹饰：颈部刻三角形植物叶脉纹，肩部刻覆莲瓣纹，上腹部及下腹部分别刻划缠枝植物纹，颈肩、肩腹、上腹及下腹之间分别刻划弦纹间隔。外腹近底露胎，刻划仰莲瓣纹，外底露胎，胎白中泛黄，正中有修胎螺旋纹。器型规整，工艺精湛，弥足珍贵。

该器系 2010 年 11 月由台湾收藏家陈中皇、王熏瑜夫妇捐赠予晋江博物馆。台湾收藏家陈中皇酷爱文物收藏，早年旅居日本，时值国际经济萧条，不少名人后裔抛售家藏，陈氏因而有机会接触并择优收藏。该器亦系陈氏旅日期间所购。磁灶窑军持在菲律宾、印度尼西亚等东南亚地区以及日本等地都有出土，品类有绿釉军持、黄绿釉军持等，是宋元时期磁灶窑外销海外的重要品种，也是福建海洋文化的重要载体。（图二）

宋泉州故都知兵马使王习墓志铭 长 65.5 厘米、宽 49.2 厘米、厚 2.5 厘米。陶质，赭色，质地坚硬，厚重，陶质不纯，夹有沙粒等杂质。长方形，圭首，外缘刻两道边框为饰。体形较大，中部微下塌，略呈弧状。全文 503 字，碑额刻行书"大宋泉州故都知兵马

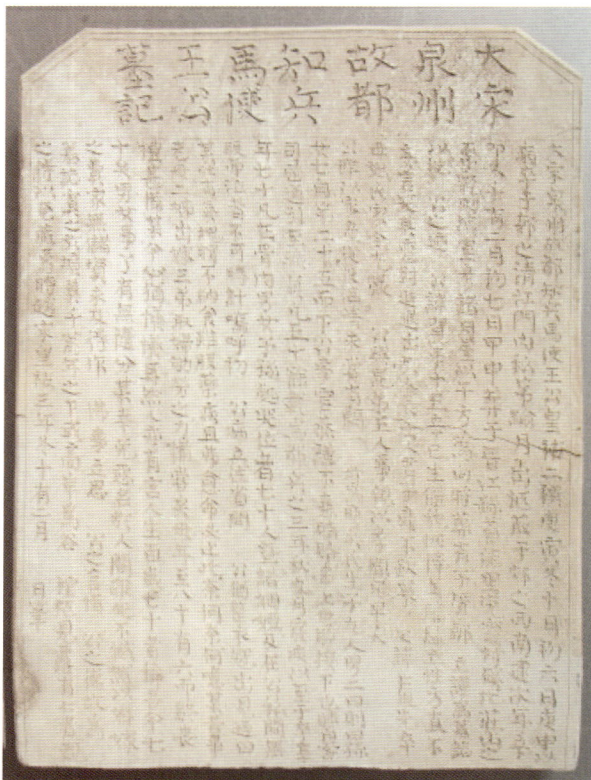

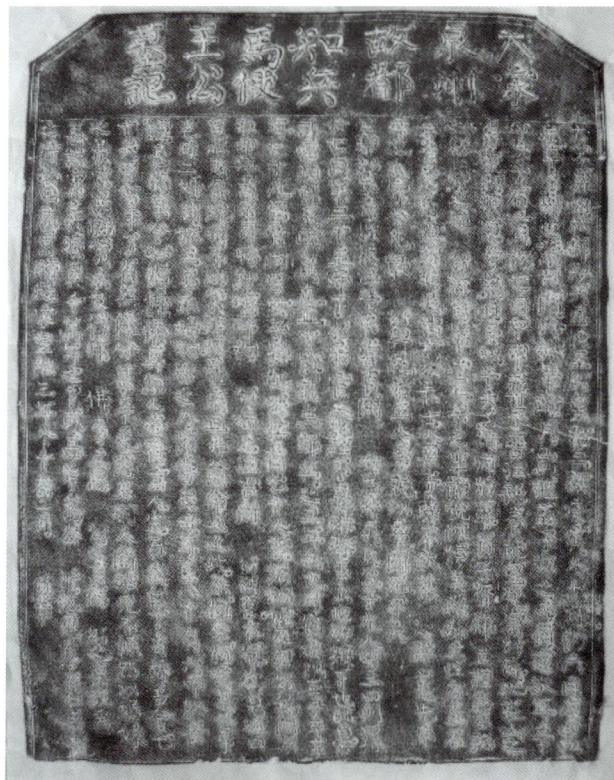

▲图三 宋泉州故都知兵马使王习墓志及拓片

使王公墓记"，下阴刻铭文489字记载已故泉州都兵马使王习生平事迹。落款"赵宋皇祐三年冬十有二月日笔"。该墓志铭出土于磁灶镇童子山宋代墓葬。该墓志刻于北宋皇祐三年（1051），系目前发现的磁灶窑最早的纪年器，其重要性不言而喻。而墓志内容并未被《泉州府志》《晋江县志》等地方文献收录，因此其出土也可弥补志书记载之不足。而王习晚年所患之"肚有气块，胃不纳食"，也是难得的宋代病理学史料。该墓志铭经鉴定为国家一级文物。现将墓志原文抄录如下：

"大宋泉州故都知兵马使王公，皇祐二祀庚寅冬十月初六日庚申，以病卒于郭之清江门内私第。踰月出枢，蓃于郊之西南。逮次年辛卯冬十有二月初七日甲申，葬于晋江县养能里瓷灶村溪北庄山之原，砖砌圹室。考诸日星，以午方为向。将葬，有子婿郑立谨为墓志，以纪公之迹。公讳习，第十五，辛巳生，体貌恢伟，美须髯。立性方直，不妄言笑，其应对进退出于人表，士人君子靡不钦慕。父讳仁偓，先卒。母施氏，家令尤严。公与昆弟五人，事亲以孝闻。兄早夭，公虽以家产从役，温清未尝有阙。母为娶吴氏，生子九人，男二，曰则，曰孙；女七，自第二十五而下。公事官恭谨，不喜贿赂；事上也敬，接下也睦。自客司历通引，至职员，凡五十余载。为都兵之三年秋九月寝疾，以至于卒，享年七十。凡在骨肉，男女子孙处哭泣者七十人。暨诸姻娅及在公私间无服而泣者不可胜计。呜呼！初公病，立往省问，公犹整衣冠出见，乃曰：'某肚有气块，胃不纳食，虽服药，疾且弗愈，命必止此，奈何！奈何！噫！某昔事老母，二姊出嫁，三弟取妇，劬劳之力备尝矣。母年至八十有六而终，丧礼甚备，某今心犹憪憪耳。然人亦有言：人生百岁，七十者稀。吾今七十矣，男女事了，有无随分。某幸免恶名于人间，虽死不憾。然以婚嫁之费，家无储资，未及得作佛事。'立思公之言，惜公之德，故为墓志之于圹，冀千万年之下，或高岸为谷，棺柩见露，有仁者观之，得以掩藏焉。时赵宋皇祐三年冬十有二月日笔。"（图三）

宋"明教会"黑釉碗　口径18.4厘米、足径6厘米、高6.2厘米、圈足高0.9厘米。敞口微敛，深弧腹，矮圈足，足内心微凸。内施满釉，外釉不及底，有流釉，釉呈酱黑色。

▲图四-1　宋"明教会"黑釉碗　　　　▲图四-2　大树威窑址出土的黑釉碗残片

底足露胎，胎质坚，呈浅灰色。器内阴刻"明教会"三字，"明""教"二字与口沿平行镌刻，"会"字与口沿垂直刻写，三字在内腹匀称排列。本器系 1980 年 10 月晋江草庵前龙泉书院修建时于地下 60 厘米深处出土。这是全国仅有品，虽经破损修复，但作为历史见证之稀有珍品，经鉴定为国家一级文物。

1982 年 3 月、1983 年 6 月又在磁灶镇大树威宋代窑址堆积层中发现有"明"字残片 2 件，可确证无疑地把"明教"传入福建的年代从元代提早至宋代。而明教会碗和大树威宋代窑址黑釉碗残片的发现，说明摩尼教当时人多势众、组织严密，以至要向窑场订制饮食器具，供宗教活动之用。宋元时期海上交通贸易的发展，泉州成为世界闻名的"东方大港"，各种外来宗教在当地同时并存。（图四，1—2）

宋元绿釉双耳鼎式炉 口径 9.1 厘米、底径 4 厘米、高 10.4 厘米。盘口，直颈内束，窄溜肩，鼓腹，平底，口部对立宽带曲形耳，外底贴附 3 个兽面蹄足。黄褐胎、胎质致密，施绿釉，釉面光亮，略有返银迹象，施釉仅至内口沿下，器内壁素胎不上釉。该器仿自青铜器，庄严古朴，由此可见磁灶古代工匠的精巧技艺。（图五）

宋元黄釉蟾蜍形水注 长 8.4 厘米、高 4.6 厘米。三足蟾蜍形，在背部及口部分别穿有圆孔。通体施黄釉，底部无釉露胎，胎色呈灰，质地坚密。为文房佳器。三足蟾蜍的典故在文人墨客之文论中多有提及。如清《述异记》卷上云："古谓蟾三足，窟月而居，为仙虫。"而关于三足蟾的典故传诵最广的莫过于刘海戏金蟾。清《坚瓠五集》卷一"刘海蟾歌"条："今画蓬头跣足嬉笑之人，手持三足蟾弄之，曰此'刘海戏蟾图'也。"而磁灶陶工早在宋元时期便将其形象融入陶瓷

▲图五 宋元绿釉双耳鼎式炉

▲图六 宋元黄釉蟾蜍形水注

艺术当中，从中可以管窥当时陶瓷制作的商品化取向，同时其也是绝佳的民间艺术。（图六）

（原载《东方收藏》2013 年第 1 期）

福建泉州磁灶窑军持浅谈

◎赖月莲

磁灶镇位于泉州西南约 16 公里，是我国著名的陶瓷之乡，因陶瓷而得名。磁灶窑是具有浓厚地方特色和时代风格的民窑，陶瓷生产历史悠久，距今已有 1500 多年。磁灶窑瓷器的胎质一般呈灰色，颗粒较粗，胎质不够致密。也正因此，瓷器胎土施釉处多敷一层黄白色化妆土，但一般仅施半釉，器内无釉。釉色可分为五大类，即青釉、酱黑釉、黄釉、绿釉与黄绿釉。装饰纹样有：花卉，如莲、菊、牡丹、缠枝花、折枝花等，草叶，如卷草纹；瓜纹、龙纹、凤纹等，以及云雷、弦纹、卷云、水波、点彩、文字等，其中尤以龙纹最具特色。磁灶窑产品品种繁多、器型多样，其品种以生活日用器皿为大宗，此外还有陈设器、建筑材料等。生活日用器皿中有碗、盘、盏、碟、盆、钵、洗、罐、缸、瓮、壶、瓶、灯、盂、盏托、执壶、水注、军持、急须、瓷枕等。陈设器则有炉、香薰、花瓶、花盆、动物形砚滴动植物。模型，有狮、虎、龟、蟾蜍、寿桃、力士像等，以及腰鼓、扑满、鸟食罐等器物。建筑材料有装饰板等。其中，黄釉铁绘花纹大盘、军持、绿釉碟是专供外销的产品。宋元时期，磁灶窑产品外销到日本和东南亚诸国，磁灶窑成为福建古代外销陶瓷的主要生产地之一。其中专门为销往东南亚国家而特制的产品——军持，显得特别引人注目，这种产品在磁灶窑古窑址中常有发现。

军持是梵语音译，又作"君持""君墀"和"据稚迦"，为佛教僧侣饮水或净水所用的盛水用具，是佛教僧侣随身携带的"十八物"之一。《辞海》"军持"条载，僧人游方时携带之，贮水以备饮用及净手等。军持始见于唐，有白瓷、青瓷制品，宋代多为定窑白瓷器，亦有作插花之用者，元明以后极为盛行。磁灶窑军持有绿釉、黄釉、酱红釉、绿红彩釉、素胎等，装饰手法较丰富，均为元代产品。

磁灶窑军持为陶质。在造型上，磁灶窑主要生产高长颈的军持。在纹饰上，磁灶窑的军持以双龙纹、双龙抢珠纹或素面为主。这主要是根据当地的原料、烧制技术，适应外销国家民族的习俗和爱好所决定的。

以下是一组笔者所见军持资料，从中可见磁灶窑军持的特征。

绿釉军持 高长颈，高 18 厘米，口径 5.8 厘米，底径 7 厘米。口沿边唇斜削，细长径，鼓腹，无柄，腹上部附一直流（残），肩、腹相交处有一道凸起的弦纹，腹部有 5 条内凹的弦纹，圈足，平底。施绿釉，釉下施褐彩，釉色青绿，有剥落的现象。（图一）

绿釉军持 高 12 厘米，口径 6 厘米，底径 5.5 厘米。外形与图一相似，口稍外侈，边外折，颈短而粗，底平微凹，流附于肩、腹间，腹下部有一道弦纹，器表施绿釉，肩、腹间施酱红色釉，釉水光亮。（图二）

绿釉龙把军持 器身贴塑一条蛟龙，龙首伏在流上，前身盘于颈部，后身弯曲成把，龙尾连接器腹，形象生动逼真，龙颈瘦长，具有元时风格。腹部刻划简易花卉纹，花纹处及贴塑的龙纹均饰以黄釉。绿釉为含氧化铜的石灰釉，在还原气氛中呈红色，在氧化气氛中则呈绿色。我国传统的绿釉和绿彩都是以铜作着色剂，属于铜绿釉。（图三）

酱釉军持 高长颈，磁灶窑址出土，高 16.5 厘米，口径 5.6 厘米，底径 7.1 厘米。与绿釉长颈军持的形制相同，施酱色釉，底腹无釉。喇叭状子母口，宽折沿，鼓腹。（图四）

▲图一　绿釉军持

▲图二　绿釉军持

▲图三　绿釉龙把军持

▲图四　酱釉军持

另外，根据笔者所见还有一种磁灶窑出土的未施釉的军持，表面作灰色或淡黄色，器物的形制和表面所印的龙纹与图三军持完全相同。

军持的产生和应用与佛教的传播有着紧密的联系。早在东晋隆安三年（399），法显为求戒律，自长安出发，经西域至中天竺，又至狮子国（今斯里兰卡），自海道经耶婆提（今爪哇）归国。在他译出的戒律七部和叙述游历三十余国行程见闻的《佛国记》一书中就提到"军持"。可见，军持被僧人应用已有悠久的历史。4世纪至7世纪（即我国的晋、隋至唐初期），印度的商人传播佛教者更盛，使用军持者由之增多。据有关文献记载，唐代时泉州开元寺僧释文偁即使用过军持。

宋元时期，随着泉州海上交通和对外贸易的飞跃发展，唐代已传入泉州的伊斯兰教更为兴盛。受传统习惯影响，居住在泉州的穆斯林在生活上也广泛使用军持。据载："南洋土人自从信奉伊斯兰教之后，对于传统习惯应用之军持，需要尤多……除日常拜功当备此类水壶为小净之用外，同时古代到天方朝觐之最大重典时，亦当备此类水壶一个或数个，以为搭船时船主配给淡水之用。及到天方，依例行朝之觐礼，吻天手之玄石谒穆罕默德之陵墓后，至将归时，当以所携带之水壶，汲麦嘉阿必渗渗井之泉。穆斯林对于此井之水，极为重视，据称可以驱邪治病，且可辟恶兽，止凶涛，马来人称为'圣水'……归赠戚友，以备家用。"

由于东南亚穆斯林在宗教活动中须使用军持，磁灶窑曾大力发展军持的生产，然后从泉州港出口外销，如在磁灶的土尾庵窑址和蜘蛛山窑址等出土的军持标本，在菲律宾就发现不少类似器物。军持一直被东南亚国家奉为珍品，一直延续到近代还有人在使用。

泉州陶瓷业是随着泉州对外贸易的兴盛而发展起来的。特别是宋元时期，泉州港成为"梯航万国"的通商巨埠，迅速跻身"东方第一大港"，陶瓷外销量更是与日俱增，泉州很自然地成为重要的外销陶瓷生产基地。军持是为外销而生产的瓷器，产品远销马来西亚、菲律宾等东南亚国家和地区，是中外贸易交流的见证，在中国陶瓷史上具有重要的影响和地位。

（原载《收藏界》2013年第5期）

磁灶与澎湖的陶瓷缘

◎赖月莲　何振良

地处福建东南沿海的磁灶窑，至迟在南朝时期已开始生产青瓷器，迄宋元间形成规模。该窑集南北各窑制瓷技术之大成，烧制过釉下彩绘瓷、黑釉瓷、低温黄绿釉瓷等多种产品，成为泉州窑系中最具代表性的窑场，因此，亦有人把磁灶窑称之为"泉州窑"。根据国内外现有出土的资料，可以证明自唐代以来，尤其是宋元时期，磁灶陶瓷通过"海上陶瓷之路"大量输入到东亚、东南亚以至非洲的许多国家和地区，对这些国家和地区的物质文化发展和社会生活，产生了重要影响，并作出了积极的贡献。在"海上陶瓷之路"这条闻名世界的海上通道上，从泉州港启航，经由台湾澎湖后转运南洋的"澎湖航线"，成为不可忽视的一部分。

一、磁灶窑历史及风格

磁灶陶瓷的发展历史悠久。根据现有考古资料证实，磁灶窑从南朝始烧，位于下官路村的溪口山南朝窑址是目前福建省发现最早的窑址之一。该窑历经隋唐五代、宋、元、明、清，在前后长达 1500 多年的时间内形成了规模巨大的窑群，现存窑址合计 26 处（南朝窑址 1 处、唐五代窑址 5 处、唐宋混叠窑址 1 处、宋元窑址 12 处、清代窑址 7 处），比较有代表性的窑址集中在宋元时期，如童子山窑、蜘蛛山窑、许山窑、宫仔山窑、顶山尾窑、土尾庵窑、金交椅山窑和大树威窑等。窑址范围较大，有的达 1 万多平方米，窑床互有叠压，堆积层达 4 米。窑炉大都属龙窑结构，童子山窑、土尾庵窑、金交椅山窑曾进行科学发掘。该窑是我国南方地区一处始烧年代早、延烧时间长、颇具规模、内涵丰富的重要陶瓷产地和外销窑场，在中国陶瓷史上占有重要的地位。

磁灶窑的产品丰富多彩，主要有军持、瓶、执壶、碗、碟、罐、盒、炉、盆、瓮等，其中军持、龙瓮、彩绘盆等是宋元磁灶窑中具有时代风格和地方特色的产品。釉色在泉州窑中独具特色，主要有青、绿、黄、黑、酱等，有的器物上黄、绿二色，绿釉器中多有"返银"现象，且锈入釉。制作一般用陶车轮制，也有相当部分器物采用模制，然后粘接而成。采用匣钵装烧，托座垫烧，故足部露胎大。只有灯盏采用对口烧。

装饰花纹繁杂，有折枝花、梅花、菊花、缠枝花、莲花、牡丹、凤凰、麒麟、孔雀、龙、鱼藻、卷云、弦纹、铁锈花等等。装饰技法有印花、绘花、堆花、贴花、刻花、划花、捏花诸种，表现手法各有独特之处。特别是绘花，为泉州瓷器釉下彩开了先河。还有不少陶瓷器出现以褐色颜料书写诗文或刻划、模印文字的铭文装饰，不仅丰富了磁灶陶瓷装饰的题材，而且提升了磁灶陶瓷艺术的文化品位。

历代磁灶窑生产的陶瓷主要是外销，在国外的一些文化遗址中经常发现磁灶窑的产品。同时，磁灶历代陶瓷业的发展是随着泉州港的对外贸易的发展而发展起来的。特别是宋元时期，磁灶窑的陶瓷业得到了飞跃发展，与当时泉州港成为"梯航万国"的通商巨埠有密切的关系。宋元祐二年（1087）增置市舶司于泉州后，大大促进了与外商的交易。宋嘉定十二年（1219），政府杜绝海外贸易导致钱币外流，规定凡买外货"止以绢布、锦绮、瓷器之属博易"。这个政策的实行，也使陶瓷大量附舶，远销海外。元朝统一中国后，泉州港进入鼎盛时期，陶瓷外销量更大。正因处在这极为有利于陶瓷生产的海外交通形势下，磁灶窑从规模、技术、品种等方面都得以迅速发展。

▲图一 宋小口陶瓶、小罐（日本出土）

▲图二 宋至元黑釉剔花炉

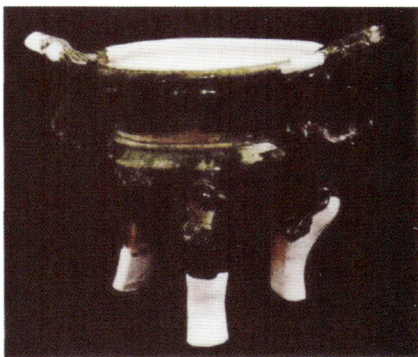
▲图三 宋至元绿釉鬲式炉

通过对磁灶的实地调查和发掘，并参照国外一些国家陶瓷器的出土情况，证明磁灶窑是一处重要的生产外销陶瓷的大窑场。东至日本，南至澳大利亚、印尼、菲律宾，西至斯里兰卡、埃及、肯尼亚等都出土有磁灶陶瓷。

二、澎湖宋元遗存与磁灶窑

大陆汉人东渡台湾的历史从现存的文献及一些考古发现来看，可以追溯到唐代中叶。唐施肩吾《题澎湖》一诗，常被人们看作大陆汉族向台、澎移民肇始的证据。又如台北县十三行发掘出唐代遗址，出土了大量钱币、金器、银器、铁器、玻璃饰物及玉环等古物，

▲图四　宋绿黄彩釉龙把军持
（菲律宾发现）

▲图五　宋酱绿彩釉龙把军持
（菲律宾发现）

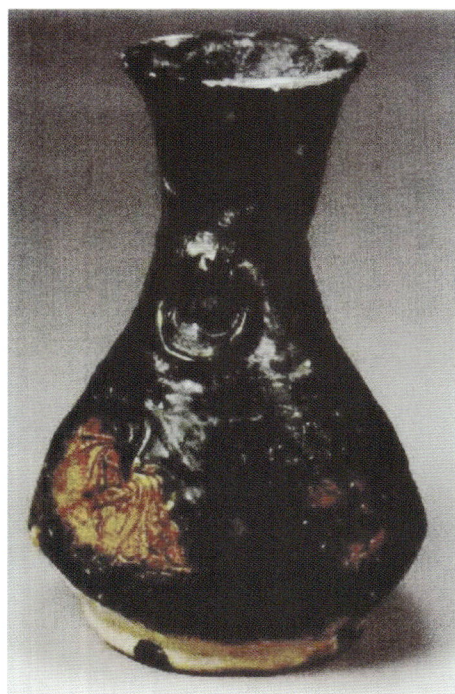
▲图六　宋至元绿黄釉印花瓶

▲图七　磁灶金交椅山宋元窑炉及作坊遗迹

证实大陆汉人东渡台湾确是从唐朝开始的。但是福建民众，尤其是闽南民众成批迁居台湾、澎湖，则是从宋元开始的。这在现存文献，如漳泉两地族谱中，已有明确记载，而澎湖的考古发现亦是有力物证。考察成果表明，澎湖列岛出土的宋元陶瓷，大致可划分为青瓷、白瓷或青白瓷、黑釉瓷、陶质器皿和曾竹山陶瓶五大种类。其中属于磁灶窑的产品有陶质器皿和曾竹山陶瓶两大种类。日用陶质器皿 3200 多件，包括壶、盆、瓮、罐、盂、缸等，胎多呈灰色，或施青、绿、灰、褐釉，还有渔具红陶网坠、建筑材料破瓦等。曾竹山陶瓶共发现 2015 件，标本单体数量最多，斗温山青釉陶罐 374 件。考古报告中还有不少器物标明福建或泉州附近产品的，估计其中有相当一部分，也可能是磁灶窑的产品。陈氏还指出台湾本岛不曾发现中国宋元时期的陶瓷，因此认为，澎湖位于台湾海峡东南部，是中国东南沿海各地窑口陶瓷外销的一个转运站，由此再把陶瓷转运到南边的菲律宾、印度尼西亚和马来西亚诸国。他得出结论"澎湖宋元陶瓷数量繁多，其品类常见于亚非各地外销瓷。它们不是澎湖本地使用之物，而是宋元期间风行亚非各国的外销陶瓷。它远销于南方的菲律宾、爪哇、苏门答腊、马来西亚一带""充分显示，经由泉州、澎湖到南洋的'澎湖航线'，乃宋元期间，中国陶瓷外销航路中一环"。

澎湖列岛何以会有如此大量的宋元陶瓷遗存呢？与文献记载的澎湖开发状况相印证，当时大陆沿海尤其是福建一带的船舶频繁出入此地，从事捕捞和海上贸易活动，应是信史。澎湖列岛出土陶瓷的一部分是住岛居民生活使用后的遗弃品，而相当部分则是经商贸易的物证。所采集标本中，许多瓷器出土时釉面光亮如新，足底露胎处色皮完整，根本没有使用过的痕迹，说明这些瓷器是从货船上搬运下来后，在此分装，造成破损而丢弃，经过长期堆积，形成今天所见的遗存。澎湖列岛介乎大陆与台湾之间，北通日韩，南达南洋，是早期中国对外航运的中心点，控制彭湖就能控制东亚海上交通。宋元时代，随着海上交通航运事业的发展，这里成为来往船舶避风和修整补给之地，货物通过这里中转集散，是很自然的事情。

澎湖出土的曾竹山陶瓶，最能证明其作为贸易品的广泛性。这种瓶在 1974 年考古发掘的泉州后渚港宋元沉船曾见出土。在爪哇、苏门答腊、沙捞越、马来亚、泰国、菲律宾、日本等地都有为数不等的发现，其特征都和泉州、澎湖的一致，是其宋元时代大量出口的遗证。

（原载《东方收藏》2013 年第 9 期）

磁灶窑及其外销执壶的器型特征

◎施良衍

磁灶窑是中国古代著名的陶瓷产地之一。磁灶窑是具有浓厚地方特色和典型风格的民间窑场。其始于南朝，窑火延续了 1500 多年；采用龙窑装烧工艺技术，因地制宜，博采众长，品种丰富多样，独具特色；产品以海外市场为导向，是东南沿海重要的外销瓷产地。

磁灶窑在中外经济文化交流史上发挥了重要作用。鉴于其历史价值和影响，2006 年磁灶窑址被公布为"第六批全国重点文物保护单位"；金交椅山窑址被列入"海上丝绸之路：泉州史迹"申报"世界文化遗产"的考察点。

磁灶窑位于福建省晋江市磁灶镇。自南朝以来，这里以开窑设灶制瓷而得名。窑址大都分布于梅溪两岸，考古调查

▲图一 土尾庵窑址绿釉执壶

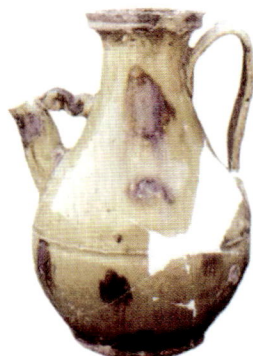

▲图二 土尾庵窑址青釉褐彩执壶

▲图三 蜘蛛山窑址宋酱釉执壶

▲图四 蜘蛛山窑址宋青釉执壶

▲图五 菲律宾藏磁灶窑绿釉执壶

▲图七 华光礁出水磁灶窑酱釉执壶

▲图八 华光礁出水磁灶窑酱釉执壶

▲图六 菲律宾藏磁灶窑酱釉执壶

▲图九 青釉执壶

发现的南朝至清代窑址有 26 处，即溪口山窑址、狗仔山窑址、虎仔山窑址、后山窑址、后壁山窑址、土尾庵窑址、童子山窑址、蜘蛛山窑址、宫仔山窑址、顶山尾窑址、许山窑址、山坪窑址、溪墘山窑址、金交椅山窑址、曾竹山窑址、大树威窑址、镇宫山窑址、宫前山窑址、宫后山窑址、斗温山窑址、铜锣山窑址、路山尾窑址、寨边山窑址、窑尾草埔窑址、下尾湖窑址、瓮灶崎窑址等。

宋元时期，磁灶窑陶瓷生产达到鼎盛，产品外销到日本和东南亚诸国，产品的品种和达到空前，种类有各种单色釉和彩绘陶瓷，以生活日用器为大宗。其中执壶、军持、龙瓮、黄釉铁绘花纹大盘等器专供外销，是宋元磁灶窑中具有典型风格和地方特色的产品。

磁灶窑产品胎质粗糙灰白而薄，不够细密，若瓷若陶。釉色种类多样，大体分为黄釉、绿釉、青釉、酱釉、黑釉及黄绿釉等。其中绿釉和彩绘瓷是最富特色的产品，绿釉器呈色鲜艳光泽，彩绘瓷分为素胎褐彩和釉下褐彩。装饰手法多种多样，常见的有刻划、剔花、贴塑、模印、镂雕、彩釉和彩绘等，因器而异。装饰纹样五花八门，纷繁迭出。其主题图案为各种植物花卉和龙、凤等祥瑞动物，辅助文饰一般采用龙纹、回纹、钱纹、弦纹、云雷纹、卷草纹等，也有题写诗赋文字的。

执壶是磁灶窑的代表性产品，多为饮用器，器型、釉色丰富多样。宋元时期，磁灶窑大量烧造执壶，以盘口执壶为多。初时器型为盘口，短颈，鼓腹，圆筒形，短直流，壶体

▲图十　金交椅山窑址青釉盘口执壶　　▲图十一　金交椅山窑址酱釉执壶　　▲图十二　金交椅山窑址青釉执壶

矮，平底。宋元时器身渐高，施半釉或全釉，长曲流，手柄高过壶口，浅圈足，有喇叭口、撇口、直口，有长颈、短颈，有溜肩、斜肩、圆肩，壶身瓜棱形、扁壶形、鼓腹、扁腹、收腹，假圈足、圈足。元时器型多为玉壶春瓶。明清造型增多。釉色有黄釉、绿釉、青釉、酱釉、黑釉及黄绿釉，也有素胎褐彩等。装饰手法有剔花、贴塑、模印、彩绘等，纹样花卉和龙纹饰一般采用回纹、钱纹、弦纹、云雷纹、卷草纹等。

执壶为土尾庵窑址、蜘蛛山窑址、金交椅山窑址生产，尺寸通高从9—28厘米，腹径8—22厘米，款式多，式样全。磁灶窑产品工艺娴熟，表现手法多样，作品洋溢着民间生活气息和乡土韵味。因执壶器多为外销，目前国内一壶难求，奇货可居，价格看涨，精品价位应在万元以上。

长达半个世纪的磁灶窑考古调查，在日本和东南亚些地区发现了不少出土或传世的磁灶窑器物。20世纪末，"南海I号"宋代沉船、"华光礁I号"沉船遗址出水磁灶窑器物。台湾澎湖列岛考古活动，采集到数量很多的磁灶窑器物标本。这些都是"海上丝绸之路"宋元陶瓷外销的实物证明。

（原载《东方收藏》2013年第9期）

书评：《福建晋江磁灶窑考古发掘报告》

◎谢艾伦　李　旻

　　在全球视野下的中国考古学中，福建磁灶窑与漳州窑具有特殊的地位。作为规模庞大的闽南窑场，它们各自在自己的时代中主导广阔的海外市场。它们的产品风格鲜明，与本土和海外精英市场的审美取向颇有不同。然而，这些窑场所秉持的一种质朴自由的民间美学、价格优势以及产品的实用性，使它们在社会结构与文化传统有明显差别的各地海外市场中获得持久的商业成功。也正因为这些窑场的美学与市场定位，其产品在本土流通甚少。

　　这两个窑场的学术价值，因为其产品在中国本土的有限分布和朴素风格，以及窑址分布的区域特征，而在中国陶瓷史上受到忽视。然而，它们在世界各地空间上、功能上以及在社会不同阶层中广泛的分布，使之成为考古研究中指标性的物质文化遗存。对于了解其消费地社会各阶层经济文化传统、国际贸易网络和早期全球化的发端，这两个窑业传统的重要地位是无法取代的。

　　虽然漳州窑窑址的考古发现仅有 20 年的历史，其烧制时间也很短（16 世纪晚期至 17 世纪中期），但它重要的学术价值已经因为其产品在早期全球贸易发端之际广泛的分布和独特的地位而得到国内外学界的认识。相比之下，磁灶窑考古发现早、生产历史久、海外市场规模庞大，却尚未得到充分的理解与认识。在中国东南沿海越窑、龙泉窑、建窑和闽南诸青瓷、白瓷窑口林立的格局中，磁灶窑绿釉产品近乎汉代作风，酱釉器则以实用为主，品项范围涵盖日常食器及货运容器。正是这些技术与设计选择，造就了磁灶窑数百年的窑业传统，以及在东南亚市场的广泛应用，因此磁灶窑成为闽南窑业中的一个重要系统。这种多样性对于观察大航海时代前后闽南窑业发生的变化有重要意义，同时有助于理解闽南窑业与景德镇等江西诸窑场共享海外新兴市场的贸易特征。

　　福建博物院与晋江博物馆合作编著的《磁灶窑址：福建晋江磁灶窑址考古调查发掘报告》是窑址研究中少数资料与研究并重的考古学著作。磁灶窑考古发掘报告的出版，为理解闽南工商业特点提供了重要契机。本书前三章重新整理发表磁灶地区数十年来考古调查采集及发掘的第一手资料，第四章则以此为基础进行更深入的讨论。

第一章为磁灶窑窑区内 10 处窑址的调查报告。作者从磁灶窑区 20 世纪 50 年代以来发现的 26 处自南朝至清代的窑址中，选出溪口山（南朝晚期—唐朝）、溪墘山（晚唐—五代）、印斗山（宋）、宫仔山（南宋—元）、后壁山（宋）、后山（晚唐—五代）、虎仔山（宋元）、童子山（元）、蜘蛛山（宋元）、许山（宋元）等 10 处代表性的窑址重新整理介绍。

此 10 处遗址中，仅溪口山窑址及童子山窑址于 70 年代做过小规模试掘，其余皆仅进行过地表采集调查。遗址年代的判断，主要依据产品的器类、风格及遗址间的交互比对而成。遗址范围，大者如后壁山窑址有 2 万余平方米，小者如蜘蛛山窑址仅有 600 平方米。遗址无论大小，几乎都因现代工程而遭受严重破坏。采集标本多以窑址本地的产品为主，除了溪口山窑址、溪墘山窑址仅采集到青釉器标本之外，其余遗址采集的标本均不限于一种器类，以青釉器、素胎器最为常见。溪口山、印斗山、宫仔山、后山、童子山、蜘蛛山等窑址另有窑具出土，包括各类型的垫座、匣钵、垫圈、垫柱、垫饼等，显示出生产工艺的多元性。

第二章为土尾庵窑址的发掘报告。土尾庵窑址位于磁灶镇岭畔村，发现于 1958 年，当时遗址面积广达 3 万平方米，文化层堆积厚达 4 米。然而由于人为的破坏，1995 年进行抢救发掘时遗址范围仅余 600 平方米。此次发掘共开挖 4 个探方，面积共约 100 平方米，探方已于发掘后回填。此次发掘共发现龙窑遗迹 1 座，及各种产品、窑具。文中首先介绍土尾庵窑址的地层堆积与窑炉遗迹，而后按器型分类对出土遗物加以介绍。

土尾庵窑址出土了非常丰富的制品、窑具及工具。作者将其制品分为青釉器、酱黑釉器、黄绿釉及素胎器、建筑材料、模具、工具及窑具等细项加以介绍。本遗址出土的器类以日用品为主，亦有相当数量的供器、陈设器。遗物中有成品、半成品及废品，对我们了解陶瓷器的施釉、烧制等生产过程有很大的帮助。建筑材料包含瓦当、装饰板、槽板等，数量稀少。模具包括盒模、瓶模、动物模、字模等，工具包括轴顶碗、挡箍、槽形器、滑轮、陶拍及臼等，皆为部分产品的成型方式提供重要证据。窑具包括 M 形匣钵、垫座、垫饼、垫板、试片（火照）等，为窑址的烧制过程提供线索。

第三章为金交椅山窑址的发掘报告。金交椅山遗址位于磁灶镇边沟村，发现于 60 年代，遗址面积广达 1 万余平方米。此遗址于 2002—2003 年进行大规模抢救发掘，发掘面积共 1500 平方米，包含揭露 4 座龙窑遗迹、1 处作坊遗迹及 2 个探沟。遗址现场发掘后并未回填，而是加以清理、维修并展示。笔者亦因此有幸亲睹窑址结构。作者于文中首先整体介绍金交椅山窑址的遗迹分布与地层堆积，而后分别介绍探沟、个别窑址及作坊遗址的地层堆积及出土遗物。

作坊遗址的发掘是金交椅山窑址的另一重要发现。此作坊坐落于人工修整的 6 层平台上，存有路面、贮泥池、沉淀池、柱洞、墩、灰坑、陶缸等遗迹。如此完整的作坊遗址实属难得，有助于读者认识其产品入窑烧制之前的生产流程。出土遗物方面，金交椅山窑址内容丰富，个别脉络出土的遗物内容有所不同。主要品项包含青釉器、酱釉器及素胎器，此外也出土以垫座、垫圈为主的窑具及少量工具。作者介绍遗物类别之余，也对器物的成型过程加以简介。

第四章为综合讨论，焦点集中于窑业性质、年代分期、工艺技术、海内外贸易及消费情形。作者综合考察为数不多且年代较晚的文献数据以及相关的城市遗址、沉船遗址，确认磁灶窑为一大规模民营陶瓷生产中心。

定年方面，作者将已出版的遗物数据进行跨窑址分析，分出 4 个类期，使我们对于磁灶窑生产工业的发展有一完整的认识。简而言之，自南朝至宋元，考古资料不但阐明了磁灶窑生产技术的进步情形，也显出了生产规模的日益扩大，以及品项风格由本土转为传统与外来交相辉映的过程。

窑业技术方面，作者首先由作坊遗址的内容、工具、模具及出土成品遗物上残留的工艺痕迹等，讨论磁灶窑产品生产过程中成型、施釉、装饰等细节及其特征。其次，作者由窑炉遗迹的整体结构及窑具等信息，讨论生产流程中的烧成技术细节。以此为基础，作者进一步讨论磁灶窑的生产技术与中国其他陶瓷生产中心的关系。磁灶窑生产了许多名窑的仿制品，经由比对上林湖越窑、龙泉窑、建窑、磁州窑等著名生产中心的产品，及窑具、窑炉结构，与磁灶窑之间的异同，作者阐释了一个多元的陶瓷生产信息网络：部分仿制技术是模仿已知成品，部分则是窑工之间的直接交流。此外，磁灶窑业也在模仿之余开创出其自身的风格。

磁灶窑产品不仅供应闽南周边城市日常生活所需，更营销海外，为"海上丝绸之路"的一环。关于磁灶窑外销事业的讨论，作者提出水下、陆上考古遗址所发现的磁灶窑产品说明外销活动的年代与范围。其中，水下考古的资料，以"华光礁Ⅰ号""南海Ⅰ号"、Die Breaker–Dschunke、Die Investigator–Dschunke 等沉船中的遗物为代表，陆上考古遗址则举日本、菲律宾、印度尼西亚、柬埔寨、埃及等地所出土的遗物作为佐证。

本报告末由庄良有、森本朝子、田中克子所补充的磁灶窑于菲律宾群岛、日本博多出土的相关信息，更加证明贸易陶瓷研究中，消费端的研究进展十分仰赖窑业考古遗址报告的出版。由此观点视之，出版一本图文并茂的窑址报告，不但有助厘清磁灶窑在中国窑业体系中的地位，更嘉惠全球的研究者，影响深远。未来若能以其他语言出版，想必更能破除学术上的语言藩篱，增加磁灶窑研究的影响力。

本书对于元代以后磁灶窑的发展不加着墨，只称元代以后磁灶窑产量锐减，转生产粗器。对于研究后续海洋贸易网络的研究者而言，实属遗憾。明末海禁解除以后，闽商活跃于东亚、东南亚海域，对近现代史的研究影响极为深远。各贸易活动遗址出土的考古遗物中，除了青花瓷之外，亦有数量可观的釉陶器皿，这些产品可能来自磁灶地区，也可能来自明初开始发展的大陆东南亚窑业。

另外，材料科学分析的部分，本报告只有在金交椅山窑址的部分提供少数标本的主要元素信息，忽视微量元素在相关溯源研究中的重要性，对于科学测试的方法亦未交代说明，这些都限制了读者对于相关信息的解读与利用。笔者衷心期待未来磁灶窑相关研究能着重其晚期发展，并提供更翔实的成分分析数据，以利与其他海外窑址产业进行比较研究。

　　闽人自古以海为田，曾于磁灶窑址挥汗作业的无名窑工，实是世界体系下的一环。《磁灶窑址：福建晋江磁灶窑址考古调查发掘报告》一书，非光是一本单纯呈现数十年各考古团队心血结晶的考古发掘报告，而是一本视野宏大、试图将生产—运输—消费连成一线，超越省界与国界，极具全貌观的考古学研究著作。此外，本书对于遗址保存情况的说明，亦提醒读者中国在近年经济蓬勃发展的同时，对于文化遗产的保存与研究实事不宜迟。对于未来其他窑址研究的出版而言，本书无疑提供了一个优质的范例。

（原载《中国文物报》2016 年 10 月 4 日第 4 版）

宋元泉州海外贸易中的
磁灶窑色釉瓷器

◎陈冬珑

磁灶窑为东南沿海著名的民窑之一，位于晋江西北的磁灶镇，其优越的自然环境和地理位置，是连接内陆与海外的重要窑场。磁灶窑自南朝时期始烧瓷器，唐五代制瓷工艺的延续，为宋元色釉外销瓷鼎盛奠定了基础。本文拟通过磁灶窑色釉瓷器精品鉴赏，结合对田野考古调查采集的磁灶窑色釉瓷标本的分析研究，探讨宋元时期海外贸易中的磁灶窑色釉瓷器。

一

磁灶镇位于泉州晋江市西北部，一条叫作梅溪的小河流经此地，自西向东与晋江汇合，注入泉州湾。这一地区处于亚热带海洋性季风气候，河流众多，土壤岩性复杂，动植物资源、矿藏资源丰富，得天独厚的生态环境，成就了制瓷业的繁盛。该区域的古窑址自上而下分布在梅溪两岸，统称"磁灶窑"。其制瓷工艺始烧于南朝，经唐五代的发展，宋元时期是其色釉瓷的鼎盛时期，明清有所削弱，但制瓷工艺延续至今。该地窑口众多，历史悠久，遗存丰富，主要分布在金交椅山、宫仔山、镇宫山、后山、后壁山、溪墘山、宫前山、溪口山、许山、顶山尾、土尾庵、蜘蛛山、狗仔山、大树威、虎仔山等。

磁灶窑是东南沿海著名的民窑之一，自南朝晚期始烧色釉器[1]，经岁月的积累，釉色越来越丰富，从南朝简单的青釉、青绿釉，到唐五代褐釉、赭釉的出现，发展至宋元时期，釉色更加丰富多彩，主要有青、绿、黑、酱、赭等五色，甚至出现一器多色混搭。磁灶窑的能工巧匠顺应市场需求和时代潮流，以其生活智慧、娴熟的制瓷技艺创作了无数精美的色釉瓷，适用于日常生活，为"海上丝绸之路"提供了大批商品。

磁灶窑宋元时期瓷器器型主要有碗、盏、碟、盘、盆、钵、盒、瓮、罐、瓶、灯、盂、水注、急须、花插、军持、烛台、炉、砚滴等，品种以日用器皿为主，此外还有陈设器、建筑材料等。胎质呈灰色，颗粒较粗，胎质不够坚密，因此磁灶窑瓷器的胎土施釉处大多加上一层黄白色化妆土，施釉大部分不规整，器物表面有施釉至器底、施半釉等，器内大多散釉、无釉。装饰技艺有刻划、剔花、贴塑、镂雕、模印、釉彩，在传统的制瓷技艺上进行改良，营造具有地方特色的装饰技法。纹饰有花卉（莲、牡丹、菊、缠枝花等）、草叶（卷草）、瓜棱、鱼、凤，以及篦纹、弦纹、云雷纹、祥云纹、忍冬纹、浪花、点彩等。

二

在宋元时期泉州海外贸易中，磁灶窑的色釉器是"海上丝绸之路"重要的商品。磁灶窑色釉器运用施釉露胎的方式来装饰各类器皿。青釉、酱釉、黑釉、绿釉、赭釉等起到独特的装饰艺术。青釉瓷。宋代青釉呈淡青色，釉面光洁，少许堆釉。元代青釉呈青色，釉色更加匀称，多见于罐、瓶、盏、碟、军持、盘、碗等器皿。酱釉瓷。釉色呈褐色，装饰于器身表面，有均匀涂至表面，有淋釉于器身，使其釉色呈斑点状分布，多见于罐、军持、执壶、盏、碟、盘、瓮、碗、盆等器皿。黑釉瓷。与酱釉瓷相似，但又不同，釉色更加浓厚，偏黑色，多见于盏、小口罐、盅等器皿。绿釉瓷。釉色纯绿，富有异国风情的韵味，多用于宗教器皿，如军持、执壶等，盘、瓶、碗、罐也有施绿釉的。赭釉器。釉色呈棕色系，与绿釉瓷同系列，二者釉色的结合似仿唐三彩，多见于军持、罐、壶等。这里介绍几件馆藏的色釉器：

青釉双耳罐 宋代，口径 9 厘米、底径 7.5 厘米、高 12 厘米、通长 13.3 厘米、通宽 13.3 厘米。侈口，口沿外翻，溜肩，弧腹下收，平底实足，肩部附贴对称双环耳。器内外施青釉，外壁釉未及底，底露胎，釉层可见细冰裂纹，胎呈淡红色。（图一）

青釉双系执壶 宋代，口径 10.5 厘米、腹径 14.6 厘米、足径 7.7 厘米、通高 20.1 厘米。子母口，方唇，直颈，溜肩，鼓腹，平底，颈部至腹上部附贴一耳，另一边附贴一微弯流。内外施釉，釉未施满，器外施釉至腹部，釉面开裂，釉面与胎体之间施一层白色化妆土地，灰白胎，胎面粗糙。（图二）

青釉双耳瓶 元代，口径 5.5 厘米、底径 6.5 厘米、高 14.5 厘米、通长 9 厘米、通宽 9 厘米。盂形口，圆唇，束颈，鼓腹，平底，颈部对称堆贴双耳。器身施青釉，釉未及底，釉微脱，灰白胎。颈部刻有两道弦纹，腹部有手拉多道弦纹。（图三）

酱釉双系罐 元代，口径 7.5 厘米、底径 8.5 厘米、高 14 厘米、通长 12.5 厘米、通宽 12.5 厘米。双系罐口残件，圆唇，口沿外折，短颈，溜肩，鼓腹，平底，肩部附贴对称双环耳。内外施釉，内施釉至口沿，器外施釉至肩部，灰白胎。颈部饰一弦纹，肩部有一凸弦纹，腹部呈手拉坯弦纹。（图四）

酱釉小罐 宋代，口径 3 厘米、底径 3.5 厘米、高 5.5 厘米、通长 6.4 厘米、通宽 6.4 厘米。

▲图一　青釉双耳罐（泉州市博物馆藏）

▲图二　酱釉小罐（泉州市博物馆藏）

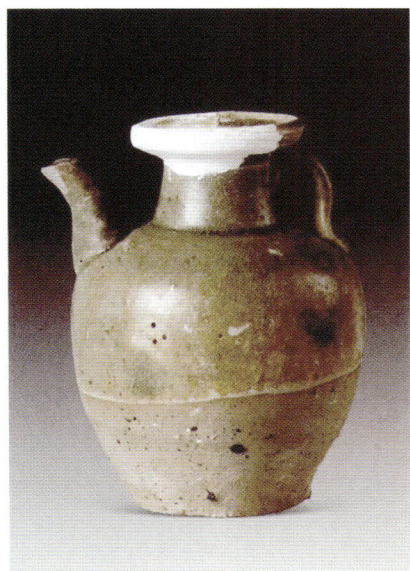
▲图三　青釉双系执壶（晋江市博物馆藏）

▲图三　青釉双耳瓶（泉州市博物馆藏）

▲图四　酱釉双系罐（泉州市博物馆藏）

▲图六　酱釉罐（晋江市博物馆藏）

▲图七　酱釉大罐（泉州市博物馆藏）

圆唇，直口，束颈，圆肩，鼓腹，平底。口沿及外腹施釉，里无釉，釉色不匀称，淋釉，和底呈滴状，灰褐胎。（图五）

　　酱釉罐　宋代，口径2.8厘米、底径3.5厘米、高6.2厘米。直口，尖唇，折沿，矮颈，溜肩，微鼓腹，平底。内外施釉，内施釉至口沿，器外施釉至腹底部，淋釉，釉色不均匀，和面开裂，灰白胎。（图六）

　　酱釉大罐　宋代，口径29厘米、底径18厘米、高42厘米、通长39.5厘米、通宽39.5厘米。敞口，方唇，折沿，溜肩，鼓腹，平底。口沿至器底端施釉，里无釉，微脱釉，灰褐胎。器身有手拉弦纹。（图七）

　　酱釉座瓶　宋代，口径2.2厘米、底径8厘米、高11.5厘米、腹径4.7厘米、通长8.2厘米、通宽8.2厘米。敞口，圆唇外卷，直颈略束，溜肩，鼓腹，饼足连座，座底为六面座台。瓶沿下和颈上各饰一道、肩部饰三道凹弦纹，座底单面饰三道弦纹，底部呈拱形状，施少许酱釉，灰褐胎。（图八）

▲图八　酱釉座瓶（泉州市博物馆藏）

▲图九　酱釉剔莲瓣纹双耳瓶（泉州市博物馆藏）

▲图十　黑釉盅（晋江市博物馆藏）

▲图十三　黑釉小口瓷扁瓶（泉州市博物馆藏）

酱釉剔莲瓣纹双耳瓶 元代，口径 3 厘米、底径 6.6 厘米、残高 12 厘米、通长 9.3 厘米。缺口，折肩，肩部对称堆贴双耳，鼓腹，下收，饼足平底微内凹，内施釉至腹部，外施酱釉至下腹，底部不施釉，灰褐胎。肩部刻划莲瓣纹，腹部刻划云雷纹。（图九）

黑釉盅 宋代，口径 7.2 厘米、底径 3.3 厘米、高 3.5 厘米。撇口，圆唇，束颈下收，溜肩，鼓腹，高圈足。内外施釉，器内施满釉，器外施釉至腹部，灰褐胎。（图十）

黑釉梅瓶 宋代，口径 7.5 厘米、底径 6.5 厘米、高 27 厘米、通长 12 厘米。直口，方唇，直颈，溜肩，束腹下收，平底。内外施釉，内口沿施釉，器外施釉至底部，釉色脱落严重，灰胎。（图十一）

黑釉小口瓷瓶 元代，口径 3 厘米、底径 5.7 厘米、高 13 厘米、通长 8.4 厘米。直口，方唇，溜肩，束腹下收，平底。内口沿施釉，器外壁施釉至肩部，腹部素胎，灰褐胎。（图十二）

黑釉小口瓷扁瓶 宋代，口径 4 厘米、底径 11 厘米、高 11 厘米、通长 15.5 厘米。小口，圆唇外翻，短颈，溜肩，鼓腹，平底。器外壁施酱釉至腹下部，釉色不匀称。底露胎，胎轻薄，呈灰白色。肩部饰一道弦纹。（图十三）

绿釉军持 宋代，口径 6.6 厘米、底径 6 厘米、高 16.6 厘米。盘口，长颈，折肩，斜腹，短流，饼足平底。器身施绿釉，内不施釉，釉色不均匀，底露胎，胎色微泛黄，胎体轻薄。颈部及腹部各饰两道弦纹。（图十四）

绿釉军持 元代，口径 5.9 厘米、底径 7 厘米、高 16.5 厘米、通长 15.3 厘米。盘口，长颈，折肩，斜腹，实足，底微凹，肩附长直流，腹部饰数道手拉弦纹。外壁及内口沿施釉，釉呈草绿色，釉未及底，施釉不均，微脱釉，底露胎，胎呈土黄色，胎质较稀松，胎体轻薄。（图十五）

▲图十一 黑釉梅瓶（泉州市博物馆藏）　▲图十二 黑釉小口瓷瓶（泉州市博物馆藏）　▲图十五 绿釉军持（泉州市博物馆藏）

▲图十四　绿釉军持（泉州市博物馆藏）

▲图十六　赭红釉瓷军持（泉州市博物馆藏）

◀图十七　青釉褐彩盏
（晋江市博物馆藏）

　　赭红釉瓷军持　元代，口径 6.9 厘米、底径 6.9 厘米、高 14.8 厘米、腹径 10.4 厘米、通宽 14.4 厘米。盘口，长颈，折肩，斜腹，实足，底微凹。肩附长直流，肩部饰一道凸弦纹。外壁及内口沿施釉，釉呈赭黄色，釉至腹部，着釉不均，胎呈土黄色。　（图十六）

　　青釉褐彩盏　宋，口径 8.8 厘米、底径 3 厘米、高 4 厘米。敛口，圆唇，弧腹，圈足底。整器施黄釉，器内施满釉，器外施釉至腹部，圈足露胎，釉面开裂，灰胎，器内外均有少许褐彩滴。　（图十七）

三

据历史文献记载和著名地方史学家庄为玑先生的研究，宋元时期从泉州港外销的主要有生丝、陶瓷、茶叶三大类[2]。宋代朱彧的《萍洲可谈》记载："船舶深阔各数十丈，商人分占贮货，人得数尺许，下以贮物，夜卧其上。货多陶器，大小相套，无少隙地。"南宋赵汝适的《诸蕃志》记载，从泉州输出的瓷器远销24个国家和地区。元代汪大渊的《岛夷志略》记载，瓷器外销多达44个国家和地区，分属于亚洲、非洲各地。在日本、韩国、菲律宾、印度尼西亚、马来西亚、新加坡、印度、泰国、柬埔寨、斯里兰卡、埃及、肯尼亚等东亚、东南亚、南亚及非洲国家的博物馆、美术馆中，展示着大量的磁灶窑色釉瓷器。这些磁灶窑色釉瓷器有从沿海沉船中发现的，有从当地考古遗址中发掘出土的，有家传传世品，他们都反映了中外经济文化交流的历史信息。

近年来，通过水下考古沉船的发掘和海内外陆上遗存的呈现，我们可以看到磁灶窑陶瓷器的外销在宋元时期海外贸易中占据一定的地位。"华光礁I号"沉船遗址"南海I号"沉船的考古发掘中，都发现有磁灶窑的色釉瓷器。在东南亚海域 Die Breaker-Dschunke 沉船遗物中，有酱釉小罐、小口罐、四系罐、小口瓶（梅瓶）、军持（包括龙纹军持）、素胎褐彩的执壶（饰飞凤纹、折枝牡丹纹）和长颈瓶（饰缠枝牡丹纹、缠枝花纹）等。此外，在通经日本、韩国的航线上，也不断有宋元时期磁灶窑色釉瓷器发现，包括色釉军持、酱釉罐、色釉执壶等。磁灶窑色釉瓷器的造型、装饰技法等或多或少受海外影响，日常生活器皿大多是为顺应海外市场需求而生产的外销商品。这些色釉瓷器的发现，结合本地磁灶窑各大窑址的考古发掘，为宋元时期泉州地区外销陶瓷的研究提供了宝贵的实物资料。

（原载《文物天地》2019年第1期）

注释

[1] 陈鹏、黄天柱、黄宝玲：《福建晋江磁灶古窑址》，《考古》1982年第5期，第490页。

[2] 庄为玑：《泉州三大外销商品——丝、瓷、茶》，《海上集》，厦门大学出版社，1996年。

[3] Frank Goddio，Weisses Gold，Steidl，1997，p.48，50，51，54—56，64，67，75。

磁灶窑文化对
古代"海丝"贡献初探

◎李宇思

近世纪以来，东亚、东南亚、南亚和东非国家考古发掘出土的中国福建晋江磁灶窑外销产品，与磁灶窑当地出土的诸多陶瓷器遥相呼应，见证了磁灶窑文化，为古代"海上丝绸之路"的繁荣昌盛发挥过重要的历史作用，同时突显了磁灶窑文化与古代"海上丝绸之路"节点地区多元文化的交融发展，促进了双方文明的不断提升与共享。

泉州窑陶瓷文化是闽南文化的一大亮点。长期以来，人们在评论泉州窑陶瓷文化对古代"海上丝绸之路"（或为古代"海上陶瓷之路"）的繁荣昌盛所作贡献中，较多提到德化窑文化，而较少谈起磁灶窑文化。其实，两者各有千秋。磁灶窑文化也是泉州窑系文化的佼佼者，其跨度时间悠长、文化影响深远、产品品种繁多、造福沿线民众范围广泛，特别是它较早开创和平贸易、开拓文明交流、取得互鉴共赢等历史贡献意义重大，还鲜为人知！

正如长期潜心钻研中国陶瓷的吴建发

▲图一　八旬雕塑老匠师吴炳峰在精心创作

▲图二　吴建发（左一）与吴吉祥等乡亲共同探讨重振磁灶窑文化雄风

先生所言："福建省20世纪50年代迄今已经查明遍布福建的古代窑址有600余处，其中泉州就有486处。磁灶窑则是福建境内目前发现起源于南北朝五代时期实属最早、最集中、最大规模的窑场之一。"而且从古代"海上丝绸之路"沿线节点地区的出土、出水发现和50多个国家与地区的收藏、记载来看，在中国古代"五大名窑"（汝窑、钧窑、官窑、哥窑、定窑），以及"八大窑系"（定窑系、磁州窑系、耀州窑系、钧窑系、龙泉窑系、景德镇青瓷窑系、越窑系与建阳黑釉窑系）中，同时具有如此历史纵深度与世界市场宽广度的窑系实属不多见。磁灶窑是一个地地道道的古代"外销瓷"基地。

泉州市博物馆馆长陈建中撰写的《泉州窑与"海上丝绸之路"古外销瓷及相关问题的探讨》一文中也指出，晋江磁灶窑"是宋元时期泉州重要的陶瓷外销窑口"。

2018年3月，中国古陶瓷学会传承专业委员会的专家，到晋江考察后致函认为："磁灶窑是中国古代南方著名的陶瓷窑场，以典型的'黑釉瓷'闻名于世，在古代瓷器烧造工艺中独占鳌头，在中国陶瓷发展史上占有重要地位，在国际上也享有美誉。磁灶始于南朝，盛于宋元，在继承传统工艺的基础上，在不同时期都有不同的创新和突破。产品制作精美、质地坚致、造型丰富、品种繁多，大量产品销往东南亚、西亚、非洲东海岸50多个国家，成为古代外销瓷中的佼佼者。"

2月2日，国家文物局发布2019年工作要点，其中明确提到要推进"良渚古城遗址""古泉州刺桐史迹"申遗工作。古泉州（刺桐）史迹系列遗产中，晋江磁灶窑系金交椅山窑址，因作为10到14世纪泉州陶瓷外贸繁荣等的参与者、建设者、见证者，而被列为中国文化代表作（遗产点）之一。

与会专家、嘉宾下榻的华侨大厦一楼大厅视角中心，有一巨幅彩图《"古泉州（刺桐）史迹"申遗景点一览图》，第一个就是晋江磁灶窑系金交椅山窑址。

5月30日，联合国教科文组织的专家再次光临磁灶考察。

▲图三 出土的古磁灶窑产品

一、海内外出土的磁灶窑产品互相见证其较早开创和平贸易

晋江磁灶窑，位于晋江市磁灶镇岭畔村、磁灶社区、沟边村。明万历《泉州府志》记载："磁器出晋江磁灶地方。"清周学曾等纂修的《晋江县志》也有记载："瓷器出瓷灶乡，取地土开窑，烧大小钵子、缸、瓮之属，甚饶足，并过洋。"

1956 年福建省文物普查时，就已发现晋江磁灶地区的古代窑业遗存。厦门大学庄为玑教授撰著的《古刺桐港》也记载，1957 年"在晋江磁灶发现南朝、唐朝、五代的窑址多处，进行发掘"。

后来，又有一些文博单位实地考察磁灶区域，并进行过局部试掘，采集到许多标本，发现自南朝至清代 26 处窑址。其中南朝窑址 1 处、唐五代窑址 6 处、宋元时期窑址 12 处、清代窑址 7 处。从考古发现和文献记载来看，磁灶窑产品种类繁多、器形多样、胎骨粗糙，大宗商品以生活日常用器为主，如碗、盆、军持、执壶、瓶、罐炉、托盏、杯、注子、粉盒等，釉色有绿、青、黄、黑、酱等。

窑依港兴。磁灶窑分布于古泉州湾内西南方，海运外销条件优于陆运，促使其以烧造外销陶瓷为主。磁灶窑外销瓷生产的高峰期，正是宋元刺桐港"涨海声中万国商"的鼎盛时期。磁灶窑产品依靠古刺桐港"梯航万国"的"东方大港"优势，源源不断地远销海外，特别是古代"海上丝绸之路"的节点地区。从东北亚、东亚、东南亚、南亚，远至中东、非洲，有很多国家博物馆和民间藏家收藏着大量磁灶窑标本。从泉州起点的古代"海上丝绸之路"，实际上应称为"海上丝瓷之路"，或就磁灶窑文化而言，称为"古代海上陶瓷之路"更为贴切。据史书记载，古代经常驶入刺桐港与泉州贸易的外国商船，回归运载，"货多瓷器，大小相套，无少隙地"。其中不乏磁灶窑产品。

例如，1987 年发现的"南海 I 号"沉船打捞出水的实物里，有一部分是绿釉（有绿釉菱花碟、弦纹瓶、龙纹小罐等）和酱釉器（酱釉小口瓶等），1998 年从发现的"华光礁 I 号"沉船里采集到的青瓷器中的青黄釉褐彩卷草纹长颈瓶、青黄釉褐彩卷草纹小口瓶、青黄釉小罐、青黄釉瓜棱四系罐等以及酱釉瓷中的酱釉褐彩小口罐、酱褐釉军持等，都属于磁灶窑的产品。

除了在中国领海内的水下考古发现，在海外打捞的沉船中，以及日本、菲律宾、印度尼西亚、柬埔寨、肯尼亚、埃及等地出土的实物中，磁灶窑的产品一直引人关注。在东南亚海域打捞的沉船 Die Breaker-Dchunke 遗物中，有酱釉小罐、小口瓶、四系罐、小口瓶（梅瓶）、军持，以及素胎褐彩的执壶（饰飞凤纹、折枝牡丹纹）和长颈瓶（饰缠枝牡丹纹、缠枝花纹）等，都是磁灶窑的产品。在沉船"Die Investigator-Dschunke"中发现有磁灶窑的酱釉龙纹军持。

据日本学者森本朝子《博多出土的以磁灶窑产品为中心的中国陶器》、田中克子《日

本博多遗址及周围地区出土的磁灶窑系陶瓷器》介绍，日本博多地区出土的磁灶窑陶瓷器，在日本其他地区的考古发掘中，也有发现。如：镰仓出土有磁灶窑童子山等窑址的青釉褐彩盆、黄绿釉（三彩）盆等陶瓷器。对马出土的绿釉器（印花盘、盆）是磁灶窑蜘蛛山、土尾庵等窑址的产品。

20世纪六七十年代，菲律宾几次正式发掘，在巴布延、加拉彦、黎刹省、民都洛、马斯巴特等地都有发现相当可观的中国磁灶窑生产的青釉小碟。在菲律宾群岛发现了数以万计的宋元明清陶瓷，其中有不少是泉州磁灶窑的产品，如双龙抢珠纹军持、缠枝牡丹花纹军持、黑釉素胎军持、黑釉刻花瓶、黑釉罐、青釉孔雀

▲图四　磁灶窑产风狮爷，安置于宗祠屋脊正中镇风辟邪

▲图五　磁灶窑产龙稳，安置于宗祠屋脊两侧辟邪

▲图六　古龙窑遗址

纹碟、龙瓮等。马来群岛所发现的宋元龙瓮，不少也是泉州磁灶窑所产。

从印度尼西亚部分已发表资料中，可看到当地出土或收藏的磁灶窑陶瓷器有酱釉小口瓶、剔花玉壶春瓶、龙瓮、绿釉军持等。

在著名的世界文化遗产地柬埔寨吴哥遗址，日本上智大学吴哥遗址国际调查团在Beateay Kdei地点的发掘中，曾出土磁灶窑的堆贴龙纹、刻划水波图案的青釉四系罐。

日本学者整理埃及福斯塔特遗址出土的陶瓷标本后发表的资料中，就有写到磁灶窑的黄绿釉器……

▲图七　在菲律宾发现的布瑞克沉船出水的磁灶窑器物

二、海内外出土的磁灶窑产品共同突显其较早开拓文明交融

一是传播中华文明，改变沿线人民的生活方式。

多姿多彩的磁灶窑外销产品，起初是因地制宜取用中低温陶土为坯质原料烧制而成的，基本上都是介于瓷器和陶器之间的"炻器"为主，广泛适用于大众化日常生活使用。尽管坯质釉料比较粗糙，制品体式风格工艺相对简单，但是生产成本较低，产量大，适应以东南亚消费市场比较低端群体的生活日用需求。磁灶窑产销的锅碗瓢盆、坛坛罐罐、多姿"龙瓮"，价廉实用，深受东南亚、中东、非洲一般民众的喜爱。特别是净水器"军持"，更为佛教僧侣、穆斯林和航海旅客等所购置使用。

泉州市博物馆文博研究员陈建中在《泉州的陶瓷贸易与东西方文化互动》中指出，"军持无疑专为外销而生产的。它是从印度的佛经中翻译过来的，是梵语的音译，意即'水瓶'，是佛教僧侣随身携带的'十八物'之一。""当时，不但法显携带军持，其他人也携带。""在国外发现的资料中，这类产品数量较多，除了磁灶窑产品外，主要是宋元时代德化窑的产品。""宋元时期的德化窑址和晋江磁灶窑出土的，以及从泉州湾宋代海船上出水的军持标本，同东南亚发现的遗物相对照，它们在胎、釉制作工艺等方面完全相同。""其纹饰是根据当地人的喜好而定的，明显可以看出带有浓郁的宗教色彩。""纵观军持的各种纹饰，体现了不同宗教文化艺术的相互融合。"其"反映了外来宗教文化与中国陶瓷文化的结合"。这既"满足了不同时代佛教徒和穆斯林的精神需求"，又"大量瓷器运至东南亚等地区，对改善当地人民生活习俗作出了一定贡献"。

古代这些地区的民众，生活的方式都是比较原始朴素，在中国的陶瓷器皿尚未输入这些地区之前，当地人没有什么碗盘使用，只能用手抓饭吃，正如《诸蕃志》"苏丹"条记载："饮食不用器皿，初树叶以从事，食已则弃之。"《明史·外国传》"文郎马神"条中也

▲图八　在菲律宾发现的布瑞克沉船
　　　出水的磁灶窑器物

▲图九　在菲律宾发现的布瑞克沉船
　　　出水的磁灶窑器物

有记载，在中国瓷器未传入东南亚之前，当地民众"初用蕉叶为食皿，后与华人市，渐用瓷器"。磁灶窑产品源源不断地远销海外，改变了当地民众"饮食以揆叶为碗，不施匙筋，掬而食之"等习俗。由于对路适销，"磁灶窑"的外销产品，从南北朝到宋元，再延续至明清近代，市场依然经久不衰。

二是开放包容，与域外开展多元文化交流、互学互鉴。

市场决定资源配置，引领制造升级。古代"海上丝绸之路"节点地区人民独特的生活习俗，反过来促进磁灶窑工艺创作的多样性。具有浓厚地方特色和时代风格的磁灶窑，秉承闽南海洋文化的开放包容特性，在外销产品过程中，注意尊重、吸收异域风土人情，改进乃至创新产品，多样的生活日用器皿、陈设器、建筑材料及其装饰花纹等，明显带有东南亚、东非等异域文化特征。磁灶窑还学习、采用国外绿釉材料（阿拉伯国家），开发生产市场走俏的阿拉伯风格和佛教风格的陶瓷产品等。

例如，"在菲律宾和加里曼丹的一些土著居民还存在'瓮崇拜'，以至于磁灶窑龙瓮的外销。这些现象反映了古代泉州与东南亚文化的交流，泉州陶瓷器与东南亚原始宗教信仰密切结合"。

据明张燮《东西洋考》卷四《西洋列国考·文郎马神》记载，东南亚人"好市华人磁瓮，画龙其外，人死，贮瓮中以藏"。磁灶窑是"生产龙瓮等陶瓷器的主要窑口""中国瓷瓮在东南亚部分地区十分畅销""影响了东南亚的丧葬及宗教习俗"。

磁灶窑的其他产品也曾在日本、马来西亚、印度、泰国、斯里兰卡等许多国家出土，见证了古代多元文明和文化的交流，融合，发展。

三是推广先进陶瓷制造技术，造福沿线人民。

由于"倭寇"袭扰等原因，明洪武七年（1374）朝廷下令撤销福建泉州、浙江明州、广东广州3个市舶司，中国对外贸易遂告断绝。洪武十四年（1381），朱元璋"以倭寇仍不稍敛足迹，又下令禁濒海民私通海外诸国"。洪武二十三年（1390），朱元璋再次发布"禁外藩交通令"。洪武三十年（1397），再次发布命令，禁止中国人下海通番，封锁了沿海各港口，断绝了全部海上交通。以外销瓷为生的"磁灶窑"遭遇厄运，一度衰落。为谋生计，磁灶不少陶工不得不纷纷下南洋，往菲律宾、印尼、泰国等国家和中国台湾等地区开办陶瓷厂并传授制作陶瓷技术，促进当地陶瓷工艺发展。菲律宾米岸烧制的"文奈"瓷器，其工艺就是磁灶吴姓华侨传授的，可谓典型一例。

三、新"海丝"先行区建设呼唤磁灶窑文化重振雄风

古代磁灶窑场，大多选址于晋江梅溪两岸的山丘上，尽管因明初战乱等历史原因而一度衰落，但是据数十年来的考古调查发现，纵观从南朝至清代的 26 处古窑址，已构成了庞大且历史传承清晰的窑系。其中，以金交椅山、土尾庵、蜘蛛山、童子山等窑址保存最为完整，出土产品最具特色、最丰富。

加快 21 世纪"海上丝绸之路"先行区建设，呼唤磁灶窑文化重振雄风，升级换代，再立新功！

福建博物院文物考古研究所与晋江市博物馆等文化文物部门联合组成的考古工作队，于 2002 年 5 月至 9 月对磁灶窑系的金交椅山窑址进行了全面勘探与发掘。"在面积约 4 万平方米的山坡上，先后发现了 4 条长度不一的斜坡龙窑遗址、1 处作坊遗址及多处文化堆积。其中，残长 61.4 米、宽 1.55—2.1 米的 Y2 龙窑之揭示，可辨认的有窑口、火膛、窑壁、窑门、窑床和窑尾等结构，估算起来一窑大约可烧制数以万件的瓷器，特别令人兴奋，具有较高的可视性。出土的瓷器，有执壶、军持、罐、瓶、盏、水注、碟等多种。釉色有青釉、黑釉，以青釉居多，与海外各国发现的相比较，证明金交椅山窑址即是当年大批量生产外销陶瓷的场所。其生产年代与泉州'刺桐港'最繁盛的宋元时期大体一致，从而生动再现了中世纪泉州以海外贸易为中心的独特经济形态"。这为"古泉州（刺桐）史迹"申报世界文化遗产，提供了一处颇为珍贵的物质载体和考察点。

2006 年 6 月，金交椅山、土尾庵、蜘蛛山、童子山四处窑址并称"磁灶窑址"，被公布为第六批全国重点文物保护单位。当地政府和文化文物部门非常重视这些窑址、作坊和文化堆积层的保护，专门组织进行了窑坪工程建设与泉州古代外销陶瓷博物馆建设，并在 2007 年 12 月 8 日晋江建市 15 周年之际落成，面向社会开放。2017 年 1 月，金交椅山窑址被列入"古泉州（刺桐）史迹"申报世界文化遗产的遗产点之一。

改革开放以来，磁灶民众奋发图强，崛起成为与广东佛山、山东淄博、河北唐山并列的全国四大建筑陶瓷生产基地。2000 年 6 月 18 日，磁灶镇被中国建筑卫生陶瓷协会授予"中国陶瓷重镇"荣誉称号。特别是从 2011 年开始启动建陶业煤改气，在全国率先进入环保、技术升级以来，大批企业通过环保技术创新突围，实现涅槃重生。且随着数以万计的磁灶

人外出经营建材生意，磁灶陶瓷又一次源源不断地销往海内外。

据岭畔村锐志重振磁灶窑雄风的吴吉祥先生介绍，在推动产业转型升级的同时，磁灶镇党委、政府还注重引导加大传统制陶技艺的传承和发展。为了加强传统文化传承发展与现代教育体系深度融合，岭畔小学等开设陶艺班，组织传承人进校园义务传授制陶知识。岭畔村还借鉴台湾莺歌陶瓷发展经验，于 2016 年 11 月建成陶瓷文创工作室，为陶瓷工艺师进行陶瓷创作提供主要阵地。磁灶陶瓷烧制技艺入选泉州市非物质文化遗产代表性项目。磁灶窑陶瓷烧制传承基地，被泉州市非遗办授予"闽南生态文化保护区晋江市展示点"。

▲图十　在菲律宾发现的布瑞克沉船出水的磁灶窑器物

去年，中国古陶瓷学会传承专业委员会的专家考察磁灶后表示："为了落实国家进一步扩大传统产业的社会影响力，振兴中国传承工艺计划，推动磁灶窑烧制技艺高质量的传承和发展，形成更大的文化产业规模，愿意尽力配合地方政府，助推磁灶窑重振雄风。"

磁灶镇岭畔村及当地有关部门正积极联络旅外乡亲、中国古陶瓷学会传承专业委员会的专家学者等，携手弘扬磁灶窑"海上陶瓷之路"文化及其和平贸易精神，共同探讨"磁灶窑"工艺传承与产业创新发展方向和选项。

磁灶窑文化为古代"海丝"的繁荣昌盛发挥过重要的历史作用。它充分体现了古代泉州"海丝"和平贸易精神。倘若从泉州古代"海丝"对东西方文化交流和今天对新"丝路"文化交流，来看磁灶窑古代"海上陶瓷之路"和平贸易的文化贡献，深入研讨这段能够穿越时空、多姿多彩的中外文明交融史诗，弘扬磁灶窑"海上陶瓷之路"文化及其和平贸易精神，或许对今天"古泉州（刺桐）史迹"申报世界文化遗产，对今天新"丝路"的文化建设，甚至对当前推动世界和平贸易，推进不同文化文明互鉴，建设"人类命运共同体"，具有重要的启迪与启示作用。

（原载《东方收藏》2019 年第 17 期）

宋元时期磁灶窑的剔花陶瓷
——以新近考古发现和存世品为主

◎ 陈冬珑

晋江流域两岸水源充沛、森林茂密、陶瓷相关矿产资源极为丰富，得天独厚的水、燃料、矿藏等自然资源为陶瓷烧制提供了先决条件。宋元时期，随着泉州港对外贸易的不断繁荣，陶瓷成为重要的贸易商品。海外市场的需求量不断增加，促进区域内陶瓷烧制窑场、作坊如雨后春笋般兴起，窑烟四处弥漫。位于泉州南部千年古镇——晋江磁灶镇的磁灶窑，以烧制青瓷和酱黑瓷为主，器型多样，产品在日本和东南亚的菲律宾、印度尼西亚等国均有发现，在宋元时期是一处重要的外销陶瓷生产窑场，产品尤以剔花瓷最具特色。

一、新近考古发现和存世品的磁灶窑剔花陶瓷

陶瓷装饰工艺中的"剔"，亦称"剔花"，是根据艺术表现构图的需要剔表留白、形成图案的装饰效果。剔花是宋元时期晋江磁灶窑陶瓷装饰工艺的常用技法之一，通过减法的方式去表留白，让作品具有凹凸立体感的艺术效果。根据晋江磁灶窑考古采集的标本资料，剔花工艺手法常用于酱、黑釉瓷的炉、壶、瓶、罐、缸、盂等日常和陈设器具产品；具体做法是在已上釉的器物表面勾勒出装饰图样，再用扁形竹片刻刀、竹签或铁质利器尖头的工具，顺着线条剔除留白部分，把握刀法力度，深浅保持一致，平推，按压，使其深浅不一、线条纹饰显露而出、线条阴阳交错，经高温烧成，形成独具特色艺术效果的陶瓷作品。

2016 年初，为了配合"海丝"申遗工作，泉州市考古专业人员在晋江市磁灶镇岭畔村蜘蛛山窑址的建控地带，对一处瓷片堆积层进行考古勘探。该堆积层位于晋江市磁灶镇岭畔村蜘蛛山东北角，海拔 26 米，发现时地表散布有大量宋元时期瓷片。经考古勘探，地层可分为三层（图一）。具体层位情况如下：第①层，表层土，土色杂乱，呈红灰交错，

土质较硬，厚度 74—201 厘米，出土有大量宋元时期磁灶窑瓷器残片和垫饼、垫柱、匣钵等标本，器型有碗、杯、盏、碟、粉盒、盖、壶、军持、瓶、罐等，釉色有黑釉、绿釉、青釉、酱釉、青花。

第②层，土色呈黑色，土质较硬，厚度 12—131 厘米，出土有大量宋元时期磁灶窑瓷器残片和窑具，出土物交错叠压，器型有碗、杯、盏、碟、粉盒、盖、壶、军持、瓶、罐等。釉色有黑釉、绿釉、酱釉、青釉。窑具有匣钵、垫饼、垫柱。

第③层，出土物包含有宋元时期瓷器标本，现代生活、建筑垃圾及石块，土质混杂，为非原生文化的耕土层。第②层出土物为宋元时期的瓷器和窑具标本，可推断为原生窑址堆积层。据了解，20 世纪 90 年代末该处修筑道路，堆土过程中将堆积物放置第②层防空洞，导致其出现叠压打破关系。

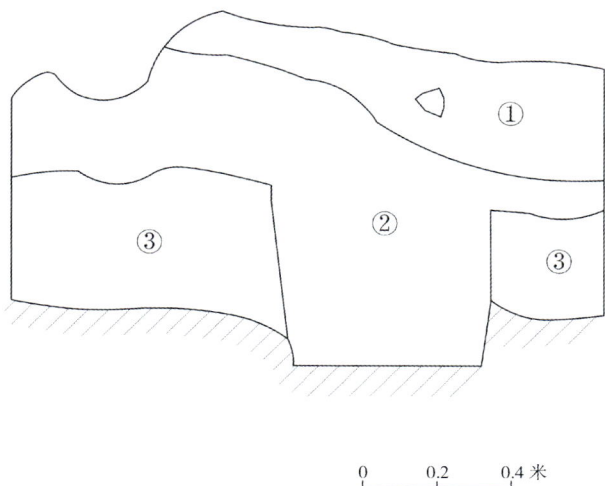

▲图一 蜘蛛山窑址建控地带内建筑用房堆积层探方南壁地层剖面图

此次考古勘探出土了一批具有较高研究价值的磁灶窑瓷器标本，其中酱釉剔花瓷器标本最具地域特色，数量极少，尚保留有口沿、器腹部、圈足残件等，装饰图样有云雷纹、多重莲瓣纹、波浪纹、倒三角纹、几何纹、如意云纹等。分别介绍如下：

酱釉罐口残件 口径 11 厘米、口沿厚 0.5 厘米、颈径 9.4 厘米、颈厚 0.4 厘米、残高 4.4 厘米，盘口。外施酱釉，器内施釉至口沿。口沿下部剔划几何纹（图二：1）。

剔花卷草莲瓣几何纹瓶腹部残件 颈厚 0.4 厘米、腹厚 0.4 厘米、底径 7 厘米、底厚 0.4 厘米、足高 0.5 厘米、残高 5.8 厘米，束颈，折肩，鼓腹，下收，饼足平底微内凹。内施釉至口沿，外施酱釉至下腹，底部不施釉。颈部刻有几何纹，腹部剔划有如意云纹、回形纹、几何纹（图二：2）。

剔花几何纹陶瓷器残片 均为腹部残片。外施酱釉，内不施釉。外剔划有如意云纹、莲瓣纹、几何纹等纹饰（图二：3）。

1.酱釉罐口残件 2.剔花卷草莲瓣几何纹瓶腹部残件 3.剔花几何纹陶瓷器残片

▲图二 晋江磁灶窑蜘蛛山窑址出土的剔花标本

1. 剔花卷草莲瓣几何纹双耳瓶　2. 剔花卷草几何纹双耳炉　3. 酱釉剔莲瓣纹双耳瓶残件

▲图三　泉州地区博物馆藏晋江磁灶窑酱釉剔花陶瓷器

此次考古勘探出土的晋江磁灶窑蜘蛛山窑址酱釉剔花瓷器标本，与泉州当地博物馆收藏的历次考古调查采集的酱釉剔花瓷器标本相一致。

泉州地区博物馆现藏晋江磁灶窑酱釉剔花陶瓷器 3 件，其中 2 件藏于泉州海外交通史博物馆、1 件藏于泉州市博物馆，分别介绍如下：

剔花卷草莲瓣几何纹双耳瓶（泉州海外交通史博物馆藏）　口径 5.5 厘米、底径 7.3 厘米、高 15 厘米，盘口，束颈，鼓腹下收，饼足平底微内凹，颈部贴双耳。内少许施釉，外施酱釉至足部，灰胎。颈部至足部剔划莲瓣纹、回形纹、莲瓣纹、如意云纹、弦纹（图三：1）。

剔花卷草几何纹双耳炉（泉州海外交通史博物馆藏）　口径 9.6 厘米、底径 8 厘米、高 7.4 厘米，盘口，束颈，鼓腹下收，口沿至腹部贴两耳。外施满釉，内施釉至口沿。外剔划如意云纹、弦纹、几何纹（图三：2）。

酱釉剔莲瓣纹双耳瓶残件（泉州市博物馆藏）　残颈径 3 厘米、底径 6.6 厘米、残高 12 厘米、腹宽 9.3 厘米，缺口，划肩，肩部对称堆贴双耳，鼓腹，下收，饼足平底微内凹。内施釉至腹部，外施酱釉至下腹，底部不施釉，灰褐胎。肩部剔划莲瓣纹，腹部剔划云雷纹（图三：3）。

上述 3 件磁灶窑产剔花陶瓷器较为完整，可以看出剔花陶瓷器纹饰层次分明，结构有序，独具一格。

此外，在菲律宾东方陶瓷学会出版的阿雅拉博物馆《11—14 世纪宋元时期发现的福建陶瓷》专题展图录[1]中，发现有晋江磁灶窑的酱釉瓷、青釉瓷、绿釉瓷、赭釉瓷、黑釉瓷产品，器型主要为罐、碗、壶、瓶、军持。其中 3 件剔花瓷器最为精致，引人注目。分别是：

剔花莲瓣卷浪回形纹鼓腹罐　直径 32 厘米、高 34 厘米，圆唇，滑肩，鼓腹下收，平底。外施满酱釉，内口沿施釉。从上往下外剔划弦纹、回形纹、海浪纹、海浪纹、莲瓣纹（图四：1）。

1. 剔花莲瓣卷浪回形纹鼓腹罐　2. 剔花如意云卷草回形几何莲瓣纹长颈瓶　3. 剔花波浪回形纹盂
▲图四　菲律宾发现的晋江磁灶窑剔花陶瓷器

剔花如意云卷草回形几何莲瓣纹长颈瓶　高 24.7 厘米，圆唇，束颈，划肩，折腹，圈足底。器外施满酱釉，剔划处描白色化妆土。外剔划莲瓣纹、田字几何纹、回形纹、水浪纹、如意云纹弦纹（图四：2）。

剔花波浪回形纹盂　直径 8 厘米、高 8 厘米，圆唇，直颈，圆腹，平底。器外施满酱釉，剔划处描白色化妆土。外刻划回形纹、弦纹、海浪纹（图四：3）。

二、磁灶窑剔花陶瓷的渊源

磁灶窑剔花装饰工艺主要用于罐、瓶、炉、水注等器物外表面，图样有卷草纹、莲瓣纹、如意云纹、忍冬纹、螺旋纹、三角几何纹饰、几何回纹、祥云纹、鳞片纹、弦纹、波浪纹等，纹饰层次分明、叠加有序、布局合理。在宋元泉州海外贸易急速发展的历史背景下，磁灶窑的剔花装饰工艺显然受到了国内外装饰艺术的影响。

（一）国内金银器技艺的影响

剔花装饰工艺最早出现于金银器装饰的局部鎏金，金黄色与银白色交错相间，产生良好的艺术效果，文献上称之为"金花银器"。剔花也是我国古代陶瓷装饰的常用工艺，北宋时期在整个北方地区流行，直到金元时期[2]，在河南鲁山段店窑、登封窑、当阳峪窑，河北磁州窑、定窑，陕西耀州窑等都有发现剔花产品[3]。福建地区的剔花瓷器主要见于晋江磁灶窑、浦城大口窑、龙溪半山窑、南平茶洋窑、将乐南口窑[4]。根据考古调查勘探采集标本的年代分析，晋江磁灶窑剔花装饰工艺的出现是在南宋至元代，此与文献所记载的"金花银器"剔花装饰工艺在时间上有前后关系。

宋元时期是泉州各行各业蓬勃发展的大好时代，不仅珠宝加工制作技艺一流，而且有专门的珠宝市场，汇集世界各地的金银珠宝生意[5]。晋江磁灶窑匠人正是巧妙地模仿了金

▲图五 伊斯兰墓碑石纹样

银器上的剔花技法，将它运用在黑釉、酱釉瓷器表面，使之富有艺术魅力。

（二）国内外装饰图案的影响

从晋江市博物馆和泉州市博物馆历次考古调查勘探采集的标本分析，磁灶窑剔花产品的图案纹饰除了表现本土文化因素外，还具有典型的伊斯兰艺术风格。

宋元时期，在海上交通与贸易繁盛的大环境下，世界各地商人云集泉州，不同的宗教信仰、文化艺术也随之而来，并与本土宗教和谐共处。泉州海外交通史博物馆收藏的伊斯兰碑刻最多，碑刻纹饰主要有忍冬纹、波浪纹、几何纹、螺旋纹、莲瓣纹、三角纹、万字纹、串纹等（图五）。从晋江磁灶窑剔花产品的纹饰上看，剔花纹饰与伊斯兰文化艺术有许多相似之处，反映出中外装饰艺术的相互借鉴与融合。

磁灶窑产品作为宋元时期泉州港对外贸易的商品，近年来在国内外水下考古中也不断发现，如西沙群岛"华光礁I号"沉船发现有晋江磁灶窑青瓷、酱黑釉器、绿釉器[6]，广东"南海I号"沉船发现有晋江磁灶窑酱釉器、绿釉器、青釉器、黑釉器[7]，印度尼西亚"JAVA沉船"也发现有晋江磁灶窑酱釉器[8]等。

三、结语

通过对考古调查资料和传世品资料的收集、年代分析，我们不难发现磁灶窑剔花陶瓷的生产时间短，加上古泉州多元文化元素在器物造型和装饰纹饰上的运用，使器物别具一格，是宋元磁灶窑的经典外销陶瓷产品之一，在"海上丝绸之路"的外销陶瓷中独树一帜。总之，宋元时期晋江磁灶窑以烧制黑釉、酱釉瓷器为主，其装饰手法"剔"的运用，使磁灶窑器物表面呈现出黑白相间的独特艺术效果，与泉州其他陶瓷产区的产品风格迥异。从磁灶窑蜘蛛山窑址考古调查出土的剔花陶瓷标本，到海内外传世品，都呈现出磁灶窑剔花陶瓷器物蕴藏着丰富的文化内涵，其装饰构图体现了多元文化的融合，器物造型体现了实用与艺术的美感，是磁灶窑外销陶瓷中的艺术珍品。

（原载《福建文博》2020 年第 1 期）

注释

[1]Tan，RitaC.，Fujian ware foundin the Philippines：Song-Yuan period，11th-14th century，RitaC.Tan；LiJian'an，Go Bon Juan，Purissima Benitez-Johannot and Gilbert Fournier，contributors；Loy Arenas，exhibition designer；Neal Oshima，photographer；Purissima Benitez-Johannot，editor，Makati City：OCSP，2017，P138-140.

[2] 秦大树：《瓷器化妆土工艺的产生与发展》,《华夏考古》2018年第1期，第70—71页。

[3] 北京艺术博物馆：《中国登封窑》，中国华侨出版社，2014年，第56页。

[4] 陈丽君：《福建省宋元瓷器装饰工艺概况》,《福建文博》2019年第2期，第60页。

[5] 李玉昆、李秀梅：《泉州古代海外交通史》，中国广播电视出版社，2006年，第52页。

[6] 栗建安：《海上丝绸之路的中国水下考古概述》,《文物保护与考古科学》2019年第4期，第129页。

[7] 国家文物局水下文化遗产保护中心、广东省文化考古研究所、中国文化遗产院、广东省博物馆、广东海上丝绸之路博物馆：《南海I号沉船考古报告之二——2014—2015年发掘（上）》，文物出版社，2018年，第277—318页。

[8] 收藏于美国芝加哥菲尔德博物馆。

浅谈福建磁灶窑
陶瓷装饰艺术

◎吴添宝

　　磁灶窑位于福建省晋江市磁灶镇，是具有浓郁地方特色和时代风格的民窑，始于南朝，发展于隋唐五代，宋元时期依托"海上丝绸之路"的"东方第一大港"泉州港兴盛，是宋元时期福建外销陶瓷的主要生产地之一。磁灶窑在明清时期受海禁政策和市舶司由泉州迁至福州的双重影响逐渐衰落，再兴盛则起于 20 世纪 70 年代我国的改革开放。

　　古代磁灶窑生产的陶瓷主要以日常生活用器为主，产品有碗、盘、盏、碟、盆、钵、洗、罐、缸、瓮、壶、瓶、灯、盂、水注、军持、急须、瓷枕等。装饰手法有色釉（釉色有青、酱、黑、黄、绿五大类）、彩绘、剔花、刻划、贴塑、模印、镂雕等。装饰纹样有莲、菊、牡丹、缠枝花、折枝花、叶草、卷草、龙、凤、麒麟、狮、虎、龟、蟾蜍、云雷、篦划、弦纹、卷云、水波等，还有诗文、铭文装饰。

　　宋元时期，磁灶窑烧制瓷器多以海外市场为导向，形成了产品"定烧"的经营理念和商业模式。磁灶窑生产的瓷器，造型多样，集实用性与艺术性于一体，装饰艺术交融中外文化，既富有深厚中华传统文化，又迎合了外国民俗艺术魅力，给人以不同的艺术享受。

　　当代，磁灶的陶瓷艺人紧跟时代步伐，改变思想，在传承中求创新，以创新促进步、促发展、促磁灶的再辉煌。

　　本文将以出生于磁灶镇童子山下陶瓷世家的"磁灶窑陶瓷烧制技艺传承人"对磁灶窑进行一定的探究之后的切身感受，与大家分享磁灶窑的陶瓷装饰艺术。

一、古代磁灶窑的陶瓷装饰既具有深厚的本土物色，又体现了浓厚的异国风味

　　为大家举两例：

现藏于泉州市博物馆的元代磁灶土尾庵窑绿釉堆贴塑龙纹军持　先作一下名词解释："军持"是梵语音译，意为"瓶，水瓶也"。军持是佛教僧侣出行时随身携带的"十八物之一"，用以饮水或净手。

元代磁灶土尾庵窑绿釉堆贴塑龙纹军持，高30厘米，长颈，腹部圆鼓。通体施绿釉。器身贴塑了一条黄釉蛟龙，龙首伏于流上，前身盘于颈部，后身弯曲成把，龙尾连接器腹。器腹部刻划了一朵盛开的花朵，其形简约蓬勃，花朵的轮廓线条灵巧流畅，花心处的黄釉有渲染效果。

这只军持的造型艺术承载了佛教文化，装饰艺术承载了中华传统文化，是佛教文化和中华传统文化交融的结晶，综合呈现了不同文化背景下的人们的审美情趣。

现藏于广东省博物馆的"南海Ｉ号"出水的南宋磁灶窑绿釉印花卉纹折沿菱口碟　南宋磁灶窑绿釉印花卉纹折沿菱口碟，直径10.2厘米，底径5.6厘米，高2.6厘米，口沿平折呈六瓣菱形，内底边沿的圈纹与口沿的六瓣菱对应，弧腹上有与口沿和内底圈纹相对应的六瓣菱的菱角对接的连线，内底处装饰了一株折枝花（花枝居中，叶枝两侧环绕），花朵鲜活。

南宋磁灶窑绿釉印花卉纹折沿菱口碟是一只模印瓷器，纹饰凸凹起伏，立体感极强。"南海Ｉ号"的考古人员说："这种菱口碟的造型受粟特金银器的影响。粟特金银器常在器壁上锤揲出凸凹起伏的瓣状纹，使得器身表面起伏变化，立体感强。宋代频繁的商贸往来，金银器、玻璃器、珐琅器相互间的传播与交流，使得宋代瓷器造型呈现出极具传统又赋创新的特点。"

这只碟的造型接受了粟特金银器工艺形式，装饰纹饰采用了中国花鸟画折枝花的表现形式，是中外文化交流的结晶。

二、博采众长是古代磁灶窑陶瓷装饰艺术的工艺特点

磁灶窑陶瓷装饰技法多样，有色釉、彩绘、剔花、刻划、贴塑、模印、镂雕等，其中"剔花、黄绿釉的装饰技法吸取北方磁州窑的风格，刻划、贴塑则传承自龙泉窑、景德镇窑，釉下褐彩的彩绘装饰师承唐代长沙铜官窑"。向成熟的技艺学习，借它山之石为己用，是磁灶窑陶瓷装饰艺术最显著的特点。

上述绿釉印花卉纹折沿菱口碟的模印采取了粟特金银器工艺形式，下面我要介绍的发现于菲律宾的磁灶窑黑釉剔花玉壶春瓶则采取了漆器工艺的"剔犀"之法。

先介绍一下剔犀工艺：剔犀"一般情况下都是两种色漆（多以红、黑为主），在胎骨上先用一种颜色漆刷若干道，积成一个厚度，再换另一种颜色漆刷若干道，有规律地使两种色层达到一定厚度，然后用刀以45度角雕刻出回纹、云钩、剑环、卷草等不同的图案"。

发现于菲律宾的磁灶窑黑釉剔花玉壶春瓶的装饰形式是磁州窑常见的"满饰"，从瓶口至瓶腹一共装饰了5层纹饰，分别是蕉叶纹、田字纹、回纹、波浪纹、上下对称的如意纹，每层纹饰以单弦线分隔。装饰技法效仿了"剔犀"工艺，利用胎釉的色差，剔刻出色调鲜

明的花纹，清晰明朗的纹理让纹饰富有了极强的立体感。

磁灶窑的彩绘瓷则在师承唐代长沙铜官窑彩绘工艺的基础上吸收了国画的技法。我们来看一件从日本博多遗址出土的磁灶窑青釉褐彩盆。此盆平底弧腹，盆底处用褐彩绘制的菊花纹饰极具国画韵味，用笔有墨分五色之妙。

磁灶窑生产的瓷器在宋元时期能远销至日本、韩国、菲律宾、印度尼西亚、马来西亚、新加坡、印度、泰国、柬埔寨、斯里兰卡、埃及、肯尼亚等东亚、东南亚、南亚及非洲国家（磁灶窑生产的瓷器在这些国家多有出土，常见藏于这些国家的博物馆、美术馆等），最大的成功点是磁灶窑的陶瓷艺人能博采众长，精益求精，满足市场所需。

三、当代磁灶窑的陶瓷装饰艺术，在继承传统的基础上锐意创新，体现了当代人的艺术追求和审美情趣

当代磁州窑陶瓷艺术工作者有一个共识——传统是根基，是精髓，要想让磁灶窑的陶瓷事业再创辉煌，必须在继承传统的基础上拓展、创新。

我是第一批晋江市级非物质文化遗产代表性项目"磁灶窑陶瓷烧制技艺"代表性传承人。我一直在探索扎根传统的有时代气息的陶瓷装饰形式。2017年，我跨界尝试了传统陶瓷文化与餐饮文化的融合，创办了"时光E站陶瓷主题餐厅"。

2019年，我自主研发并推出了融入晋江本土元素的金夜壶造型"状元存钱罐"和"闽南功夫茶小风炉"等系列文创陶瓷。我的金夜壶造型"状元存钱罐"和"闽南功夫茶小风炉"系列产品，在创意上挖掘了福建的本土文化，在装饰技法上既传承了传统工艺，也吸收了当代先进的工艺技法。

历史是文化的载体，文化是历史的血脉。当代磁灶窑的陶瓷艺术工作者们，回望薪火相传、代代守护的历史，正在积极努力地保护着祖辈们创造流传下来的非物质文化遗产，秉承祖辈们坚守的工匠精神，锐意进取，勇于创新，力求在传承与创新中开启辉煌未来，让磁灶窑陶瓷焕发新的生机和活力。

（原载《陶瓷科学与艺术》2020年第9期）

参考文献

[1] 何振良、林德民：《磁灶窑瓷》，福建美术出版社，2002年。

[2] 张卫军：《泉南奇葩——晋江磁灶窑及产品》，《收藏》2012年第10期。

[3]《晋江磁灶窑产品承载乡愁记忆的陶瓷器》，泉州网2019年1月25日。

[4]［俄］鲍里斯·艾里克·马尔沙克：《粟特银器》，上海古籍出版社，2019年。

[5] 朱小禾、何艳：《漆器工艺》，重庆大学出版社，2009年。

海洋文明语境下谈晋江磁灶窑对海外的影响

◎吴金鹏　黄华东

在历史长河里，中国不仅是一个"黄色"的农业文明国家，也是一个"蓝色"的海洋贸易非常发达的国家。[1]中国陶瓷作为文化的载体，从唐代开始起成为"陆上丝绸之路""海上丝绸之路"上重要的外销商品，到中国海洋文明的第二个高峰——宋元时期陶瓷更是炙手可热的外销大宗商品。关注陶瓷文化所承载的历史，还原当时的文化面貌，为搭建好"海上丝绸之路"提供借鉴和参考，是值得探讨的。本文探讨的福建晋江磁灶窑虽历史文献记载不多，但随着磁灶窑外销产品在国外和"海上丝绸之路"航线上的大量沉船中的不断发现，足以证明其在海外贸易方面具有重要的地位。列维·施特劳斯在《结构人类学》中指出："语言中的词汇、语法等是语言符号系统，人类的习俗、仪式与社会行为等则是文化上的符号系统。语言过程反映了人类文化的形式，这种文化形成正是人们人性的本质。"[2]故本文拟在海洋文明语境下谈晋江磁灶窑对海外的影响，并由此认识中国蓝色文明的第二波高峰。

一、关于晋江磁灶窑

磁灶窑是宋元时期华南地区一处重要的外销陶瓷生产基地。磁灶窑始于南朝后期，兴起唐代，鼎盛于宋元，衰落于明清，是以生产日用陶瓷为主的民窑。清道光《晋江县志》中记载："瓷器出瓷灶乡，取地土开窑，烧大小钵子、缸、瓮之属，甚饶足，并过洋。"[3]通过对磁灶窑的实地调查和有关考古资料证实，历年来日本、菲律宾、印度尼西亚、马来西亚、新加坡、泰国、斯里兰卡、肯尼亚等东亚、东南亚、南亚和东非国家中多有磁灶窑产品出土。在这些国家的一些博物馆、美术馆，常收藏有磁灶窑作品，由此证明磁灶窑是一处重要的外销陶瓷产地。磁灶窑址已被列为全国重点文物保护单位。

磁灶窑业的发展与泉州港的兴衰紧密联系在一起，形成了相互依赖又相互促进的关系。[4]所以当泉州在宋元时期对外交通和贸易达到鼎盛的时候，也正是磁灶窑生产发展昌盛的时期。磁灶窑系金交椅山窑址作为"泉州：宋元中国世界海洋商贸中心"申遗项目的重要组成部分申遗。

二、磁灶窑对海外族群生活上的影响

磁灶窑的产品向来以日用生活器皿为大宗畅销海内外，从"海上丝绸之路"航线上国家和地区出土的磁灶窑陶瓷以及沉船出水的磁灶窑就可看出其影响巨大。常言道，民以食为天，用于饮食方面的器具便是饮食文化的一个重要组成部分。由于社会程度发展的不平衡，相对中国普遍使用陶瓷器这种理想的生活器皿来说，有些国家和地区则依靠的是大自然的天然馈赠，有些国家和地区发展较快，却只有上层人物用得起金、银、铜、锡等制作的器皿，在更为广泛的东南亚地区没有固定的饮食器皿。据《诸番志》记载："登流眉国（今马来半岛），饮食以葵叶为碗，不施匙筷，拘而食之。""苏吉丹（今印尼爪哇）饮食不用器皿，缄树叶以从事，食已则弃之。""渤泥国（今文莱）无器皿，以竹编、贝多叶为器，食毕则弃之。"[5]

随着宋元时期泉州海外贸易的兴盛，相对低端廉价磁灶窑的"大路货"产品输入东南亚、南亚和西亚地区以后，改变了海外民众的生活方式，一些相对高端精美的器皿对提升当地民众的生活品质起着极其重要的作用，给海外国家和地区人民的生活日用器皿带来一场影响深远的变革。《诸番志》中记载，波斯国王"食饼肉饭，盛以瓷器，拘而啖之"。《明史·外国四》记载："文郎马神（今印尼加里曼丹的马辰），初用蕉叶为食器，后与华人市，渐用瓷器。"[6] 这些地区都发现有宋元时期磁灶窑生产的碗、盘、盆、碟、瓶、罐等。《菲律宾发现的中国陶器》一书中说道："从中国运入菲岛的陶器与菲人早年的社会及农村生活有着密切的关系，菲人拥有陶器成为估量个人财富及声望的主要准绳。"[7] 从这当中也可以看出磁灶窑陶瓷对海外的深刻影响。再比如说磁灶窑外销品种中的急须，它是外销至日本的一种茶器，闽南人称之为"急烧"或者"急烧仔"，在向外传播的过程中，急烧也变成了急须，两者在发音上具有一定的相似性。日本学者森村健一、田中克子等在参观泉州古代外销陶瓷博物馆时认为日本出土的急须就有磁灶窑同类器物造型。当年日本遣唐使从中国将饮茶之风带回日本，并发扬光大为茶道，日本不但保留了"急须"这种原始的名称，而且还一直将它作为一种通用的茶器沿用至今。在日本京都、博多等地区出土的磁灶窑急须为我们探讨中日物质文化交流史提供了珍贵的信息。再如磁灶窑的绿釉花口碟，这种生活器皿在造型和纹样上深受粟特金银器的影响，粟特金银器常在器壁上捶揲出凹凸起伏的花瓣状纹样，使得器表能看出起伏变化，立体感十足。在"海上丝绸之路"航线上的"南海Ⅰ号"宋代沉船中就有磁灶窑绿釉印花卉纹折沿菱口碟出水。该器明显模仿了金银器加工时特有的工艺。根据考古专家考证，"南海Ⅰ号"沉船就是从泉州港始发航行在"海上丝绸之路"的远洋商船，赴东南亚、南亚或中东地区进行海外贸易。因为绿釉印花卉菱口碟是"定烧"的外销产品，所以现在所能见到的完整器只能在沉船出水的器物中和定烧地菲律宾等国家的博物馆、美术馆中。故宫博物院古陶瓷鉴定专家冯先铭先生在《元以前我国瓷器销行亚洲的考察》一文中提到在菲律宾马尼拉圣安娜发现"福建泉州窑产品有低温绿铅釉印花盘、军持等器"。此处提到的泉州窑低温绿铅釉印花盘就是磁灶窑的绿釉花口印花碟（盘）。在马来西亚的沙捞越国家博物馆里也藏有磁灶窑的绿釉盘子。《香港九龙圣山遗址考古发掘简报》中明确指出在香港九龙圣山遗址也发现了大量的花口碟，以磁灶窑的绿釉花口碟为主，跟"南海 I 号"沉船出水的菱口碟属于同类器型。[8] 由此我们可见，相对廉价的陶瓷使得普通民众都能够用得上进而大量的从磁灶窑进口，对当地的生活水平和习俗都产生了深远的影响。

在宋元时期即第二波海洋文明的历史背景下的磁灶窑，扮演着中外文化交流使者的角色，同时也见证了磁灶窑作为"宋元：中国世界海洋贸易中心"泉州重要的外销陶瓷生产基地的地位。

三、磁灶窑对海外族群精神信仰上的影响

随着磁灶窑陶瓷的大量输入，陶瓷不仅影响了海外国家和地区的生活水平和习俗，还跟当地的一些原始宗教信仰结合在一起，产生了很多富有特色的宗教活动，同时也和当地的婚丧喜庆活动密切相关，土著居民们甚至把拥有中国陶瓷作为财富和社会地位的象征。这种兼具宗教信仰和经济效能的情况，使得宋元明时期磁灶窑烧制的龙瓮、军持被大量出口到东南亚地区。

军持是梵语的音译，在纷繁庞杂的佛教器皿中，军持是佛教僧侣用于饮水或洗手的水瓶。在伊斯兰教盛行的东南亚地区，穆斯林与佛教教徒相互排斥的是他们的信仰，而互相认同的却是盛水的军持，穆斯林在做礼拜时也用军持净手。虔诚的穆斯林把前往圣地麦加朝觐视为最高境界。朝圣者随身携带一个或几个军持，搭乘开往中东的商船，到达麦加后用军持汲取被穆斯林奉为圣水的阿必渗渗井的井水。"龙"是中华民族的图腾崇拜，龙的传人磁灶窑工匠充分发挥聪明才智，创造性地把"龙"装饰到军持上。龙纹军持伴随着数也数不清的日用器皿远渡重洋，既带去我国人民的美好祝福，又焕发着神秘的宗教灵光，成为东南亚土著居民日常生活的神圣礼物和财富象征。龙纹军持承载的不仅仅是悠远的商品贸易，还折射了灿烂的中外文化交流之光。在中国人民与东南亚人民世代友好中扮演着"和平使者"的角色，留给今天的是泉州"海上丝绸之路"文化沉甸甸的历史见证。

另一个典型影响海外人们精神领域的就是龙瓮。龙瓮本来的用途是盛水或装食物及其他的东西，传入东南亚之后，对当地土著人的日常生活和精神领域产生了极大的影响。由于地理、历史和民族等诸多因素的制约，在东南亚相对闭塞的土著部落里，一直保留着原始宗教，比如鬼魂观念的祖骨崇拜和鬼神崇拜。在龙瓮输入原始部落后，就跟这些原始宗教信仰结合在一起，产生了很多富有特色的宗教活动。自古以来，菲律宾南部和北加里曼丹的一些居民就用龙瓮进行瓮棺葬，或称"洗骨葬"。明代张燮《东西洋考》的"文郎马神"

条在描述北加里曼丹的瓮棺葬时写道："及通中国，乃渐用瓷器，又好市华人瓷瓮画龙其外（者），人死，贮瓮中以葬。"[9] 根据相关学者分析，洗骨葬是东南亚古代文化特质之一，这一丧葬文化的分布不仅仅在东南亚，而是环及太平洋南岸。在菲律宾和北加里曼丹的一些土著居民中还存在"瓮崇拜"的习俗，尤其对龙瓮推崇备至。在加里曼丹龙瓮大多跟圣物崇拜结合在一起。《中国殖民史》中记载："婆罗洲之劳仔人、嘉颜人所藏之瓦瓮，或来自中国，上雕龙形，视为传家之宝。土人谓瓦瓮有神呵护，对之极恭敬。"[10] 由此可见当地土著居民赋予了这种龙瓮一种神秘的使命和生命形态。菲律宾的一些地方，还流传了一些关于此类龙瓮的奇闻逸事，他们每年还要举行圣瓮节。Owen Rutter 在《北婆罗洲土著之民俗研究》一文中介绍说："他们在圣瓮节崇拜圣瓮的情形颇为热闹。圣瓮节在当地被称为'丽加侯'，所举行的仪式为'摩伯'，目的是驱逐村中全年里的邪魔。"[11] 龙瓮除了上述这些跟宗教信仰活动有关的用途外，在土著居民的日常生活当中，龙瓮是一种高贵的贮藏容器，可以用来收藏珍贵的衣物和金银财宝。同时，龙瓮还被作为酿酒、贮酒或宴饮的容器，以备庆典之需。龙瓮的种种用途，对于东南亚土著居民来说，都是意义非凡的。在一定程度上，不仅改变当地居民的生活方式，同时也在其精神领域内产生深远的影响。自宋以来，磁灶窑大量生产的龙瓮从泉州港出发销往东南亚国家及地区。明初实行"海禁"，磁灶窑产品外销走向衰落，晋江人便"下南洋"谋生，磁灶吴姓陶瓷工匠把制作龙瓮的技术带到菲律宾，成为当地著名的一种工艺。他们生产的龙瓮称为"文奈"，也叫"中国瓮"，在生活中广泛使用，被视为圣物。直到明隆庆重开东西洋，包括龙瓮在内的磁灶窑产品又走向外销，晚明"南澳I号"沉船出水大量的磁灶窑龙瓮就是明证。

四、磁灶窑对海外华侨族群形成的影响

随着国内社会经济的不断发展和人口的繁衍，人多地少的矛盾日益突出，加上泉州晋江地区为滨海丘陵地带，森林覆盖率高，田不足耕的矛盾日益突出。为了谋求生计，从唐中叶以来，民众陆续通过海路发展对外贸易。宋谢履《泉南歌》曰："泉州人稠山谷瘠，虽欲就耕无地辟。州南有海浩无穷，每岁造舟通异域。"宋元时期，泉州更加锐志发展海外贸易，不仅成为中国最重要的对外通商口岸，而且还成为与西方的亚历山大港齐名的"东方第一大港"。海外贸易的兴盛与繁荣，加上磁灶窑产品的畅销，使得无数泉州人走上对外通商的道路。

泉州的海商就是磁灶窑产品远销海外市场的供销大军。[12] 他们要把包括磁灶窑产品在内商品运往"海上丝绸之路"沿线国家和地区。他们既了解海外市场需求，又熟悉磁灶窑业，由他们传递海外市场的需求信息，从而引导磁灶窑形成以市场为导向生产产品的商业模式。由于海外交通贸易的商航是利用季风为动力的特点，所以在每年的冬季刮北风时商舶从泉州港顺风南下，第二年的夏季刮南风时再返航。在返航前由于要等待季风的来临，海商们在海外便开始了"住番"。在"住番"的时间段里，由于海商通晓当地语言，了解当地的生活习俗，便在当地行商，获取更多的商品需求信息。到了元代，出使真腊（今柬埔寨）

的周达观在《真腊风土记》中记载："（真腊）国人交易，皆妇人能之，所以唐人到彼，必先纳一妇人者，兼亦利其买卖故也。"[13] 可以看出，海商在外行商已经从宋代的候风"住番"到元代演变成与当地通婚"杂居"。这种方式使他们更能深入了解、真实掌握海外市场需求，这些通婚"杂居"的海商便成了早期的华侨。宋元时期开始从单纯性的产品输出转化为"人"和技术的输出，泉籍华侨越来越多，在政治和经济等领域都对侨居国的发展起到了重要的作用，最终也促成了泉州和晋江成为中国著名的侨乡。

结　语

继唐朝时期迎来第一次海洋文明之后，宋元时期迎来了第二次海洋文明的浪潮，随着这股浪潮，中外之间的各类物资在海洋上频繁的穿梭。这种为追求利益的商贸文化形成了中国海洋文明的第二波高峰，而中国以其陶瓷、丝绸等为传统的对外贸易商品的"蓝色文化"仍然出现在这新一轮的高峰之中。以外销陶瓷为依托的磁灶窑抓住了机会，随着海商远渡重洋，从开始的产品输出，到人和技术的输出，进而发展到文化的输出，给东亚、东南亚地区在生活和精神上带来了不同程度的影响，不仅促进了中外的经济和文化的交流，还极大地促进了侨居国文化、经济、社会的发展，为世界文明作出贡献。在新的时代，晋江提出了打造国际化创新型品质城市目标，磁灶窑的历史将提供有益的启示和经验。

（原载《世遗土楼海丝文化高峰论坛暨福建省闽南文化研究会 2020 年学术年会论文集》2020 年）

注释

[1] 方李莉：《中国陶瓷史》（上卷），齐鲁书社，2013 年，第 35 页。

[2] 王海龙、何勇：《文化人类学历史导引》，学林出版社，1992 年，第 204 页。

[3] 清乾隆版《晋江县志》。

[4][12][13] 吴金鹏：《宋元时期晋江磁灶窑经营理念和商业模式初探》，《中国古陶瓷研究（第 14 辑）》，紫禁城出版社，2008 年。

[5][6][11] 何振良：《略论宋元时期磁灶陶瓷的对外交流》，《中国古陶瓷研究（第 14 辑）》，紫禁城出版社，2008 年。

[7] 艾悯思：《菲律宾发现的中国瓷器》，《东方陶瓷协会会报》37 卷，1967-1969 年；洛克辛夫妇：《菲律宾发现的东方陶瓷》，1967 年。

[8] 吴震霖、金志伟、刘文锁：《香港九龙圣山遗址考古发掘简报》，《考古与文物》2016 年第 6 期。

[9] 韩槐准：《中国古陶瓷在婆罗洲》，《南洋学报》第 11 卷第 2 辑，1960 年。

[10] 郑焕章：《泉州古陶瓷与亚洲地区宗教信仰文化》，中国航海学会、泉州市人民政府：《泉州港与海上丝绸之路》，中国社会科学出版社，2002 年。

福建晋江宋代磁灶窑出土铅釉陶的腐蚀研究

◎姜帆远　李志敏　魏书亚　宋　燕　马清林

引　言

　　福建晋江磁灶窑是泉州窑系中最具代表性的窑场，是东南沿海重要外销瓷产地之一[1]。2006 年磁灶窑址被公布为"第六批全国重点文物保护单位"[2]。

　　磁灶窑的窑址数量众多，其中土尾庵窑址较有代表性。现有考古资料表明土尾庵属于磁灶窑第四期窑址，年代为南宋至元代，出土器物主要是生活用器，包括军持、瓶、碗、执壶、罐、盘、碟等。其中黄绿釉器是磁灶窑最具特色的釉色器，有单施黄釉或绿釉的，也有黄绿釉兼施的[3]。

　　低温铅釉陶又称釉陶，是将铅氧化物作为低熔点熔剂引入陶器色釉中[4]，Pb^{2+} 的高极化率使电子远离硅酸盐中的氧，从而降低 Si-O 键断裂的温度[5]。由于铅釉悬液易于制备和应用，不易"开裂"和"表面涂布不均"、低熔化温度、光泽度高。自古到今，从国内到国外，铅釉陶器已被广泛使用[6-10]，关于这类釉料成分和结构讨论可参看文献[5, 8, 11-15]。

　　古代铅釉的施釉方法主要有两种，单独使用铅化合物或铅与石英的混合制釉[5, 7, 9, 14]。有时稍有变化，比如在釉中添加少量黏土或施釉于素烧胎体上。这两种施釉方法可通过比较釉和胎体的化学组成进行判断：从釉料成分中减去氧化铅和有意添加的着色剂（例如氧化铜）的百分比，并将得到的成分重新归一化。单独使用氧化铅施釉时，釉和胎成分应大体一致；相反，使用氧化铅加石英混合物施釉时，釉的二氧化硅含量应高于胎体，且氧化铝和其他氧化物含量应发生变化。

　　釉是覆盖陶瓷胎体的玻璃相层，所以具有与玻璃相类似的性质[16]。由于低熔点熔剂铅化合物的加入，这类釉陶同时也具有化学稳定性差、硬度低、胎釉结合不甚牢固等特点[4]。

　　关于铅釉或铅玻璃腐蚀研究有张福康等[8, 17]发现铅釉中的"银釉"为具有层状半透明沉积物，与绿铅釉相比其钙和磷含量增加，推测受到水和大气轻微腐蚀所致。朱铁权等[18-19] 分析了不同时期釉陶腐蚀产物，发现汉代釉陶表面腐蚀物主要为白铅矿，宋代绿釉陶表面腐蚀物主要为磷酸铅钙。湖北黄冈出土宋代绿釉陶表面银釉中富含 Pb、Ca、P 等元素，结合其出土前（弱酸性的土壤）埋藏环境，推测银釉为土壤中轻磷灰石及各种磷酸化合物与釉陶表面 Pb^{2+} 发生化学反应的产物。

Bertoncello[20] 等发现铅在铅硅玻璃中起到网络改性剂的作用，在酸浸出过程中会发生离子交换反应，形成水合二氧化硅浸出层，慢慢出现富铅表面。Garofano[21] 等分析西班牙阿卡扎堡出土釉陶表面有一薄彩虹层，其中 Pb、Ca 和 P 含量较高，有碳酸铅、磷酸盐存在，说明埋藏环境中有磷存在。Silvestri 等[22] 在分析海洋出水 / 埋藏出土玻璃腐蚀产物时发现，出土玻璃腐蚀产物只呈现彩虹片层结构，主要由水合二氧化硅凝胶组成。Yin 等[23] 在降解铅釉表面中检测到非晶态富 Si 结构和树枝状 $PbCO_3$ 晶体层，并通过复烧和酸浸出实验阐明了铅解离、相形成以及着色剂 Cu 和 Fe 对釉料腐蚀过程的影响。

由于陶瓷釉层与玻璃的相似性，可以用玻璃腐蚀理论来解释陶瓷腐蚀。Zachariasen[24] 在《玻璃中的原子排列》中提出了氧化玻璃的结构模型。Freestone[25] 在考古陶瓷与玻璃沉积变化一文中，指出埋藏玻璃腐蚀主要是水的作用，环境中氢离子与玻璃网络中修饰剂离子（如 Na+、K+、Pb^{2+} 等）发生离子交换和网络溶解（二氧化硅溶解）导致的。

铅釉陶瓷器在我国及世界陶瓷史上占有重要地位，如汉代釉陶、唐宋三彩、罗马铅釉陶等。铅釉器由于其物理化学特性，长期埋藏或暴露在大气中时，釉面常伴有不同程度的病害，往往会出现银白色或金黄色的覆盖层、虹彩、釉层脱落、蚀变坑等现象，严重者还出现釉、胎体裂缝等病害。本研究从出土铅釉陶胎釉化学组成和腐蚀角度出发，研究其在埋藏环境下，陶釉腐蚀产物组成和形态，揭示陶釉腐蚀现象和过程。该工作对古代铅釉陶瓷腐蚀机理研究和铅釉陶瓷文物保护有重要意义。

一、样品介绍

研究对象是福建晋江磁灶窑土尾庵窑址出土的 7 件绿釉陶、黄绿釉、青黄釉器物碎片

▲图一 TWA1-7 铅釉器的外表面（a）和内表面（b）照片

（TWA1-7），主要研究其在埋藏环境中的自然腐蚀现象和机理（图一）。

二、实验方法与条件

在采集样品上切出合适大小的碎块，嵌入树脂包埋、抛光，采用基恩士超景深三维显微系统 VHX-6000 观察样品表面与剖面形貌。

使用 HORIBA Xplo RAPLUS 拉曼光谱仪分析釉中的结晶相和釉表面腐蚀沉积的结晶相，光学镜头 50 倍，激发波长为 532nm，采集时间 15-30s，循环 3 次。经过光学显微镜观察和拉曼光谱分析后，样品喷碳处理，用 Tescan Vega3 XMU 扫描电子显微镜分析测试，并配合 Bruker XFlash 610M detector 能谱仪分析样品成分，加速电压 20 kV。

三、结果与讨论

胎体

SEM-EDX 分析结果（表 1）显示土尾庵窑址出土釉陶胎体属于非钙质黏土（CaO<1%），具有较高氧化铝 $Al_2O_3$19.5%—26.6%，高硅 $SiO_2$60.2%-74.6%，低氧化钾（K_2O<5%）的特点。其中，TWA2、6、7 胎体有分层。

表 1　样品胎体的 EDS 分析结果

（%）

样品	Na_2O	MgO	Al_2O_3	SiO_2	K_2O	CaO	TiO_2	Fe_2O_3	CuO	PbO
TWA1	—	0.4	26.6	65.0	3.9	0.4	—	3.5	—	0.2
TWA2	0.2	0.3	19.8	74.6	2.7	0.8	—	1.7	—	—
	—	0.4	24.8	70.9	3.4	0.5	—	—	—	—
TWA3	—	0.3	24.5	67.9	3.5	—	—	2.8	—	—
TWA4	—	0.3	21.8	71.8	2.5	0.5	—	3.1	—	—
TWA5	0.5	—	21.6	69.3	3.2	—	0.7	4.6	—	—
TWA6	—	0.3	19.5	73.9	3.3	0.3	0.5	1.8	0.3	—
	0.3	0.5	24.1	67.1	3.5	—	0.7	3.8	—	—
TWA7	0.3	0.3	30.1	60.2	2.9	—	0.3	2.7	—	3.3
	0.2	0.4	24.8	66.8	3.0	—	0.8	4.1	—	—

釉层和胎釉中间层

采用三维视频显微镜对样品剖面进行初步观察，除 TWA7 外，所有釉层均为绿色系，TWA7 为黄绿混合，在光学显微镜下均为透明玻璃相。大部分样品在釉与胎体交界处有连续的相对均匀的薄层（图二 a），厚度不等，釉层和薄层厚度分别在 50—200μm 和 10—

(a) TWA3号样品剖面的显微照片

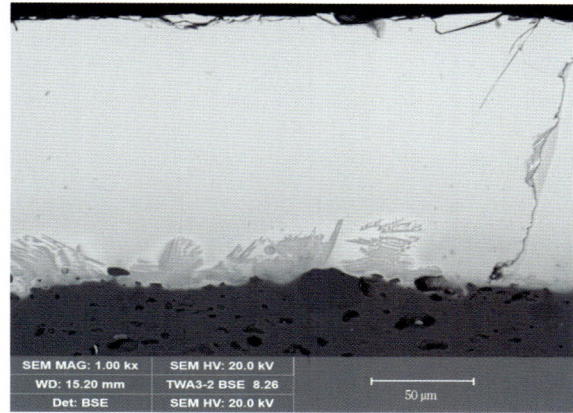

(b) TWA3样品剖面SEM照片（从上到下为釉层、K-Pb长石结构的晶体层、胎体）

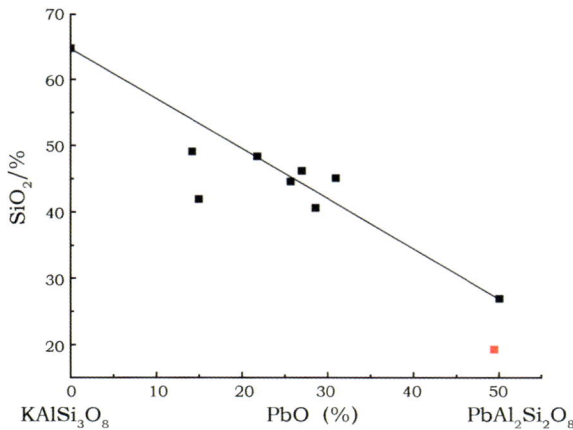

(c) 中间层K-Pb长石晶体的PbO与SiO$_2$重量百分比关系图

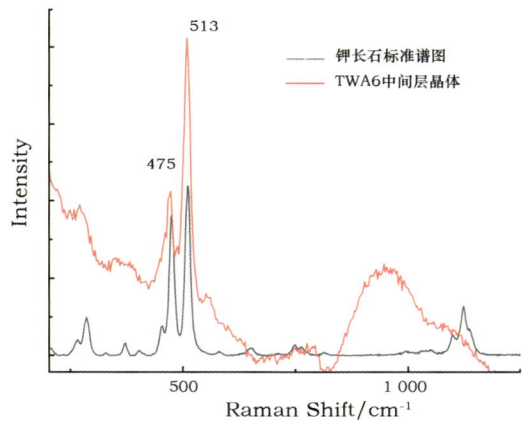

(d) TWA6中间层晶体的Raman谱图与RRUFF数据库的钾长石谱图（RRUFF ID: R040154.2）对比

▲图二　TWA3号样品的图片

30μm。扫描电镜背散射模式下显示薄层为晶体层（图二b），且相对釉层的平均原子序数低。

土尾庵窑址样品釉层氧化铅含量很高（40%—62.7%），SiO$_2$27.6%—43.9%，Al$_2$O$_3$3%—9.1%，碱含量（Na$_2$O$_2$+K$_2$O）<2.2%（表2），铅和碱金属离子的极化作用降低了Si-O键的断裂温度，从而降低了釉的熔融温度。釉层中铜和铁（CuO2.3%—4.7%，Fe$_2$O$_3$0%—3.7%），两者充当着色剂。釉层成分去除氧化铅和有意添加的着色剂[7]后再计算归一化发现釉的二氧化硅含量高于胎体，且氧化铝和其他氧化物含量发生变化，判定样品属于PbO-SiO$_2$混合制釉。

扫描电镜元素分析发现釉质和胎釉交界处白色晶体的组成不同（表2），主要化学成分为Al$_2$O$_3$（18%—31.6%）、SiO（40.6%—49.1%）、K$_2$O（4.8%—8.0%）、PbO（14.2%—31.0%）。绘制了晶体PbO与SiO$_2$的重量百分比图发现晶体处于钾长石（KAlSi$_3$O$_8$）和铅长石（PbAl$_2$Si$_2$O$_8$）直线上或周围，表明晶体组成在两个极端组成之间。红色标记点为釉层中树枝状晶体，比中间层晶体铅含量高（图二c）。为进一步明确胎釉中间层晶体物相，使用 Raman 光谱仪对镶嵌样品的剖面进行测试，发现中间层晶体在 $475cm^{-1}$ 和 $513cm^{-1}$ 处的峰与 RRUFF 数据库中钾长石的主要特征峰较为一致，表明其晶体结构可能与钾长石一致（图二d）。但是结合晶体化学组成，钾含量较低，铅含量较高，推测中间层晶体为钾长石类质同象物的析晶，属于 K-Pb 长石结构。

铅釉在烧制过程中先形成硅酸铅熔体，并与胎体相互扩散，釉层中 Pb、Si 和胎体的 Al、K 等在中间层富集慢慢形成晶体，这在高铅釉中较为常见[9, 15, 26, 27]。Mo1era 等[26, 28]曾在实验室重烧高铅釉（$SiO_2$25%，PbO75%）过程中发现黏土体与釉之间发生元素的相互扩散，Al、Fe、K、Ca、Mg 等元素从胎体扩散到釉层，Pb 从釉中扩散到胎体中。随着釉中这些元素浓度的增加，在胎釉结合处形成晶体。这些长石结构的晶体在长石的 M 位置处结合了 Pb，取代了部分 K，且每个单晶的 PbO 含量不同。由于这些晶体散射光，在光学显微镜下表现出白色外观。

表 2　样品釉层及晶体层的 EDS 分析结果

（%）

样品	位置	Na_2O	MgO	Al_2O_3	SiO_2	K_2O	CaO	TiO_2	Fe_2O_3	CuO	PbO
TWA1	釉层	—	—	7.4	37.1	2.0	1.4	—	—	2.7	49.4
	晶体	—	—	22.8	44.6	5.3	0.1	—	0.8	0.6	25.7
	晶体	0.2	—	19.9	46.2	5.4	—	—	0.6	0.5	27.0
TWA2	釉层	—	0.2	3.6	36.9	0.7	0.4	—	0.6	4.2	53.4
	晶体	—	—	18.8	48.9	8.1	—	—	1.3	0.8	22.0
TWA3	釉层	0.1	0.4	9.1	43.9	1.4	1.1	—	1.3	2.9	40.0
	晶体	—	0.1	18.0	45.1	5.2	—	—	0.7	—	31.0
TWA4	釉层	—	—	4.6	39.5	0.6	—	—	1.6	3.9	49.8
	晶体	0.3	—	27.2	49.5	7.2	—	—	1.4	—	14.3
TWA5	釉层	—	0.1	3.0	34.8	1.2	0.7	—	0.6	4.1	55.4
	晶体	0.2	0.2	25.5	40.6	4.8	—	—	—	—	28.6
TWA6	釉层	—	0.2	7.8	30.8	1.4	7.1	—	1.1	2.7	49.0
	釉层晶体	—	—	11.6	19.3	2.5	10.1	0.9	3.8	2.3	49.5
	交界晶体	0.4	—	31.6	41.9	7.3	1.9	—	1.8	—	15.0
TWA7	釉层	—	—	3.2	27.6	0.3	0.2	0.5	3.7	2.3	62.7

陶釉腐蚀分析

可以将腐蚀定义为由外部（例如环境条件或气候参数）或内部因素（特定的化学成分）引起的玻璃材料劣化导致其美学、功能、结构、形状或多或少的丧失[29]。因此，在进行考古陶瓷腐蚀研究时，不仅要考虑材料来源和生产工艺，也必须考虑埋藏环境及埋藏后的物理和化学变化。

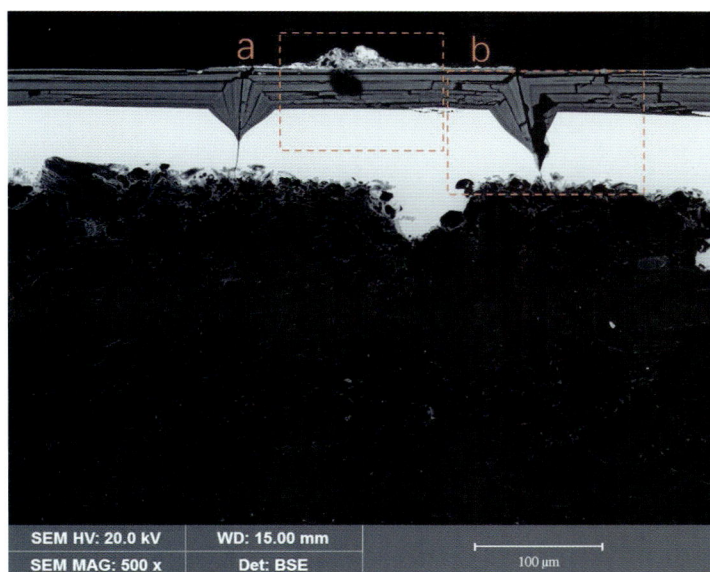

（a）釉层表面沉积物及平行结构虹彩层　　　　　　（b）V形裂纹

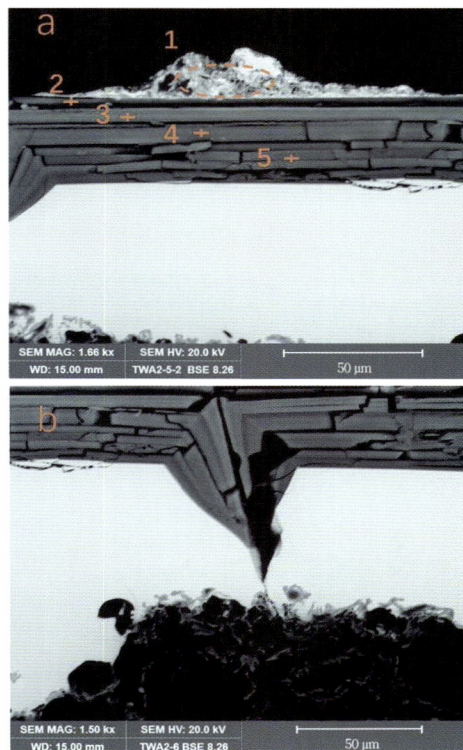

▲图三　扫描电镜图像（BSE）显示了 TWA2 号样品剖面形貌

剖面分析　磁灶窑铅釉样品釉质发生明显劣化，表面大部分覆盖一层虹彩和沉积物，有的出现不规则边缘、断裂的迹象。样品剖面扫描电子显微镜结果表明，釉层表面虹彩层呈连续多层状，每层厚约几微米，并且几乎彼此平行（图三）。这种连续层状结构导致光程差干涉，是釉面呈现"虹彩"现象的原因。

釉层剖面可以观察到裂纹呈 V 字形，V 形裂纹是铅釉裂纹腐蚀的典型结构。V 形裂纹中充满层状腐蚀物，其结构与平行釉面层状结构存在对应关系（图三 b）。裂纹中最先形成的腐蚀层在裂纹中处于正中位置，而在釉面上则处于整个腐蚀层的最上层，腐蚀层最下层紧贴釉面延伸，一直延伸到 V 形裂纹内壁。V 形结构是裂纹经过长期腐蚀后形成的，贴近釉质和 V 形内壁的一层最后形成[30]。

在几个样品沉积物中检测到 P 和 Cl 元素存在，而铅釉本身不包含 P、Cl 元素（表 3），推测其来源于埋藏环境的土壤，类似的现象也曾出现[22]。沉积物（图三 a-1）的主要成分为 PbO、SiO_2 与 CaO 等，氧化铅含量明显高于虹彩层（图三 a2-5 处）和釉层。

根据样品 TWA2 剖面的 EDS 分析结果（表 3），与未腐蚀的釉层相比，平行结构的虹彩层中 SiO_2 富集，从未腐蚀釉到虹彩层（腐蚀层）PbO 含量急剧降低，虹彩层（腐蚀层）由内层至最外层 PbO 含量逐渐升高，并于表面聚集形成沉积物。此外，Fe、Cu 元素含量变化也比较明显，剖面 Fe_2O_3 和 CuO 含量由内到外逐渐升高。

推测釉面受埋藏环境中的水侵蚀，玻璃相中的部分择优组分（主要为碱金属、碱土金属、铅氧化物等）转入环境介质中，即 H+ 与釉中的 K^+、Pb^{2+}、Cu^{2+}、Rn^+ 等溶出离子之间发生离子交换。$Si(OH)_4$ 是一种极性分子，吸附周围的水分子，形成缺碱的硅凝胶 $Si(OH)_4 \cdot n(H_2O)$，也称富硅层，可以起一定的保护作用。

表 3 样品剖面沉积物及虹彩层的 EDS 分析结果

(%)

样品	位置	MgO	Al_2O_3	SiO_2	P_2O_5	Cl	K_2O	CaO	Fe_2O_3	CuO	PbO
TWA7	沉积物 1	—	5.6	9.0	0.4	0.7	3.6	5.8	2.1	6.3	66.5
	虹彩层 2	0.4	10.7	61.1	—	—	1.4	3.1	3.2	2.4	17.7
	虹彩层 3	0.5	10.4	65.9	—	—	1.5	2.4	2.5	2.1	14.8
	虹彩层 4	0.6	11.4	67.0	—	—	1.6	2.4	2.0	1.5	13.6
	虹彩层 5	0.6	11.2	69.2	—	—	1.8	2.7	1.8	1.2	11.6
	釉层	0.2	3.6	36.9	—	—	0.7	0.4	0.6	4.2	53.4

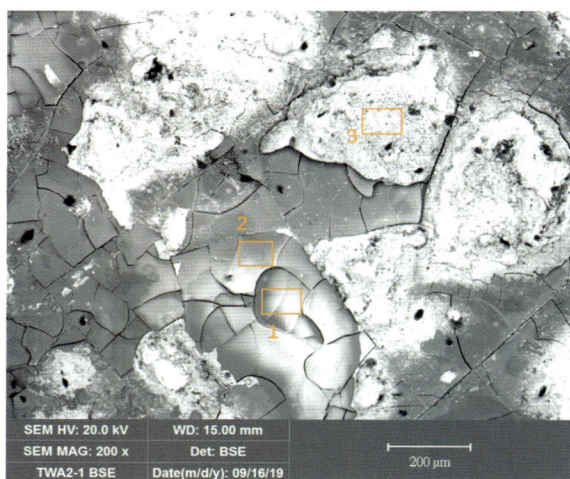

（a）TWA2釉面片状沉积物　　　　　（b）TWA2沉积物中的针状晶体

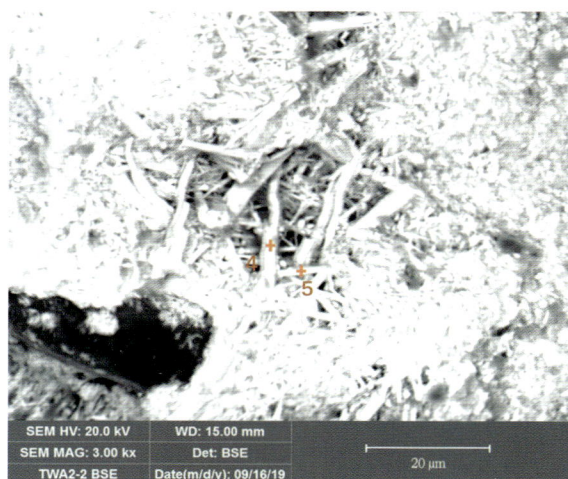

（c）TWA5釉面沉积物　　　　　　　（d）TWA5沉积物中的晶簇

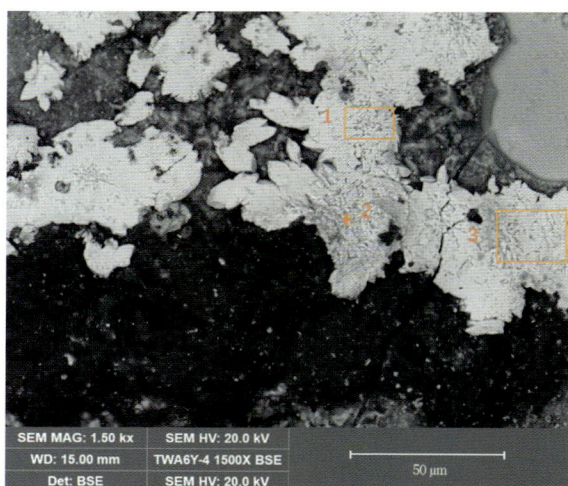

▲图四　样品 TWA2 和 TWA5 扫描电镜 BSE 图像

$$\equiv Si-O-R+H^+OH^- \rightleftharpoons \equiv Si-OH+ROH \quad 交换$$

$$\equiv Si-OH+3H_2O \rightleftharpoons Si（OH）_4+3H^+ \quad 水化$$

$$Si（OH）_4+ROH \rightleftharpoons [Si（OH）_3O]R+H_2O \quad 中和$$

$$\equiv Si-O-Si \equiv +H_2O \rightleftharpoons 2（\equiv Si-OH） \quad 硅氧骨架$$

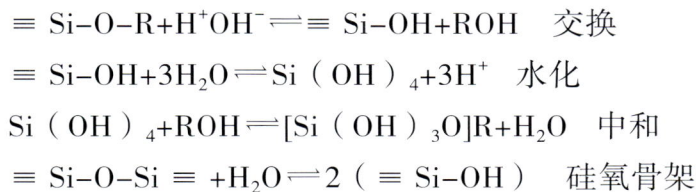

埋藏过程中釉层着色元素 Fe、Cu 也由内到外溶出，逐渐在表面聚集。样品沉积物组成较复杂，推测是 Pb^{2+}、Al^{3+}、Ca^{2+} 等浸出离子在釉表面聚集并与埋藏环境反应沉积在表面，沉积物与釉面的接触不紧密，故水分仍能进入空隙继续溶蚀，不断沉积。

表面分析 显微镜观察发现未被腐蚀的釉层较致密，反光强烈，釉面光亮平整。而腐蚀劣化后的釉面覆盖彩虹层以及不同形貌和颜色的沉积物，有白色、土褐色、棕红色等。

利用扫描电镜背散射模式观察，发现釉面呈现出高低不平的片状结构，上层大多覆盖沉积物，包含许多微粒物质，下层较为光滑。EDS 分析发现，表面白色沉积物与下层片状结果（表4）元素组成明显不同，沉积物检测出 P、Cl，且 Pb 含量高，Si 含量低。TWA2 釉面沉积物中的针状晶体主要成分为 PbO（75.6%—77.1%）、P_2O_5（10.8%—15.9%），还有少量 SiO_2、Al_2O_3，$n（Pb）:n（P）\approx 3:2$，推测是磷酸铅 $[Pb_3（PO_4）_2]$ 晶体，其中杂质使得组成稍有不同。TWA5 号样品釉面沉积物中晶簇，主要组成为 PbO 和 CaO，其中 PbO 高达 90%，还有少量 Al_2O_3、P_2O_5，推测为碳酸铅与碳酸钙沉积，接下来采用拉曼光谱仪进行测试。

采用拉曼光谱对样品表面沉积物测试，图 5a 为 TWA2 釉面晶体的测试结果。$438cm^{-1}$、$966cm^{-1}$ 为磷酸盐的特征峰，综合电镜的组成分析，表明釉面晶体为磷酸铅。图 5b 中 TWA5 釉面白色晶体在 465、683 和 $1054cm^{-1}$ 处峰符合碳酸铅（白铅矿）的特征峰，在 154、279 和 $1087cm^{-1}$ 处峰与碳酸钙（方解石）的特征峰一致。结合上文中化学组成，表明釉面白色晶体物质主要为碳酸铅、碳酸钙。釉面红褐色沉积物中 221、291、$405cm^{-1}$ 处峰符合赤铁矿的特征峰，所以红褐色沉积物为含有铁杂质所致。

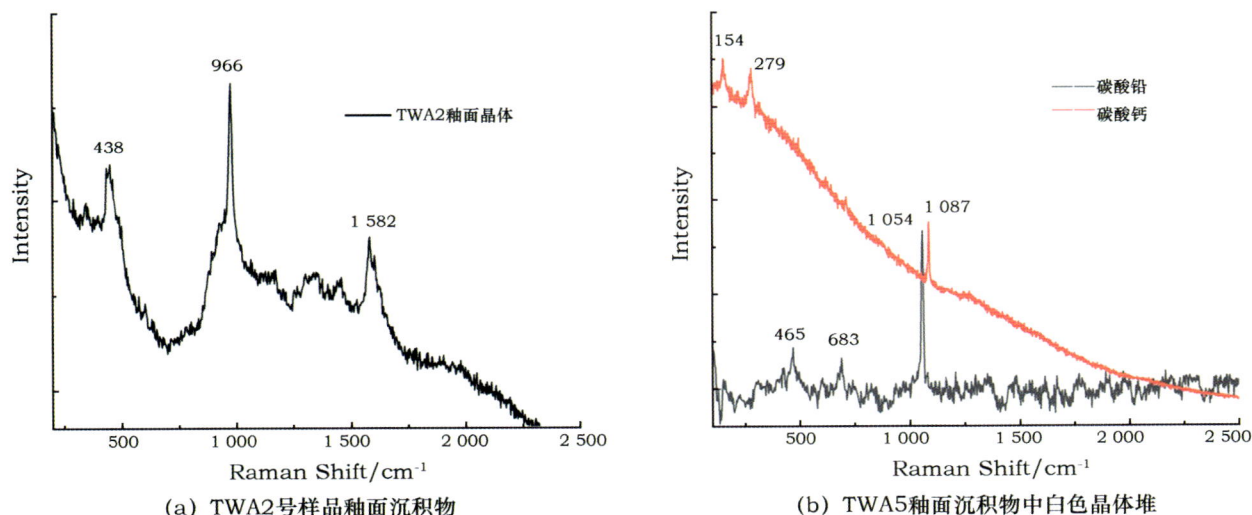

(a) TWA2号样品釉面沉积物 　　　　 (b) TWA5釉面沉积物中白色晶体堆

▲图五　样品釉面沉积物 Raman 光谱测试结果

表四　样品釉面沉积物的 EDS 分析结果

（％）

样品	位置	Na₂O	MgO	Al₂O₃	SiO₂	P₂O₅	Cl	K₂O	CaO	Fe₂O₃	CuO	PbO
TWA2	1	1.7	1.5	13.6	69.4	0.6	—	1.6	1.5	1.8	2.0	6.3
	2	0.8	—	12.3	62.9	—	—	1.3	2.0	2.8	3.7	14.2
	3	—	0.1	1.6	2.1	14.9	—	—	2.5	0.3	0.9	77.7
	4	0.2	0.2	4.1	5.0	10.8	1.5	0.1	1.7	0.4	0.4	75.6
	5	—	—	1.3	0.8	15.9	3.1		1.5	0.2	0.1	77.1
TWA5	1	0.2	—	1.6	—	0.3	—	—	5.1	—	1.8	91.0
	2	—	—	0.4	—	—	—	—	5.0	—	1.7	92.9
	3	0.4	—	0.8	1.4	0.3	—	1.5	5.3	—	1.6	88.8

结　论

通过对磁灶窑土尾庵窑址出土的 7 件铅釉陶进行样品组成和腐蚀分析研究，得到如下结论：

陶釉属于 $PbO-SiO_2$ 混合制釉，铅与碱金属化合物为助熔剂，Cu 和 Fe 元素为着色剂使得釉层呈绿色系。胎体中的 CaO 含量 <1％，属于非钙质胎体。

在烧制过程中，混合高铅釉先熔融成硅酸铅熔体，与胎体相互消融扩散，在胎釉中间层形成 K–Pb 长石析晶层。

陶釉表面常常覆盖虹彩层和腐蚀物沉积。虹彩层是一种多层结构的富硅层，每层厚几微米且几乎平行，是典型的浸出现象。虹彩层表面呈现高低不平片状结果，其上常覆盖沉积物，推测是环境介质中水侵蚀导致的 H^+ 与釉中的 Pb^{2+}、Cu^{2+} 等之间发生离子交换，Pb^{2+}、Cu^{2+}、Fe^{3+} 等溶出离子发生迁移，并在釉表面聚集并与埋藏环境反应形成沉积物。沉积物主要由磷酸铅、碳酸铅和碳酸钙组成。

该研究阐明了铅釉在长期埋藏环境中发生腐蚀现象、腐蚀产物和腐蚀形成过程，为古代铅釉陶文物保护提供了有益信息。

致谢：研究样品由福建博物院羊泽林研究员和山东大学文化遗产研究院姜波教授提供，在此表示感谢！

（原载《文物保护与考古科学》2021 年第 4 期）

参考文献

[1] 张卫军：《泉南奇苑——晋江磁灶窑及产品》，《收藏》2012 年第 10 期，第 74 −81 页。

[2] 国家文物局：《全国重点文物保护单位（Ⅳ卷 −Ⅵ卷）》，文物出版社，2008。

[3] 福建博物院、晋江博物馆：《磁灶窑址：福建晋江磁灶窑址考古调查报告》，　科学

出版社，2011 年，第 66、110、392—393 页。

[4] 李家治：《中国科学技术史（陶瓷卷）》，科学出版社，1998 年，第 465—473 页。

[5]Walton M S.A materials chemistry investigation of archaeological lead glazes[D]. Oxford:University of Oxford，2004.

[6] 王卫文：《论中国铅釉工艺的传承和发展轨迹》，南京艺术学院，2005 年。

[7]Tite M S，Freestone I，Mason R，etal.Lead glazes in antiquity：methods of production and reasons for use[J] . Archaeometry，1998，40（2）：241—260.

[8] 张福康、张志刚：《中国历代低温色釉的研究》，《硅酸盐学报》1980 年第 1 期，第 9—19 页。

[9]Walton M S，Tite M S.Production technology of roman lead–glazed pottery and its continuance intolate antiquity[J].Archaeometry，2010，52（5）:733—759.

[10] 马未都：《春来江水绿如蓝——绿釉》，《紫禁城》2009 年第 7 期，78—91 页。

[11] 熊樱菲：《中国古代不同时期陶瓷绿釉化学组成的研究》，《中国陶瓷》2014 年第 8 期，第 87—92 页。

[12]Wang P W，Zhang L. Structural role of lead in lead silicate glasses derived from XPS spectra[J]. Journal of Non–Crystalline Solids，1996，194（1）:129–134.

[13]Ozcatal M，Yaygingol M，ISSI A，etal. Characterization of lead glazed potteries from Smyrna（Izmir/Turkey） using multiple analytical techniques；Part I:glaze and engobe[J].Ceramics International，2014，40（1，PartB）:2143–2151.

[14]Giannossa L C，Fico D，Penneta A，etal. Integrated investigations for the characterisation of Roman lead–glazed pottery from Pompeii and Herculaneum （Italy） [J].Chemical Papers，2015，69（8）:1033–1043.

[15]De Benedetto G E，Acquafredda P，Masieri M，etal. Investigation on Roman lead glaze from Canosa: results of chemical analyses[J]. Archaeometry，2004，46（4）：615–624.

[16] 耿谦：《从釉的玻璃属性探析其性质》，《江苏陶瓷》2002 年第 3 期，第 10—12 页。

[17] 张福康、张浦生：《自然环境对古代低温铅釉的蚀变作用》，《2005 年古陶瓷科学技术国际讨论会论文集》，上海科学技术出版社，2005 年第 9 期，第 133—137 页。

[18] 朱铁权、王昌燧、毛振伟，等：《我国古代不同时期铅釉陶表面腐蚀物的分析研究》，《光谱学与光谱分析》2010 年第 30 期，第 266—269 页。

[19] 朱铁权、王昌燧、王洪敏，等：《宋代绿釉陶表面"银釉"的分析及其形成机理》，《应用化学》2007 年第 9 期，第 977—981 页。

[20]Bertoncello R，Milanese L，Bouquillon A，etal. Leaching of lead silicate glasses in acid environment: compositional and structural changes[J]. Applied Physics A，2004，79（2）:193–198.

[21]Garofano I，Robador M D，Perez－Rodriguez J L，etal.Ceramics from the Alcazar Palacein Seville（Spain） dated between the 11th and 15th centuries：compositions, technological features and degradation processes[J]. Journal of the European Ceramic Society，2015，35（15）：4307 －4319.

[22]Silvestri A，Molin G，Salviulo G.Archaeological glass alteration products in marine and land－based environments: morphological，chemical and microtextural characterization [J]. Journal of Non －Crystal line Solids，2005，351（16）:1338 －1349.

[23]Yin X，Huang T J，Gong H.Chemical evolution of lead in ancient artifacts: a case study of early Chineselead－silicate glaze[J]. Journal of the European Ceramic Society，2020，40（5）：2222 －2228.

[24]Zachariasen W H.The atomic arrangement in glass[J]. Journal of the American Chemical Society，1932，54（10）:3841 －3851.

[25]Freestone I. Post－depositional changes in archaeological ceramic and glass[M]//Handbook of Archaeological Sciences. 2001:615 －625.

[26]Molera J，Pradell T，Salvado N，etal.Interactions between clay bodies and lead glazes[J]. Journal of the American Ceramic Society，2001，84（5）:1120 －1128.

[27] 李媛、苗建民、赵兰：《北京清代建筑琉璃胎釉中间层的 SEM 和 Raman 研究》,《陶瓷》2013 年第 7 期，第 24 －27 页。

[28]Molera J，Pradell T，Martinez－Manent S，etal.The growth of sanidine crystals in the lead of glazes of Hispano－Moresque pottery[J]. Applied Clay Science，1993，7（6）：483—491.

[29]Melcher M，Wiesinger R，Schreiner M.Degradation of glass artifacts: application of modern surface analytical techniques[J]. Accounts of Chemical Research，2010，43（6）：916 —926.

[30] 张福康：《中国古陶瓷的科学》，上海人民美术出版社，2000 年，第 130 －131 页。

宋元时期磁灶窑海外贸易

◎陈　思

　　《晋江县志》记载："瓷器出瓷灶乡，取地土开窑，烧大小钵子、缸、瓮之属，甚饶足，并过洋。"磁灶窑址作为泉州城郊规模最大的古窑址群，地处紫帽山南麓的丘陵地带，地势由西北向东南倾斜，瓷土资源丰富。境内主要溪流梅溪，流自西北，东折而去，汇于晋江入海，是古代磁灶的主要水上通道。磁灶境内古窑址多沿溪分布，数量众多，尤以下官路至岭畔的上尾庵、童子山、金交椅山一带最为密集。考古调查发现的 26 处南朝至清代（6世纪至 20 世纪）窑址中，宋元时期（10 世纪至 14 世纪）窑址有 12 处，均分布于晋江支流九十九溪两岸的小山坡上。磁灶窑址于 2006 年被国务院公布为第六批全国重点文物保护单位，包含土尾庵窑址、蜘蛛山窑址、童子山窑址和金交椅山窑址等 4 处宋元时期的代表性窑址。

　　目前已考证的磁灶窑的创烧年代大约为南朝晚期，经过隋唐五代、北宋等历代的发展，在南宋至元代达到了其历史的鼎盛时期。同所有其他古代手工业产业一样，磁灶窑业的产生、发展与当时的社会历史背景密切相关。两晋时期，中原战乱频繁，大批士族、百姓南迁，带来各类人才和先进的技术、文化，极大地促进了晋江流域的经济开发与社会发展。磁灶窑业也在此后诞生，成为福建地区最早烧造陶瓷器的重要窑场之一。由于福建地处东南海隅，当地历代统治者多采取"保境安民"的政策，使得这一带长期保持相对稳定、安宁的社会政治环境，其社会经济、文化、贸易均能平稳、快速地发展。隋唐五代时期，泉州已成为我国对外贸易的重要港口和造船中心之一。这些都对处于泉州经济圈中心区域内的磁灶窑业的生产起了巨大的推进作用。宋元时期的福建社会经济持续、快速发展，泉州港的海外贸易迅速繁荣，形成"涨海声中外国商"的兴旺景象，而陶瓷器正是当时泉州港海外贸易的主要商品之一。

　　通过对磁灶窑的实地调查和有关考古资料证实，历年来日本、菲律宾、印度尼西亚、马来西亚、新加坡、泰国、斯里兰卡、肯尼亚等东亚、东南亚、南亚和东非国家中多有磁灶窑产品出土，在这些国家的一些博物馆、美术馆常收藏有磁灶窑作品，并发现于"南海I号""华光礁I号"和韩国新安沉船、印尼爪哇沉船、菲律宾吕宋沉船、哲帕拉沉船等沉船中。

金交椅山窑址是目前磁灶窑址中经过科学考古发掘揭露面积最大、保存最为完好、出土遗物最多的一处宋代窑址，共发掘4条龙窑和1处作坊遗址。出土遗物以陶瓷器和窑具标本为主，此外还有少量制瓷工具。出土的陶瓷器主要有青釉、酱釉、素胎3种，器类不多，皆为生活用器。胎质大多夹有细砂，胎色多呈浅灰色或灰白色。其中，青釉器占了半数以上，釉色以青灰、青绿、青黄为主，大多数釉面莹润，玻璃质感强，开细碎冰裂纹。装饰技法有刻花、印花、剔刻、模印、堆贴、雕塑、绘花等，花纹多样。器型以执壶为主，出土的窑具多数有刻划符号或文字，如1—4道的竖条，以及"吴""李""王二"等。

作坊遗址位于金交椅山北坡西侧的坡地上，面积约250平方米。地势东高西低，分6个梯状台地，发掘总面积约200平方米，发现贮泥池、沉淀池、柱洞、磉墩、灰坑、陶缸等多处，推断该作坊是拉坯、上釉的工作场所，使用年代约为五代至南宋。出土遗物以陶瓷器及窑具标本为主，皆为生活用器，装饰技法主要是刻划和模印。此外，还有少量的制瓷工具。

作坊和密集分布的4条龙窑及其所在的山体、水系构成了陶瓷生产的完整体系。通过梅溪、九十九溪和晋江水系，金交椅山窑址的产品可便捷地运往泉州湾的主要港口并外销，也可在城郊港口上岸供给城市所需。这一空间联系呈现出陶瓷从制作到运输、外销的完整过程。宋元时期的磁灶窑在海洋贸易的促进下迅速发展，通过向北方名窑学习和自我创新以提高生产技术并扩大产能。窑址出土的大量器物显示其在制坯环节采用了模印的方法以提高制坯效率。在器物装饰方面，通过化妆土和多种深色系釉色的使用弥补了本地瓷土品质欠佳的缺陷。在装烧方面，大量使用支垫等间隔器进行叠烧，以扩大单位窑炉空间内的烧制量。在生产组织方面，从窑具上题写的多个姓氏的人名可以推断，磁灶窑可能采用了

▲图一　金交椅窑址

▲图二　作坊遗址

由多个家庭作坊在一处窑场中搭烧的联合经营方式，或是通过署名的方式以明确制作者的生产责任，并可能存在职业经理人为财力雄厚的投资人经营窑场。这些技术、管理方面的创新与提高显示出本地陶瓷产业敏锐的市场嗅觉和市场反应。

磁灶窑址中最具典型风格和地方特色的生活日常器皿当数执壶、军持、龙瓮、急须、酱釉扁罐、绿釉花口碟、黄釉铁绘花纹盆等，远销日本及东南亚各国。常言道，"民以食为天"，用于饮食方面的器具便是饮食文化的一个重要组成部分。由于社会发展的不平衡，相对中国普遍使用陶瓷器这种理想的生活器皿来说，有些国家和地区较为落后，依靠的是大自然的天然馈赠；有些国家和地区发展较快，却只有上层人物用得起金、银、铜、锡等制作的器皿，在更为广泛的地区，人们依旧沿用着落后的器皿。据《诸番志》的记载："登流眉国（今马来半岛），饮食以葵叶为碗，不施匙筷，拘而食之。""苏吉丹（今印尼爪哇）饮食不用器皿，缄树叶以从事，食已则弃之。""渤泥国（今文莱）无器皿，以竹编、贝多叶为器，食毕则弃之"……诸如此类的记载不胜枚举。饮食器皿的简陋或者昂贵，随着海外贸易带回来的大量磁灶窑陶瓷器，让东南亚各国的民众看到了曙光，于是磁灶窑物美价廉的日常生活陶瓷器便成了他们的迫切需要，磁灶窑开始了满足各国、各民族不同的生活需要之旅，同时给海外国家和地区人民的饮食器皿带来了一场影响深远的变革。

磁灶窑的产品输入以后，对改进海外当地民众的生活方式，起着极其重要的作用。《诸番志》记载，波斯国王"食饼肉饭，盛以瓷器，掬而啖之"。《明史·外国四》记载："文郎马神（今印尼加里曼丹的马辰），初用蕉叶为食器，后与华人市，渐用瓷器。"这些地区都发现有宋元时期磁灶窑生产的碗、盘、盆、碟、瓶、罐等。《菲律宾发现的中国陶器》一书中说道："从中国运入菲岛的陶器对菲人早年的社会及农村生活有着密切的关系，菲人拥有陶器成为估量个人财富及声望的主要准绳。"从这里也可以看出磁灶窑陶瓷对海外的深刻影响。再比如说磁灶窑外销品种中的急须，它是外销至日本的一种茶器，闽南人称之为"急烧"或者"急烧仔"。在向外传播的过程中，"急烧"变成了"急须"，日本称之为kyusu，两者在发音上具有一定的相似性。日本学者森村健一、田中克子等在参观泉州古代外销陶瓷博物馆时认为日本出土的急须就有磁灶窑同类器物的造型。当年日本遣唐使从中国将饮茶之风带回日本，并发扬光大为茶道，日本不但保留了"急须"的原始名称，而且还一直将它作为一种通用的茶器使用并沿用至今。在日本京都、博多等地区出土的磁灶窑急须，为我们探讨中日物质文化交流史提供了珍贵的信息，也是磁灶窑诸多特色产品中影响海外人们生活习俗的重要一员。再如磁灶窑的绿釉花口碟，这种生活器皿在造型和纹样上深受粟特金银器的影响。粟特金银器常在器壁上捶揲出凹凸起伏的花瓣状纹样，使得器表能看出起伏变化，立体感十足。在"海上丝绸之路"航线上的"南海Ⅰ号"宋代沉船中就有磁灶窑绿釉印花卉纹折沿菱口碟出水，该器明显模仿了金银器加工时特有的工艺。根据考古专家考证，"南海Ⅰ号"沉船就是从泉州港始发航行在"海上丝绸之路"的远洋商船，赴东南亚、南亚或中东地区进行海外贸易。

▲图三　磁灶窑绿釉军持

因为绿釉印花卉菱口碟是"定烧"的外销产品，所以完整器只能在沉船出水的器物中和定烧地菲律宾等国家的博物馆、美术馆中才能见到。故宫博物院古陶瓷鉴定专家冯先铭先生在《元以前我国瓷器销行亚洲的考察》一文中提到在菲律宾马尼拉圣安娜发现"福建泉州窑产品有低温绿铅釉印花盘、军持等器"，此处提到的泉州窑低温绿铅釉印花盘就是磁灶窑的绿釉花口印花碟（盘）。在马来西亚的沙捞越国家博物馆里也藏有磁灶窑的绿釉盘。《香港九龙圣山遗址考古发掘简报》中明确指出在香港九龙圣山遗址也发现了大量的花口碟，以磁灶窑的绿釉花口碟为主，跟"南海Ⅰ号"沉船出水的菱口碟属于同类器型。由此我们可见，用相对廉价的陶瓷代替昂贵的金银器，使得普通民众都能够用得起进而从磁灶窑大量进口，对当地的生活水平和习俗都产生了深远的影响。

"甚饶足，并过洋"的磁灶窑业以这些地区大众的审美为航标，改变本来供给周边城市日常生活需求的方向，划出一条独特的航线。磁灶窑也因此实现了由普通的"内销民窑"一跃成为宋元时期中国东南沿海重要的以"外销为主，内销为辅"的外销陶瓷生产基地，蜚声海内外。

磁灶窑址（金交椅山窑址）是世界海洋贸易中心出口商品生产的代表性遗产要素，是宋元时期泉州城郊外销瓷窑址的杰出代表，反映了泉州以外贸手工业为显著特点的产业结构。其产品是宋元时期泉州海洋贸易的主要商品，反映了国家口岸的外贸驱动型产业结构。由于靠近泉州港口，磁灶窑的生产者以外贸需求为导向，通过两方面的经营策略将上述劣势转化为优势。其一，大量生产中低端产品以满足海外市场对日用普通器物的需求，并借由其靠近港口的便捷运输条件节约运输成本，通过高产能、低成本的方式获取盈利。其二，通过港口带来的海外市场信息，针对海外市场的需求进行特殊产品的定制。

以金交椅山窑址为代表的磁灶窑的生产体系完备，通过生产创新提高了生产技术和产量，展现了综合型国家口岸强大的基础产业能力和贸易输出能力。以磁灶窑为代表的泉州陶瓷的生产体系、生产规模奠定了泉州作为综合型国家口岸的强大基础产业能力和贸易输出能力。

（原载《海内与海外》2021 年第 11 期）

磁灶窑址（金交椅山窑址）监测体系建设的必要性研究

◎刘紫玉

一、磁灶窑址（金交椅山窑址）基本情况

磁灶窑是宋元时期东南沿海地区著名的民窑，位于晋江市磁灶镇，窑址大多沿九十九溪支流梅溪两侧分布。"1956 年，故宫博物院陈万里、冯先铭等古陶瓷专家对磁灶窑址进行考古调查。此后各级文物部门又进行多次复查，目前共发现窑址 26 处。"[1]2006 年，磁灶窑址（包含土尾庵窑址、蜘蛛山窑址、童子山窑址、金交椅山窑址）被国务院公布为第六批全国重点文物保护单位。2021 年 7 月，磁灶窑址（金交椅山窑址）作为"泉州：宋元中国的世界海洋商贸中心"22 个遗产点之一，被列入世界文化遗产名录。

磁灶窑址（金交椅山窑址）文化遗产包含 4 条龙窑（Y1—Y4）和 1 处作坊遗址。2002 年与 2003 年进行考古挖掘，挖掘揭露的面积达 1500 平方米。磁灶窑址（金交椅山窑址）具有较高的历史研究价值。根据世界文化遗产公约，磁灶窑址是泉州宋元时期外销陶瓷的主要生产基地，反映宋元泉州强大的基础产业能力和贸易输出能力，具有较高的历史研究价值。

磁灶窑址（金交椅山窑址）于 20 世纪 60 年代考古调查时发现，《福建省晋江市磁灶窑址考古调查发掘报告》指出："金交椅山的山体表层是红黄色风化砂囊，多处有风化花岗岩出露……至 2002 年考古挖掘前，金交椅山东、北坡已被挖山取土所破坏，西南麓建有民房，西北麓辟为附近建材瓷厂的陶土洗练池。山坡上的窑址堆积也有多处被现代建筑基址和古今墓葬所打破。"[2]在 2002 年至 2003 年进行的 3 次考古挖掘中，挖掘出的 4 条龙窑和 1 处作坊遗址及出土的大量遗物标本证实了其真实性。

二、金交椅山窑址的保护现状

（一）存在一定程度的破坏

考古发现，金交椅山窑址的 4 条龙窑大部分保存有窑壁、窑门、窑底烧结层、护窑墙、上窑路等，能够体现一定的窑炉构造及烧制工艺信息，现建有保护房覆罩，保存较好。但也存在一定程度的破坏，主要表现如下：Y1 窑头、窑尾均遭破坏，仅存中段，窑基表面风化、雨水冲刷痕迹明显；Y2 窑炉平面格局基本完整，窑尾及窑址右侧有明显雨水冲沟，窑基整体表面风化松动明显，每年 4 月至 7 月窑址表面蚁虿侵蚀明显；Y3 窑头、窑尾均遭破坏，仅存中段，前段地表水渗出冲沟明显，后段雨水侵蚀较为严重；Y4 窑头遭破坏，仅存中段及窑尾北侧，窑址后段表面风化地层断裂、蚁虿侵蚀明显。作坊遗址分为 6 个阶状台地，保存有贮泥池 1 处、沉淀池 1 处、柱洞 3 个、磉墩 4 个、灰坑 6 处、陶缸 10 口、路面 1 段，拉坯上窑等工艺信息保存较全面，现建有保护房覆罩，但表面风化、地表水渗出冲沟、表面雨水冲刷、蚁虿侵蚀、表面苔藓和菌斑明显。

（二）主要原因

目前，金交椅山窑址遗产存在表面生物病害、表面风化、表面污染、机械损伤等现象。出现这些现象主要有以下几个方面的原因。一是受气象条件的影响。金交椅山窑址地处亚热带季风气候区，风雨天气较多，降雨量较大，不仅冲刷窑址表面，而且由于积水多、所处环境湿度高，遗址周围容易滋生大量细菌、病害，无形中危及遗址安全。二是受地质因素的影响。窑址所在山体目前没有建设系统的排水设施，加之所处位置土质疏松，基础不牢固，一旦遇到暴雨侵袭，土表极易受损甚至崩塌，对遗址保护将产生致命影响。三是受周边环境影响。周边居民和陶瓷厂房比较密集，且距离较近，当地居民及周边生产主体因厂房建设、生产、运输活动对窑址周边环境产生不同程度的影响，不仅破坏了窑址周边景观风貌，也在一定程度上削弱了山体表层强度。为了改善窑址保存环境及为本体保护提供科学依据，有必要从窑址所处的自然环境、地质环境及本体多方面展开监测。

三、磁灶窑址（金交椅山窑址）监测体系建设的必要性

金交椅山窑址无专门的管理机构，由晋江市文物保护中心代为管理，职责主要包括对窑址的人工监测、常态保护和日常维护管理。目前，对窑址的监测预警以日常人工巡查为主，重点巡查人为破坏情况，还包括对窑址遗产本体表面生物危害、风化、污染、机械损伤及周边缓冲区内两违建筑的排查，保证遗产及周边环境的安全。

习近平总书记强调，历史文化遗产是不可再生、不可替代的宝贵资源，要始终把保护放在第一位。基于此，有必要建设满足磁灶窑址（金交椅山窑址）保护需求的监测体系，从而有效预防对历史文化遗产造成更大破坏，充分实现世界遗产的历史保护价值。

（一）监测体系建设是更好地履行申遗承诺的现实需要

磁灶窑址（金交椅山窑址）是"泉州：宋元中国的世界海洋商贸中心"世界文化遗产的重要组成部分，因此对遗产保护提出了更高要求。《保护世界文化和自然遗产公约》及其《操作指南》在遗产申报和相关保护事项中明确将监测工作纳入其中，要求缔约国必须建立监测体系，从而对能够反映保护状况的指标因素、保护措施等进行跟踪、衡量、评估。这对管理保护机构及时掌握第一手数据、修订完善相关保护措施、更好地推进保护工作具有重要意义。

（二）监测体系建设是维护磁灶窑址（金交椅山窑址）真实性和完整性的必要手段

金交椅山窑址是中世纪泉州以海外贸易为中心的独特经济形态的一个例证，金交椅山窑址出土的瓷器胎厚、质粗、硬度大，纹饰渐趋简单，有利于降低生产成本，适宜长途运输，是适合海洋贸易的典型瓷器代表。东南亚曾出土过磁灶窑产品，能够从侧面反映磁灶窑产品远销海内外，深受东南亚一些国家的喜爱，是中外文明互鉴交流的历史见证。

目前，金交椅山窑址在多方努力协调下，保存较为完好，具有真实性和完整性，但因受自然因素和人为因素的影响，窑址的保存仍然存在各种各样的问题，如自然风化、飘雨、地表水渗出冲刷、窑基表面霉变、地层部分有裂缝、白蚂蚁腐蚀等。急需建立一套能够帮助管理者实时掌握各种遗址数据、进行快速研判分析、采取精准有效措施的监测和预警保护机制，从而更好地推动遗址保护工作。

（三）监测体系建设是堵塞金交椅山窑址保护管理漏洞的必然要求

随着金交椅山窑址保护管理工作的不断深入，加之"泉州：宋元中国的世界海洋商贸中心"申遗成功，磁灶窑址（金交椅山窑址）作为遗产的重要组成部分，对管理水平和保护工作水平提出了更高的要求。目前，金交椅山窑址无专门的管理机构，在诸多方面存在保护不足，除了队伍素质能力不匹配、管理方式方法相对滞后、专业保护能力较为薄弱之外，最重要的是难以及时发现、分析缓冲保护区和控制地带内的有形和无形的破坏现象，对深层次的隐形变化数据缺乏采集方式和载体，这对世界遗产保护来说无疑是一个缺憾，难以适应新形势、新要求。

四、相关对策建议

在认识到监测体系建设必要性的同时，也应该清楚地认识到监测体系建设工作存在的困难和不足，否则会对建立健全监测体系造成一定的障碍。

（一）思想认识有待提升

有的人认为目前的技术手段完全可以满足保护需要，无须花费大量金钱构建监测体系，可以通过增加技术投入、增加人才引进等方式堵塞保护漏洞。少数地方仅重视遗产申报、开发，对于保护、管理则比较漠视，有的地方甚至因申遗成功而导致世界文化遗产被破坏。有的地方超负荷开发，商业化严重，遗产周边开发利用严重，肆意侵占保护区域，严重损害了文化遗产的价值。正是由于保护意识淡薄，有的人满足于目前简单的基础保护，认为没有必要建设更高层次的检测体系。

（二）统筹谋划有待加强

监测体系建设不是一个简单的工程，其涉及方方面面，需要科学规划、长远设计。然而，有的地方缺乏长远的科学谋划，监测体系建设缺乏统一性、长期性，导致体系建设不科学、不周密、不系统，技术成果运用不成熟、不协调、不衔接，不仅浪费了有限的资金，而且可能对文化遗产造成破坏。

（三）技术融合和运用有待提升

构建成熟的监测体系，技术开发和运用是核心，是保障。反观对遗产的保护现状，有的世界遗产点以人工巡查为主，辅之以简单的摄像技术，而对数据的实时抓取、分析、研判少之又少。尤其是经济较为落后的地区，高端的技术运用因缺乏经费支持而较为缺乏，更谈不上监测体系建设了。

（四）人才队伍建设有待加强

监测体系建设是一项专业性很强的工作，仅依靠普通的工作人员是无法完成的。除了委托专业机构建设以外，还应加大专业人士引进、培养力度，尤其是懂得文物保护和技术运用的复合型专业人才。有的地方引进了一系列高精尖保护技术，但没有配备相应的专业人才，导致技术"悬而未用"，或者未能发挥技术应有的作用。

聚焦突出问题，我们应该从四个方面着手，推动监测体系的建立完善。

第一，加强组织领导，压实工作责任。监测体系建设不是对监测工作的简单整合和物理使用，而是全方位、全流程的。因此必须加强顶层设计、统筹谋划，制定相应的工作方案，明确监测体系建设的目标任务、时间路线，切实为建立健全监测体系提供指引和方向。按照属地管理原则，当地政府要切实履行第一责任、主体责任，加强组织领导，加大专项经费投入力度，建立世界文化遗产监测体系，建设综合协调机制，支持文物保护机构的监测体系建设。文物保护机构要履行部门主管责任，加强调研论证，加大教育培训力度，提出可行的建设方案，确保监测体系建设稳步推进。

第二，坚持以问题和需求为牵引，突出结果运用。建设监测体系以保护世界文化资源、保存历史文化记忆为目标，聚焦当下监测体系建设问题，回应世界文化遗产保护需求，对现阶段监测技术进行融合整合、改造升级，力求真实反映世界遗产保护现状，有利于对世界遗产的管理保护。因此，必须做大量的前期工作，弄清存在的问题，收集各方面需求，设置技术参数，完善考核体系，加强成果运用，切实发挥监测的指挥棒作用。

第三，深入调研论证，加强交流借鉴。监测保护体系是一项系统工程、长久工程，如何建设亟须加强研究论证，进一步明确监测体系建设的目标任务、体系框架、技术架构、技术人才、成果运用等，增强监测体系建设的科学性、针对性、实效性。这就需要加强与专业技术团队的合作，以委托购买服务的方式引入专家力量，充分发挥专家专业优势，推进监测体系建设。此外，还要充分学习和借鉴监测体系建设较为成熟地区的经验做法，加强调研交流，学习借鉴他们的先进做法，加强与他们的技术合作，避免走弯路，从而提高工作效率。

第四，强化技术支撑，提高监测实效。现代的监测体系建设不是简单的人工设防，更不是技术的物理拼凑，而是高科技的融合贯通，利用大数据、5G、人工智能等高新技术成果为监测保护服务，强化技术成果转化。首先是各类数据的捕捉和获取。必须实现高清、无死角的动态监测，对异常状态快速取证、定位，实现全覆盖、全智能，为后续技术运用提供技术保障支持。其次是信息的自动化提取。现有的技术条件完全可以基于一定的技术参数设置而实现自动提取、归类，为数据的分析运用提供可能。再次是信息的转化运用。数据捕捉和提取不是简单的数据汇总和存储管理，而是在综合加工基础上展示保护现状、提出保护建议、加强维护保护。

五、结语

习近平总书记指出："历史文化遗产不仅生动述说着过去，也深刻影响着当下和未来；不仅属于我们，也属于子孙后代。"我们要贯彻落实习近平总书记关于世界文化遗产保护的重要指示批示精神，综合考虑窑址遗产的特殊价值和保护程度，结合各方面对世界文化遗产监测的新要求、新期待，加快建设金交椅山窑址监测体系。笔者认为，监测体系建设必须实现监测数据采集的标准化、便利化、清晰化、多样化，从而为金交椅山窑址的永续保存提供精准的数据支持，为其他世界文化遗产保护提供可借鉴的经验模式。当然，监测体系成熟与否，与现有的技术发展水平息息相关，也与当地的思想认识水平、经济发展程度密切相关，不可能一蹴而就，需要长期谋划、科学推进。我们应该充分认识到监测体系建设的重要性、必要性、紧迫性，把监测体系建设摆在更重要的位置，持之以恒、久久为功，建立健全契合实际需要的监测保护体系，实现世界文化遗产的可持续发展。

（原载《艺术科技》2021 年第 18 期）

参考文献

[1] 何振良、林德民：《磁灶陶瓷》厦门大学出版社，2005 年，第 7 页。

[2] 福建博物院、晋江博物馆：《磁灶窑址：福建晋江磁灶窑址考古调查发掘报告》，科学出版社，2011 年，第 141 页。

文化遗产的乡村记忆

◎吴吉祥

　　岭畔村位于福建省晋江市磁灶镇东北。这是一个保存着重要历史文化遗产的乡村。早在20世纪50年代，当地就发现了磁灶古窑址。其后历经多次考古调查，1961年磁灶窑址成为福建省第一批省级文物保护单位。1995年、2002年分别对岭畔村的土尾庵窑址和其附近的金交椅山窑址进行了抢救性考古发掘。2006年磁灶窑址公布为第六批全国重点文物保护单位。以金交椅山窑址为代表的宋元时期磁灶窑是世界文化遗产"泉州：宋元中国的世界海洋贸易中心"的重要内容，而其大部分文化内涵来自岭畔村的土尾庵、蜘蛛山、童子山等窑址。如此厚重的历史遗产，自然成为当地开展新农村文化建设中的"乡村记忆"活动的一项重要内容。当地兴建的"岭畔乡村记忆馆"，打造了集乡土历史文化遗产保护、传统陶瓷文化传承、旅游资源开发、乡村综合治理于一体的特色乡村记忆文化阵地。

　　"岭畔乡村记忆馆"坐落在岭畔村梅溪岸边的一幢4层楼里。为弘扬中华传统文化，加强新农村建设，岭畔村委会和村民们较早就清楚意识到磁灶窑址的历史遗产之于岭畔村的重要性。2016年村委会就在岭畔村口的磁灶窑址文物保护碑旁建了一座仿古缩微的小龙窑，作为本村历史的标识符号，以加强村民对历史遗产保护的自觉意识。村道边的墙上也绘着古代陶工制瓷过程与陶瓷产品远销海外的大幅彩画，以提高村民对本地陶瓷历史文化的认知。

村委会还在村部腾出房间，设立了岭畔村古陶瓷陈列室，摆放着村民们捐赠的在挖地建房中发现的古陶瓷，作为当地古代窑业发展的实物见证。这一古陶瓷陈列室也是乡村记忆馆的前身，陈列室的内涵与部分陈列品，已成为乡村记忆馆展陈的重要组成部分。经过岭畔村委会和村民们的长期努力，以及当地新闻媒体对岭畔乡村文化活动进行了大量报道，引起泉州市、晋江市、磁灶镇各级地方领导对其文化建设的重视和支持。在当地政府的资助下，岭畔村自筹了部分资金，建成磁灶镇第一座乡村记忆馆，展示本村历史发展的进程和成果，记录、保存当地的文化遗产记忆。

岭畔村古陶瓷陈列室内的地上和简易橱柜内，摆放着大大小小的磁灶窑青釉、酱褐釉陶罐和林林总总的磁灶窑青釉、酱黑釉、黄绿釉及素胎陶瓷器标本。它们与多年来泉州城市遗址考古和近年泉州古城多处申遗点考古发掘出土的大量磁灶窑陶瓷器完全相同，反映磁灶窑产品作为泉州社会日常生活和经贸活动中最主要、最大量的物品，对"泉州：宋元中国的世界海洋商贸中心"的形成，有着重大的贡献和作用。不仅如此，就是那些在宋元时期海内外沉船与港口城市遗址发现数量很多的陶罐、陶瓷，也在陈列室里找到了归属。这些陈列品充分证明了当地磁灶窑产品紧密联系着泉州港，它们大多数当年是从泉州港出发，沿着"海上丝绸之路"走向世界的。

岭畔乡村记忆馆内设立了陶吧，教授制陶工艺，让古陶瓷陈列室与乡村记忆馆成为磁灶人了解祖先历史、传承文化遗产的窗口。它不仅能提升民众共同保护本村历史文化景观与物质文化遗存的使命感与价值观，也寄托着继承和发扬磁灶窑陶瓷的传统技艺、激励青少年热情和兴趣的美好愿望，同时也是公众与研究人员关注、参与的平台。村干部们意识到，有千年历史的磁灶窑制陶技艺面临衰落甚至失传的危机。因此，他们组织拜访了村里百多位60至90岁的制陶工匠，收集制陶传统技艺的资料，请老陶工合作、试烧有"古早味"的低温铅釉陶瓷文创产品。为了宣传磁灶窑的传统陶瓷技艺，镇里开展评选岭畔村的"磁灶窑伴手礼"活动。村中老艺人吴炳峰不仅培养自己的儿孙们，还义务教授其他本村学生学习制陶技艺。其制作的传统纹饰陶瓷模具成为陶瓷传统技艺收藏品。村里烧制的陶瓷作品多次获得泉州市人民政府、市文化广电新闻出版局与晋江市人民政府部门颁发的"非物质文化遗产"奖。

除了本地村民，目前慕名前来参观的海内外学者、师生、旅游者已达 8000 多人次。如今磁灶镇里有 25 所小学、5 所初中，形成了一定规模的教育体系。岭畔村在乡村记忆馆、金交椅山遗址博物馆设有传授陶艺的陶吧，常常举办制陶活动。陶瓷技艺传承人吴炳峰多次在金交椅山遗址博物馆里开展义务教学活动，吸引了镇里的中小学生踊跃参加。岭畔村创造的"陶瓷会说古"文化氛围对村民起着通俗化的宣传作用。乡村记忆馆则已成为承载岭畔村民的生活历史，追远怀旧、传承文化的精神家园。

（原载《中国国家旅游》2022 年第 1 期）

散论类

中国古代外销瓷的问题（节选）

◎冯先铭

我国的外销瓷问题，是一个新课题。根据国外发表的有关资料看，我国的外销瓷大多集中在广东、福建、浙江三个省，时代以宋元为主。所以在谈外销瓷以前，首先要了解一下宋元时期瓷业发展的几个特点。

从现在掌握的材料看：宋元时期是中国陶瓷发展历史上的蓬勃发展时期。唐代一些局部地区的瓷器生产已经成熟了，到了宋代以后，很多地区的瓷窑像雨后春笋建立起来，进入一个蓬勃发展的时期。特别是福建、浙江、河南，还有江西，瓷窑相当多，也比较密集。根据这四个省发现的瓷窑的情况，可以将宋元瓷业概括为4个特点：

第一个特点是瓷窑很多。

第二个特点是瓷窑集中在3个地区：一个是以北宋的开封为中心，包括河南、湖北、陕西、山西等黄河流域中下游地区。第二个是以杭州为中心，即在杭州湾地区，包括浙江省大部和江西省大部。第三个就是沿海地区，广东、福建，也包括浙江、江西一部分。

第三个特点是瓷器品种比较多。唐代除瓷器外，还有漆器、金银器，到了宋代就基本上以瓷器为主，虽然也有银器和漆器，但数量已退到次要地位。据调查很多瓷窑的器物造型都是宋代比较丰富、唐代比较简单。晋江的磁灶窑就是较丰富的一个，它的产品除了具有福建地区的特点外，也带有北方窑的特点，像釉下彩、黄绿釉这种低温铅釉在北方是常见的。磁灶窑产品这么丰富，一方面是由于本地区原有丰富的釉色和造型品种，另一方面是由于外地瓷窑通过泉州港出口带来一些新品种。这情况和广州窑有些相似，广州在宋代也是一个主要港口，它最早设立市舶司，北方的耀州窑、磁州窑都通过广州出口，所以耀州窑、磁州窑对广东瓷器有了影响。现在看来磁灶的瓷器也有一些北方的特征，这可能是北方瓷窑产品经泉州出口，给泉州带来的影响，也就是宋代泉州地区瓷器生产发展的原因。

第四个特点就是宋代瓷器专业作坊开始出现了。

现在我们看到的国外出土我国宋元瓷器的国家将近10个，出土最多是日本，年代是宋朝。日本在20世纪初期，就有许多中国瓷器在沿海港湾地区发现，主要是青瓷。宋代瓷器出土地点不仅是太宰府，还包括了福冈、长野。这些地方出土的中国瓷器同镰仓出土的接近，也是以龙泉窑为主。福建的篦划纹青瓷也很多，都是碗、盘之类，虽是碎片，但篦划纹还看得很清楚。另外是日本这些地区也出土了不少青白瓷器，大都出土在庙附近的遗址，一般墓葬比较少见，是庙里的老和尚死了之后的殉葬品，主要是经筒。日本这些地区除发现青白瓷外，还有像福建晋江磁灶童子山窑的大盘。这种大盘在日本福冈等地都有发现，釉色青黄，画酱黑色纹。过去日本把它叫作"绘高丽"，认为它是高丽出产的，实际是磁灶童子山窑的产品。另外福建晋江磁灶蜘蛛山窑出土的绿釉划花器，在日本也出土不少，还有在绿釉上面画黄釉斑点的，在日本也发现不少。这也可能是蜘蛛山一带瓷窑的产品。过去我对磁灶窑的看法不够全面，认为在日本出土的那些东西属于磁灶产品的可能性不大，其实不是这样。

菲律宾出土的中国瓷器比较多，特别是元代的中国瓷器。最近十几年出土的大概有几万件，成立了4个博物馆，把比较完整的东西陈列在这些博物馆里。在19世纪后半期已经有外国人在菲律宾进行大规模发掘，收集中国瓷器数量也是数以万计。据记载，宋代和元代销菲律宾的瓷器相当多。《诸蕃志》提到的"三屿"，也是今天的菲律宾。《岛夷志略》的记载就更多一些。菲律宾出土宋代瓷器主要是龙泉窑，还有广东的潮安窑、西村窑，估计福建晋江的磁灶窑也会有，因为那里产绿釉。

（原载《海交史研究》1980年第2期）

从澎湖发现的宋元陶瓷看宋元时期
福建陶瓷器的发展与外销（节选）

◎叶文程

　　自 20 世纪 50 年代初期以来，陆续在澎湖群岛内发现不少宋元时期的陶瓷。这些陶瓷主要发现在下列一些遗址，如通梁、中屯、后寮、吉贝、姑婆、鸟屿、七美登塔、赤崁、竹湾和虎井等。其中通梁和中屯发现的宋元陶瓷颇为丰富[1]。

　　对在澎湖群岛发现的宋元陶瓷，台湾省学者曾做过研究，并发表有关专题论文加以论述，如《遗留在澎湖的宋元时期泉州青瓷及龙泉窑青瓷》《简介澎湖出土的陶瓷片》《澎湖发现的黑釉瓷片》《澎湖考古日记》《澎湖陶瓷的窑址与传播路线》《来自魂萦梦牵的家乡——澎湖的宋代陶瓶》等。日本学者也发表过有关文章，介绍过澎湖发现的宋元陶瓷和研究情况。

　　澎湖岛内采集和发掘的标本有 1 万多件。这 1 万多件中，出自发掘的部分，因为地表附近扰乱层中含有少数明清及现代遗物，亦一并计入。采集部分只选择宋元标本，但少数标本时代不易分辨，难免混杂明清及现代物。但估计所有明清及现代物不超过数十件，宋元陶瓷标本总数在 1 万件以上。这批宋元陶瓷标本可分为青瓷、白瓷、青白瓷、黑釉瓷、陶质器皿和曾竹山陶瓶。

　　青瓷数量较多，达 4000 余件。澎湖采集的白瓷 186 件。青白瓷，数量较少，仅有 52 件。黑釉瓷，数量不少，共采集到 853 件。从品类看，主要为碗和盏两种。陶器类，发现 2200 多件，有壶、盆、瓮、罐、盂、缸之属。

　　澎湖各类宋元陶瓷中，泉州晋江磁灶曾竹山陶瓶，数量最多，分布最普及，产地和时代十分明确。

　　这类陶瓷的特征是细口，丰肩，修身，小足，口沿附近有一环施釉，外表平坦，内表布满拉坯痕迹。口部极小[2]，内径大约15—1.9厘米，小得只能容得下细小的手指。没有颈，只有 0.3 厘米左右的突唇无法系绳。肩部饱满浑圆，胎薄而匀，往下渐缩，直到底部，身部修长。因为没有完整器，确切高度不得而知。从其他各地的同类器物，知道高度大多数在 22 厘米左右，最小为 16.4，最高达 37 厘米 [3]。胎为陶质，土质纯，窑温高，密结度佳，按外国人的分类，是介于陶和瓷之间的硬质陶，坚硬如石，称为 Stoneware，日本人称为炻器。胎呈灰色，有的为深灰色，少部分外表带有褐色，极少数为红胎，可能是窑温不足所致。快速拉坯，身部内表有一道道的拉坯槽，一凹一凸上下连贯，成为显著的特征。器壁由下往上趋薄，到肩部细薄得内外平坦。外表大致平坦，有的略带坯痕，常见外表近底部分有数道斜划的沟槽。其厚度，底部与器壁基部大约 1 厘米，器壁由下向上渐薄，到肩部仅 0.3 厘米左右。少部分为薄胎，上下厚度变化不大，底部厚约 0.4 厘米，肩部约 0.2 厘米，形体较大。从口唇到肩部施釉成一环，其直径大约 7 厘米，环宽约 2.6 厘米。釉色多呈棕褐色。少部分呈绿色，釉质略带透明性。

澎湖发现的宋元陶瓷，究其产地，应属何处，这是一个值得注意的问题。从澎湖发现的宋元各类陶瓷看，大部分是福建各地窑口的产品，这是完全可以肯定的。

青釉细陶壶 374 件。小口，丰肩，平底，施青釉。此类壶乃来自宋元的晋江磁灶斗温山窑。

青釉陶壶，内施青釉，澎湖所见相同的例子，仅有前述出自磁灶的青釉细壶，而磁灶陶器施青釉者颇多。

黄绿釉陶盖，类似这造型的器盖在晋江磁灶土尾庵窑宋元窑址有一例，此物与磁灶颇有关连，可能产自晋江磁灶，时在宋元。

这些日用器皿，应当产自出口港泉州附近，尤其是制作外销陶瓷最盛的晋江磁灶。第一类青釉细陶壶，据考古报告，知其产于磁灶斗温山窑。第二类青釉陶盆与第三类黄绿釉陶盖，也很可能产自磁灶。

澎湖发现的曾竹山陶瓶，在福建泉州发现陶瓶之地有最重要的窑口，还有几处年代确切的窑址。

晋江磁灶曾竹山，有两次发现报告，第一次采集 21 件，第二次采集 8 件，出自宋元窑址。

宋文化层出土的陶瓶有：1. 泉州开元寺宋文化层，出土数量不详；2. 泉州体育场宋文化层，出土数量不详；3. 泉州中山公园南宋文化层，出土数量不详；4. 泉州湾宋船舱内出土 4 件；5. 泉州市府后山晋江地区卫生学校宋代文化层出土小口陶瓶残片 401 件。另外，泉州通政巷古井，数量不详。厦门石井近海捞得 1 件。

总之，澎湖发现的宋元各类陶瓷，如青瓷、白瓷、青白瓷、黑釉瓷、陶质器皿和小口陶瓶，大部分是产自福建各地，特别是泉州、晋江附近地区。

澎湖出土这么多宋元时期的福建陶瓷，是一个值得注意的问题，也是一个值得研究的问题。澎湖发现的宋元福建各地陶瓷品类，说明宋元时期福建陶瓷业的发展情况，也说明宋元福建陶瓷器的外销情况。

宋元时期，福建的青釉器、青白釉器和黑釉器得到了充分的发展。

福建宋元陶瓷业的发达，与海外交通贸易的发展有着十分密切的关系。如以泉州地区为例，宋以前古代陶瓷窑场发现不多，但到宋元时代陶瓷窑场骤增。这些窑场的兴起和发展，无疑是适应海外贸易日益发展的迫切需要，也是以泉州港作为陶瓷器的输出港口。

澎湖发现的宋元陶瓷，其品类常见于亚、非各地的宋元外销陶瓷。它们不是澎湖本地使用之物，而是宋元期间风行亚、非各国的外销陶瓷。这批陶瓷经由澎湖，并不转销台湾，因为台湾本岛不曾发现一片宋元陶瓷。这批外销陶瓷当中数量最多，分布最普遍的陶瓶和一件青瓷小壶，很能说明这些陶瓷并不转运至北方的琉球、日本、朝鲜，而是运销于南方的菲律宾、爪哇、苏门答腊、马来亚一带。这些现象充分显示经由泉州澎湖到南洋航线，是宋元时期，中国外销陶瓷航线中的一环。

宋元期间的"陶瓷之路"，一向为学术界所乐道，但澎湖航线不见载于古籍，也不为晚近学者所知。澎湖宋元陶瓷确实为世人留下了珍贵的记录。另一方面，澎湖宋元陶瓷的发现，为研究中国陶瓷外销史、海外交通史和海洋贸易史提供了重要的资料。

日本博多近年出土许多墨书青瓷碗，与澎湖 8 件墨书青瓷比较，两者笔法相同，墨书位置以及青瓷胎、釉等特征也相同。澎湖青瓷底心作墨书"网"字，胎色泛红，底心及其附近露胎，碗心也露胎，釉带橄榄绿。其特征与日本博多出土的一件墨书青瓷的特征完全相同。此件博多标本底心同一位置，书一"网"可能为"纲首"之略称，系指船舶之主人，乃宋元期间海外贸易习用之词，多见于宋元墨书青瓷。疑澎湖此"网"，系"纲"字之误。"网"字款的一个显著的例子是出自日本博多湾内的一件黑釉盏。其外表近底处露胎，底心墨书"张网"二字。据说在东北非的福斯塔特遗址有同样的墨书"张网"款标本。博德此件墨书"张网"盏为一典型福建黑釉盏，则右青瓷碗底心的"网"字当为"纲"字之误。是件青瓷应当与"张纲"款黑釉盏同样出自福建。其他 7 件墨书青瓷当亦产自福建。

从朝鲜新安、日本博多和澎湖的例子来看，知器表墨书为闽浙等地所常见，所书文字大多为姓氏、商号、陶瓷货色，以为出口货之标记。

（原载《福建文博》1987 年）

论福建宋元釉下彩瓷（节选）

◎傅宋良

宋元时期，由于人们审美意趣的提高，各地匠师们创造意蕴之美的手法更为多样，尤其是彩绘艺术已在中国南北许多瓷窑中得到普遍运用，并在实践中不断创新，逐渐产生了不同的艺术流派和艺术风格，它们互为影响、渗透。

福建宋元釉下彩瓷窑口

晋江磁灶童子山窑

1956 年，国内学者对磁灶窑进行了初次调查[1]，1977 年对童子山窑进行试掘[2]。窑址依山坡建筑，残存窑基，一号窑床中段宽 2 米，砖砌体有烧结面[3]。该窑以烧盆、洗为主，产品胎骨灰白且薄，亦有米黄色胎，不甚精细，若陶若瓷，瓷化程度差。盆分敞口外折沿和侈口浅腹平底两种，施青釉，内壁施满釉，外壁未挂釉。内壁釉下绘酱彩，纹饰有牡丹、菊花、草叶、图案纹、线纹、波浪、卷叶纹、鱼藻纹等。有吉祥语："福海寿山。"诗句："三月当濂禁火神，满头风碎踏青人。桃花也笑风尘客，不插一枝空过春。"有一件写"七十有三春，年来尚富先。山河无寸（草），天地是何人。"底部写："杨宅，元年拾□记，师边。"还有残片留有"出入三朝贵，□□四海春"等。

福建釉下彩瓷与其他相关窑址的联系与区别

我国早在三国时期已成功地烧制了青釉釉下彩瓷[4]。它将制瓷工艺和绘画艺术有机地结合起来，开拓了瓷器装饰的途径。这种装饰手法为后世唐代的长沙窑，宋代的磁州窑、吉州窑的釉下彩绘艺术开辟了道路。随着外销贸易的兴盛，这种工艺必然流传到沿海，延及山区，遍及福建诸窑。晚唐部分窑址虽有青瓷彩斑、彩条的出现，但仅仅是釉下彩的萌芽状态，而真正形成规模应该是南宋时期。那么，闽地釉下彩瓷的制瓷工艺究竟受哪一窑口的影响，目前，学术界众说纷纭，莫衷一见。笔者认为，宋代福建瓷窑均系民窑，不受官方意识的束缚，以敢于大胆摹拟与创新见长。它既有磁州窑那种生动、简洁、豪放的笔法表现物景的风貌，如童子山窑、赤土窑盆的草叶，又有吉州窑那种纤细工整、隽永雅丽的风姿。童子山窑盆内的题诗继承了长沙窑那种诗情画意，充满民间情调的韵味。但是，福建宋元釉下彩瓷的装饰纹样不及磁州窑、吉州窑丰富，制作工艺也有所区别。如闽南釉下彩瓷虽也施化妆土，但不如磁州窑、吉州窑白，而且釉下彩往往呈酱色或褐绿色。

倾销海外市场的釉下彩瓷

宋元时的泉州港自宋元祐二年（1089）泉州置市舶市后，泉州港对外贸易更加兴盛。贸易来往的国家多，对瓷器需求的数量必然多，但竞争相对激烈。这时，童子山窑的产品可以就近扬帆出海。

日本各地相当于宋元时期的遗址中，横滨、长野、福冈和京都等地出土有磁灶童子山窑所产的黄釉釉下彩绘花盆（或盘）[5]。《日本出土的中国陶瓷特别展览》一书介绍，福冈市筑柴郡太宰府町五条遗迹、长野县坂冈市米中村经冢等地，出土有黄釉铁绘花纹盘[6]，与磁灶童子山一号窑的彩绘洗相似。这类产品过去日本把它叫作"绘高丽"，认为它是高丽生产的，其实是磁灶童子山窑的产品，有些可能是赤土窑的产品。

晋江童子山窑生产的彩绘盆，九州发现很多完整的，京都也有[7]。

日本福冈市教育委员会所编的《插图——遗构图》中的552–557图[8]，为童子山窑的产品。

福建宋元釉下彩瓷虽不属官窑产品，但它具有独特的艺术风格，深受海外人士的青睐。它们的发现，对于我们研究中国陶瓷文化与海上陶瓷之路均起着不可低估的作用。

（原载《文物春秋》1997 增刊，总第 38 期）

注释

[1] 陈万里：《调查闽南古代窑址小记》，《文物》1957 年第 9 期。

[2] 叶文程：《略谈古泉州地区的外销陶瓷》，《中国古外销瓷研究论文集》，紫禁城出版社，1998 年。

[3] 陈鹏、黄天柱、黄宝玲：《福建晋江磁灶古窑址》，《考古》1982 年第 5 期。

[4] 易家胜：《南京出土的六朝早期青瓷釉下彩盘口壶》，《文物》1988 年第 6 期。

[5][7] 冯先铭：《中国古代外销瓷的问题》，《海交史研究》1980 年总第 2 期。

[6] 东京国立博物馆：《日本出土的中国陶瓷特别展览》，1975 年。

[8] 福冈市教育委员会：《福冈市埋藏文化财产调查报告书 66 集插图》（图版 552–557）。

试论闽南古代彩瓷
的生产与外销（节选）

◎郑 东

彩瓷生产的历史及状况

闽南地区彩瓷的生产历史可以追溯到宋元时的磁灶窑，其青、黄釉下褐彩产品独树一帜。

釉下彩绘瓷

我国釉下彩绘瓷的最早实例是三国时期的釉下彩绘羽人纹盘口壶[1]。它是在晾干的坯件上用矿物颜料绘画后再覆上釉入窑一次烧成的。闽南釉下彩瓷兴烧于宋元时期，目前发现窑口主要有泉州磁灶窑和漳州赤土窑。

磁灶窑——位于泉州晋江市磁灶乡，东距泉州市约16公里。该窑发现于1956年，此后曾多次进行考古调查，包括古窑址26处，其中宋元窑址12处，1979年和1995年先后对其中部分窑址进行科学发掘[2]。彩绘瓷产品以土尾庵窑、童子山窑及蜘蛛山窑为典型，器物胎骨粗糙呈灰或深灰色，吸水性强，常施以白色化妆土。彩绘形式分为釉下褐彩和素胎褐彩两种，又以青黄色釉下褐彩独具特色。常见纹样有花草、卷云、鱼龙、钱纹、点彩和文字诗词等[3]。器形有盆、执壶、盅、瓶、碗、盘、洗、薰炉等。此外还生产黄、绿、青、黑、酱釉等单色釉瓷和黄绿釉混色瓷、青釉褐色点彩瓷。

▲宋代磁灶尾窑褐彩花草纹盘

彩瓷的装饰特点

闽南宋元时期釉下彩瓷，使用当地较差的瓷土，因此为了克服先天不足，增加市场竞争能力，在装饰上善于吸收外来窑业技术，博采众长。磁灶窑所用泥料因含铁量较高，故采用低温铅釉装饰器表先素烧，经上釉后再进行二次烧造 [4]。磁灶窑和赤土窑普遍采用了素坯上施化妆土，这种现象常见于北方窑口，釉下褐彩装饰方法也是明显受到北方磁州窑系的影响，而从素坯上的褐彩卷云纹似乎可以看到西北新石器时代彩陶的影子。

釉下彩绘装饰以磁灶窑釉宽底盆最为突出 [5]。盆底平坦宽大，易于表现，采用褐彩随意点画，或寥寥数笔勾勒出疏朗枝叶，或中央绘一朵盛开的菊花或牡丹，四周空隙再填绘较为纤细繁密的辅助草叶。这种实笔作画，纤柔委婉，潇洒自如，极富装饰性。还有的在盆内题写词句，既有描写寒食节和抒发忧国情怀的题材，也有反映读书致仕和追求富贵的生活愿景。这些图案文字都是为适应商品销售和市场需求而装饰的，开创了泉州瓷器釉下彩绘的先河 [6]，也是闽南地区彩瓷生产的前导。

彩瓷的外销

宋元时期的泉州港已跃居我国四大贸易港之首，被中外人士誉为"世界第一大港"，并成为"海上陶瓷之路"的起点之一。由于泉州港对外贸易的繁盛，泉州地区广大腹地的陶瓷、茶叶等产品自然成为主要商品源源不断输出到亚洲各国和世界各地。磁灶窑在宋元之际，尤其是南宋以后，其产品的外销无论是范围、品种或数量都是空前的。历年来在日本、菲律宾、印度尼西亚、马来西亚、新加坡、泰国、斯里兰卡、肯尼亚等东亚、东南亚和东非国家多有磁灶窑产品出土，在这些国家的一些博物馆、美术馆，常收藏有该窑产品 [7]，毫无疑问，其中自然包括磁灶窑的彩绘瓷。已故日本陶瓷专家三上次男考察泉州时曾说："磁灶童子山窑的彩绘陶盆，在日本横滨发现不少，九州发现很多完整器物，京都也有。" [8] 根据调查，在日本福冈市西区田岛经冢、福冈市筑柴郡太宰府町五条遗址、长野县饭田市米中村经冢等地，都出土的黄釉铁绘花纹盘 [9]，过去被误认为是朝鲜所产"高丽绘"，实际上是磁灶童子山窑产品 [10]。直至明清时期，磁灶窑的产品依然通过海路运销海外 [11]。

（原载《南方文物》2004 年第 1 期）

注释

[1] 易家胜：《南京出土的六朝早期青瓷釉下彩盘口壶》，《文物》1988 年第 5 期。

[2] 陈鹏、黄天柱、黄宝玲：《福建晋江磁灶古窑址》，《考古》1982 年第 5 期；福建省博物馆：《磁灶土尾庵窑发掘简报》，《福建文博》2000 年第 1 期。

[3] 林德民：《磁灶窑概述》，《福建文博》1999 年增刊。

[4] 叶文程、苏垂昌、黄世春：《晋江磁灶窑的发展及其外销》，中国古陶瓷研究会、中国古外销陶瓷研究会：《中国古代陶瓷的外销：一九八七年福建晋江年会论文集》，紫禁城出版社，1988 年，第 63 页。

[5] 叶文程、林忠干：《福建陶瓷》，福建人民出版社，1993 年。

[6][8][9] 陈鹏、黄天柱、黄宝玲：《福建晋江磁灶古窑址》，《考古》1982 年第 5 期。

[7] 梅花全：《福建平和田坑窑素三彩瓷的工艺特色与来源》，《福建文博》1999 年第 2 期。

[10] 日本东京国立博物馆：《日本出土的中国陶瓷特别展览》，1975 年。

[11] 清乾隆《晋江县志》卷一。

唐宋时期泉州与东北亚的陶瓷贸易（节选）

◎陈丽华

东北亚各国与中国的海上交往历史十分悠久。北宋时泉州海商曾一度频繁出入朝鲜半岛经商贸易，受到当地人民的欢迎，那些断断续续的历史场景颇为泉州人感念和自豪。泉州有海外交通历史的文字记载始于6世纪的南朝时期，隋唐以来与海外各国的往来日益频繁。遗憾的是，关于泉州同高丽之间海上交通的文献资料并不多见，现存史籍记载一鳞半爪，难以窥其全貌。由于史料阙如，在一些探讨古代中国与朝鲜半岛关系史的专论中，大多偏重于两浙、江淮和山东地区，泉州乃至福建往往涉及较少。

陶瓷的特殊材质不同于其他不易保存下来的器物，在缺乏文献记载的情况下，大量的古陶瓷无疑是再现各国之间贸易关系以及政治文化交往不可或缺的实物资料。在古泉州地区发现很多唐五代尤其是宋代的窑址，窑址遍及所辖区域，而且不少窑址规模都较大，如著名的同安汀溪窑、晋江磁灶窑、泉州东门窑、德化盖德窑、厦门西门杏林湾青瓷窑以及安溪桂瑶、南安东田窑等。这些窑场的生产年代大多始于唐五代时期，宋时陶瓷产品大宗外销。经过考古人员的调查发掘，发现不少窑场是成片连接的，构成了一个个古窑址群，说明宋时泉州的外销瓷生产是相当发达的。泉州的陶瓷产品除供应本地区及周边地区的市场需要外，自唐五代至明清时期，随着东西方海洋贸易事业的不断发展，大部分瓷器源源不断远销海外各国。就其品类看，有青釉瓷、青白釉瓷、白釉瓷、黑釉瓷等品种，内容相当丰富。其在目前国外的一些文化遗址或是墓葬中，屡有出土，在沉船的水下考古中经常被打捞出水，在国外许多博物馆展品中，也不乏见到。宋代泉州陶瓷外销范围很广，在日本发现很多，朝鲜半岛也有一些发现。

晋江磁灶窑：磁灶地处泉州晋江下游，舟楫可直达晋江，入泉州湾而泛洋。自南朝始烧陶瓷，1000多年来，这里的陶瓷烧制延续不断，是可提供系统研究泉州地区瓷器产地兴起、发展、变化的最理想的窑址群。目前已发现的唐五代窑址有7处，宋元窑址12处。

日本各地大量发现宋代磁灶窑产品。据《日本出土的中国陶瓷特别展览》一书介绍，福冈市西区田岛经冢、福冈市筑柴郡太宰府町五条遗址、长野县饭田市米中村经冢等地，出土有磁灶童子山一号窑生产的黄釉铁绘纹盘。日本熊本县也出土过磁灶土尾庵窑的绿釉瓶。此外，蜘蛛山窑烧制的绿釉划花器，还有在绿釉上点黄釉斑的器物（即彩釉器），在日本也发现不少。已故日本东洋陶瓷学会会长三上次男教授 1981 年 4 月在泉州海外交通史博物馆举行的学术交流座谈会上指出："中国陶瓷在日本平安、镰仓时代，源源不断流入日本，只要装载中国陶瓷器的贸易船一到，贵族们都争先恐后地去购买中国陶瓷器。10 至 12 世纪，泉州有很多商船运载中国陶瓷器东渡日本。泉州有一个商人叫陈文祐，就是在这一时期运载瓷器到日本的。除他以外还有许多中国的商人……发现最集中的是镰仓，在这里采集到的中国陶瓷器有 5 万余件……日本各地发现的宋代影青盒子，有的是景德镇的，有的是德化的产品。晋江土尾庵窑的绿釉瓷器，在日本到处都有，特别是日本的横滨。晋江童子山窑的彩绘陶盆，九州发现很多完整的，京都也有。"[54] 在日本的福冈、长野等地出土过黄釉铁绘花纹大盘。这种大盘釉色青黄，画酱黑色纹，过去日本学者在没有参照物的情况下，把它叫作"绘高丽"，认为是高丽出产的。但其器型、釉色和彩绘颜色、花纹、烧制方法等与晋江磁灶童子山窑址出土的标本极为相似，黄釉下铁绘花纹盆无疑是该窑场的产品。[1]

（原载《海交史研究》2006 年第 1 期）

注释

[1] 叶文程、林忠干：《福建陶瓷》，福建人民出版社，1993 年。

濑户美浓窑对福建陶瓷的模仿和中日禅僧（节选）

◎森村建一

濑户美浓窑对福建陶瓷的模仿

濑户美浓窑的历史就是模仿福建陶瓷的历史。濑户美浓窑的模仿生产始于中国和在其册封制度下的日本这两个国家相互关联的社会变动时期。两国的社会动荡，给福建陶工，尤其是闽南陶工移居日本创造了条件，使他们直接参与了濑户美浓陶瓷的生产。其时正是12世纪末13世纪初，中国由宋更迭为元，日本由平安时代过渡为镰仓时代的社会变动时期。

濑户美浓窑对福建陶瓷的模仿可分为5个阶段。其中，第一阶段——从12世纪末到13世纪初。典型器皿有：1.仿泉州晋江童子山磁灶窑盘的濑户灰釉洗。2.仿闽南沿海窑系的白瓷碗、四耳壶的濑户山茶碗和四耳壶。

福建陶工向濑户美浓的移动是存在着一定的背景条件的。12世纪末期，在福建、台湾、琉球国和博多、京都、濑户美浓地区的禅寺和各地的海商之间形成了覆盖东海、太平洋的禅宗网络，在各港湾附近都建立了禅宗的寺院。其中，临济宗的作用是非常重要的。关于中日两国历史上的社会变动和陶瓷出口的关系，表示如下：

中国的社会变动→日本的社会变动→新的中日政权→新的中日海商→中国海商的变化→日本海商的变化→中国贸易港的变化→中国陶瓷产品的变化→中国陶瓷新产品的出口。

中日海商和中国窑口及港湾有着密切的关系。在上述中日历史的第一个变动期，南宋开始进行海外贸易，其贸易物资的流动可图示为：官方贸易→闽南海商→博多海商→京都海商。各窑口产品和出口港之关系大致如下：

1.泉州晋江童子山磁灶窑产品由泉州港（临济宗开元寺）、安海湾（临济宗南天禅寺）出海；

2.闽南沿海窑系白瓷碗及南平茶洋窑、闽清义窑（闽江流域）产品由福州港出口；

3.闽南沿海窑系白瓷碗、厦门碗窑产品经后溪运往厦门，由厦门港（南普陀禅寺）出口；

4.同安汀溪窑产品经西溪至厦门港出口。

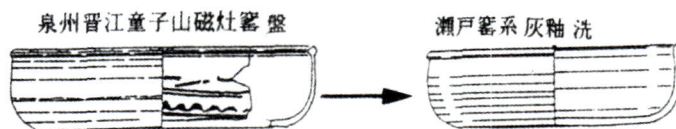

▲图一　福建陶瓷濑户美浓模仿品

与此同时，民间贸易方面形成了东海、太平洋贸易航路，物资转移过程可图示为：闽南海商→台湾海商→琉球国海商→油津海商→土佐中村海商→堺市海商。

值得我们注意的是，上述各时期中均有禅宗寺院分布在各港湾附近，作为联系、管理各方海商的网点而发挥着重要的作用，而临济宗寺院可以说是东海太平洋禅宗网络中的核心网站。

（原载《海交史研究》2007 年第 2 期）

宋元时期泉州沿海地区
制瓷业的兴盛与技术来源试探（节选）

◎孟原召

泉州地处我国东南沿海，低山绵延，溪流交错，晋江自西北向东南注入泉州湾。这一地区不仅具有丰富的陶瓷原料，而且交通便利，为该地制瓷业的兴起提供了前提。据《泉州府志》卷三载："磁器出晋江磁灶地方。"[1]清乾隆《晋江县志》卷一《舆地志·物产》"货之属"条：瓷器"出磁灶乡，取地土开窑，烧大小钵子、缸、瓮之属，甚饶足，并过洋"[2]。但泉州地区制瓷业起步较晚，南朝时期始烧造，隋唐、五代发展缓慢，而至宋元时期，尤其是南宋以后，泉州沿海地区利用港口的便利，制瓷业迅速发展，极为兴盛。[3]

泉州沿海地区的制瓷业可以追溯到南朝时期的磁灶溪口山窑址，[4]虽尚未发现窑炉遗迹，但出土了一些青瓷片、窑具、生产工具等，其年代的确定则是依据地层中所出的青瓷片，这些瓷片与南安、[5]晋江[6]等地南朝墓葬中出土的青瓷器十分接近，[7]主要为罐、碗类器物，胎釉都比较粗糙，釉色青泛黄，窑具只有支具和支钉状间隔具。这不仅是泉州地区早期瓷窑遗址，也是福建地区为数不多的南朝窑址之一[8]。这一时期泉州地区的制瓷业尚处于起步阶段。

到了宋元时期，泉州沿海地区制瓷业迅速扩展，逐渐走向兴盛，窑场数量增加，规模扩大（图一）。以前烧造瓷器的窑场继续生产，并在此基础上，窑址地点、数量均有增加，如晋江磁灶窑，由南朝时期的 1 处、唐代的 5 处，发展为宋元时期的 12 处之多。[9]

通过泉州沿海地区制瓷业的纵向对比，我们可以得知该地区在宋代以前，已经具备了较高的制瓷技术，其瓷器风格也是延续发展的，且到了宋元时期，就该地区而言，其瓷器风格出现了迥异的变革。

这里所说与其他地区制瓷技术的对比是指不同区域间的比较，属于横向对比。

与越窑青瓷比较

泉州沿海地区北宋早中期的青瓷，主要产自磁灶窑，[10]比较常见的碗、执壶、盒、瓶

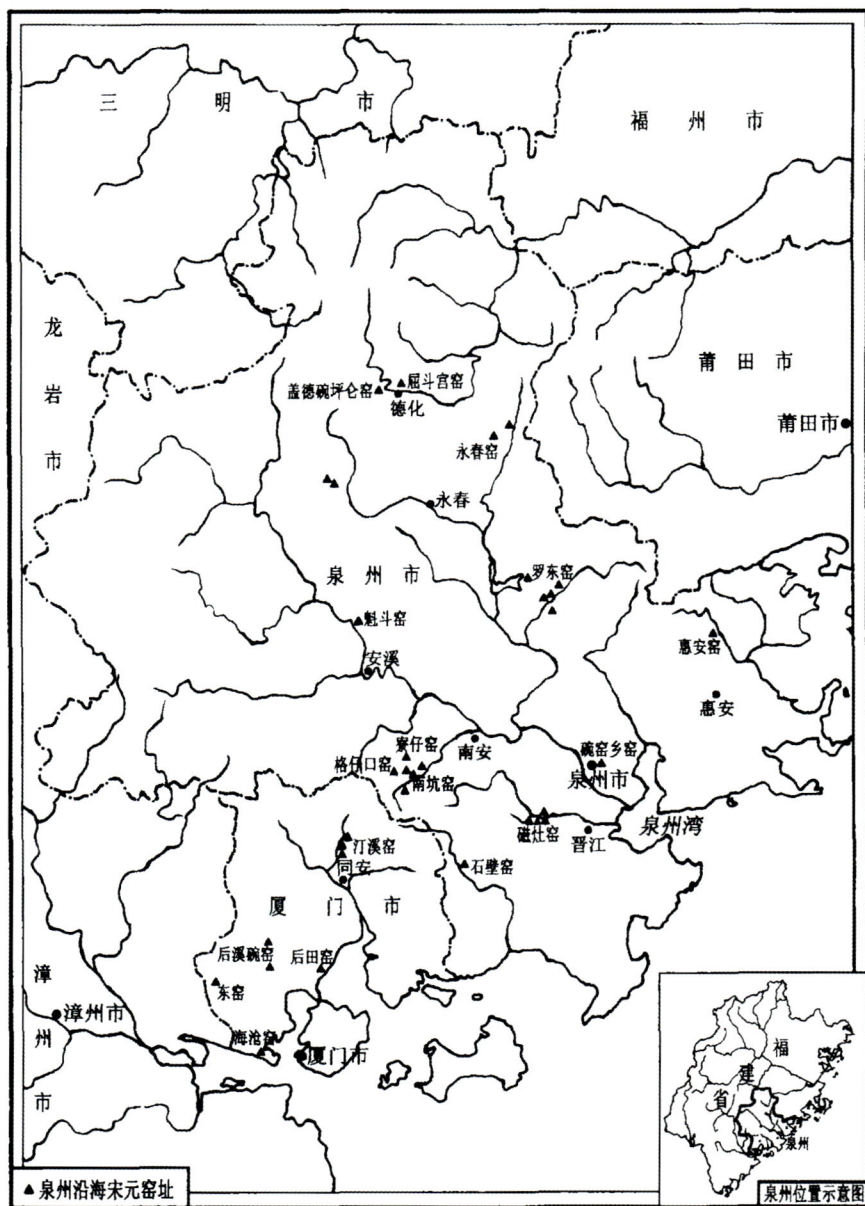

▲图一　泉州沿海地区宋元时期窑址分布示意图

等在造型和部分装饰上与越窑青瓷[11]十分相近（图二）。这不仅为我们判断这批青釉瓷的年代提供了参照，从中也可得知在一定程度上其仿烧了越窑瓷器。[12]

　　越窑青瓷以釉色取胜，[13]形成了庞大的生产体系，[14]但泉州地区的这批青瓷却因原料不精、制作粗糙等原因，其胎釉均显得远不如越窑。此外，这种造型风格除了青釉瓷之外，还有不少是黑釉、酱黄釉瓷器，这也是其区别于越窑的一个方面。

　　值得一提的是，该地区这种瓷器的装烧技术与越窑也有较大的区别。越窑较多地采用了匣钵装烧，而泉州地区则主要是采用自南朝、隋唐以来的支钉叠摞的裸烧方法。

　　因此，这种仿烧基本属于器物风格的模仿，而所涉及的烧成技术等则仍是本地区以前基础上的延续和发展。

泉州沿海地区	1	2	3	4	5
越窑	6	7	8	9	10
泉州沿海地区	11	12	13	14	15
越窑	16	17	18	19

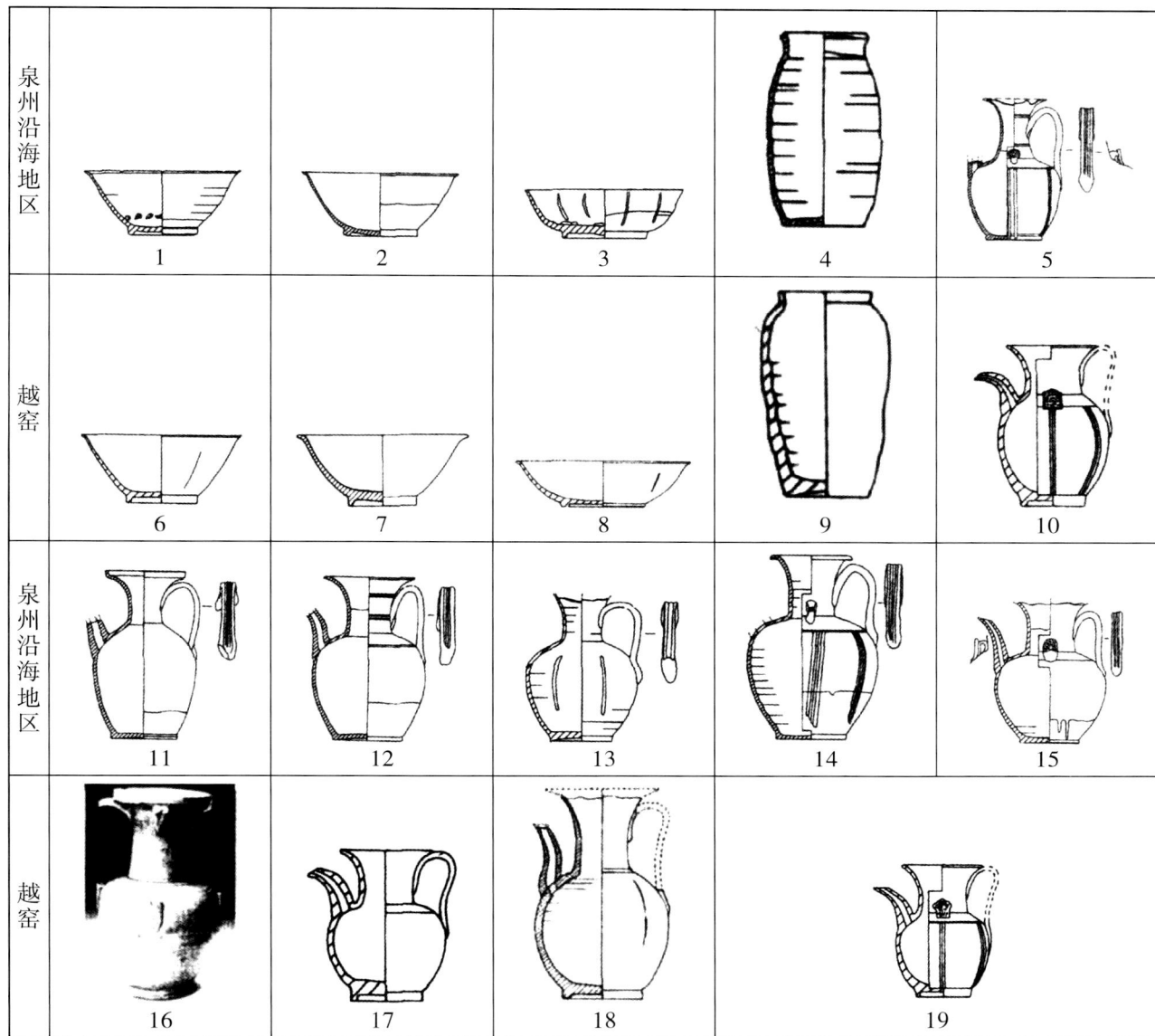

▲图二　泉州沿海地区宋元时期窑址分布示意图

1–5、11–15，晋江金交椅山窑址出土（1–5、11，北宋早中期；12、14，北宋晚期至南宋早期；13，南宋中晚期；15，元代）。6、8，上林湖越窑调查采集；7、18，寺龙口越窑出土；9、10、17、19，里杜湖越窑调查采集；16，绍兴咸平元年（998）墓出土越窑青釉罄。1–5、11–14，器物形制对比；1、3、5、13、14，器物装饰对比。

与北方磁州窑比较

磁灶窑的黑釉、白釉、彩釉类瓷器跟北方磁州窑风格的瓷器存在着一定的关系。[15]这主要体现在装饰上，以土尾庵窑址的黑釉剔花、白釉剔花、釉下彩绘以及黄绿釉瓷器为代表。这类瓷器在泉州地区出现较晚，并且之前该地区没有这类制瓷传统。

磁灶窑生产器物群的组合基本属于本地系统，如罐、瓶、军持、碗、盘、执壶等，而矮身小口黑釉瓶、梅瓶、长颈瓶、堆塑品等属新增品种。黄绿釉瓷器以及釉下彩绘装饰也是新出现的类别，这类器物在福建南平茶洋窑也有发现，[16]但其在福建地区是比较少见的，属于比较孤立的"点"。且其剔花装饰十分简单、草率，与磁州窑难以相比。相反，这些瓷器在北方民间窑场较为常见。通过土尾庵窑与北方磁州窑的比较，[17] 我们可看出这类瓷器的生产受到了磁州窑风格的影响。

从以上发展过程来看，泉州沿海地区的仿烧则一般在其盛期开始并迅速流行。北宋早中期，磁灶窑青瓷的流行，这主要是越窑青瓷的影响。北宋晚期至南宋早期则流行磁灶窑青瓷和青白瓷，一方面是越窑影响的延续，另一方面是景德镇青白瓷的广泛传播。南宋中晚期，篦点划花青瓷在前一阶段出现的基础上开始盛行，这与龙泉窑青瓷的影响密不可分，也仍有青白瓷、越窑风格青瓷的烧造。到了元代，产品生产趋于简单化，包括青白瓷和篦点划花青瓷，而磁灶窑粗瓷系统在南宋中晚期出现的基础上进一步多样化，这受到了磁州窑风格的影响。因此，各时期影响风格和区域范围是略有不同的。

泉州沿海地区制瓷业者利用本地的各类原料等制瓷资源，接受了宋元时期一些名窑的瓷器风格，形成了磁灶窑粗瓷系统（含青瓷和其他粗瓷两类）、青白瓷系统和划花青瓷系统三个序列，最终构成了一个比较发达的沿海瓷器生产体系。

（原载《海交史研究》2007 年第 2 期）

注释

[1] 明万历四十年刊本；另乾隆版《泉州府志》卷19《货之属·瓷器》：瓷器"出安溪高坪，但不甚佳。其瓷拥则出晋江磁灶"。

[2] [清] 方鼎等修、朱升元等纂乾隆版《晋江县志》，成文出版社，1977 年，第 43 页。

[3] 本文所要论及的泉州沿海地区，主要是指宋元时期以泉州为中心的沿海地区，包括南安、晋江、惠安、安溪、同安几地。德化窑位于德化县，德化的行政归属在宋元时期虽属泉州，但德化窑产品独具风格，与泉州沿海地区的瓷器面貌可以说是截然不同的，故本文所论不包括德化窑。

[4] a.陈鹏、黄天柱、黄宝玲：《福建晋江磁灶古窑址》，《考古》1982 年 5 期，第 490—498、489 页；b.福建省泉州海外交通史博物馆调查组：《晋江县磁灶陶瓷史调查》，《海交史研究》1980 年总第 2 期，第 29—34 页；c.黄天柱：《晋江磁灶古窑及其历史与外销概谈》，《福建文博》1999 年增刊，第 116—118 页。

[5] a.福建省文物管理委员会：《福建南安丰州东晋、南朝唐墓清理简报》，《考古》1958 年 6 期，第 18—28 页；b.黄炳元：《福建南安丰州拼子山东晋墓》，《考古》1983 年 11 期，1047—1048、1046 页。

[6] a.福建省泉州市文管办、福建省晋江市博物馆：《福建晋江霞福南朝纪年墓》，《南方文物》2000 年 2 期，第 1—4 页；b.晋江市博物馆：《霞福南朝墓清理简报》，《福建文博》2000 年 1 期，第 16—18 页；c.晋江市博物馆：《池店平原南朝隋唐墓葬清理简报》，《福建文博》2000 年 1 期，第 10—13 页；d.何振良：《略谈晋江出土的南朝隋唐青瓷器》，蔡耀平、张明、吴远鹏：《学术泉州》，中央文献出版社，2003 年，第 437—455 页。

[7] a. 林忠干、林存琪、陈子文：《福建六朝墓初论》，《福建文博》1987 年 2 期，第 61—72 页；b. 林存琪：《福建六朝青瓷略谈》，《福建文博》1993 年 1、2 期，第 70—80 页。

[8] a. 栗建安：《福建古窑址考古五十年》，《陈昌叶纪念论文集·陶瓷》，财团法人陈昌蔚文教基金会，2001 年，第 9—38 页；b. 曾凡：《福建陶瓷考古概论》，福建省地图出版社，2001 年。

[9] 1976 年 3 月晋江县文化馆配合晋江地区文管会对磁灶进行普查，共查出古窑址 19 处。1979 年 9 月，晋江县文管会又对磁灶窑址复查，考证出南朝窑址 1 处、唐代窑址 5 处、唐宋窑址 1 处、宋元窑址 12 处。1980 年，草庵出土"明教会"黑釉碗，后对下灶、岭畔一带窑址进行考察，在大树威窑址堆积层中发现"明教会"碗残片二件，找到了烧制窑口。宋元窑址 12 处，岭畔村的蜘蛛山、土尾庵、山坪、童子山（一号窑），磁灶村的许山、宫仔山、顶山尾和大树威，干埔村的曾竹山、金交椅山、溪干山，南安官桥下洋村的斗温山（参考叶文程、苏垂昌、黄世春：《晋江磁灶窑的发展及其外销》，中国古陶瓷研究会、中国古外销陶瓷研究会：《中国古代陶瓷的外销：一九八七年晋江年会论文集》，紫禁城出版社，1988 年，第 61—65 页。

[10] 福建博物院：《晋江磁灶金交椅山窑址发掘简报》，《福建文博》2005 年 2 期，第 26—46 页。

[11] 越窑是唐宋时期著名的青瓷窑址，具有悠久的制瓷历史，制瓷技术在唐代已十分成熟。越窑产品不仅在国内很受欢迎，而且近年来的沿海、海外的发现表明其在唐代已经行销海外。宋代越窑继续烧造，其产品被各地仿烧。

a. 浙江省文物考古研究所、北京大学考古文博学院、慈溪市文物管理委员会：《寺龙口越窑址》，文物出版社，2002 年；b. 慈溪市博物馆：《上林湖越窑》，科学出版社，2002 年；c. 林士民：《青瓷与越窑》，上海古籍出版社，1999 年；d. 浙江省文物考古研究所：《浙江省文物考古研究所学刊（第五辑）》，杭州出版社，2002 年；e. 林士民：《试论越窑青瓷的外输》，《浙江省文物考古研究所学刊（第五辑）》，第 60—71 页，杭州出版社，2002 年；f. 唐星煌：《汉唐陶瓷的传出和外销》，吴锦吉、吴春明：《东南考古研究（第一辑）》，1996 年，第 137—148 页；g. 李知宴：《从唐代陶瓷的发展看中国和亚非国家的关系》，《中国历史博物馆馆刊》1985 年总第 7 期，第 53—61 页。

[12] 事实上，唐、五代时期，南方各地以烧造青瓷为主，瓷器风格十分接近，福建地区也有类似于越窑青瓷的产品。参看栗建安《福建唐、五代的"越窑系"青瓷——以古窑址发掘的发现为中心》，浙江省文物考古研究所：《浙江省文物考古研究所学刊（第五辑）》，第 188—192 页。

[13] a. 虞浩旭：《唐五代宋初上林湖瓷业发达原因探析》，《景德镇陶瓷》1994 年 4 期，第 43—46 页；b. 李家治、邓泽群、吴瑞：《从工艺技术论越窑青釉瓷兴衰》，《陶瓷学报》2002 年 3 期，第 201—204 页。

[14] a. 任世龙：《论"越窑"和"越窑体系"》，《东南文化》1994 年增刊，第 58—64 页；b.Ho Chuimei ed. New Light on Chinese Yue and Longquan Wares：Archaeological Ceramics Found in Eastern and Southern Asia，A.D.800−1400，Centre of Asian Studies the University of Hong Kong，1994.

[15] 栗建安：《福建磁灶土尾庵窑址瓷器的装饰工艺》，中国古陶瓷研究会：《中国古陶瓷研究（第 4 辑）》，紫禁城出版社，1997 年，第 109—115 页。

[16] 福建省博物馆：《南平茶洋窑址 1995 年—1996 年度发掘简报》，《福建文博》2000 年 2 期，第 50—59 页。

[17] 北京大学考古学系、河北省文物研究所、邯郸地区文物保管所：《观台磁州窑址》，文物出版社，1997 年。

一组菲律宾发现的宋元时期
德化窑和磁灶窑外销瓷器（节选）

◎陈水来　叶文程

　　最近，福建省旅居菲律宾华侨的陈水来先生一在菲律宾群岛搜集到一组瓷器。经鉴定，这些瓷器为宋元时期福建德化窑和磁灶窑生产的外销瓷器。其中有：

　　宋代磁灶窑酱黄釉军持　盘口、长颈、扁圆腹、平底，腹部附一长流，造型端庄稳重。器物砖红色胎，周身施酱黄釉，腹底及圈足无釉。器表为素面。口径 6 厘米、底径 6.8 厘米、高 14.5 厘米（图一；图二）。

▲图一

▲图二

（原载《福建文博》2009 年第 2 期）

从山林到海洋
——贸易全球化中的福建陶瓷生产与外销（节选）

◎栗建安

　　福建省地处中国大陆东南沿海，北、西、南三面分别与浙江、江西、广东省为邻，东濒东海，隔海峡与台湾省相望。福建省境内地貌以山地、丘陵为主，素有"东南山国"之称，山峦连绵，埋藏着丰富的瓷土及各类矿产；亚热带海洋性气候，温湿多雨，植被茂密，提供源源不断的燃料；溪流潺潺，孕育了纵横交错的江河，给予人们航运之便；海岸线漫长而曲折，多港湾和岛屿，又有交通海外贸易之利。这些丰富的自然资源，给繁衍生息在这片土地上的人们提供了优裕的生产和生活条件。因此，自古以来，勤劳的福建人民在开发这片土地的同时，也学会和掌握了制陶烧瓷的技术。

　　以泥土、矿物与火焰相结合而产生的陶瓷器，主要是一种满足人们物质生活需求的商品（其中的一部分作为或者转变为艺术品，也进入人们的精神生活领域）。因此，它们经历了生产、贸易、消费这 3 个基本环节。历史上在福建地区主导、组织、协调这一陶瓷商品流通过程的，正是闽商集团，他们以社会物质需求为目标，以市场利益为导向，开创和发展了极具特色的福建窑业。随着历史的沧桑，福建地区留下了大量的古代窑业遗存。

　　自 20 世纪 50 年代以来，福建文物考古工作者们跋山涉水、栉风沐雨，足迹踏遍了八闽大地，对福建古代窑业遗存做了大量的考古调查工作，至今已发现自南朝以降，唐、宋、元、明、清各朝的古窑址达 600 余处[1]，并对一些重点窑址如德化窑、建窑、磁灶窑、怀安窑、茶洋窑、漳州窑等进行了考古发掘，获得了一批重要的考古发现与大量珍贵的实物标本。为我们探寻历史上的闽商集团在推进福建古代窑业发展、推动古代窑业科技进步等方面的作为和成就，提供了珍贵的历史实物资料。根据这些考古资料可以证实，至迟在 1500 年前的南朝时期（420—589），福建窑业已开始烧造成熟的青瓷器，并随着窑业技术的进步，窑业生产持续发展，制瓷水平不断提高，取得了许多重要成就。与此同时，福建窑业生产的大批陶瓷器源源不断地输往海外各地，促进了中国与东西方各国的经济文化交流，扩大了古代华夏文明对世界的影响。

福建古代窑业生产

福建地区古代窑业的生产，经历了青铜时代（福建地区的青铜时代相当于中原地区的商周时期）原始瓷的萌芽；南朝时期青瓷的滥觞；隋、唐、五代青瓷的兴起与发展；宋元时期达到青瓷、青白瓷、黑釉瓷并举的鼎盛阶段；元末明初渐入低潮，仅维持少量青瓷、白瓷生产；到明代中、晚期窑业开始复兴，白瓷、青花瓷迅速崛起；清代青花瓷成为主流，并持续到了近代。

南朝、隋、唐、五代时期的青瓷

诞生于青铜时代的原始青瓷虽然在自己的生命进程中，在技术和质量方面有了一定的进步，但是并没有在后来的社会历史阶段得到进一步的持续和发展，直到汉魏时期之前，考古发现尚未找到它们在早期封建社会的遗存。最早的青瓷，一般认为出现在东汉时期。而在福建地区发现的早期青瓷窑址目前还只是南朝时期的。[2]

经考古调查发现的南朝时期窑址在福州怀安窑、晋江磁灶窑，并且在同一地域其窑业都有延续至唐五代甚至到宋元时期。

晋江磁灶窑

溪口山窑址 位于磁灶镇下官路村双溪口处的溪口山西坡，因垦殖窑址受到了严重破坏，遗物散布范围约 3600 平方米，采集的陶瓷器标本主要是青釉器，此外还发现制瓷工具陶拍。溪口山窑址发现的窑具都是束腰形垫座。1977 年，福建泉州海外交通史博物馆的磁灶窑考古调查小组对溪口山南朝窑址进行了小规模的试掘（发掘范围长 4 米、宽 3 米），出土的一批器物标本可分为陶瓷器、制瓷工具、窑具等。其年代为南朝晚期至唐代。[3]

溪墘山窑址 位于磁灶镇前埔村西，南濒梅溪，遗物散落分布于地表。考古调查采集的标本皆为青釉器，其胎质较细，胎色灰或青灰，釉色有青黄、青绿，釉面多有细小的冰裂纹，器物皆施半釉，外底无釉露胎，碗、盘等器物用支钉叠烧。主要的器形有碗、盘、盏、盆、罐、执壶、水注、灯、器盖、香熏盖等。溪墘山窑址的碗、盘，其特征为饼足，或饼足略凹，以及较宽的矮圈足，采用支钉叠烧工艺，直口、矮颈、折肩罐以及葵口碗、执壶水注等器形均具有晚唐、五代风格，因此该窑址的年代当为晚唐、五代时期。[4]

宋元时期的三大瓷系

两宋时期，尤其是宋室南渡后，政治、经济中心南移，海外交通与贸易进一步扩大，大大刺激了福建地区的商品生产，制瓷手工业发展到了历史的鼎盛，考古发现的这时期的瓷窑址的数量达 170 余处 [5]，形成沿闽江、晋江、九龙江水系分布的窑业生产格局与多品种的窑业生产类型。同时，在充分吸收外来制瓷技术的基础上，形成了福建地区特色的制瓷手工业生产技术体系并在多方面取得高度的窑业技术成就。其间，通过泉州、福州等港口的陶瓷器外销也达到空前的规模。

宋元时期窑址遍布全省各地，不仅数量多、规模大，而且陶瓷产品种类齐全、质量提高，往往一处窑场兼烧几个品种的瓷器。在福建形成黑釉瓷、青瓷、青白瓷三大瓷系鼎立的窑业生产繁荣局面。同时还善于吸收外来先进的制瓷技术，出现褐釉、绿釉、黄釉及釉下褐彩、剔刻花等瓷器装饰工艺。

两宋时期福建地区制瓷业，依赖山地解决瓷器原料和烧窑燃料的来源，利用水源解决瓷土加工和产品的运输。因此，大多数窑址分布在江、河、溪流沿岸的山地，形成了沿水系分布的制瓷手工业生产格局。窑址数量多，窑场规模大且品种齐全、质量较高。不仅自晚唐五代以来的仿越窑，至宋代开始仿龙泉窑的青瓷持续发展，而且仿景德镇窑的青白瓷、建窑及仿建窑的黑釉瓷也后来居上，并常见三者共处一窑的现象，制瓷业形成三大瓷系鼎立的局面。在此期间，各地、各瓷系产品的生产并非均衡、同步发展的。相反，由于各种自然和社会条件的不同或变化，各窑场在两宋时期各阶段的生产表现出纷纭复杂的情况，它们之间既相互影响，又共同竞争，此消彼长，使福建地区制瓷业呈现出一派生机勃勃、空前繁荣的面貌。

仿龙泉窑的青瓷器生产

自晚唐、五代时期以来，福建地区青瓷器生产主要是来自越窑的影响。

北宋时期，与浙江省龙泉市接壤的福建北部松溪、浦城等县，部分窑址的青瓷产品及其工艺技术（如斜坡式龙窑、凹底的"M"型钵、施釉及底、或裹足、双面或单面刻划花、流行篦纹或宽篦纹等）与龙泉窑基本相同，因此可将其视为龙泉窑系统。

南宋时期，由于龙泉窑的影响日益增大，福建仿龙泉窑青瓷的生产区域迅速扩展，闽江流域大部分窑场都有不同规模的青瓷烧造，但产品工艺特征表现的主要差异为：一方面，器物装饰仍然多为双面或单面刻划花，流行篦纹或宽篦纹，主体纹样、图案虽依然相似但却表现出更加简约、草率、急就的风格；另一方面大量主要使用凸底的漏斗形匣钵，器物施釉不及底，外底与足部露胎。此类的青瓷器窑址，形成了一个福建仿龙泉窑的制瓷业体系。

晋江磁灶童子山窑址

童子山窑址位于磁灶镇岭畔村东北的童子山南坡，南临梅溪，窑址遗物散布面积达万余平方米。童子山窑址历经多次考古调查。1977年,福建泉州海外交通史博物馆发掘一探沟,出土一批遗物标本,主要是青釉器和素胎器,两者的胎质类似,均为陶质,较粗松,呈灰或深灰色,釉色多偏青黄,一般器内满釉、器外施半釉、底部露胎,多数在釉下用褐彩绘画(花鸟虫鱼、山水)以及写有诗词、文字等。主要器形是各式盆,其他还有罐、缸、壶、枕等。

童子山窑址的年代为南宋晚期至元代。[6]

以建窑为代表的黑釉瓷生产

茶叶的发现、种植和饮用源自中国,历代饮茶方式均有所不同。至宋代为点茶(即将茶末置于茶碗中,用沸水冲点、搅拌之后品饮),饮茶风习崇尚"斗茶",所用茶碗以黑釉盏为佳,而"建安所造者""最为要用"(蔡襄《茶录》)。福建的黑釉瓷也在这时期达到了其成就的巅峰。北宋中期以来,建窑因烧造出兔毫、油滴、曜变等精美斑纹的黑釉茶碗而称誉当世,并一度被指定为宫廷烧造御用茶碗(其碗底的圈足内往往有刻、印"供御""进琖"字样)。由于赵宋皇室及上层社会的争相推崇,以及在建窑黑釉的工艺、艺术成就的影响下,宋代黑釉瓷生产得以长足发展,各地窑场纷纷而起,竞相仿制,窑址遍布全省20余个县市,形成以建窑为中心的大规模的黑釉瓷生产体系。窑址主要分布于闽北和福州地区。

晋江磁灶窑

在晋江市磁灶镇一带分布有多处宋元时期的窑址,经过正式考古发掘的为土尾庵窑址和金交椅山窑址。

金交椅山窑址 位于晋江市磁灶镇沟边村北,窑址遗物堆积主要分布于交椅山北坡和西坡,面积达万余平方米。2002—2003年进行抢救性考古发掘,实际发掘面积1500平方米,揭露龙窑遗迹4座、作坊遗址1处。龙窑皆为条形斜坡式,各有叠压打破关系。作坊遗址发现有柱洞、碌墩、贮泥坑、灰坑、路面以及陶缸等。窑具多为垫柱、垫座、垫圈、垫饼、支钉等,以明火叠烧、套烧、支烧。出土陶瓷器主要是青瓷、酱黑釉瓷。器形有碗、盏、壶、瓶、罐、水注、执壶、盏托、灯盏、灯座等。器物以素面为主,一部分流行花口、腹部瓜棱、刻划条纹等装饰。

金交椅山窑址的年代为北宋至南宋中期。[7]

土尾庵窑址 位于晋江市磁灶镇岭畔村西的土尾庵,1995年抢救性发掘面积100平方米,揭露龙窑遗迹一段。出土窑具有垫饼、垫柱和"M"型匣钵,多数有刻划符号、姓氏等。出土瓷器有青瓷、酱黑釉器和黄绿釉器三类,以及青釉褐彩等。黄绿釉器施化妆土,二次烧成。器形多种多样,有碗、盘、碟、盏、杯、钵、盆、罐、壶、盏托、水注、执壶、灯、炉、瓶、枕、砚、砚滴、急须、军持、花盆、扑满、香薰、腰鼓以及神像(如力士)、动物模型等等。瓷器装饰有釉彩（如黄釉、绿釉或黄、绿釉兼施，青、黑釉兼施等），以及青釉褐斑、褐彩等。装饰技法有刻划、剔刻、模印、堆贴、雕塑、绘画等多种。装饰纹样图案有祥禽瑞兽（龙、凤、龟、蟾蜍、狮等）、花草（莲花、牡丹、寿桃、蔓草、荷叶等），以及卷云、云雷、几何形、弦纹等。其中以各式龙纹最有特色。[8]（图46—1、2、3）

土尾庵窑址的年代为南宋晚期至元代。

蜘蛛山窑址 位于磁灶镇岭畔村南，目前的遗物堆积范围仅存600余平方米。历次考古调查采集的遗物标本主要是陶瓷器和窑具。

蜘蛛山窑址的陶瓷器品种有青釉器、酱黑釉器、绿釉器以及素胎器，胎质基本相同，一般质地较粗松，胎色呈灰、灰褐，施釉不到底。器形种类较多，有碗、盏、碟、盘、洗、盅、罐、盆、瓶、炉、灯、盏托、执壶、军持、器盖等。器物的成型工艺有轮制、模制、手制。装饰工艺主要有模印、堆贴、雕塑、剔刻以及彩绘等。

绿釉器的釉色深绿或墨绿，有的釉面局部蛤蜊光，应为低温铅绿釉。

素胎器有的表面施有黄白色或黄褐色的化妆土，应是绿釉或黄釉器的素坯。

窑具有垫饼、垫座、垫柱、匣钵等。

蜘蛛山窑址的年代为南宋晚期至元代[9]（图47—1、2、3）。

福建制瓷手工业的科技成就与社会

宋代以前福建地区的制瓷手工业，在全国制瓷业中的地位和影响尚不足为人道；北宋开始渐趋发达，并以建窑黑釉瓷的成就跻身中国名窑之列；南宋时期的福建更成为全国重要瓷窑区之一，并在我国的陶瓷外销中与景德镇窑、龙泉窑形成鼎立之势，有着举足轻重的地位。明清时期德化窑的乳白釉瓷（俗称"猪油白"）成为我国白瓷的代表，海外誉为"中国白"；漳州窑、德化窑的青花填补了海内外的市场空缺，大有与景德镇窑平分中国外销瓷天下之势。

福建古代窑业在中国陶瓷史上的重要历史地位，除了当时的历史背景与机遇、优越的自然地理条件之外，福建制瓷业所取得的技术进步与成就也是十分重要的因素。

福建古代窑业技术

发达的龙窑构筑技术

福建是我国最早出现和使用龙窑的地区之一。

南朝时期，福建地区使用龙窑烧造青瓷。[10]

专家认为，平焰式的龙窑，在同样的坡度下，窑炉越长其上升越高，抽力越大。如果投柴配合得好，就可以快速烧成，提高窑的产量。在追求瓷器产量的刺激下，为扩大装烧量，福建北部地区龙窑向增加长度的方面发展，窑炉的构筑方法也因地制宜、不断改进。窑炉的加长，不仅说明筑窑技术进步，同时还反映烧窑技术的提高。

闽南地区的护窑墙龙窑

晋江水系的闽南地区，宋代窑址发现的龙窑，其基本结构与闽北地区致相同，但是长度稍短、宽度稍大，普遍有加固窑炉的护窑墙结构。根据考古发掘资料，在磁灶窑金交椅山窑址（五代至北宋）等的龙窑已出现了平面呈弧形的护窑墙。元代龙窑普遍使用护窑墙。

晋江磁灶金交椅山窑址的龙窑金交椅山窑址的 2 号窑炉（残长 60.88 米）在其窑室的两侧，分段砌筑有外侧弧形的护窑墙，以加固窑炉。从窑旁有一定规则排列的柱顶石、礤墩等分析，窑炉上方可能有遮挡雨水的顶篷。

吸收、融汇与创新的陶瓷工艺

宋元时期的磁灶窑产品有青瓷、黑釉瓷、黄绿釉瓷三大类（图46），虽然其胎质较差（可称为"半陶胎"），但仍有以下特点：

多品种、多规格的器类、器形：器类有日用器、陈设器、文房用的器、乐器（如腰鼓）等；不少品种的陶瓷器有釉色、大小、形态等不同且形成系列（如小口瓶、罐，执壶、水注等）。

多样化的装饰工艺：用釉装饰的如黄釉、绿釉或黄、绿釉兼施，青、黑釉兼施（青口黑釉盏、内青釉外黑的碗等），以及青釉褐斑、釉下褐彩等。此外还有刻划、剔刻、模印、堆贴、雕塑、绘画等装饰技法。在丰富多彩的装饰纹样和图案中，除了传统题材外，还有一些表现出明显的异域风情。[12]

兼收并蓄——与周边窑业的关系

福建古代窑业以善于吸收周边窑业的先进工艺技术为特征：

南朝至隋、唐、五代时期的青瓷，主要受到来自浙江越窑、江西洪州窑等的影响。[13]

宋元时期的青瓷，均受龙泉窑青瓷工艺的不同程度的影响，表现出自己的区域特色。

白瓷以景德镇青白瓷的影响为主。

黑釉瓷以建窑为中心形成一个体系。

青花、五彩等均以仿同时代景德镇窑的器形、纹样与图案为主，但也有自己的鲜明风格和创新意识。

民营制瓷手工业与社会

制瓷手工业的社会组织

宋代福建制瓷手工业的生产方式，尚未见诸当时的文献，因而其社会组织的状况不得而知。然其为民营手工艺的性质、规模化与专业化的生产与管理则是可以确定的。从窑址的考古调查、发掘获得的一部分有文字的出土品可以推测其生产组织的部分状况。

磁灶窑金交椅山窑址出土的一部分窑具上刻有"孙""吴""李""王二""王八"等，应是窑工或者窑主的姓氏。工具、窑具均属于生产资料，印、刻姓氏是为了识别其所属；由生产资料的所有者，可反映该窑的所有制是私人的，其窑业的性质应是民营的。生产资料的所有者，即该类商品的经营者，可能是窑主或窑工，抑或兼有双重身份。

城市遗址考古发现所反映的制瓷业与社会物质生活

福建制瓷业的发达，生产了大批陶瓷器，其中相当一部分是供应其周边城镇的社会与百姓的生活需求的。

泉州市清净寺遗址、德济门遗址等的考古发掘，出土的陶瓷器多是其上游的德化窑、附近的磁灶窑的产品。[14]

制瓷业生产格局与水系下游港口城市的关系

沿水系分布的窑址，大多数是通过水路运输将其产品运往海内外市场。通常在这一水系的下游形成一个中心港口，以集散、周转这些陶瓷器。

晋江水系窑址的产品，通过晋江或其支流的水运下至泉州港。

中心港口的形成，一方面固然是由于其所处的地理位置在其所属流域的下游，多数也是傍依一座中心城市（如福州与福州港、泉州与泉州港、漳州与月港等），形成控制商贸的港市；另一方面应当与当时朝廷对外贸的管理机构的设立地有关（如福州、泉州等都曾经设置过管理海上贸易的机构——市舶司）。商人集团聚居于中心港市，整合来自各地窑口的产品和其他不同的货物（如西沙群岛"华光礁I号"沉船装载有来自景德镇窑、龙泉窑武夷山遇林亭窑、德化窑、磁灶窑、闽清义窑等多个窑址的陶瓷器以及铁器等其他物品），使之集于一船，出海贸易。因此，中心港市的形成，一方面制约、控制着陶瓷产品的贸易和外销，使窑址的生存依赖于港口；另一方面是陶瓷器（以及其他商品）的生产和贸易，共同促进了中心港口的发展与繁荣。

由于在日本也发现有磁灶窑的青釉器（如博多等地出土的青釉褐彩盆等），说明晋江水系窑址的产品也有北上到日本的。但晋江水系窑址的外销陶瓷器多自泉州港向南，销往东南亚地区。这一现象可以说明，宋元时期福建地区窑址的分布及其生产者对其窑业产品的选择，是与外销有着直接和密切关系的。

福建古代陶瓷的外销

两宋时期社会经济的繁荣，社会物质生活对瓷器需求的不断扩大，促使宋代制瓷业高度发展，制瓷工艺不断进步。在政治、经济、文化发达的中原与长江中下游地区，五大名窑以及北方的耀州窑、磁州窑，南方的龙泉窑、景德镇窑等大规模窑场的形成，使得自唐五代以来虽有较大发展的华南沿海地区制瓷业，仍无力参与激烈的国内市场竞争。与此同时，我国的内外交通、经济交流与对外贸易进一步发展，开拓了更加广阔的海外市场。闽商集团与时俱进、审时度势，以福建地区优越的依山傍海的地理位置与自然条件、发达的造船业与航海技术，以及悠久的海上交通与贸易的传统等优势，及时地为福建制瓷业确立了以仿制海外社会的需求产品为主、以外销为主要目的、以占领海外市场为目标的陶瓷生产与销售战略，大力推进窑业生产技术的发展与创新，以追求和提高产量，窑场规模迅速扩大，陶瓷产量大幅增加，产品种类丰富多样，快速、大批销往海外。也因此在福建陶瓷的制瓷工艺方面形成急就、草率的风格和特征。

海外古遗址出土及公私收藏的福建陶瓷

宋元时期日本 11 世纪后半期，日本的对外贸易中心从九州太宰府的鸿胪馆转移到了九州福冈的博多，一直到 13 世纪前半期，博多成为日本繁华的唯一贸易港口。此后，虽然日本国内除了博多以外的其他地方也陆续开放港口贸易，但博多仍然领衔保持着与元、明、朝（高丽）及南蛮（南洋）等地贸易的龙头地位。直到 17 世纪初，江户幕府开始"锁国"、禁止自由贸易，规定只将长崎出岛（九州地区西北部）作为日本唯一的国际贸易港口，博多作为国际贸易城市的作用才结束。[15] 在长达 6 个世纪的对外贸易与交流中，博多遗址群遗存了大量的古代实物资料，其考古发掘工作也是日本迄今为止时间最长、出土文物最多的，其中最大量的仍是陶瓷器。在博多遗址群的出土陶瓷器中，福建陶瓷占有相当大的比重。[16] 其品种有青瓷、青白瓷、黑釉瓷以及绿釉器等，涉及众多福建窑址。其中晋江磁灶窑（包括金交椅山、土尾庵、蜘蛛山、童子山等窑址）的陶瓷器被日本学术界称作"陶器 A 群"等。[17]。

东南亚地区菲律宾有大量的德化窑、磁灶窑的产品。[18] 其他在印度尼西亚[19]、马来西亚、新加坡、柬埔寨[20]、泰国等国家也都发现有福建陶瓷器。

水下考古与沉船的发现阳江"南海一号"沉船遗址[21]

位于广东台山下川岛附近海域的南宋时期"南海 I 号"沉船遗址，其前期（1999—2004）进行的水下考古调查，采集出水的一批陶瓷器，占多数的是德化窑白瓷器和磁灶窑的青瓷器、酱黑釉器、绿釉器以及闽清县义窑的白瓷器等。一部分陶瓷器上（多数在器物的底部）还有墨书题记，如"林六哥""谢""吴""王""郑知客"等等。这些墨书题记应该与所标识布器物的货主有关。如是，则可证明沉船上的货物是属多人所有、共同搭载一船前往目的地的。这也可以间接地、一定程度上反映产销两地商人、商业的资本、营销状况。

西沙群岛"华光礁 I 号"沉船遗址[22]

南宋时期沉没于海南省西沙群岛华光礁的"华光礁 I 号"沉船遗址，分别于 1998—1999 年、2007—2008 年进行了两次水下考古发掘，出水的万余件陶瓷器分别来自晋江磁灶窑等。部分出水的陶瓷器上（多数在器底）有墨书或者朱书题记，如"张号""王七""潘""吴""徐"等。

"华光礁 I 号""南海一号"沉船遗址都在闽江口以南的航路，并且两者都同时还装载有景德镇窑、龙泉窑的产品。推断"华光礁 I 号""南海 I 号"沉船也是先后通过福州港、泉州港的集散，然后从泉州港出发驶往东南亚的。从菲律宾、印度尼西亚等地的发现来看，那里福建地区的宋元时期陶瓷器也多数是来自如磁灶窑等晋江水系窑址的产品。

新安海底沉船

1977 年在韩国全罗南道木浦的新安海底发现的新安沉船，以其沉船遗物之丰富、精美而轰动一时。在新安沉船遗址打捞的陶瓷器中，除了有景德镇窑的青白瓷器、龙泉窑青瓷器之外，还有一批南平茶洋窑址的黑釉浅腹盏、福州洪塘窑址的酱黑釉小罐以及闽清县义窑址的白瓷印花碗等。[23] 根据这些陶瓷器可能的运输路线推断，它们应当是先后经过福州港、宁波巷的集散而后前往日本的 [24]。

根据已故的泰国曼谷大学东南亚陶瓷博物馆馆长布朗女士的统计，东南亚地区海域已发现的沉船数量达百余艘。[25] 然而由于种种原因，公开、正式发表资料的不多。[26]

倚山水依托原料和燃料，"取地土开窑"（《晋江县志》）；沿江河利用水力与航运，载陶瓷之属；顺流而下直济沧海，"甚饶足，并过洋"（《晋江县志》），销往世界各地。贸易全球化势不可挡的浪潮，推动着福建古代陶瓷进行了从深山到大海的这一自然过程的时空移动．这也正是贸易全球化历史进程的直接反映。而诸如磁灶窑的"王二"们所组成的闽商集团则在这一历史进程的舞台上，导演了一场场有声有色、丰富多彩、波澜壮阔的贸易全球化历史剧。

（原载《闽商文化研究文库·学者文丛（第 2 卷）》2010 年版）

注释

[1] 根据福建省文物局的第二次（1986—1988 年）全省文物普查资料。

[2] 曾凡：《福建陶瓷考古概论》，福建省地图出版社，2001 年。

[3][9][10][11] 陈鹏、黄天柱、黄宝玲：《福建晋江磁灶古窑址》，《考古》1982 年第 5 期。

[4] 福建博物院、晋江市博物馆：《晋江磁灶窑址》，科学出版社，2010 年待刊。

[5]《福建省文物概况一览表》，福建省文物局文物资料档案。

[6] 陈鹏、黄天柱、黄宝玲：《福建晋江磁灶古窑址》，《考古》1982 年第 5 期；天鹏、宝成：《一处产品外销日本的窑址年代探索》，《福建文博》1982 年第 1 期

[7] 福建博物院：《晋江磁灶金交椅山窑址发掘简报》，《福建文博》2005 年第 2 期。

[8] 福建省博物馆：《磁灶土尾庵窑发掘简报》，《福建文博》2000 年第 1 期。

[12] 栗建安：《晋江磁灶窑陶瓷器的装饰工艺》，中国古陶瓷学会：《古陶瓷研究（第 12 辑）》，紫禁城出版社，2003 年。

[13] 栗建安：《福建地区唐、五代时期的窑业》，浙江省博物馆：《2007 中国越窑高峰论坛论文集》，文物出版社，2008 年。

[14] 福建省博物馆：《泉州清净寺遗址》，《考古学报》1991 年第 3 期；福建博物院、泉州市文物局：《泉州德济门遗址发掘报告》，《福建文博》2003 年第 2 期。

[15][日] 田中克子；《日本博多遗址群出土的贸易陶瓷器与其历史背景》，《闽商文化研究文库·学省文丛（第 2 卷）》，2010 年。

[16][日] 田中克子：《博多遗址群出土陶磁心见福建古陶磁》； 博多研究会：《博多研究会志》第 9—11 号，2001—2003 年。

[17][日] 森本朝子：《日本博多地区的磁灶窑陶瓷器》，《磁灶窑址》，科学出版社，2010 年。

[18] 菲律宾庄良有先生提供的资料。

[19]《The Chinese Ceramic Found In Indonesia》。

[20] 黄惠怡：《简介柬埔寨吴哥地区出土的宋元福建陶瓷》，《闽商文化研究文库·学省文丛（第 2 卷）》，2010 年。

[21] 张威：《探索蓝色文明一——水下考古》，《地理知识》1999 年第 2 期：任卫和：《广东台山宋元沉船文物简介》，《福建文博》2001 年第 2 期；广东阳江海陵岛：《广东南海海上丝绸之路博物馆陈列》，2009 年。

[22] 中国国家博物水下考古研究中心、海南省文物保护办公室：《西沙群岛水下考古 1989—1900》，第 66—138 页，科学出版社，2006 年。

[23][韩] 文化公报部、文化财管理局：《新安海底遗物（综合篇）》，高丽书籍株式会社，1988 年。

[24] 中国古外销陶瓷研究会：《中国古外销陶瓷研究资料（第一辑）》，第 12—14 页；故宫博物院研究室编译，1981 年。

[25]Roxina Brown，2001.

[26]Frank Goddio：《Weisses Gold》Steidl，1997.

简介柬埔寨吴哥地区出土
的福建宋元陶瓷（节选）

◎黄慧怡

　　柬埔寨吴哥古迹是 9—15 世纪东南亚最宏伟的政治和宗教建筑。1992 年，联合国教科文组织宣布柬埔寨吴哥古迹列入世界文化遗产，引起国际关注，自此各国投入大量资源协助维护这座历史瑰宝。10 多年来，各国在对吴哥古迹进行维护、调查、发掘期间，出土了不少中国陶瓷，当中以福建宋元陶瓷占较大比例，这项发现为福建与东南亚宋元时期贸易提供了崭新的考古证据。

吴哥地区陶瓷考古发现与研究简述

　　吴哥王朝（802—1432）是柬埔寨古文明最辉煌的时期。自阇耶跋摩二世统一真腊后，先后在今暹粒省的荔枝山、罗洛士等地建都，至耶输跋摩一世才定都于吴哥。在 1432 年国王蓬黑阿·亚特迁都金边以前的 500 多年间，吴哥地区一直是高棉王国的政治、经济、社会和宗教中心。9—12 世纪是吴哥王朝的兴盛时期，君主多信奉印度教，建造的庙宇都是奉印度教的神祇，如吴哥窟和周萨神庙等在此时兴建。占族人在 1177 年侵占吴哥并烧毁以木结构为主的吴哥城，信奉大乘佛教的阇耶跋摩七世负担起重建工作，建造象征皇权的吴哥城域墙、皇宫和皇家浴池等设施，又兴建大批佛教寺庙，如巴戎寺、塔普伦寺和圣剑寺等，皆是吴哥王朝建筑艺术之杰作。[1]

　　宋元时期，记载吴哥王朝的中国文献以元代使节周达观在 1295—1996 年间奉命随使到真腊[2]所写的《真腊风土记》最为重要。在其"欲得唐货"条载："其地想不出金银，以唐人金银为第一，五色轻缣帛次之，其次如真州之锡镴、温州之漆盘、泉处之青瓷器……"[3]可见在 13 世纪末，泉州和处州（浙江龙泉一带）生产的中国瓷器是高棉人渴望得到的货品。吴哥地区考古调查和发掘出土的中国陶瓷，是 700 多年前周达观描述的中国与柬埔寨贸易的最佳印证。

最早研究吴哥地区出土的中国陶瓷的学者是法国远东学院学者伯纳·菲腊·格罗里耶，他曾提及在吴哥城皇宫出土约 5000 片 12—13 世纪的中国陶瓷碎片。[4] 从吴哥地区出土的中国陶瓷所见，柬埔寨是东南亚地区输入中国陶瓷，尤其是福建宋元陶瓷的主要消费地点之一。中国陶瓷一般较高棉陶瓷容易辨认，且具明确的年代依据，它对了解吴哥王朝的经济活动及其与中国的贸易提供了重要的考古证据。自吴哥古迹在 1992 年公布为世界文化遗产后，各国先后加入维护吴哥古迹的行列。虽然大家的工作重点都是集中于保护建筑遗迹，考古研究工作一直处于从属地位，但维护庙宇建筑的过程多先要进行考古调查与发掘，以更准确地把握建筑物的兴废年代及相关的人类活动情况，由此陶瓷遗物陆续出土。近 10 多年来，多支吴哥工作队伍越来越重视出土陶瓷的研究工作。他们认为除吴哥宗教建筑外，中国陶瓷的出土为吴哥时期的时空和经济结构发展提供了新的研究线索。当笔者翻阅各工作队之陶瓷出土报告时，发现当中多有出土福建宋元陶瓷（表一）。

已发表的吴哥地区出土陶瓷文章不少，按主题分类，有针对某一个遗址的陶瓷分析报告，如法国远东学院发表关于吴哥城皇宫和皇家浴池的调查报告 [5]。Marie-France Dupoizat 博士在 1998 年，整理及研究法国远东学院郭榭于 1995—1997 年在吴哥城皇宫发掘出土中国陶瓷的报告。[6] 日本政府拯救吴哥工作队 1994 年于吴哥巴戎寺及十二审判塔发掘出土大量的中国陶瓷片，包括同安窑、南安窑、德化窑和莆田窑等的产品，并综合山本信夫教授在日本太宰府遗址和森田勉教授、小野正敏教授、上田秀夫教授的贸易陶瓷编年资料，对出土的中国陶瓷进行分析。[7] 另外，香港陶瓷下西洋研究小组介绍吴哥城和十二审判塔出土的中国陶瓷，[8] 并对十二审判塔出土的中国陶瓷的产地、年代和功能进行初步探讨。[9] 日本上智大学及奈良文化财研究所分别在吴哥窟西甬道 [10]、吴哥城班蒂喀黛寺 [11] 及西都寺 [12] 进行发掘，出土宋元时期德化自瓷、青白瓷盒等碎片。2000 年的《高棉研究期刊》创刊号以高棉陶研究为主题，刊载了多篇吴哥地区考古发掘出土陶瓷的分析报告，包括日本政府拯救吴哥工作队从 1995—1999 年在巴戎寺北藏经殿发掘出的陶瓷的分析报告、[13] 中国拯救吴哥工作队发表 1998—1999 年在周萨神庙考古发掘的报告、[14] 美国世界古迹基金会在 1989—1999 年在圣剑寺出土陶瓷的简介。[15] 对吴哥地区出土中国陶瓷作分期、产地和功能等研究的综合性文章，如格罗里耶以高棉陶瓷业之兴衰，分析吴哥地区出土中国陶瓷的种类及其与高棉陶瓷的关系，[16] 罗珊娜·布朗博士根据她在泰国东北部发掘高棉窑址和庙宇遗址的新资料，补充格罗里耶高棉陶瓷的分期研究，[17] 澳大利亚悉尼大学大吴哥计划陶瓷组组长艾丁·克雷明博士，2006 年发表首篇综述吴哥地区出土中国陶瓷的文章，对各队伍发掘出土的中国陶瓷分布、数量和种类作统计和分析。[18] 约翰·密西教授则初步对比宋元时期吴哥地区与岛屿东南亚地区出土中国陶瓷的不同模式，[19] 这为往后的综合性研究提供了较坚实的基础。

福建宋元陶瓷在吴哥地区的分布与分期

根据笔者统计，吴哥地区出土福建宋元陶瓷的遗址包括吴哥城的皇宫、皇家浴池、巴戎寺、十二审判塔、班蒂喀黛寺、吴哥窟、西都寺、周萨神庙、圣剑寺、Trapeang Thlok-Prasat Trapeang Ropou、Tumnup Barang 和北水道，共 12 处，所有地点都是位于 9—13 世纪吴哥城或吴哥遗迹中。各个工作队伍整理及编写陶瓷分析报告需时，出土福建宋元陶瓷的分布地点应不限于以上数处。从空间分布所见，福建宋元陶瓷并不是集中于某一两个地点，而是广泛分布于吴哥地区不同遗址当中。时间分布集中 11—14 世纪（北宋中期至元代）。福建宋元陶瓷输入吴哥地区的时间应持续近 400 年。需要注意的是，不少中国陶瓷都是发现于建筑物的平台填土当中，有部分报告未能提供确切的考古地层资料供参考，这为探讨出土陶瓷的相对年代造成一定的研究困难。[20] 另一方面，我们难以根据兴建该建筑物的君主在位年期和建筑物兴废年代，推论吴哥地区出土的福建宋元陶瓷与该建筑物的关系。因大部分输入的外国陶瓷都是晚于建筑物的兴建年代，唯有通过中国文献、碑文等资料才能做更深入的分析。

依考古发现所见，周达观提及福建泉州青瓷和浙江龙泉青瓷并不是唯一进口到吴哥地区的中国陶瓷制品。截至目前，最早输入吴哥地区的中国陶瓷可追溯到 9 世纪。在罗洛士庙群巴公寺附近的 Prei Monti 遗址，法国远东学院曾发现长沙窑执壶，广东窑青釉罐、盆等残片。[21] 另外还有 10 世纪越窑青瓷、定窑白瓷、安徽繁昌窑青白瓷器；[22] 11—12 世纪建窑或吉州窑黑釉器碎片、钧窑及官窑碎片[23]、潮州窑青白瓷、耀州窑青瓷；11—13 世纪南安窑青瓷及青白瓷；12—13 世纪同安窑青瓷；11—14 世纪德化窑青白及白瓷；13—15 世纪磁灶窑酱釉器、绿釉器、无釉陶器；12—14 世纪莆田窑等闽南青瓷；11—14 世纪景德镇青白瓷；12—15 世纪龙泉青瓷；14—17 世纪景德镇青花瓷等（表一）。品种包括青瓷、青白瓷、白瓷、酱釉器、黑釉器、绿釉器、青花瓷、无釉陶器，其中以青瓷、青白瓷、白瓷占多数。器形方面最少有 15 种，有碗、杯、盘、洗、碟、香炉、瓶、粉盒、盖罐、执壶、军持、小罐、盆盖和贮藏罐等。各个遗址仍有大量陶瓷碎片需要长期整理和分析，出土之陶瓷片多十分破碎和细小，要准确区分窑口、器形和年代尚存在一定难度。不少考古报告只做简略介绍，未有附图。

笔者所见吴哥地区的福建宋元陶瓷多为闽南地区一带窑场生产的制品，然而陶瓷研究者对各个窑址或区域有不同的分期方法[24]。

南宋晚期至元代

磁灶窑的产品是一种在吴哥地区常见之类别，它产于泉州西南面的晋江县。磁灶窑群建于晋江可连接泉州湾一带，产品包括青瓷、黑釉器、酱釉器、绿釉器、黄釉陶器、绿釉褐彩器和无釉陶器等，器类包括碗、杯、盆、盒、罐、瓶、香炉、执壶、灯、小罐、军持和动物小件等[25]。悉尼大学大吴哥计划考古队在 Tumnup Barang 发现一些磁窑的碎片，如 Tumnup Barang 遗址的酱釉碗和小口瓶底。周萨神庙出土的绿釉黄酱釉贴龙纹瓶（军持？）。另外在豆蔻寺[26]和西都寺出土的绿釉菊瓣纹粉盒[27]，与晋江磁灶窑之绿釉菊瓣纹盖盒形制相同，相信应为13—14世纪之同类产品[28]（图8）。关于小口瓶的产地和年代，综合磁灶窑已发表的报告，曾竹山和金交椅山都有生产这类小口瓶。[29]其他磁灶窑场也可能生产这类器物。南宋中期，小口瓶的造型短颈、斜肩、长身小底。元代，小口瓶的肩和底的比例更加悬殊，肩部变宽，底部相对较窄，整体的高度比南宋中期较矮[30]。早期小口瓶的造型较规整，在口沿和肩部施釉，元代大部分的小口瓶为无釉或只有口沿带釉，因此我们相信在十二审判塔北水池发现的小口瓶应属于14世纪磁灶窑的产品（图9）。

柬埔寨吴哥地区出土的福建宋元陶瓷与吴哥社会

福建宋元陶瓷在吴哥社会的使用情况

吴哥地区出土中国陶瓷的情况，我们归纳出几个特点：

第一，从考古发掘资料显示，在吴哥范围以外，较少发现大量的中国陶瓷。相反，大部分出土中国陶瓷的遗址都集中在吴哥城和吴哥窟主要宗教和官府建筑物范围内。《真腊风土记》"器用"条载："寻常人家……盛饭用中国瓦盘或铜盘……贫人则用瓦钵子。若府第富室，则一一用银，至有用金者。国主处多用金为器皿，制度形状又别。"综合各吴哥地区遗址的考古发现，或许我们需要补充周达观对吴哥王朝器用制度的观察。格罗里耶指出一些较高质量的北宋时期的中国瓷片集中在皇宫区一带发现，如越窑青瓷、定窑器、钧窑及官窑器、建窑或吉州窑黑釉器等[31]。又如在皇家浴池出土12世纪福建青白瓷划花瓶和粉盒。[32]1999年，日本政府拯救吴哥工作队在巴戎寺基坛北出土11世纪后半至12世纪前半的耀州窑青瓷大碗。[33]更重要的发现是在吴哥窟西甬道，上智大学工作队报告出土一元代白釉印卷草纹碗，碗底有"宫"字款墨书。[34]这说明一些较高质量的中国陶瓷持续在宋元时期进奉高棉宫廷作为外交礼物，[35]而上层阶级似乎不单只使用金银器，也使用中国陶瓷。吴哥地区也输入不少质量较差的粗瓷，如在十二审判塔出土的13世纪末至14世纪莆田窑青灰釉碗和14世纪龙泉窑系莲瓣纹青瓷碗残片等。[36]虽然我们尚不能确定粗瓷使用者的身份，如周达观对13世纪末吴哥地区的器用制度所言非虚的话，则中国陶瓷也有可能被寻常人家所使用。

第二，从吴哥地区出土中国陶瓷与陶瓷总数量的比例所见，一般都在百分之十或以下。[37]根据克雷明的统计，如1995—1997年近皇宫的空中宫殿出土外国陶瓷有5425片，当中大部分为中国陶瓷，占总陶瓷片数量10.8%；成寺西北藏经殿出土1156片陶瓷，中国陶瓷仅占5.1%。[38]目前为止，我们没有福建宋元陶瓷出土数量的统计数字及其与其他中国陶瓷和东南亚陶瓷之比例，但综合各个遗址考古发掘报告的资料所见，福建宋元陶瓷毫无疑问是吴哥地区输入中国陶瓷的大宗。福建陶瓷常与高棉陶瓷共同出土，并且多为陶瓷器碎片的小件器物，如碗、盖盒、罐、盆和器盖等，另有一些酱釉和无釉罐应为人们的生活用器。[39] 吴哥出土的福建陶瓷主要产自闽南窑场，包括晋江磁灶窑、南安窑、莆田窑、同安窑、德化窑和安溪窑等的产品，以德化窑的青白瓷、白瓷碗和粉盒最为常见。依陶瓷比例所见，中国陶瓷在宋元时期的吴哥地区仍然不是十分普及与大众化的产品，或只是限于生活在这个地区的人，或者只限于吴哥地区百姓、特定阶级、宗教机关使用。这与同时期的印度尼西亚和菲律宾等地的广泛分布，大众普及使用中国陶瓷情况有所不同。直至 15 世纪吴哥王朝衰落以后，柬埔寨各地区的百姓才较普及地使用中国陶瓷。[40]

福建宋元陶瓷与高棉陶瓷业之关系

中匡政府拯救吴哥工作队 1999 年于吴哥周萨神庙进行考古发掘工作。发掘面积共 117 平方米，不超过 100 件高棉青釉、褐釉、无釉器，低温陶器和中国陶瓷出土。[41] 根据考古发现，高棉青釉盖盒在早期的地层出土，当中并没有中国陶瓷碎片共存。但是，在 13—14 世纪地层，发现德化窑青白瓷和白瓷盖盒与磁灶窑绿釉瓶（或为军持）与高棉褐釉大罐碎片及青釉碗底、器壁外带涩圈共出。相似的证据可以在班蒂喀黛寺找到，在第八层德化自瓷菊瓣形盖盒与高棉褐釉小口罐共出。[42] 以上的考古发现，为格罗里耶对高棉陶瓷的编年提供了新的证据。他认为荔枝山类型的青釉器[43] 应在 12 世纪晚期结束，至巴戎时期，即阇耶跋摩七世（1177 之后），高棉窑工转为生产褐釉和黑釉器[44]（图 3）。11—14 世纪的高棉器物与福建各窑器物十分相似。例如高棉盖盒上带竖线纹就是吸收了 11 世纪晚期至 12 世纪南安窑或潮州窑同类粉盒造型的因素。不过，有学者认为 13—14 世纪的磁灶窑典型的褐釉扁罐（图 4）、矮形执壶和绿釉军持的造型，极有可能受到东南亚市场的影响，反过来模仿某些高棉陶瓷的造型，用以面向东南亚海外市场的需要。[45] 然而，这个推论仍有待更多高棉窑址发掘和陶瓷遗物整理后，做进一步对比才可以证实。综合从考古地层出土高棉陶瓷与福建陶瓷的共存关系，可以确定这类褐釉高棉陶瓷器的出现，应不早于 11 世纪晚期。[46] 由此可见，宋元时期的福建陶瓷业与高棉陶瓷业的发展存在一定的互动元素。

关于福建宋元陶瓷粉盒在吴哥地区的用途

粉盒是中国输入吴哥地区最常见的器型。如在巴戎寺北藏经殿遗址，出土 57 片中间陶瓷中，粉盒碎片的数目占 39 片。[47] 这当中包括了福建宋元陶瓷粉盒。关于粉盒再吴哥地区的用途，Dupoizat 指出在古皇宫内殿附近考古发掘出土的中国陶瓷盒子，很有可能是与礼仪或埋葬有关。[48]《真腊风土记》"死亡"条载："国主有塔葬埋，但不知葬身与葬骨耳。" 法国学者戈岱司研究真腊国主及其亲属有火葬之俗，骨灰盛载于金瓶并数藏于宫内。发掘者曾发现骨灰罐，罐中已没有骨灰。[49] 荒樋久雄等学者亦报道，他们在班蒂喀黛寺前柱殴北调查，表采一个 12—13 世纪的白瓷粉盒，内藏有黑色灰、2 件金属器、1 个 U 形的银器、一个金色的金属器、一块透明石块和一块绿色石头，此器物有可能为传世品，为或祭祀或丧葬等宗教仪式之用途。[50] 另外，在阇耶跋摩七世（1181—1201）在位时兴建的圣剑寺、塔普伦寺上碑文，有供奉中国物品给寺庙神祇之记载。例如在圣剑寺 K.208 碑文（1186—1191）记录捐给寺庙神祇的资料，当中包括进口吴哥的中国物品：5 个丝织帐幔（张开用以防蚊及保护观音和其他神祇的脚部）、323 顶丝织蚊帐、23 个编织品和 520 个盒子。[51]塔普伦寺 K.273 碑文（1186）载君主捐献寺庙的中国制品中有 45 个织制帐幔（张开用以防神坛上的蚊子）、967 个帐幔、20 张草编床、25 个织物及 500 个盒子。[52]文上并没有注明供奉神祇的 500 多个中国盒子的制作物料，然而笔者相信这类盒子极有可能是陶瓷制品。南宋浙江宁波人楼钥（1137—1213）著《攻媿集》卷八八《敷文阁直学士宣奉大夫致仕赠特进汪公行状》记载，泉州知州汪大猷差点误把真腊商人辨为琉球国旁的毗舍邪国人："察之乃真腊大商，四舟俱行，其二已到，余二舟以疑似被诬。公验其物货什器信然……既知其为商旅，又岂得陷以深文始。始皆退听，即使尽入来驿，所贩黄蜡，偿以官钱。"[53]真腊商人曾直接到福建沿海地区贩卖土特产黄蜡。[54]成书于 1225 年南宋泉州市舶司提举赵汝适所著的《诸蕃志》"真腊国"条载："真腊……自泉州舟行顺风月余日可到……土产象牙、暂速细香、粗熟香、黄腊、翠毛、笃耨、笃耨脑、笃耨瓢、香油、姜皮、金颜香、苏木、生丝、绵布等物。番商兴贩，用金银、瓷器、假锦、凉伞、皮鼓、酒、糖、醯醢之属博易。"[55]中国瓷器是外国商人博易真腊上等香药的货品。成书于 1349 年元汪大渊的《岛夷志略》"真腊"条："地产黄蜡、犀角、孔雀、沉速香、苏木、大枫子、翠羽，冠于各番。货用金银、黄红烧珠、龙段、建宁锦、丝布之属。"这里所提及的建宁为宋置福建的府名，元代升为路。[56]由此可见，福建的丝织品也是对真腊贸易货品之一。再对照圣剑寺与塔普伦寺碑文资料，我们相信这类博易得来的中国瓷器和丝织品，在吴哥地区或作供奉寺庙神祇或祭祀等之用。而宋元时期泉州市舶司负责管理市易，福建沿海一带居民把外国的香药作医药、饮食、熏衣和宗教祭祀等用途。[57]福建宋元窑场盛产的粉盒很可能作盛载真腊香药的器皿。

（原载《闽商文化研究文库·学者文丛（第 2 卷）》2010 年版）

注释

[1] 中国文物研究所：《世界遗产·柬埔寨吴哥古迹：周萨神庙》，文物出版社，2007 年，第 10—12、60 页。

[2] 真腊国名，首见于《隋书·真腊传》卷八十二，唐宋时期仍称"真腊"，明万历后改称为"柬埔寨"。[元] 周达观：《真腊风土记》，中华书局，2006 年，夏鼐校注者序言，第 1 页。

[3][元] 周达观：《真腊风土记》，中华书局，2006 年，第 148 页。

[4]Groslier, Bernard-Philippe, Introduction to the Ceramics Wares of Angkor, in Diana Stock（ed.）Khmer Ceramics 9th—14th Century, Singapore, Southeast Asian Ceramic Society, 1981, pp.16.

Cremin, Aedeen, Chinese Ceramics in Angkor, Bulletin of the Indo-Pacific Prehistory

Association—Papers from the Taipei and Manila Congresses, no.26, 2006, p.121, 123

[5]Groslier, Bernard—Philippe, Introduction to the Ceramics Wares of Angkor, in Diana Stock（ec.）Khmer Ceramics 9th—14th Century, Singapore, Southeast Asian Ceramic Society, 1981, pp.9—40.

Franzatte, Marc, Nouvelles Analyses de la ceramique Khmere du Palais Roval'd Angkor Thom: etude Preliminaire, Udaya: Journal of Khmer Studies, no.1, 2000, pp.91—124.

Courbin, Paul, La fouille du Sras—Srang a Angkor Paris, 1'Ecole Francaise d'Extreme—orient, Collection de textes et documentssur l' Indochine XVII, 1988.

[6]Dupoizat, Marie—France, la Ceramique lmportee a Angkor: etude Prelimiaire, Arts Asiatiques, no.54, 1999.pp103—116.

Gaucher, Jacques, Evaluation spatiale du site d'Angkor Thom et etude dumobilier ceramique: avancement et perspectives, 3rd Angkor Vat Workshop: Angkor Ceramics International Studies and Analysis, 4th June, 2006, p.28—40（unpublished）.

[7]Yamamoto, Nobuo, Kou, Vet, Heng, Kamsan, Nakamatsu, Mayuni, Excavation and Investigation Plan of Bayon Central Terrace, Annual Technical Report on the Survey of Angkor Monument 2005—2006, Tokyo, Japanese Government Team for Safeguarding Angkor, 2006, p.123—137.

[8] 郑培凯、李果、尹翠琪:《12—15 世纪中国外销瓷与海外贸易国际研讨会论文集》,中华书局, 2005 年, 第 267—279 页。

[9] 郑培凯、李果、尹翠琪:《12—15 世纪中国外销瓷与海外贸易国际研讨文集》, 中华书局, 2005 年, 第 2—23 页。

[10][日] 丸井雅子, "了ロール•7卜西参道出土透西参道北侧基础部分の掘削调查汇上已东", Renaissance Culturelle du Cambodge, vol.6, 1999, pp.176—179.

[11]Nakao, Yoshiharu, Excavation of the Ruins of Banteay Kdei Temple, Renaissance Culturelle du Cambodge, no.11, 1995, pp.179—184.

杉山洋, "第 11•13 次掘调查出土遗物", Renaissance Culturelle du Cambodge, no.11, 1995, p.61.

[日] 中尾芳治、花谷浩、官本康治, "第 21 次掘森报告", Renaissance Culturelle du Cambodge, vol.16, 1999a, pp.93—106.

[日] 中尾芳治、菱田哲郎、宫本康治, "第 21 次强掘调查报告", Renaissance Culturelle du Cambodge, vol.16, 1999b, pp.109—120.

[日] 荒樋久雄、丸井雅子、隅田登纪子, "侧柱殿北表面采集调查报告", Renaissance Culturelle du Cambodge, vol.16, 1999, pp.180—195.

Ueno, Kunikazu, Hishida, Tetsuo, Marui, Masako, Miyamoto, Yasuharu, Tabata,

Yukitsugu，In the 45th Mission Archaeological Investigation at Banteay Kdei，2005—Brief Report at Northern Area of the Small Building D11，Renaissance Culturelle du Cambodge，no.22，2005—06a，pp.183—200.

Ueno，Kunikazu，Hishida，Tetsuo，Marui，Masako，Miyamoto，Yasuharu，Tabata，Yukitsugu，In the 46th Mission Archaeological Investigation at Banteay Kdei，2006−Brief Report at Northern Area of the Small Building D11，Renaissance Culturelle du Cambodge，no. 22，2005—06b，pp.201—212.

[12][日] 奈良文化财研究所，"西卜以广寺院の调查一第 7 次？第 8 次 –"，《奈良文化财研究所纪要》，2008 年，24—25 页。

[13]Naho，Shimizu，Preliminary Report on Ceramics Recovered from the Northern "Library" of the Bayon Complex，Angkor Thom，Udaya；Journal of Khmer Studies，no.1，2000，pp.201−215.

[14] 中国文物研究所、中国社会科学院考古研究所：《吴哥遗迹周萨神庙考古报告》,《考古学报》2003 年第 3 期，第 426—458 页。

[15]Chhan，Chamroeun，The Ceramics Collection at Preah Khan Temple，Angkor，Udaya：Journal of Khmer Studies，no.1，2000，pp.295—303.

[16]Groslier，Bernard−Philippe，Introduction to the Ceramics Wares of Angkor，in Diana Stock（ed.）Khmer Ceramics 9th—14th Century，Singapore，Southeast Asian Ceramic Society，1981，pp.9—40.

[17]Brown，M.Roxanna，The Ceramics of South−East Asia： their Dating and Identification，Second Edition，Chicago，Art Media Resources，Ltd.，2000，pp.41—55.

[18]Cremin，Aedeen，Greater Angkor Project：Ceramics 2002—2006，3rd Angkor Vat Workshop：Angkor Ceramics International Studies and Analysis，4th June，2006，pp.13−20（unpublished）.

[19]Miksic，John N.，Research on Ceramic Trade ， within Southeast Asia and between Southeast Asia and China，in John N. Miksic（ed.）Southeast Asian Ceramics：New Light on Old Pottery，Singapore，Southeast Asian Ceramic Society，2009，pp.76—78.

[20]Cremin，Aedeen，Chinese Ceramics in Angkor，Bulletin of the Indo−Pacific Prehistory Association−Papers from the Taipei and Manila Congresses，no.26，2006，pp.121.

[21][22] 笔者于法国远东学院暹粒分部所见资料。

[23]Groslier，Bernard−Philippe，Introduction to the Ceramics Wares of Angkor，in Diana Stock（ed.）Khmer Ceramics 9th—14th Century，Singapore，Southeast Asian Ceramic Society，1981，pp.9—40.p. 2.

[24] 分期资料参考福建省博物馆多个发掘宋元陶瓷发报报告及研究文章分期资料，各中

国陶瓷学者，如宋伯胤、叶文程、李辉柄、徐本章、曾凡、梅华全、陈鹏、吴金鹏、陈建中、栗建安、杨小川、林中千、王振镛、陈文、欧阳希君、郑晓君等。

叶文程：《中国古外销瓷研究论文集》，紫禁城出版社，1988 年。

德化名瓷研究文集编委会：《德化名瓷研究文集》，华星出版社，1993 年。

何振良、林德民：《磁灶窑瓷》，福建美术出版社，2002 年。

福建省博物馆：《德化窑》，文物出版社，1990 年。

福建省博物馆、冯平山博物馆：《德化瓷》，香港大学冯平山博物馆，1990 年。

福建省博物馆：《晋江磁灶金交椅山窑址发掘简报》，《福建文博》2005 年第 2 期，第 26—46 页。

厦门市博物馆：《闽南古陶瓷研究》，福州：福建美术出版社，2002 年。

德化陶瓷研究论文集编委会：《德化陶瓷研究生论文集》，德化陶瓷研究论文集编委会，2002 年。

闽南宋元陶瓷分期参考何翠媚、孟原召。

Ho，Chuimei，The Ceramic Boom in Minan During Song and Yuan Times，in Angela Schottenhammer，The Emporium of The World：Maritime Quanzhou，1000−1400，Leiden，Boston，k. In Brill，2001，pp.237−281.

孟原召，《泉州沿海地区宋元时期制瓷手工业遗存研究》，北京大学考古文博学院硕士论文，2005 年。

[25] 何振良、林德民，《磁灶窑瓷》，福建美术出版社，2002 年。

[26] 豆蔻寺资料由暹粒地区管理及保护局 Chhay Rachna 先生相告并提供实物资料拍摄。

[27] 奈良研究所暹粒工作站 Sok Sovannara 先生相告。

[28] 何振良、林德民，《磁灶窑瓷》，福建美术出版社，2002 年，38 页，54 图。

[29] 福建省博物馆：《晋江磁灶金交椅山窑址发掘简报》，《福建文博》2005 年第 2 期。

[30] 孟原召，《泉州沿海地区宋元时期制瓷手工业遗存研究》，北京大学考古文博学院硕士论文，2005 年。

[31]Groslier，Bernard−Philippe，Introduction to the Ceramics Wares of Angkor，in Diana Stock（ed.）Khmer Ceramics 9th—14th Century，Singapore，Southeast Asian Ceramic Society，1981，pp.9—40.p.21—22.

[32]Brown，M.Roxanna，The Ceramics of South−East Asia：their Dating and Identification，Second Edition，Chicago，Art Media Resources，Ltd.，2000，p. 42.

[33]Yamamoto，Nobuo，Kou，Vet，Heng，Kamsan，Nakamatsu，Mayuni，Excavation and Investigation Plan of Bayon Central Terrace，Annual Technical Report on the Survey of Angkor Monument 2005−2006，Tokyo，Japanese Government Team for Safeguarding Angkor，2006，p.125,131.

[34]Marui，Masako Archaeological Research at Banteay Kdei Temple：Overview of Investigations over the Past Ten Years，Udaya Journal of Khmer Studies，no.2，2001，pp.141—151.

[35]Groslier，Bernard-Philippe，Introduction to the Ceramics Wares of Angkor，in Diana Stock（ed.）Khmer Ceramics 9th—14th Century，Singapore，Southeast Asian Ceramic Society，1981，pp.9—40.p.30.

[36] 郑培凯、李果、尹翠琪：《12—15 世纪中国外销瓷与海外贸易国际研讨会论文集》，中华书局，2005 年，第 50—52 页。

[37]Dupoizat，Marie-France，la Ceramique lmportee a Angkor：etude Prelimiaire，Arts Asiatiques，no.54，1999.p.130.

Franiatte，Marc，Nouvelles Analyses de la ceramique Khmere du Palais Roval'd Angkor Thom：etude Preliminaire，Udaya：Journal of Khmer Studies，no.1，2000，p.92.

Cremin，Aedeen，Chinese Ceramics in Angkor，Bulletin of the Indo-Pacific Prehistory Association-Papers from the Taipei and Manila Congresses，no.26，2006，p.123.

[38]Cremin，Aedeen，Chinese Ceramics in Angkor，Bulletin of the Indo-Pacific Prehistory Association-Papers from the Taipei and Manila Congresses，no.26，2006，pp.121—123.

[39]Cremin，Aedeen，Chinese Ceramics in Angkor，Bulletin of the Indo-Pacific Prehistory Association-Papers from the Taipei and Manila Congresses，no.26，2006，p.121.

Groslier,Bernard-Philippe,Introduction to the Ceramics Wares of Angkor,in Diana Stock(ed.) Khmer Ceramics 9th—14th Century，Singapore，Southeast Asian Ceramic Society，1981，pp.9—40.p.31.

[40]Miksic，John N.，Research on Ceramic Trade ，within Southeast Asia and between Southeast Asia and China，in John N. Miksic（ed.）Southeast Asian Ceramics：New Light on Old Pottery，Singapore，Southeast Asian Ceramic Society，2009，p.78.

[41]Oiao Liang and Li Yuqun Report on Archaeological Research at Chau Say Tevoda Temple，Angkor，Udava：Journal of Khmer Studies，no.1，2000，p.255—294.

[42] 关于荔枝山类型的高棉青釉器的命名，最初是由格罗里耶提出的。他根据早期吴哥王朝建筑的荔枝山风格（9 世纪）概述在荔枝山一带发现的高棉青釉器类型。布朗有详细的解释。Brown，M.Roxanna，The Ceramics of South-East Asia： their Dating and Identification，Second Edition， Chicago，Art Media Resources，Ltd.，2000.

[43]Nakao，Yoshiharu，Excavation of the Ruins of Banteay Kdei Temple，Renaissance Culturelle du Cambodge，no.11，1995，p.115.

[44]Groslier，Bernard-Philippe，Introduction to the Ceramics Wares of Angkor，in Diana Stock（ed.）Khmer Ceramics 9th—14th Century，Singapore，Southeast Asian Ceramic Society，

1981，pp50.

[45]Cort，2000，p.138.

[46]Cremin，Aedeen，Chinese Ceramics in Angkor， Bulletin of the Indo-Pacific Prehistory Association-Papers from the Taipei and Manila Congresses，no.26，2006，p.123.

[47]Naho，Shimizu，Preliminary Report on Ceramics Recovered from the Northern "Library" of the Bayon Complex，Angkor Thom，Udaya; Journal of Khmer Studies，no.1，2000，p.214—215

[48]Dupoizat，Marie-France，la Ceramique Importee a Angkor：etude Prelimiaire，Arts Asiatiques，no.54，1999.p.115.

[49][元] 周达观：《真腊风土记》，中华书局，2006 年，134—136 页。

[50][日] 荒樋久雄、丸井雅子、隅田登纪子，"侧柱殿北表面采集调查报告"，Renaissance Culturelle du Cambodge，vol.16，1999，pp.184—185.

[51]Coedes，George，La Stele du Pru Khn d'Akor，George，Coedes，Articles sur le Pays Khmer，Tome Ⅱ，Paris，1'Ecole Francaise d'Extreme -orient，1992，p.154，157—158. 原文为梵文附以戈岱司法文翻译及注释，碑文的年代及背景参考 Lustig EaEillen Lustig 博士提供相关资料。

[52]Coecds，George，La Stele de Ta - Prohm， George，Coedes， Articles sur le Pays Khmer，Tome Ⅱ，Paris，1'Ecole Francaise d'Extreme-orient，1992，p.42，44，46.

[53][宋] 楼钥：《攻媿集》，新文丰出版公司，1984 年，1199 页。

[54] 黄蜡是一种粗制的蜜蜡。

[55][宋] 赵汝适：《诸蕃志》，台湾商务印书馆，1962 年。

[56][元] 汪大渊：《岛夷志略》，中华书局，2000 年，第 70、78 页。

[57] 林天蔚：《宋代香药贸易史稿》，中国学社，1960 年，第 325—355 页。

泉州城市遗址出土的
宋元时期陶瓷器（节选）

◎栗建安

　　此次整理的考古发掘资料的出土地点有府后山遗址（1976）、清净寺奉天坛遗址（1987）、德济门遗址（2001）、文兴与美山码头遗址（2003）、法石石头街遗址（2016）、府文庙（2017）、旧车站（2017）、小山丛竹遗址（2018）及旧人民医院（2018）等。

　　上述泉州城市遗址考古调查、勘探出土的宋元时期陶瓷器有青瓷、白瓷（青白瓷）、酱黑釉器、绿釉器及陶器，涉及的产地窑口多达35个。其中不仅有泉州周边的如德化窑、安溪窑、南安窑、厦门汀溪窑、晋江磁灶窑、泉州东门窑等窑口，还有如武夷山遇林亭窑、建窑、闽清义窑、福州宦溪窑、福清东张窑、莆田庄边窑与灵川窑等福建省内其他地区的重要窑口，以及福建省外的陕西耀州窑、河北定窑、江西景德镇窑、浙江越窑和龙泉窑等著名窑场。

　　磁灶窑：数量最多，器形品种涉及民间日常生活的各个方面。青釉器有盆、执壶、器盖、香薰等。酱褐釉器有盏、水注、罐、炉、梅瓶等（图一）。

　　泉州城市遗址出土的陶瓷器，若以数量计[1]，则磁灶窑陶瓷器为最多，除了地利因素（邻近泉州市、容易获得）、陶瓷产品的多样性（满足城市居民物质生活各方面的需求）、低档次（价廉物丰），是其占领泉州港城的消费市场的重要原因。其他窑口（如安溪窑、汀溪窑、闽清义窑、德化窑等）的产品虽在泉州市场也有一定的数量、也占有一定的商品份额，但是都没有磁灶窑相对于泉州消费市场陶瓷产品的生产与流通方面这样的优势。物质消费品市场的需求总是多方面的、是有不同消费档次的。磁灶窑则由于其制瓷原料（瓷土）资源的先天不足、未能烧白瓷，以及制瓷技术方面的问题，未能烧出较高质量的或特殊需求的产品（如越窑、龙泉窑以及耀州窑的高档青瓷，建窑、遇林亭窑、东张窑以及吉州窑与七里镇窑的黑釉茶器等），因此而有其他窑口的特定、特色和中高档的陶瓷产品（如德化窑、义窑、南坑窑、水头窑、永福窑以及定窑等的青白瓷·白瓷，景德镇窑的卵白釉官

▲图一　泉州城市遗址出土宋代磁灶窑青瓷、酱黑釉器

1. 青釉褐彩盆（文庙 TG ②：1）　　2. 青釉执壶（小山丛竹采：7）　　3. 酱釉器盖（小山丛竹 TG2 ②：1）

4. 青釉香薰盖（小山丛竹采：15）　　5. 酱釉盏（旧车站 TG1 ③：43）　　6. 酱釉水注（文庙 T1 ③：5）

7. 酱釉双系罐（法石街 TG1 ④：1）　　8. 黑釉炉（小山丛竹 TG1 ③：4）　　9. 酱釉梅瓶（府后山：76）

用器和元青花等）进入泉州市场，从而形成以磁灶窑中低档粗制陶瓷与以德化窑为代表的中高档精制瓷器互补的消费局面。

　　出土于泉州城市遗址的众多窑口陶瓷器反映了市场的需求，而为各类陶瓷产品从其生产地到消费地所建立的物资流通渠道，使得各个窑口的产品得以在泉州港城汇聚，从而实现其商品价值。也正是具备汇集周边各大窑场（如磁灶窑、德化窑、南坑窑、汀溪窑以及义窑等）大量陶瓷产品的功能和地位，宋元时期的泉州成为中国外销陶瓷集散的重要中心城市。

　　泉州城市遗址出土宋元时期陶瓷器的品种繁多，表明宋元时期的泉州已经成为多阶层人群共居的消费城市，反映的是当时的不同阶层的物质生活与文化。磁灶窑梅瓶的频频出土，反映酿酒业与民间饮酒的普及……出土的林林总总的陶瓷器，无疑是反映、复原宋元时期泉州社会物质生活和文化面貌的重要实物资料。

　　通过对泉州城市遗址出土陶瓷器的分析，已辨识其大部分所属产地和窑口，这些窑口的陶瓷器已在海外历史文化遗存及公私收藏中发现。多年来，我国的水下考古发现了多艘宋元时期沉船，出水的大批陶瓷器船货，足以证实泉州港与它们的密切关系。这方面代表性的重要沉船有广东阳江"南海Ⅰ号"、海南西沙"华光礁Ⅰ号"沉船。

　　"南海Ⅰ号"沉船遗址出水陶瓷器以福建陶瓷的数量最大、窑口众多（有德化窑、义窑、磁灶窑、罗东窑、东张窑、庄边窑以及福建其他窑口）、品种丰富（有青白瓷、青瓷、酱黑釉器、绿釉器以及青釉褐彩、绿釉黑花器等等）（图二）[2]。

"华光礁Ⅰ号"沉船遗址出水的万余件陶瓷器中以福建窑口的产品最多,有义窑、德化窑的白瓷、青白瓷,磁灶窑的青瓷、酱黑釉器(图三),南安罗东窑、松溪回场窑的青瓷等。

泉州城市遗址出土的宋元时期陶瓷器,数量大、品种多、来源广,一定程度上反映了当时泉州城的物质和文化生活多元共存、安宁富足的社会面貌,同时也证实了泉州地区陶瓷手工业生产与陶瓷商品经济的繁荣发达,奠定了泉州港在"海上丝绸之路"陶瓷贸易中的重要历史地位。陶瓷成为泉州立于宋元时期世界商贸中心的坚实基础。

▲图二 "南海Ⅰ号"沉船出水的磁灶窑器物

▲图三 "华光礁Ⅰ号"沉船出水的磁灶窑器物

(原载《泉州城考古学术研究会论文集》科学出版社 2012 年版)

注释

[1] 此处是指考古发掘采集的出土标本数量。

[2] 中国社会科学院考古研究所、福建博物院、泉州市海上丝绸之路申遗中心:《泉州南外宗正司遗址 2019 年度考古发掘报告》,科学出版社,2020 年。国家文物局水下文化遗产保护中心、广东省文物考古研究所、中国文化遗产研究院、广东省博物馆、广东海上丝绸之路博物馆:《"南海Ⅰ号"沉船考古报告之二——2014—2015 年发掘》,文物出版社,2017 年。

[3] 中国国家博物馆水下考古研究中心、海南省文物保护管理办公室:《西沙水下考古 1998—1999》,科学出版社,2006 年。

福建陶瓷的诸色之美（节选）

◎汪　震

　　古人对于精神世界美的追求，以物为外延，往往体现在造型、色彩、纹饰等诸多方面。陶瓷是最能体现中国文化魅力的器物之一，在数千年的发展过程中，它已成为东方艺术的重要载体。而福建地区同样拥有引以为傲的陶瓷史，这里天然赋予的瓷土、水源、林木、矿产等资源优势，汇聚于陶瓷的烧制之中。工匠们融会贯通，吸收南北制瓷所长，历代均有独具特色的产品诞生，窑火未曾中断。而其间缤纷釉色的呈现，不但是古人对于复杂工艺的精准把握，也渗透了过往时代的人文精神和审美意趣。

　　到宋元时期，福建以釉下褐彩装饰的窑口更为普遍，晋江磁灶窑、漳浦赤土窑、南平茶洋窑等都有发现。

　　相比于青釉，绿釉是更为深浓的颜色，其呈色为铜离子，与青瓷完全不同。福建地区生产的绿釉陶瓷以磁灶窑最为著名。作为历史悠久的外销窑口，磁灶窑为我们展现了民间用瓷更偏爱色彩丰富、装饰风格活泼的发展趋势，与文人士大夫偏爱的纯色用瓷走上了完全不同的发展路线。这种趋势从唐代长沙窑便已十分明显，包括宋元的红绿彩，到明清诸多彩瓷的外销达到高峰。磁灶窑地处海滨，林木、制瓷矿石等资源不及山区丰富，或许对窑温等技术细节产生一定影响。磁灶窑产品胎质较为粗疏，致密程度不够，有学者倾向将其视为釉陶器。但磁灶窑产品装饰之丰富、颜色之悦目，完全开辟了另一种视野。磁灶窑运用绿釉、黄釉、褐釉等装饰，从技术特点上看更接近唐三彩。唐三彩多以较高温度烧坯，再施以含铅较高的低温绿釉，与长沙窑无铅高温绿釉不同。在"南海Ⅰ号"沉船中也发现精美的绿釉陶瓷，经成分分析基本确定来自磁灶窑（图一）。磁灶窑出土纯绿釉器还包括军持、壶、瓶、水注、鼎炉等，不少应为外销品种。

　　　　　　（原载《文艺》2015年第3期）

▲图一　磁灶窑绿釉印花碟

泉州市博物馆藏宋元外销军持赏析——伊斯兰文化与泉州"海上丝绸之路"陶瓷外销初探(节选)

◎ 林珊娜

泉州地处福建东南沿海,历史悠久,文化底蕴丰厚,是国务院首批公布的 24 个历史文化名城之一。这里自古海外交通贸易频繁,唐代泉州港就已成为中国对外贸易的四大港口之一,宋元时期泉州港曾被誉为与埃及亚历山大港齐名的"东方第一大港",发达的海外交通贸易也使得各种民族和宗教得以传入,多种民族多宗教文化在这里和睦相处,因此素有"世界宗教博物馆"之称。在泉州的各大小博物馆,至今仍保存着许多能见证泉州多宗教并存的文化特色及海外交通发达的重要历史文物。本文仅以泉州市博物馆馆藏的外销军持为例,以此探讨伊斯兰文化与泉州"海上丝绸之路"陶瓷外销的互动。

宋元时期随着泉州海外交通的发达,泉州陶瓷生产和外销达到鼎盛时期。泉州窑址遍布各县,尤以德化窑和晋江磁灶窑为典型代表,以生产青白瓷为主,远销 50 多个国家和地区,在菲律宾、马来西亚、新加坡、印度尼西亚等不少国家和地区均发现有宋元时期泉州德化窑和磁灶窑的瓷器,器形有军持、壶、罐、瓶、粉盒、碗、碟、杯等。

宋元时期,东南亚的很多国家和地区信奉伊斯兰教,伊斯兰文化成为当地的主导文化,东南亚国家穆斯林在宗教活动中需要使用军持,因此德化和晋江磁灶大批生产军持外销,体现了宋元时期泉州与东南亚地区伊斯兰文化的交流[1]。在菲律宾、印度尼西亚等地都有发现晋江磁灶窑和德化窑生产的军持,值得一提的是,有些军持连纹饰都是顺应穆斯林的喜好而设计,例如,使用莲瓣纹,代表了穆斯林的清净与纯洁。因此,当时泉州的外销军持颇受穆斯林的喜爱,外销量多,范围广。

现就泉州市博物馆藏的宋元时期晋江磁灶窑的外销军持器型,介绍如下:

元磁灶窑绿釉褐彩军持　口径 7 厘米、底径 7 厘米、腹径 10.9 厘米、高 12.4 厘米、

▲图一　元磁灶窑绿釉褐彩军持

▲图二　元磁灶窑绿釉军持

通长 15.7 厘米。盘口，长直颈，斜肩，肩附长直流，圆鼓腹，实足，通体饰凸弦纹，上腹部饰褐彩花卉纹。外壁施釉，釉呈军绿色，现釉已基本脱落，底露胎，胎呈灰色，胎质坚实，胎体较轻（图一）。

元磁灶窑酱釉瓷军持　口径 6.9 厘米、底径 6.9 厘米、腹径 10.4 厘米、高 14.8 厘米、通长 14.4 厘米。盘口，长直颈，斜肩，肩附长直流，流由下至上渐窄，折腹，实足，下腹部饰数圈凸弦纹。外壁施酱釉，釉光亮莹润，釉未及底，底露胎，胎呈灰黄色，胎质较稀松，胎体较轻（图二）。

元磁灶窑绿釉军持　口径 6.6 厘米、腹径 11 厘米、足径 6 厘米、高 16.6 厘米、通长 12.3 厘米。盘口，长直颈，斜肩，折腹，实足，颈部饰两圈弦纹。器身施军绿釉，釉色光亮，釉不均匀，里不施釉，底露胎，胎呈灰黄色，胎质较稀松，胎体较轻（图三）。

元磁灶窑绿釉军持　口径 5.9 厘米、腹径 11.2 厘米、底径 7 厘米、高 16.5 厘米、通长 15.3 厘米。盘口，长直颈，斜肩，折腹，实足，底微凹，肩附长直流，颈部饰两圈弦纹，腹部饰数圈弦纹。外壁及内口沿施釉，釉呈草绿色，釉未及底，施釉不均，底露胎，胎呈灰黄色，胎质较稀松，胎体较轻（图四）。

元磁灶窑绿釉瓷军持　口径 5.6 厘米、底径 7.6 厘米、腹径 12

▲图三 磁灶窑酱釉瓷军持

▲图四 元磁灶窑绿釉军持

▲图五 元磁灶窑绿釉瓷军持

厘米、高 17 厘米、通长 16.5 厘米。盘口，长颈，斜肩，肩附长直流，折腹，实足，颈部饰两圈弦纹，腹部饰一圈弦纹。外壁施绿釉，双侧腹部带部分酱釉，釉未及底，施釉不均，底露胎，胎呈灰黄色，胎质较稀松，胎体较轻（图五）。

（原载《文物天地》2016 年）

注释

[1] 李玉昆：《泉州海外交通史略》，厦门大学出版社，1995 年，第 37 页。

福建古代瓷器的佛教文化因素（节选）

◎ 兰惠英

　　随着佛教传入中国后的中国化及世俗化，中国的陶瓷器逐渐融入了佛教元素，在形制和纹饰上受到佛教的影响。佛教文化中的佛像、力士、菩提、狮子、忍冬、莲花、宝相花、缠枝纹、垂云纹、八宝、杂宝等成为陶瓷器上的常见题材，受佛教艺术影响的陶瓷佛像有如来、观音、罗汉、天三、菩萨、飞天、力士、济公、达摩等，在造型上也出现了莲花尊、宝相花扁壶、塔型罐、莲花盅、净瓶、舍利盒、僧帽壶等形态各异的品种，这其中也包括了许多专用于佛事的法器和祭器，如香炉、净水瓶（军持）和香筒等[1]。福建至迟在南朝已开始烧造青瓷器，并伴随着佛教文化的传播，福建古代陶瓷中有不少佛教文化因素的内涵。

　　福建比较出名的窑口瓷器有泉州磁灶窑青瓷、德化窑白瓷与青花瓷、漳州窑青花瓷和彩绘瓷，以及福建诸窑口的白瓷与黑瓷等，都不同程度地烧造有含佛教文化因素的器物，并多销往海外。

　　晋江的磁灶窑，也是一处以生产外销瓷器为主的民间窑场，烧造军持、碗、碟、长颈壶、执壶等多种产品，施用青、黄、绿、黑、酱、褐多种釉色，装饰牡丹、菊花、莲瓣、缠枝花、鱼藻、龙、叶脉等多姿多彩的纹样，刻、划、贴、雕各臻其妙[2]。磁灶窑收集和出土的器物有陶器、青釉器、酱釉器、黄绿釉器以及素胎器等。各种瓷器也都有像军持、盒、炉、净瓶或梅瓶等具有佛教文化内涵的器物（图一）。

　　泉州海外交通史博物馆馆藏磁灶窑有绿釉葵口瓶、青釉花口瓶、酱釉瓶素胎褐彩瓶、素胎军持、绿釉军持、酱釉剔花双耳炉等器物。

　　菲律宾发现的宋元时期磁灶窑的各类陶瓷器，也有青釉军持、绿釉军持（图二）、黄绿釉军持、酱釉军持、蟠龙军持、绿釉长颈瓶、剔花玉壶春瓶、梅瓶等。日本博多遗址出土有磁灶窑的酱釉梅瓶、绿釉香炉等器物（图三）。

▲图一 ▲图二 ▲图三

（原载《南方文物》2017年第3期）

注释

[1] 郝玉香：《中国陶瓷艺术与佛教文化》，《南都学坛》（哲学社会科学版）2001年第5期。

[2] 叶文程、张仲淳：《中国古外销陶瓷1987年学术讨论会纪要》，《文物》1988年第9期。

从闽山孑遗到东南藏珍
——观"菲律宾发现的
宋元福建陶瓷展"（节选）

◎李榕青

　　"菲律宾东方陶瓷学会"（OCSP）成立于 1980 年，曾经 5 次在马尼拉成功举办菲律宾发现的中国与东南亚贸易陶瓷展并出版有展品图录 [1]。由于菲律宾发现的宋元时期福建陶瓷品种、数量非常之多，2016 年上半年，爱国华侨庄良有女士 [2] 和 OCSP 的会员们与福建学者合作，策划在马尼拉 AYALA 博物馆举办题为《菲律宾发现的宋元时期（11—14 世纪）福建陶瓷》的展览会。

　　在东南亚海域沉船的船货，长期遭到非法打捞而大都无法得知详情。但是菲律宾海域发现的宋元时期布莱克沉船 [3] 等遗址出水的福建陶瓷、菲律宾群岛的宋元时期墓葬群 [4]、菲律宾群岛各省考古发现和水下勘探取回的大量完整陶瓷器 [5]，都证实了南宋以后中国人取代了阿拉伯人主导了对菲律宾群岛的贸易。出土南宋陶瓷的分布地点说明"中国——菲岛间的贸易是在吕宋及菲律宾中部岛屿直接进行的"。大批的中国产"龙瓮"成为菲律宾居民婚丧喜庆的重器。现在可以判断大部分宋元时期的"龙瓮"出自福建晋江磁灶窑，它们大量被收藏于菲律宾国立博物馆 [6] 以及各类公私藏家手中。中国南海发现的南宋时期"华光礁 I 号""南海 I 号"等沉船装载最大量的船货是福建陶瓷，其中有磁灶窑青瓷等 [7]。展出的宋元时期福建陶瓷之中，年代最早的可以追溯到北宋晚期。闽南南安南坑窑 8 种规格的模制青白瓷盒，晋江磁灶金交椅山窑 2 件仿越窑的青釉瓜棱执壶、四系瓜棱盖罐（图一）[8] 等，它彰显了中国大陆东南沿海地理位置的优势和福建人的海洋商贸意识。

　　晋江磁灶窑北宋至南宋早期的金交椅山窑址出土的青釉执壶造型典雅，作为酒器的梅瓶修长、外壁施酱釉靠近底部；南宋晚期以后的青釉产品以壶、瓶、罐为主，也烧碗、碟等，出现上化妆土、印花、褐彩、撒釉装饰的工艺，梅瓶外形稍矮、外壁酱釉仅至肩部或者口沿。

　　此次展出的各类褐彩器也引人注目。目前福建考古调查、发掘所发现的宋元时期生产青釉褐彩、酱彩工艺产品的窑址有晋江磁灶窑等。褐彩与绿釉结合的工艺品也出现在磁灶

▲图一 南安窑青白瓷盒子与磁灶窑的青瓷、酱釉陶瓷

窑等处。布莱克沉船有一件茶洋窑绿釉褐彩执壶，以及多件磁灶窑青釉褐彩瓶，小口罐，广口大罐，点彩的军持、执壶、碗等，以及闽清义窑的白瓷褐彩瓶[9]等。

展品中有晋江磁灶窑形态各异的黑釉鼓腹或直腹壶和水注，盖罐、盏、小瓶，酱釉龙纹、鱼篓纹水注、黑釉剔刻花长颈瓶、罐、短颈鼓腹罐，剔刻花与白地黑花装饰的三足炉等。据了解没有入选送展的磁灶窑酱釉产品不计其数。

磁灶窑在元代依然保持相当的生产规模，《磁灶窑址》考古报告详细介绍了调查发掘的南宋晚至元代的窑址 7 处，其中的土尾庵窑址有一座叠压打破关系的窑炉，出土丰富的模具、工具、窑具等标本，为深入了解磁灶窑业规模与技术发展、产品风格转向、传统与外来市场需求的多元化相结合的考古资料。

磁灶窑是福建极富有闽南地方特色的窑场，自南朝"取地土开窑"制陶、烧陶。产品的陶胎质地粗糙，古代工匠上了青釉，制成简单的生活器皿，提供本地市场。到了北宋中晚期，窑业技术提高，出现了仿越窑的产品，还将相同的器形制成黑釉产品；菲律宾发现的北宋晚期生产的青釉执壶是磁灶窑业技术提高开始外销的实例，此后制瓷外销的品种、数量增加，产品面貌出现多元化的趋势。为了弥补陶胎的粗粝本质，窑工模仿北方的窑业技术，在陶瓷器表面先上一层化妆土再施釉。此次展出的磁灶窑黄绿釉贴花龙纹小罐、军持、印花水注、碟、带系的罐等在釉下都可见上化妆土的工艺痕迹。粗糙的胎质明明是陶，上了化妆土掩饰本质，施青釉加点彩或是在器物表面做成流釉的装饰，绿釉印花水注、盏、碟仿真金银器，黄绿彩的瓶瓶罐罐扮嫩，贴上带着笑意的喜庆龙纹招人喜欢，无论哪一种器物的系都做得草率随意，长长的流都做得趾高气扬……看得出来磁灶窑的窑工们费尽心思为了让陶瓷扮相光鲜、引人注目，使得磁灶窑产品器形丰富、规格多样，拙朴却不乏趣味。展柜里一溜绿、黄釉军持，装饰在酱釉、绿釉、黄绿釉小罐上的龙头，给人不协调感觉的各种黑釉水注；酱釉乳钉纹刻花小罐内壁口沿施着青釉；多彩、夸张的大执壶是军持演绎来的，在肩部加 4 个系，把手是一条悬空曲背的龙；高高矮矮的黄绿釉六系罐装饰着划花、刻花、印花纹样的华丽外衣；青釉器皿的釉面有流釉、洒釉、点彩的工艺效果……若不看见露胎之处，谁会注意到它们的质朴内在呢？所有展出的陶瓷器经历八九百年的岁月风韵依旧、神采奕奕。

作为实用器，磁灶窑产品是最招菲律宾群岛居民的喜欢，其遍布菲律宾自北向南有人生活的岛屿。马尼拉的菲律宾国立博物馆是古代遗存陶瓷的最大保管所，有几代收藏历史的本地居民家里几乎都有磁灶窑的各种产品。酱釉、青釉、黄绿釉刻划弦纹、划花刻花堆贴龙纹和花卉装饰的大罐，曾经是日常器及航海船上的储物器，也曾经是岛民们几经变换用途的文化载体[10]，如今大多入藏于各博物馆或是在藏家装饰着厅堂和过道。各式各样壶、瓶、军持、水注、罐、炉，以及高足杯、碗、碟等小器皿挤挤挨挨地摆在饭厅、客厅里的玻璃柜和花架上（图二—十四）。

▲图三　磁灶窑青釉、黄绿窑、酱釉剔刻花陶瓷器

▲图二　磁灶窑青釉褐彩
龙纹大罐

▲图四　磁灶窑黄绿
釉刻花罐

▲图五　磁灶窑黄绿
釉刻花罐

▲图六　磁灶窑黄
绿釉刻花罐

▲图七　磁灶窑绿釉印花
军持

▲图八　磁灶窑黄绿釉刻
花带系军持

▲图九　磁灶窑黄绿釉带
系龙柄执壶

▲图十 磁灶窑黄、绿、酱釉龙纹小罐

▲图十一 磁灶窑黄绿釉水注

▲图十二 磁灶窑绿釉印花碗

▲图十三 磁灶窑绿釉印花壶

▲图十四 磁灶窑绿釉印花碟

　　此次展览突显磁灶窑业的内涵，正如美国洛杉矶大学加利福尼亚分校副教授李旻先生所言，磁灶窑与漳州窑产品是研究"海上丝路"与全球贸易发端的重要线索，从社会考古角度来看，它们对各消费地社会的渗透性，远超过景德镇产品。磁灶窑几乎是用汉代的铅釉传统供应着东南亚广阔的市场，维持着持久的晋江商业模式。他在与博士生谢艾伦为《磁灶窑址》写的一篇精湛书评[11]中指出："在全球视野下的中国考古学中，福建磁灶窑与漳州窑具有特殊的地位。作为规模庞大的闽南窑场，它们各自在自己的时代中主导广阔的海外市场。它们的产品风格鲜明，与本土和海外精英市场的审美取向颇有不同。然而，这些窑场所秉持的一种质朴自由的民间美学、价格优势以及产品的实用性，使它们在社会结构与文化传统有明显差别的各个海外市场中获得持久的商业成功。也正因为这些窑场的美学与市场定位，其产品在本土流通甚少。这两个窑场的学术价值，因为其产品在中国本土的有限分布和朴素风格，以及窑址分布的区域特征，而在中国陶瓷史上受到忽略。然而，它们在世界各地空间上、功能上以及在社会不同阶层中广泛的分布，使之成为考古研究中指标性的物质文化遗存。对于了解其消费地社会各阶层经济文化传统、国际贸易网络和早期全球化的发端，这两个窑业传统的重要地位是无法取代的。"

（原载《陶艺》2018年第99期）

注释

[1]2007 年举办《Zhangzhou Ware Found in the Philippines："Swatow"Export Ceramics from Fujian 16th—17th Century》专题展并出版图录。

[2] 庄良有女士曾经三次担任 OCSP 的会长。

[3] Franck Goddio：Weisses Gold，Steidl，January 1，1997."Die Breaker-Dschunke"沉船。

[4] 李旻：《鲜为人知的东方宝藏——美国密歇根大学的顾塔收藏》，《中国文物报》2004 年 4 月 2 号。

[5] [英] 艾迪斯：《在菲律宾出土的中国陶瓷》，中国古代外销瓷研究会：《中国外销陶瓷研究资料（第 1 辑）》，1981 年。菲律宾国立博物馆、华裔文化中心提供文字资料与陶瓷展品。

[6] 富斯:《菲律宾发掘的中国陶瓷》,中国古代外销瓷研究会:《中国外销陶瓷研究资料(第 1 辑)》，1981 年。

[7] 中国国家博物馆水下考古研究中心、海南省文物保护办公室：《西沙水下考古 1989—1990》，科学出版社，2006 年。广东"海上丝绸之路"博物馆展示发掘现场，展出"南海 I 号"沉船出水陶瓷。

[8] 叶文程、苏垂昌、黄世春：《晋江磁灶窑的发展及其外销》，中国古陶瓷研究会、中国古外销陶瓷研究会：《中国古代陶瓷的外销：一九八七年福建晋江年会论文集》，紫禁城出版社，1988 年。

[9] 栗建安：《外销菲律宾的福建宋元陶瓷》，The Oriental Ceramic Society The Philippines，Fujian Ware Found in the Philippines Song-Yuan Period，11th—14th Century，2017。

[10] [英] 艾迪斯：《在菲律宾出土的中国陶瓷》，中国古代外销瓷研究会：《中国外销陶瓷研究资料（第 1 辑）》，1981 年。菲律宾国立博物馆、华裔文化中心提供文字资料与陶瓷展品。富斯：《菲律宾发掘的中国陶瓷》，中国古代外销瓷研究会：《中国外销陶瓷研究资料（第 1 辑）》，1981 年。

[11] 谢艾伦、李旻：《书评：〈磁灶窑址：福建晋江磁灶窑址考古调查发掘报告〉》，《中国文物报》2016 年 10 月 4 日第 4 版。

21 世纪以来宋元时期
南方加彩瓷窑址考古新进展（节选）

◎吴　双　郑建明

宋元时期南方地区的加彩瓷窑场主要有江西的吉州窑、湖南的衡山窑以及广东的雷州窑，其他地区亦见有少量生产加彩瓷的窑场，生产区域几乎涵盖了整个南方地区。各窑场的产品地域文化特征明显，加彩瓷见有白地褐花、黑釉剔花填彩、粉上彩绘、青釉褐彩等类型。

磁灶窑

磁灶窑位于福建省晋江市磁灶镇，为宋元时期福建地区一处重要的外销瓷窑址，窑址群的调查与发掘工作历程可以分为两个阶段。

第一阶段，窑址群的发现、调查与试掘。1956 年，北京故宫博物馆联合福建省文物管理委员会对闽南地区古窑址进行调查，发现磁灶窑窑址群并发表调查报告，引起学界关注。1963 与 1964 年，厦门大学人类学博物馆分别对蜘蛛山、土尾庵、许山和宫仔山等遗址进行调查，采集军持、粗陶器等器物。1979 年，福建泉州海外交通史博物馆的考古调查基本厘清南朝至明磁灶窑范围内的 26 处古窑址，探明其中宋元时期窑址 12 座，并对溪口山、蜘蛛山、土尾庵以及童子山一号窑进行局部试掘，采集标本 682 件。加彩瓷主要为青釉褐彩，见有碟、盆、执壶等器形[1]。发掘者认为此期内磁灶窑绘花装饰为泉州瓷器釉下彩绘首开先河。

第二阶段，正式的考古发掘。1995 年，福建省博物馆对土尾庵窑址进行抢救性发掘，发掘面积约 100 平方米，清理龙窑 1 处，出土器物按釉色可以分为青釉、酱黑釉、黄绿釉与素胎器。加彩瓷以青釉点褐彩盏为主，也见有青釉点褐彩壶与青釉褐彩绘花瓶，报告于 2000 年发表[2]。

　　进入 21 世纪，为配合泉州地区"海上丝绸之路——泉州史迹"世界文化遗产的申报工作，福州博物馆对磁灶窑中最具代表性的金交椅窑址进行了前后两期的抢救性考古发掘，累计发掘面积约 1500 平方米，清理窑炉 4 处，作坊 1 处，未见加彩瓷器[3]。

　　发掘结束的 10 年间，磁灶窑的相关研究工作一直延续。2011 年，汇集历次考古调查发现、土尾庵窑址与金交椅窑址考古发掘资料、器物分期以及外销情况等重要成果的《磁灶窑报告》出版[4]。此次综合性的梳理使得学界对磁灶窑的考古分期、文化内涵与外销窑址性质有了更全面的认识。与加彩瓷相关的成果有：第一，两阶段的考古调查与发掘解决了磁灶窑的烧造时间问题。由南朝至元代，磁灶窑的文化面貌可以分为四期，加彩瓷的烧造主要在第四期，即南宋至元代这一时段。第二，加彩瓷的发现数量较少，仅出现在部分窑址，目前仅可以确认童子山一号窑址以彩绘瓷为主要产品，产品主要为青釉褐彩碟。加彩装饰主要为青釉褐点彩、青釉褐彩绘缠枝花卉、青釉褐彩鱼纹与褐彩题诗装饰，亦见有少量素胎褐彩器物出土，常见器形包括盆、盏、小罐执壶等。所见磁灶窑的彩绘瓷为釉下褐彩，具体工艺为先在器物的坯体上施用白色化妆土，其后用褐色颜料在化妆土面上绘制纹样、图案与文字等装饰，然后再施青黄色透明釉，做成青釉褐彩产品。第三，加彩瓷是磁灶窑的主要外销产品种类之一。福建地区加彩瓷在日本、东南亚以及"海上丝绸之路"的沉船上都有发现，21 世纪窑址考古相关工作的进行，为海外发现加彩瓷的产地判定提供了可靠的对比材料。

　　宋元时期，南方地区加彩瓷生产格局发生变化，唐代盛行的长沙窑与邛窑窑场已经衰落，加彩瓷的生产区域几乎涵盖整个南方地区。从加彩瓷产品面貌上看，可以大致分为特征较为明显的三类窑场。其中，青釉褐彩类加彩瓷，窑场主要包括福建地区的磁灶窑、广东地区的西村窑与雷州窑、浙江地区的两弓塘与乐清大坟庵窑、广西地区的窑田岭窑址。

　　从生产年代角度观察，南方地区各个窑场加彩瓷生产的繁荣期较为集中在南宋至元这一时期，稍晚于北方地区的磁州窑系加彩瓷。南方地区的加彩瓷所受影响来源的多样性，应当是宋元时期各地区域资源、文化以及经济环境的差异性的综合作用结果。沿海地区在海外贸易催动下，各窑场热衷于模仿内地各大名窑的特色产品，磁州窑、吉州窑、衡山窑都间接对区域内产品面貌造成影响。

　　随着"海上丝绸之路"相关考古工作的推进，南方加彩瓷与海外贸易之间的互动关系，或成为宋元时期陶瓷考古研究的重要研究议题。宋元时期中央王朝所实施的"海洋开放"政策，极大地促进了东南沿海地区瓷业的发展，外销瓷器品种与数量大增[5]。从目前考古材料来看，"海洋性瓷业"发展视角下，南方地区生产加彩瓷窑场的时空发展序列与对外港口的开发与迁徙联系密切，应当引起关注。

（原载《文物天地》2019 年第 11 期）

注释

[1] 陈鹏、黄天柱、黄宝玲：《福建晋江磁灶古窑址》，《考古》1982 年第 5 期。

[2] 福建省博物馆：《磁灶土尾庵窑址发掘简报》，《福建文博》2000 年 1 期。

[3] 福建博物院：《晋江磁灶金交椅山窑址发掘简报》，《福建文博》2005 年第 2 期。

[4] 福建博物院、晋江博物馆：《磁灶窑址：福建晋江磁灶窑址考古调查发掘报告》，科学出版社，2011 年。郭育生：《"海上丝绸之路"的外销瓷——磁灶童子山窑的产品及其工艺》，《海交史研究》2012 年第 1 期。

[5] 王新天：《中国东南海洋性瓷业发展史》，厦门大学出版社，2007 年。

反映 12 世纪宋与东南亚诸国交往的 "南海 I 号" 沉船出水器物初探（节选）

◎田国敏

　　"南海 I 号"是一艘在古代"海上丝绸之路"上失事，沉没在广东下川岛大帆石海域的南宋木质沉船。截至 2019 年 8 月，"南海 I 号"沉船中共出土 18 万余件文物，展现了我国宋代繁盛的海外贸易体系，对研究我国乃至整个东亚、东南亚的古代航运史有着重要意义。"南海 I 号"沉船船货主要包括陶瓷器、金属货币、金属器、竹漆木器等。本文通过对比"南海 I 号"沉船出水瓷器与同时期东南亚出土瓷器，推断东南亚是蕉叶纹瓷器和绿釉瓷器的需求市场。

　　同时期、窑口和形制的"南海 I 号"出水瓷器在"海上丝绸之路"航线和东南亚国家亦有发现。菲律宾发现的宋元时期德化窑和磁灶窑军持与"南海 I 号"沉船出水的军持器型相近。[1]第二届海上丝绸之路文化遗产保护论坛上，菲律宾国家博物馆鲍比·奥利蓝达展示的菲律宾八打雁沉船出水的宋代磁灶窑酱釉四系罐，与"南海 I 号"沉船出水磁灶窑器物器型一致。

　　宋磁灶窑绿釉印花菱口碟　口径 10.3 厘米，底径 5.7 厘米，高 1.5 厘米。2002 年"南海 I 号"沉船遗址出水。模印六瓣菱口，平折沿，弧腹，内底对应连接口沿的菱花接合处皆压印出筋，菱角处压出槽，平底略内凹。胎色灰黄，胎质致密坚硬，通体施绿釉，釉质光滑发亮，内壁印三叶草花卉纹，有花卉一枝居中，两侧各环绕一枝。（图一）

▲图一　宋磁灶窑绿釉印花菱口碟

　　"南海 I 号"沉船出水宋磁灶窑绿釉印花碟、绿釉玉壶春瓶、绿釉葫芦瓶、绿釉熏炉、绿釉菊瓣碗、绿釉粉盒、绿釉军持和绿釉罐等。笔者认为"南海 I 号"沉船出水的绿釉陶瓷器迎合了东南亚穆斯林的审美。另外，"南海 I 号"沉船出水的宋磁灶窑酱釉罐底部有

◀ 图二　宋磁灶窑绿釉狮钮熏炉

阿拉伯数字"30"的墨书，沉船还出水有穆斯林用来净手的绿釉军持。伊斯兰教的传播和信徒的迁徙不但影响了福建地区瓷业的生产，而且开拓了宋瓷的海外市场。

磁灶窑绿釉狮钮熏炉　口径 11.3 厘米，底径 6.1 厘米，高 18.2 厘米。2014 年"南海 I 号"出土。熏炉分盖与身两部分。器盖为挠首卧狮钮，狮子制作粗糙，表意性强，盖身盔状，平顶，顶部中心穿一大圆孔，壁弧斜，壁上穿三孔，宽平沿。炉身为盘口，口部外侧贴附两铲型耳，束颈，腹部为六瓣瓜棱状，下腹斜收成平底略内凹，腹下接三个兽足，是宋仿商周青铜鼎的造型设计。整件器物胎质坚硬，胎色灰黄，外壁施绿釉。（图二）

"南海 I 号"沉船出水较完整香具有磁灶窑绿釉狮钮熏炉 2 件等。瓷香炉烧制成本相对金属香炉较低，宋代制瓷工艺不断发展、成熟，使得瓷香炉开始流行，进而推动了宋代香料贸易。

（原载《客家文博》2020 年第 1 期）

参考文献

[1] 陈水来、叶文程：《一组菲律宾发现的宋元时期德化窑和磁灶窑外销瓷器》，《福建文博》2009 年第 2 期，第 68-71 页。

"南海 I 号"
出水的碗碟类瓷器（节选）

◎温苇苇

碗类瓷器

碗是常见日用品，"南海 I 号"出土瓷器中，也以碗最多。

磁灶窑酱黑釉碗及绿釉碗

磁灶窑器物以酱黑釉器和绿釉器为主，碗类器物同样有酱黑釉小碗和绿釉小碗两类。

酱黑釉小碗　敞口弦纹圈足碗，敞口，斜腹略弧，圈足。胎质坚硬致密，夹杂一些小颗粒，致局部釉面不平，釉色青灰。除外壁下腹以下基本通体施釉，釉色主体呈黑色，内壁遍布银色兔毫斑（图一）。

绿釉菊瓣碗　模印菊瓣口，敞口，斜弧腹，圈足或假圈足。胎质较差，胎上施有灰白色化妆土层，化妆土层上施低温铅釉，釉色以深绿色为主，部分器物由于"返铅"部分呈现铅灰色（图二）。

磁灶窑罐、壶碗、瓶均有，大小不一，器型各样。装载方式也多有不同，碗类器物多以成组方式码放于器物中。

▲图一　宋磁灶窑酱黑釉小碗

▲图二　宋磁灶窑绿釉菊瓣纹碗

碟类瓷器

盘与碟器型相近，按照不同的分类标准，两者有交叉的区间。一般认为盘大而腹深，碟小而腹浅，多为敞口斜直腹或微弧，圈足或假圈足。碟较小，除敞口斜直腹外，尚有直口类型，有些小碟还可能为平底或内凹底。迄今发现最早的盘碟类瓷器，是浙江德清县出土的春秋时期原始青瓷。

"南海I号"有数量较多的盘碟类文物。

磁灶窑是宋元时期泉州重要外销窑口，位于泉州之南的晋江磁灶镇，是具有浓厚的地方特色和时代风格的民窑。磁灶窑绿釉器具有鲜明的地方特色，如由于胎土较差，胎上会施一层化妆土，在化妆土上施釉。器物的装饰多采用堆塑等装饰手法。

▲图三　宋泉州磁灶窑绿釉碟

磁灶窑绿釉碟　"南海I号"出水的宋代绿釉碟仅印花菱口碟一型，模印六瓣菱口，平折沿，弧腹，内底对应连接口沿的菱花结合处皆压印出筋，菱角处压出槽，平底略内凹。胎质致密坚硬，夹杂少量小颗粒，胎色灰黄，通体施绿釉，内壁施釉较重色较深，釉质较好，光滑发亮。内壁施三叶草花卉纹，有花卉一枝居中，两侧各环绕一枝。器型仿自金银器碟的造型。（图三）

（原载《文物天地》2020年第2期）

参考文献

[1] 文中图片来自馆藏数据及《"南海I号"沉船考古报告之二——2014—2015年发掘》。

[2] 国家文物局水下文化遗产保护中心、广东省文物考古研究所、中国文化遗产研究院、广东省博物馆、广东海上丝绸之路博物馆：《"南海I号"沉船考古报告之二——2014—2015年发掘》，文物出版社，2017年，第183页。

21世纪以来宋（辽金）元时期
三彩暨低温釉陶窑址考古新进展（节选）

◎郑建明　赵子豪

三彩器在盛唐时期达到了鼎盛，随着安史之乱后大唐国力的衰落，三彩器的生产亦随之走向下坡。但这一生产工艺并没有绝迹，反而在进入相当于两宋时期时迎来了一个全新的发展期，在当时的辽、宋以及金、元均有一定规模和数量的生产。

另外在河北、山东、四川、福建等地，也发现兼烧宋三彩器的窑址。

土尾庵窑位于磁灶镇岭畔南梅溪南岸约300米的山丘上，发现于1958年，是磁灶窑古窑址群的一个重要组成部分。20世纪六七十年代，该窑址经过2次调查和1次试掘，此后该窑址遭严重破坏[1]。1995年10月，福建省博物馆考古部与晋江市博物馆对土尾庵窑址的山顶和东北角进行了抢救性发掘，发掘面积约100平方米，发现龙窑遗迹1处，出土一批陶瓷器和窑具标本。

陶瓷器按釉色可分为青釉、酱黑釉、黄绿釉及素胎器等。黄绿釉器属于低温铅釉器，先在器坯上施土黄色的化妆土，刻划、绘制纹样后，入窑高温烧制，出窑后再施釉，然后二次入窑低温烧成。一部分素胎器仅见化妆土而无釉，属半成品。器形主要有盘、盏、碟、钵、盆、执壶、水注、罐、瓶炉、器盖等，其型式与部分青釉器、酱黑釉器基本相同。窑具有匣钵、垫座、垫饼、垫板、试片（火照）等，其中垫板是烧制黄绿釉器的垫具。发掘者认为这批黄绿釉陶器的年代为南宋至元代，其工艺技术是向磁州窑学习的基础上的发展和创新[2]。

另外，同属磁灶窑古窑址群的蜘蛛山窑址，与土尾庵窑址相连，虽未经科学发掘，但历次考古调查表明，该窑也生产黄绿釉陶器，产品风貌与土尾庵窑址十分接近。值得一提的是，在"南海I号""华光礁I号"沉船的出水物中以及东南亚、日本等地，均发现与土尾庵、蜘蛛山窑址一致的黄绿釉陶，进而说明磁灶窑釉陶器是宋元时期外销陶瓷的主要品种之一[3]。

（原载《考古》2020年第5期）

参考文献

[1] 福建省博物馆：《磁灶土尾庵窑发掘简报》，《福建文博》2000年第1期。

[2][3] 福建博物院、晋江博物馆：《磁灶窑址：福建晋江磁灶窑址考古调查发掘报告》，科学出版社，2011年。

世界遗产视野下的
泉州古窑址考古与研究（节选）

◎栗建安

泉州地区的 22 处遗产点是"泉州：宋元中国的世界海洋商贸中心"申报世界文化遗产的构成，其中有两处是古窑址，即德化窑（元代屈斗宫窑址、宋元时期尾林·内坂窑址）和磁灶窑（金交椅山窑址）。这两处古窑址都进行过考古发掘，有已经发表的考古发掘报告，如《磁灶窑址》（含金交椅山窑址）[1]。金交椅山窑址已搭建起遗址保护棚，还在窑址旁建有专题陈列馆（金交椅山窑址的泉州古代外销陶瓷博物馆）。

申遗文本对磁灶窑遗产点的定位

作为多维度支撑的具体体现，22 处遗产点中的磁灶窑（金交椅山窑址）是泉州在世界海洋贸易体系中关于产业腹地、经济结构、生产水平、发展特征等的直接实证。

根据考古发现，在泉州的瓷窑遗址中，磁灶窑、德化窑两大窑系的产业规模最大、产品品种和数量最多，均在宋元时期达到其窑业生产的顶峰。

从生产技术上看，泉州窑业不仅积极学习、仿烧国内南北名窑，还在陶瓷生产实践中不断进行技术创新、扩大产能。据泉州地区古窑址考古中大量出土的遗物显示，其制瓷业在生产的制坯环节，除了手制以外，还批量采用模制工艺，以提高生产效率；通过施化妆土和多种色釉来装饰产品，以弥补本地原料的天然缺陷；器物的装烧大量使用支垫、匣钵、伞形支烧具、组合支圈等窑具，以扩大窑炉内单位空间的装烧量。

在生产组织方面，泉州古窑址的出土窑具上刻有多种姓氏，据此推断其窑场可能采用由多个窑主或窑工合作烧窑、联合经营的手工业生产方式；或是通过在窑具上署名以明确制作者、所有者。

这些生产技术、生产管理方面的创新与提高，显示出当地窑业敏锐的市场意识和快速的市场反应。泉州地区窑业适应本地优劣各异的资源，大量生产日用普通器皿和精神文化用器。除满足当地市场需求外，借由其靠近港口的便捷运输条件，泉州瓷窑的经营者还善于运用海外市场信息，针对外贸需求进行定制生产，以满足海外市场不同层次的消费需求，体现出显著的外向型特征。如磁灶窑产品中的军持、龙纹罐，德化窑的军持、粉盒、小瓶等，均有明显的异域文化因素和特征，是泉州瓷窑生产的典型外销瓷。这些充分显示出泉州窑业对本地资源条件的恰当利用和海洋贸易港口经济的适应性发展。

磁灶窑的考古发现与文物保护概况

磁灶窑金交椅山窑址于 20 世纪 60 年代考古调查时发现，2002—2003 年进行考古发掘，其发掘面积约 1500 平方米，发现有叠压、打破关系的龙窑遗址 4 座（Y1—Y4）和作坊遗址 1 处（F1）。2006 年，磁灶窑址被公布为全国重点文物保护单位。2007 年，金交椅山窑址的考古遗址保护棚（图一）与陈列有磁灶窑陶瓷器的泉州古代外销陶瓷博物馆建成（图二）。2011 年，《磁灶窑址：福建晋江磁灶窑址考古调查发掘报告》出版（含金交椅山窑址、土尾庵窑址）。

从世界遗产的视野出发，金交椅山窑址遗产点也应包括磁灶窑的全部宋元时期窑址。全国重点文物保护单位"磁灶窑址"仅选取了溪口山、童子山、蜘蛛山、土尾庵、金交椅山窑址 5 处代表性窑址。即便如此，其省级、市县级的文物保护单位仍享有法律保护的地位。

▲图一　金交椅山窑址考古遗址保护棚

▲图二　泉州古代外销陶瓷博物馆

世界遗产视野下泉州地区窑业的考古发现与研究

宋代以来，泉州逐渐成为宋元时期的世界海洋商贸中心，海外贸易对陶瓷器的需求极大地刺激了泉州地区窑业的快速发展，并使其达到历史高峰。多种先进窑业技术的传入，使泉州地区窑业改变了"青瓷一统天下"的局面，白瓷、青白瓷、黑釉瓷、釉下彩绘、低温黄绿釉瓷以及模制工艺、刻划花等多种装饰工艺，都极大丰富了泉州陶瓷产品的面貌，加强了其在海外市场的竞争力，展示了"世界贸易中心港口强大的基础产业能力和贸易输出能力"。在这一浩大的历史进程中，沿海地区的磁灶窑与内陆地区的德化窑则表现出不同的发展模式或路线。

磁灶窑由于制瓷原料这一自然资源的限制，"取地土开窑"[2]，烧造陶器和"半陶半瓷"的瓷器[3]，其主要产品还是青瓷。磁灶窑在宋代早中期依旧受浙江越窑青瓷工艺的影响，于宋代晚期至元代方才接受了龙泉窑的技术、工艺，发展出青釉器的褐彩装饰[4]。同时，磁灶窑增加了酱黑釉器，并使其在品种和产量上成为几乎与青瓷比肩的产品。此外还引进了可能来自北方磁州窑的低温黄绿釉，部分产品采用模制以提高效率，推广了化妆土工艺，以改善产品面貌、降低制瓷材耗。

从磁灶窑主体产品青釉器来看，从南朝到宋元时期，磁灶窑的窑业基本是一个持续的发展过程，但青瓷工艺并无明显改进。越窑、龙泉窑工艺技术先后对磁灶窑产生影响，表明磁灶窑技术来源及传播路线可能是经过东南沿海地区、自东向西的。

宋元时期，磁灶窑大量生产青釉器（含青釉褐彩）、酱褐釉器、黄绿釉器以及陶器，器形、品种、造型、纹样丰富繁多，可供给日常生活方方面面的需求。然而，多数器物胎粗釉薄、工艺草率，属日用粗使器皿。历年来，泉州城市遗址考古出土的陶瓷器，也是以磁灶窑产品的数量、种类为最多[5]。在已发现的宋元时期沉船出水以及海外（日本、东南亚等地）考古遗址出土文物中，情况也大体如此。因此，磁灶窑生产以低档陶瓷产品为主，以海内外低端市场的需求为目标。

宋元时期的磁灶窑与德化窑，是以不同的窑业技术、不同的产业发展方向，烧制不同的陶瓷产品，供应着海内外市场不同层次的消费需求。两者在泉州港的海洋贸易体系中是共存互补的关系，一起成为"泉州：宋元中国的世界海洋商贸中心"申遗主题的重要支撑。

根据考古发掘资料，宋元时期磁灶窑的窑炉，以北宋晚期至南宋早中期的金交椅山窑址为代表，都是长条形斜坡底龙窑，长度达 60—70 米；窑室两侧筑有护窑墙；南宋晚期至元代的窑炉则仅在土尾庵窑址发现很短一截残段，形制不明。

虽然德化、磁灶二窑的陶瓷产品在相当长时期的海洋贸易体系中是共存互补的，但技术的革新、进步才是窑业发展的主要条件，因此发展出磁灶窑与德化窑不同的窑业发展道路和生产特征。

（原载《自然与文化遗产研究》2021 年 3 期）

注释

[1][2][3][4] 叶文程、苏垂昌、黄世春：《晋江磁灶窑的发展及其外销》，中国古陶瓷研究会、中国古外销陶瓷研究会：《中国古代陶瓷的外销：一九八七年福建晋江年会论文集》，紫禁城出版社，1988 年。

[5] 唐宏杰、傅恩凤、范佳平等，《泉州古城考古发现综述》，《福建文博》，2020年第 1 期，第 8—17 页。

九个窑址、三个同心圆
——泉州及周边窑业（节选）

◎王　睿

以今泉州古城为中心，按距离远近，9 个窑址落在平面图上恰好形成了 3 个不甚规整的同心圆，属于 3 个不同的产品圈。其中，距离泉州 25 千米以内的有泉州东门窑、晋江磁灶窑、惠安窑和南安窑。

第一个同心圆包括的窑址距离泉州最近、交通资源最为便利，虽然质地不甚精致，但产品生产时间最长、最具特色，尚未形成区域明显特征、产品面貌较为多样，有白釉、青釉、影青釉酱、黑釉、黄绿釉、素胎器等。

磁灶窑距离泉州市区 20 公里。据现有考古资料其大致分为南朝至唐代、唐五代、北宋至南宋和南宋中晚期至元代 4 个时期[1]。发现宋元窑址 12 处，分布于岭畔的蜘蛛山、土尾庵、童子山一号窑、山坪；磁灶的许山、宫仔山、顶山尾、大树威；前埔的曾竹山、金交椅山、溪墘山以及现属南安官桥下洋的斗温山[2]。

磁灶土尾庵窑址[3]，时代为南宋至元代。1995 年发掘，揭露一段龙窑，出土陶瓷器有青釉、酱黑釉、黄绿釉及素胎器等。胎色多为灰或深灰色，胎质较粗，吸水性强。部分器物未烧透，胎色土黄，胎质疏松。多数器物的外壁仅施半釉，底、足露胎，釉面多数较暗，部分釉色光亮者多有细密的冰裂纹。黄绿釉器一般在釉下施土黄色的化妆土，二次低温烧成。一部分素胎器上仅见化妆土，为黄绿釉的半成品。器形有碗、盘、碟、盏、杯、钵、盆、罐、壶、盏托、水注、执壶、灯、炉、瓶、枕、砚、砚滴、军持等。瓷器装饰有刻划、剔刻、模印、堆贴、雕塑、绘画等多种；纹样图案有花草、祥禽瑞兽、云雷、几何形等；以龙纹最有特色。

磁灶金交椅山窑址[4]，时代为北宋中期至南宋。2002 年、2003 年发掘，总面积约1500 平方米，共揭露窑炉遗迹 4 座，均为长条形斜坡式龙窑，作坊遗迹 1 处。出土陶瓷器有青瓷、酱釉瓷、素胎瓷。器物胎质呈灰色，夹砂，淘洗不够精细。青釉以灰青、青绿、青泛黄为主，大多数釉面莹润，玻璃质感强，开细碎冰裂纹。酱釉瓷数量比青釉瓷器略少。器形有碗、碟、执壶、水注、盒、器盖、罐、盏、灯盏、网坠、灯架、砚台等。

　　九个窑址以泉州为中心形成了 3 个同心圆，具有三类特色不同的产品，或者说每个同心圆形成的区域都以一类产品为主。同心圆的第一圈有磁灶窑、东门窑、惠安窑和南安窑，尚未形成区域明显特征，产品面貌较为多样，有白釉、青釉、影青釉、酱黑釉、黄绿釉、素胎器等。磁灶窑产品最具特色。九个窑址，除了磁灶窑开始于南朝以外，其余都是从宋代开始，主要繁荣时代在南宋、元代，安溪窑、德化窑则明代以后仍然繁荣，个别窑口的时代较短。

　　在城市遗址和沉船遗址中也发现有上述窑址的产品，如泉州清净寺遗址[5]、泉州德济门遗址[6]发现有磁灶窑产品，泉州南外宗正司遗址发现有磁灶窑、东门窑、南安窑、安溪窑、德化窑、同安（汀溪）窑产品[7]，晋江溥济庵遗址出土有磁灶窑、同安窑、德化窑、安溪窑产品[8]。广东南海I号沉船遗址出水陶瓷器涉及福建的有德化窑青白瓷，磁灶窑黑瓷、酱釉瓷、青瓷和绿釉瓷等[9]。

　　国外遗址发现的中国陶瓷器，以泉州以及周边窑址为代表的闽南地区产品数量为多。由于大量产品的同质化程度较高，很多产品尚无法明确其准确窑口，常以 3 个圈层中代表窑口来称谓，即磁灶窑产品、同安窑系产品、德化窑产品。

　　第一圈层的磁灶窑特色产品在日本各地相当于宋元时期的遗址中出土较多，如磁灶窑土尾庵窑址的绿釉瓷器、童子山窑址的黄釉下铁绘花纹盆（或盘）、蜘蛛山窑址的绿釉剔花器和绿釉黄斑器物等等。[10] 同时，东南亚的菲律宾、印尼、马来西亚等国，也都发现了磁灶窑的产品，数量还相当可观[11]。其他如柬埔寨、埃及也有发现[12]。

（原载《南方文物》2022 年第 3 期）

注释

[1] 福建博物院、晋江博物馆：《磁灶窑址：福建晋江磁灶窑址考古调查发掘报告》，科学出版社，2011 年，第 378—381 页。

[2] 陈鹏、黄天柱、黄宝玲：《福建晋江磁灶古窑址》，《考古》1982 年第 5 期，490—498 页。

[3] 福建博物院、晋江博物馆：《磁灶窑址：福建晋江磁灶窑址考古调查发掘报告》，科学出版社，2011 年，第 66—140 页；栗建安、郑辉：《福建宋元考古概述》，《福建文博》2002 年第 2 期，第 78 页。

[4] 福建博物院、晋江博物馆：《磁灶窑址：福建晋江磁灶窑址考古调查发掘报告》，科学出版社，2011 年，第 141—364 页；福建博物院：《晋江磁灶金交椅山窑址发掘简报》，《福建文博》2005 年第 2 期，第 32—33 页。

[5] 福建省博物馆：《泉州清净寺遗址》，《考古学报》1991 年第 3 期。

[6]福建博物院、泉州市文物局：《泉州德济门遗址发掘报告》，《福建文博》2003年第2期。

[7]中国社会科学院考古研究所、福建博物院、泉州市海上丝绸之路申遗中心：《泉州南外宗正司遗址2019年度考古发掘报告》，科学出版社，2020年，121页。

[8]吴金鹏：《略谈晋江溥济庵遗址出土的闽南瓷器》，《闽南古陶瓷研究》，福建美术出版社，2002年，第105—108页。

[9]国家文物局水下文化遗产保护中心、中国国家博物馆、广东省文物考古研究所、阳江市博物馆：《"南海I号"沉船考古报告之一——1989—2004年调查》，文物出版社，2017年，第243—589页。

[10]叶文程、苏垂昌、黄世春：《晋江磁灶窑的发展及其外销》，中国古陶瓷研究会、中国古外销陶瓷研究会：《中国古代陶瓷的外销：一九八七年福建晋江年会论文集》，紫禁城出版社，1988年，第63页。

[11]叶文程、苏垂昌、黄世春：《晋江磁灶窑的发展及其外销》，中国古陶瓷研究会、中国古外销陶瓷研究会：《中国古代陶瓷的外销：一九八七年福建晋江年会论文集》，紫禁城出版社，1988年，第64页。

[12]福建博物院、晋江博物馆：《磁灶窑址：福建晋江窑址考古调查发掘报告》，科学出版社，2011年第396页。

附录：其他相关资料存目

（一）专业书籍

1. 韩槐准：《南洋遗留的中国古外销陶瓷》，新加坡青年书局，1959 年。

2. 福建晋江地区文管所：《晋江地区文物考古普查资料》，内部资料，1977 年。

3. 叶文程、苏垂昌、黄世春：《晋江磁灶窑的发展及其外销》，中国古陶瓷研究会、中国古外销陶瓷研究会：《中国古代陶瓷的外销：一九八七年福建晋江年会论文集》，紫禁城出版社，1988 年。

4. 叶文程：《中国古外销瓷研究论文集》，紫禁城出版社，1988 年。

5. 叶文程、林忠干：《福建陶瓷》，福建人民出版社，1993 年。

6. 曾凡：《福建陶瓷考古概论》，福建省地图出版社，2001 年。

7. 何振良、林德民：《磁灶窑瓷》，福建美术出版社，2002 年。

8. 何振良、林德民：《中国古代名瓷鉴赏大系 · 磁灶窑瓷》，福建美术出版社，2002 年。

9. 何振良、林德民：《磁灶陶瓷》，厦门大学出版社，2005 年。

10. 福建博物院、晋江博物馆：《磁灶窑址：福建晋江磁灶窑址考古调查发掘报告》，科学出版社，2011 年。

11. 孟原召：《闽南地区宋至清代制瓷手工业遗存研究》，文物出版社，2017 年

（二）专业论文

1. 福冈市教育委员会：《博多 1–86》福冈市埋藏文化财调查报告书、《高速铁道关系调查报告书 I– Ⅶ 》、《都市计划道路博多站筑港线关系埋藏文化财调查报告 I–V》。

2. 亀井明德：《日本貿易陶磁史の研究》，同朋舍出版，1986。

3. 山本信夫：《太宰府における 13 世紀中国陶磁の一群》，《貿易陶磁研究》No.10，1990。

4.《黑釉磁》,《新安海底文化財 調查報告 叢書 3》，国家中央博物馆、韩国国立博物馆。

5. 今井敦：《中国の陶磁 12 日本出土の中国陶磁》，平凡社，1995 年。

6. 森本朝子：《12 世紀の中国陶磁に関する新知見》，《博多研究会誌第 4 号》1996。

7. 国立歷史民俗博物馆：《東アジア中世海道》，株式會社東京印書館，2005 年。

8.Sumarah Adhyatman：Antique Ceramics found in Indonesia，The Ceramics Society of Indonesia，1990，P63、71、142、161。

9.Cynthia O.Valds，Kerry Nguyen Long，Artemio C.Barbosa：A Thousand Years of Stoneware Jars in the Philippines。

10.The Banteay Kdei temple re-examiined：Some evidence to interpret the history through and after Angkor period，上智アジア学，第 20 号 (2002 年)。

11.Franck Goddio：Weisses Gold ，Steidl，January 1， 1997.

12.Leandro and Cecilia Locsi：Oriental Ceramics Discovered in the Philippines Hardcover，Charles E.Tuttle Company，January 1， 1967.

13.Rita C.Tan：Fujian Ware Found in the Philippines Song-Yuan Period，11th-14th Century，The Oriental Ceramic Society of the Philippines，2017.

14.Roxanna M.Brown：from Butuan and other Philippine sites，The Oriental Ceramic Society of the Philippines jointly with The National Museum，1988.

15. 刘未：《中国东南沿海及东南亚地区沉船所见宋元贸易陶瓷》，《考古与文物》2016 年第 6 期。

16. 刘未：《北宋海外贸易陶瓷之考察》，《故宫博物院院刊》2021 年第 3 期。

17. Michael Freckle：Sister Ships：Three Early 12th Century CE Shipwrecks in Southeast Asia，Current Science， VOL. 117， NO. 10， 25 November 2019 .

18. Michael Freckle & Tai Yew Seng：The Flying Fish Wreck：An Early 12th Century Southeast Asian Ship With a Chinese Cargo，Sabah Museum Journal， Vol. 3 ， 2020.

（三）电子资源

陶瓷文化—《中国大百科全书》第三版网络版 https://www.zgbk.com/ecph/sublibrary?SiteID=1&ID=864.

后 记

磁灶窑的调查和研究工作始于 20 世纪 50 年代，经过几代人的共同努力，才使得磁灶窑的千年陶韵从历史画卷中走出来，突显中华文明突出特性中的连续性、创新性、包容性、和平性。

《磁灶窑研究资料汇编》的编辑出版工作自始至终得到晋江市人民政府、晋江市文化和旅游局的重视、关心和大力支持；得到原中国古陶瓷学会副会长栗建安研究员的支持，作为学术顾问提供悉心指导，协助文稿审读；得到福建博物院、泉州市海外交通史博物馆、泉州市博物馆等兄弟单位的支持；得到晋江市文物保护中心全体同仁最真挚的帮助和支持；还得到磁灶镇人民政府的大力支持。

谨此，对所有热忱关心、支持、帮助和指导《磁灶窑研究资料汇编》编辑出版工作的单位和个人表示最诚挚的感谢！

编者
2023 年 6 月